京師



# 中国传媒智库

[ 第二辑 ]

喻国明 张洪忠 陆先高 / 主编

中国传媒大学 出版社
·北京·

**图书在版编目(CIP)数据**

中国传媒智库．第二辑/喻国明，张洪忠，陆先高主编．--北京：中国传媒大学出版社，2018.12
ISBN 978-7-5657-2436-7

Ⅰ.①中… Ⅱ.①喻… ②张… ③陆… Ⅲ.①传播媒介-产业发展-研究-中国 Ⅳ.①G219.2

中国版本图书馆 CIP 数据核字(2018)第 291863 号

**中国传媒智库[第二辑]**
ZHONGGUO CHUANMEI ZHIKU [DI-ER JI]

**主　　编**　喻国明　张洪忠　陆先高
**策划编辑**　姜颖昳
**责任编辑**　姜颖昳
**特约编辑**　张　蔚　刘　英
**封面设计**　拓美设计
**责任印制**　阳金洲

**出版发行**　中国传媒大学出版社
**社　　址**　北京市朝阳区定福庄东街 1 号　　邮编：100024
**电　　话**　86-10-65450532　65450528　　传真：010-65779405
**网　　址**　http://www.cucp.com.cn
**经　　销**　全国新华书店

**印　　刷**　北京玺诚印务有限公司
**开　　本**　787mm×1092mm　1/16
**印　　张**　18.5
**字　　数**　357 千字
**版　　次**　2018 年 12 月第 1 版
**印　　次**　2018 年 12 月第 1 次印刷

**书　　号**　ISBN 978-7-5657-2436-7/G・2436　　**定　　价**　79.00 元

# 目 录

## 第四章 《移动社交网络时代的传谣与辟谣:技术逻辑视野下的新态势与新对策》研究报告

喻国明 李 彪 杨 雅 潘佳宝 赵 睿 程思琪



## 第五章 中国互联网视听行业发展报告(2017)

陈 鹏 司 若 陈 锐



## 第六章 2017 中国大学海外网络传播力报告

张洪忠 方增泉 郑 伟 石韦颖 苏世兰 刘力铭 丁 磊

## 第七章　2017 中央企业海外网络传播力报告

张洪忠　方增泉　郑　伟　王玮玮　韩晓乔　苏世兰　石韦颖　刘旭阳

# 第一章 互联网智库大数据研究报告

人民网舆情监测中心
人民在线
刘鹏飞 张 力 朱 燕 齐思慧 叶德恒

## 一、2016 年政务微信发展报告

近年来，随着微信的异军突起，政务微信成为发布政府信息的新媒体、提供公共服务的新平台和实现政民互动的新渠道。人民网舆情数据中心凭借多年从事互联网数据采集和新媒体评估方面的经验，打造出了基于微信大数据的第三方平台——“微透视”，抓取海量微信大数据，进行多维度的智能分析，评估政务微信公众号的影响力。

2016 年，政务微信传播影响力排名前 10 位的分别是“共产党员”“上海发布”“中国政府网”“中山发布”“佛山发布”“杭州发布”“珠海交警”“唐山交通安全微发布”“重庆交巡警”和“中央纪委国家监委网站”。① 从总体上来看，进入 100 强的政务微信，在政务公开、资讯推送和公共服务方面做得较好，逐步架构起了“以部门职能为特色，以便民服务为主导”的智慧平台与“掌上政府”。

## (一)数据篇

**政务微信 TOP100 分布情况**

1. 级别分布：地市级账号表现抢眼

从政务微信 TOP100 账号认证主体的级别上来看（见图 1－1），中央部委、省、市、县（区）、乡镇部门均有入榜账号，但数量差异较大。其中市属机构开设的微信公众号数量最多，共计 47 个，约占总数的 47％。省级账号有 24 个，占总数的 24％。而区县级账号和中央级账号入榜的数量分别为 16 个和 13 个。

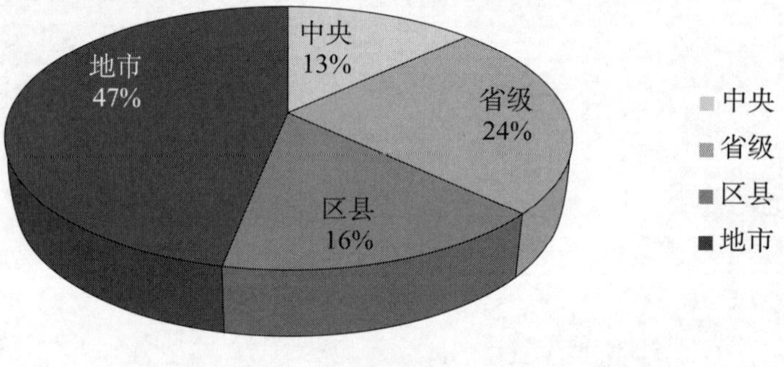


图 1－1 政务微信 TOP100 各级别数量分布

2. 地域分布：地方微信公众号梯队化明显

从入围 TOP100 账号的地域分布来看（见图 1－2），呈现出了明显的梯队分布：江苏、浙江两省上榜账号数量最多，浙江以 14 个上榜账号居全国榜首，广东和江苏两省分别拥有 11 个上榜账号。

① WMI（微信传播力指数）指标说明：为兼顾微信公众号文章的数量和质量，人民网舆情数据中心从阅读量和点赞数两方面，选取了总阅读量、平均阅读量、头条总阅读量、单篇最高阅读量、总点赞数、平均点赞数、头条总点赞数、单票最高点赞数这 8 个指标来对微信公众号进行评估。各项指标数据抓取时间为 2016 年 1 月 1 日至 2016 年 12 月 31 日。

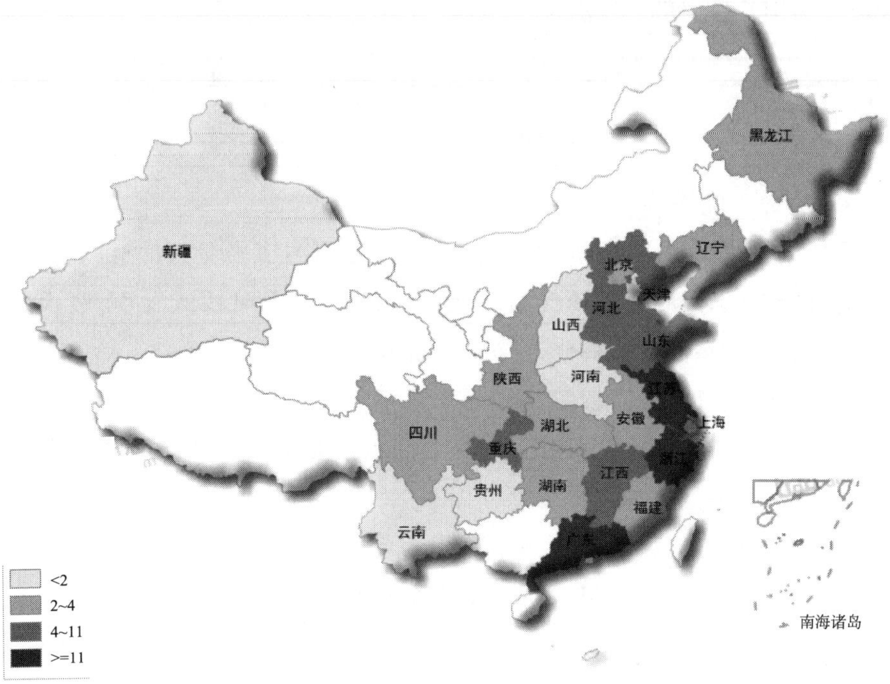


图 1－2　政务微信 TOP100 各省拥有数量分布

3. 类别分布:各类别微信公众号特色鲜明

从入围 TOP100 账号的类别来看(见图 1－3),政务微信之间不同系统运营差异较大,两极分化明显。公安(含公安局、交警、派出所、消防、车管所等分系统)、宣传、团委系统形成主要梯队,整体表现非常活跃,入榜数量分别为 35 个、30 个和 14

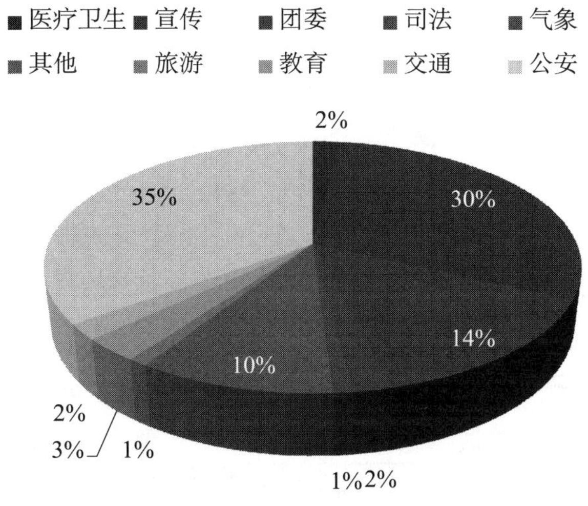


图 1－3　政务微信 TOP100 各类别数量分布

个，共占 TOP100 榜单的 79%。

## (二)亮点篇

1. 权威：先天优势

在系列重大舆情和突发舆情事件中，政务微信努力成为纷繁信息的过滤器、偏激情绪的缓释剂、国民心态的压舱石。聚焦热点事件，及时权威发声；驳斥虚假信息，消除市民恐慌；积极宣传科普，守护网络清朗。

(1)聚焦热点事件，及时权威发声

2016 年 10 月 3 日，山东莱钢医院发生一起恶性伤医事件。“健康中国”发布《国家卫生计生委公安部责成严厉惩办山东莱芜恶性涉医刑事犯罪》，呼吁全社会营造尊医重卫的良好社会氛围，医患携手共筑情感共同体和命运共同体，为实现健康中国共同努力奋斗。2016 年 7 月，河北暴雨期间，河北官方微信矩阵连续更新了暴雨预警，关心民众出行安全。“石家庄共青团”微信公众号还以此为契机，发布《暴雨过后，石家庄街头发生的真实一幕，必须告诉大家！》，关爱在恶劣天气环境下坚守岗位的环卫工人。文章不仅取得了较高的阅读转发率，还宣传了正能量。

(2)驳斥虚假信息，消除市民恐慌

2016 年 1 月 11 日晚，“喀什网警巡查执法”接到多名网民询问，“喀什公安局宣——自己在中国资料中却写其他国家名字的人，希望你们尽快改掉资料”的消息是否属实。2016 年 1 月 12 日中午，“喀什网警巡查执法”快速回应，集中发布辟谣文。权威消息得到网民的大力转发，文章阅读量迅速突破 10 万次。

(3)积极宣传科普，守护网络清朗

2016 年 3 月，在“问题疫苗”事件期间，“全国卫生 12320”对重大医疗卫生事件不回避不隐瞒，第一时间公开权威信息，发布《你关心的疫苗问题都在这里！看国家卫生计生委专家怎么说？了解了，心里就有底了！》，并积极利用新媒体渠道，向广大网民进行防御知识的科普，认真服务群众，消除市民的恐慌。

2. 技术：驱动力量

政务微信日渐成为政府对外发布信息、提供精准公共服务的重要平台。政务微信的技术开发以及产品推广，均为百姓办事“跑断腿”提供了有力支持。技术手段的支撑是驱动政务微信前进的重要力量。随着网络技术的更新发展，政务机构要学会融合网络新技术，打破信息孤岛，将长期“条块分割，各自为战”、分散在各个政府部门的海量数据有效整合，实现数据协同共享和规模效用。

(1)发扬钉子精神,夯实技术支撑

“四川省教育厅”用“新”服务广大考生。考生只需关注“四川省教育厅”政务微信公众号并完成成绩订阅,即可在第一时间收到由微信公众号平台发送的高考成绩。与此同时,“四川省教育厅”政务微信公众号还对查询程序进行了全面优化。

(2)整合媒体资源,优化问政渠道

成都市人民政府政务服务中心以“成都服务”为统一品牌,为在蓉企业和广大市民提供举报投诉、办事咨询、信息查询等网络问政及政务服务。通过整合各级各类政务新媒体资源,集中在网络上为市民提供办事咨询、问题反映、建言献策的渠道,以服务方式的转变,让普通的政务微信从“我说你听”的单向推送提升为“你说我办”的双向互动。

3. 创新:必由之路

政务微信的创新包括管理创新和服务创新。内容有趣、形式灵活、服务便利。政务微信只有在传播形式、政务流程等方面,逐步完善、逐步创新,才能探索出引导宣传多格局的方法与整合“掌上政务”资源的最佳手段。

(1)简化政务程序,开启创新执法

多地交警官微先后从简化交通警务事件处理程序着手,解决群众关心的交通出行问题。比如,“珠海交警”针对“市民避让特种车闯红灯”的行为,活用微信平台、开通创新服务,进一步简化“免罚”程序,将人性化执法与互联网交通巧妙联结,推行“交警微信对话框”,成为全国首个利用微信平台简化撤销此类罚单程序的城市。重庆、郑州、长沙、武汉、西安等地交警官微启动“自助移车”,开启一键挪车服务,助力城市畅通。“武汉交警”独创“V用户”系统,升级交警用户中心,推出全国车辆违法图片查询、电子驾驶证、违法“推送+处理”一键搞定和违停有奖举报等4大新功能,“智能语音客服”分阶段上线。

(2)创新传播形式,有效科普知识

“重庆环保”推出“图说环保”栏目,直击环保新视点。“肇庆市旅游局”创建“走读肇庆”栏目,从旅游景点到美食手信,多角度展示肇庆风光。“丰台警事”创新IP栏目,打造“出警那些事儿”。“顺义警方”擅讲警察故事。

“中国普法”紧跟新媒体时代的脚步,策划以新媒体技术为载体、形式多样的普法“微活动”,进一步增强司法内容的传播效果。“中国政府网”以“动图”解读“两会”,以“音画”总结工作。2017年“两会”期间,“中国政府网”推出《一镜到底:总理记者会还可以这样看》《记者会没看够?我向总理再“说句话”》等新媒体作品,升级H5产品形式,大量融入短视频,不仅将阅读时间缩减至“1分钟”,还开通了会后建言渠道。

4. 服务:核心目标

目前,多数政务微信都已经开始积极利用微信平台提供如在线咨询、业务办理等职能服务。服务,作为政务官微的核心目标,其效力在未来也将进一步凸显。

(1)革新公共设施,优化市民体验

广州地铁推出了"云卡",支持移动闪付过闸。据悉,广州地铁上线的"云卡"是基于 HCE 技术的一种虚拟卡,通过绑定银联卡,实现 NFC 手机非接触式刷卡过闸,收获了市民大量好评。

(2)开通线上服务,回应社会关切

2016 年 11 月 16 日晚 7 时许,浙江长兴一小女孩王悠然离家后一直未归。接到报案后,长兴警方全力寻找。17 日上午,长兴警方借用微信平台发布寻人启事,阅读量迅速突破 10 万次。

(3)展开集中整治,解决民生问题

2017 年 1 月 14 日,上海市浦东新区高桥镇人民政府"潮涌高桥"就 1 月 11 日上午在镇上发生的一起交通事故,发布《关心凌桥交通的你,有一份告居民书》一文回应社会关切,阅读量突破 6 万次,点赞量 600 余个。有网友留言表示:"感谢政府关心。政府的行动,百姓都看在眼里。相信大家都会理性对待,我们要的只是安全。"

5. 互动:重要环节

政务官微通过定期进行原创策划,打造互动栏目,有助于进一步激发网友兴趣、增加用户黏性。从单一的信息发布模式转变为双向互动,更有助于凝聚群众智慧,畅通诉求渠道,解决实质性问题。

(1)上线互动平台,广聚群众力量

前有"朝阳群众",后有"西城大妈",现有"海淀网友"强势来袭。2016 年 1 月 4 日,"海淀公安"官微创新举措,上线"海淀网友"互动平台,凝聚群众力量、共同维护社会治安。网民可通过文字、照片或视频的方式提供犯罪线索,并在线与警方实时沟通。据悉,该平台接到网友举报、收到警务类线索的数量已超数千余条,"海淀网友"骨干力量已超 17 万人。

(2)满足受众需求,增强用户黏性

以微信公众号"正警事儿"为例,从积极传播警营正经事儿、传递公安正能量,到密切联系人民群众,不断创新活动方式、融合警民关系。2016 年 8 月 14 日,为回馈"粉丝"的喜爱,创新开展了线下活动"粉丝大趴"——北京市公安局警营开放活动暨"正警事儿"和《警花与警犬》"粉丝"见面会。活动期间,700 余名"粉丝"、20 多家媒体走进特警总队，1 600万网友在线观看网络平台直播，共同感受这场盛大的警民联欢。

6. 亲民：基本姿态

政务官微的每一次发声、每一项举措，都是在塑造自己在网民眼中的专属“形象”与“标签”。讲方法、使巧劲，以亲民的姿态传递阳光正能量，用畅通的政务渠道，帮助民众感知政务微信的服务价值与力量。

(1)展示民警英姿，传递亲民形象

2016 年，江西省公安厅开展“忠诚 110”接出警微电影原创大赛。“赣州公安”紧密协作，制作微电影《速度与警情》，并在大赛中脱颖而出。时长 15 分钟的视频，尽展公安民警们不一样的速度与激情，得到了一片赞誉。“北京交警”推送视频《女交警的花样人生》，展现了多位女交警的形象。“佛山市公安局”以年度大盘点的方式，推出《闪亮的日子，佛山公安大步向前进》等多篇微信文章，用一张面孔、一次营救、一场别离，向网民展现了公安民警枕戈待旦、无私付出的工作场景。

(2)加强政务沟通，携手互利惠民

“邢台发布”是由邢台市互联网信息办公室主办，主要用于公布权威的党政信息和便民的服务资讯。该公众号还开通了全面的城市服务，提高了办事效率。市民可以通过该公众号上的“邢台民意通”功能，直接向市直各单位和领导进行问政。2016 年，该公众号共发布文章 1 633 篇，阅读总量达 6 539 977 次，在省内政务微信公众号中排名第六；其传播力评分更是达到了 86.95 分，在省内政务微信公众号中排名第五。

## (三)问题篇

1. 梯队分布明显，区域发展不平衡

从地域方面来看，西部地区政务微信建设明显滞后于全国其他地区。通过对入围 TOP100 账号的地域分布进行分析，江浙地带上榜微信公众号数量最多，浙江以 14 个上榜账号居全国榜首。可以看出，就地域分布而言，西部地区的政务微信建设仍然较为落后，还需综合发展，不断提升新媒体的队伍建设、运营建设及传播效果。

2. 职能定位模糊，影响用户体验

一些政务微信对政务职能定位模糊，日常发布内容追求“偏、大、全”，而忽视了用户体验。个别政务微信热衷发布健康、养生类的信息，而且有的养生内容甚至是简单地摘抄网络上的不实信息，严重误导用户。

3. 平台搭建不完善，功能板块开发不足

观察发现，多数政务微信公众号平台搭建不完善，尤其是服务功能板块开发不足。不利于定位目标受众，带动精准传播。在政务微信的内容方面，应该开设不同板块，使推送内容一目了然，方便受众选取关注内容阅读，利于政务微信精准传播。

4. 服务机制不健全，影响服务体验

目前，各政务微信机制化程度较低，设专人管理、成立专业队伍仍处于理想化状态。多数政务微信无法完全实行全日制工作制，工作人员对网友诉求的回复时限、咨询类诉求最长办结时限、投诉类诉求最长办结时限等均不能通过机制保障，严重影响了用户的服务体验。

5. 互动频度较低，仍是服务短板

互联网新技术的渗透，使不少政务微信能够利用形式多样、风格活泼的多媒体方式进行内容传播，其效果显而易见，但其与用户之间的互动频度较低，导致官民之间的沟通始终充满了生硬感与隔阂感，这仍旧是政务微信在服务功能方面的短板。

## (四)趋势篇

1. 实现区域矩阵化发展

矩阵化发展是政务微信未来发展的显著趋势。随着队伍的壮大，地区政务微信集群化趋势日益明显。“网信河北”发起成立了河北省新媒体联盟，该联盟成员已有 288 个，覆盖了全省 13 个市的各级各领域，覆盖人数达 2 500 万人。其中政务类新媒体成员 185 个、媒体类新媒体成员 72 个、自媒体类新媒体成员 31 个。“上海发布”融合 16 个区县、29 个委办局、24 个重要机构的官方微信，真正形成了上海政务微信矩阵，其服务面之广、服务效率之高广受市民称赞。成都市已建立了市、区（市）县和市级部门、街道（乡镇）和区（市）县部门、村（社区）的四级政务类新媒体集群体系，4 000 余个政务微博（微信）一网覆盖、互联互通，网民诉求可面向全市各类政务服务新媒体责任主体直接派发，极大地减少了中间转办环节，缩短了办理时间。

2. 优化政务服务大厅

政务服务大厅实现服务的综合化与多元化，用户可通过一个页面解决多种问题。政务微信的服务功能可以从单一的个体到部门，进行全方位优化与立体式整合，打通部门之间的信息壁垒、数据壁垒和资源壁垒。结合不同地方、不同部门的具体情况，结合群众办事过程中遇到的现实性问题，有针对性地对公众实际使用场景进行设身处地的考虑。如“四川发布”设置了微信矩阵，将平台打造为一站式微信办事和查询平台。

3. 搭建“互联网+医疗”

未来，医疗类政务微信公众号将在医疗卫生领域为卫生、计生等场景工作分流，减轻其压力。2016 年 3 月，“四川卫生计生”上线“生育证网上登记”功能，简化了办证流程，方便了育龄群众，该功能推出后产生良好反响。“南京卫生 12320”积极搭建微信公众号平台功能板块，主要设置有：“预约挂号”“健康广场”等板块，网民可直接通过该平台实现在线预约南京市各大医院专家问诊、医检结果一键查询等便捷服务。“南京卫生 12320”微信公众号平台将自身打造成了“掌上医疗服务端”。

4. 成为民意集散地，畅通问政渠道

当前，政务微信公众号已然成为社会治理的重要手段和工具，畅通“一把手”问政渠道正成为问政潮流。“成都市政务新媒体服务群众办事大厅”，利用“局长进大厅”栏目，开展“民生服务日”“微访谈”活动，在线受理网民投诉，实时解读民生政策，主动回应民生热点，并对网民诉求派发督办等工作进行网络直播，提升网络问政效果。

5. 规范平台运营，提升用户体验

政务微信的运营正朝着机制化、规范化的方向迈进。一方面，在投入上，政府部门将投入更多的人力和经费，加强机制建设；另一方面，在运营模式上，将在很大程度上贴近用户需求，提升用户体验。“成都服务”运营中心实行全日制工作制，工作人员对网友诉求的回复时限被严格控制在 1 小时内，咨询类诉求最长不超过 24 小时办结，投诉类诉求最长不超过 72 小时办结，相比传统渠道，其办事效率有了极大提升。

6. 紧跟时代前沿，描绘魅力城市

政务微信与互联网新技术深度融合，利用图文、音频、视频、H5、动画、漫画、MV、VR、无人机航拍、网络直播等形式多样、风格活泼的多媒体传播方式，在打造城市名片、输出城市文化、塑造城市形象的同时提升自身影响力。如“上海发布”不仅是连接城市与市民的重要平台，也是上海市政府对外宣传的综合窗口，善于运用 H5、VR 等多种技术向网友传递本市独有的文化符号，其推出的“上海 360°超级全景”使其成为国内首个运用 VR 技术展示城市景象的政务微信公众号，在打造城市名片、输出城市文化、提升城市形象的同时，公众号本身的传播力也得到了提升。“南海发布”上的《南海这个龙舟漂移太刺激，霸屏央视！戳进来跟 VR 视频与龙舟齐漂移！》用 VR 视频的形式向网友展现了龙舟大赛，为我国古老赛事注入了新鲜活力。

# 二、京津冀“互联网＋政务”发展研究报告

## （一）背景

2014年2月26日，习近平总书记在北京主持召开座谈会，强调指出实现京津冀协同发展是一个重大国家战略，要坚持优势互补、互利共赢、扎实推进，加快走出一条科学持续的协同发展道路。四年来，京津冀协同发展在交通、医疗、教育、环保、空间疏解等方面取得了显著成就，成果惠及区域百姓的同时也为城市群布局和区域发展提供了样板。

随着互联网的发展普及，“互联网＋政务”的概念应运而生，不断推动政府提高公共服务水平和办事效率，实现融合创新与协同发展。“互联网＋政务”是京津冀协同发展的加速器，“互联网＋政务”是京津冀协同发展的必经之路，“互联网＋政务”也是未来打造京津冀智慧城市圈的关键与基础。

在习近平总书记提出京津冀协同发展三周年之际，人民网舆情数据中心与蚂蚁金服联合发布《京津冀“互联网＋政务”发展研究报告》。基于人民网舆情数据中心数据与蚂蚁金服“互联网＋”指数，报告聚焦京津冀地区“政务新媒体”指数与“互联网＋公共服务”指数，通过总体数据分析与案例分析，对京津冀“互联网＋政务”发展情况进行回顾梳理，并进一步展望其发展前景。

## （二）京津冀政务新媒体协同发展研究

在京津冀乃至在全国范围内，北京政务新媒体的发展都算得上名列前茅。在北京政务新媒体排行中，“@平安北京”系唯一一个评分在90分以上的“尖子生”，且同时囊括了传播力、服务力和互动力三个单项指标的冠军，其实力问鼎本榜。“@北京地铁”在服务力方面表现较佳，排名第二。“@气象北京”位居第三（见表1－1）。

北京政务新媒体主要特点在于强化责任意识、消弭公众焦虑。例如，在微博方面，“@平安北京”从翔实播报热点事件进展，到积极抢占舆情应对落点，全面夯实力度、不断加快速度，成就了政务官方微博的新高度。在2016年2月发生的“昌平

枪击”案中,“平安北京”官微 48 小时内发布通报,直面社会关切。其推送的《昌平枪击案情况通报》一文,阅读量逼近 6 万次,点赞量近 500 余个,成为舆论引导的关键节点。

**表 1-1　京津冀政务新媒体指数——北京**

| 京津冀政务系统双微影响力排行榜——北京 | | | | | 2016 年 | |
|---|---|---|---|---|---|---|
| 名次 | 微博 | 微信 | 传播力 | 服务力 | 互动力 | 总分 |
| 1 | 平安北京 | 平安北京 | 94.39 | 96.50 | 92.56 | 94.08 |
| 2 | 北京地铁 | 北京地铁 | 86.14 | 92.60 | 77.85 | 84.12 |
| 3 | 气象北京 | 气象北京 | 85.74 | 90.59 | 73.75 | 81.91 |
| 4 | 北京发布 | 北京微博微信发布厅 | 85.49 | 83.68 | 74.31 | 80.66 |
| 5 | 北京交警 | 北京交警 | 84.10 | 78.09 | 71.70 | 77.94 |
| 6 | 京港地铁 | 京港地铁 | 75.75 | 90.29 | 68.31 | 75.68 |
| 7 | 交通北京 | 交通北京 | 83.03 | 79.21 | 66.43 | 75.62 |
| 8 | 北京昌平 | 北京昌平 | 77.71 | 87.80 | 61.17 | 73.11 |
| 9 | 北京公交集团 | 北京公交集团 | 79.32 | 75.11 | 63.81 | 72.28 |
| 10 | 京环之声 | 京环之声 | 74.84 | 85.12 | 61.98 | 71.75 |
| 11 | 首都网警 | 首都网警 | 77.76 | 72.45 | 63.91 | 71.16 |
| 12 | 北京消防 | 北京消防 | 77.51 | 66.74 | 62.10 | 69.19 |
| 13 | 北京市教委 | 首都教育 | 76.40 | 62.42 | 62.56 | 68.07 |
| 14 | 北京白云观微博 | / | 76.88 | 53.46 | 65.30 | 67.56 |
| 15 | 京法网事 | 京法网事 | 78.37 | 63.47 | 54.88 | 65.99 |
| 16 | 北京铁路 | 北京铁路 | 76.54 | 69.68 | 53.15 | 65.82 |
| 17 | 北京 12345 | / | 71.15 | 79.13 | 51.18 | 64.76 |
| 18 | 北京丰台 | / | 72.50 | 66.11 | 54.32 | 63.95 |
| 19 | 首都健康 | 首都健康 | 79.14 | 55.18 | 49.66 | 62.55 |
| 20 | 北京海淀法院 | 北京海淀法院 | 72.95 | 51.99 | 57.02 | 62.39 |

天津政务新媒体排行前三名分别是:“@天津交警”“@平安天津”“@天津发布”(见表 1-2)。天津公安系统表现强劲,占据本榜 6 个席位。交通类和团委类账号也有不俗表现,分别占据本榜 3 个席位。

从内容特点上来看,天津新媒体则非常善用互联网思维强化政务信息传播。以“@天津交警”微信公众号为例,相关工作人员在标题的拟定上较为灵活,如《这次不是传闻,是真的!》较为符合新媒体用户的阅读特点,该标题吸引力较强。《“扣分新规出炉”? 呵呵!》标题中大胆使用网络词汇“呵呵”,也体现了官方微信对待“扣分新规出炉”谣言嗤之以鼻的态度。

**表 1-2　京津冀政务新媒体指数——天津**

| 政务指数 | 京津冀政务系统双微影响力排行榜——天津 | | | | 2016 年 | |
|---|---|---|---|---|---|---|
| 名次 | 微博 | 微信 | 传播力 | 服务力 | 互动力 | 总分 |
| 1 | 天津交警 | 天津交警 | 90.08 | 98.08 | 84.94 | 89.63 |
| 2 | 平安天津 | 平安天津 | 82.51 | 93.17 | 71.78 | 80.35 |
| 3 | 天津发布 | / | 80.08 | 80.76 | 77.13 | 79.04 |
| 4 | 滨海发布 | 滨海发布 | 75.08 | 84.24 | 63.65 | 72.34 |
| 5 | 天津消防 | 天津消防 | 71.37 | 73.39 | 68.36 | 70.57 |
| 6 | 天津 8890 | 天津 8890 服务信息 | 67.47 | 96.00 | 51.98 | 66.98 |
| 7 | 津彩青春 | 津彩青春 | 69.20 | 81.00 | 56.22 | 66.37 |
| 8 | 天津高速公路 | 天津高速公路 | 75.15 | 82.02 | 47.64 | 65.52 |
| 9 | 活力河西青年 | 活力河西青年 | 62.62 | 78.28 | 53.12 | 61.95 |
| 10 | 天津出入境 | 天津出入境 | 66.35 | 77.73 | 44.58 | 59.92 |
| 11 | 天津气象 | / | 72.91 | 71.10 | 39.18 | 59.06 |
| 12 | 平安塘沽 | 平安塘沽 | 66.72 | 67.65 | 41.90 | 56.98 |
| 13 | 天津地铁运营 | / | 70.20 | 57.60 | 43.26 | 56.91 |
| 14 | 天津市住房公积金发布 | / | 67.85 | 58.48 | 39.02 | 54.44 |
| 15 | 天津轨道交通 | 天津地铁 | 66.57 | 55.18 | 41.15 | 54.12 |
| 16 | 天津大学团委 | 天津大学团委 | 61.27 | 50.08 | 45.96 | 52.91 |
| 17 | 天津教育 | 天津教育 | 60.97 | 71.19 | 35.34 | 52.76 |
| 18 | 天津旅游 | / | 63.84 | 54.53 | 37.35 | 51.38 |
| 19 | 平安和平 | 平安和平 | 58.00 | 80.05 | 30.24 | 51.31 |
| 20 | 天津环保发布 | 天津环保 | 63.27 | 61.83 | 33.89 | 51.23 |

河北政务新媒体整体表现较为均衡，各类账号得分情况差距较小。排在榜单前三名的分别是：公安类账号“@唐山交警”、团委类账号“@石家庄共青团”和旅游类账号“@河北省旅游发展委员会”（见表 1-3）。就单项指标而言，“@唐山交警”的传播力效果最强，总分排名第一。“@河北省旅游发展委员会”在服务力方面表现较好，服务力单项指标排名第一。“@保定检察 2014”的互动力单项指标得分最高。

**表 1-3　京津冀政务新媒体指数——河北**

| 政务指数 | 京津冀政务系统双微影响力排行榜——河北 | | | | 2016 年 | |
|---|---|---|---|---|---|---|
| 名次 | 微博 | 微信 | 传播力 | 服务力 | 互动力 | 总分 |
| 1 | 唐山交警 | 唐山交通安全微发布 | 87.83 | 69.99 | 72.12 | 77.98 |
| 2 | 石家庄共青团 | 石家庄共青团 | 79.29 | 87.06 | 70.45 | 77.31 |
| 3 | 河北省旅游发展委员会 | 河北旅游 | 78.04 | 90.90 | 65.87 | 75.74 |
| 4 | 河北发布 | 河北发布 | 79.16 | 82.14 | 68.25 | 75.39 |
| 5 | 河北检察 | 河北检察 | 78.35 | 78.26 | 69.07 | 74.62 |
| 6 | 河北公安网络发言人 | 河北公安 | 80.67 | 78.47 | 63.82 | 73.49 |

续表

| 京津冀政务系统双微影响力排行榜——河北 | | | | | 2016 年 | |
|---|---|---|---|---|---|---|
| 名次 | 微博 | 微信 | 传播力 | 服务力 | 互动力 | 总分 |
| 7 | 保定检察 2014 | 保定检察 | 65.60 | 76.36 | 76.29 | 72.03 |
| 8 | 河北公安交管网 | 河北公安交管网 | 80.03 | 79.82 | 58.57 | 71.41 |
| 9 | 邢台发布 | 邢台发布 | 78.90 | 69.12 | 62.41 | 70.35 |
| 10 | 河北天气 | 河北天气 | 74.73 | 90.53 | 53.20 | 69.28 |
| 11 | 石家庄发布 | 石家庄发布 | 77.89 | 65.94 | 62.32 | 69.27 |
| 12 | 河北消防 | 河北消防 | 71.48 | 80.35 | 56.88 | 67.41 |
| 13 | 石家庄学院共青团 | 石家庄学院共青团 | 64.36 | 73.94 | 65.18 | 66.60 |
| 14 | 唐山检察 | 唐山检察 | 59.78 | 75.65 | 67.06 | 65.86 |
| 15 | 峰峰发布 | 微观峰峰 | 76.29 | 48.55 | 63.16 | 65.49 |
| 16 | 衡水公安网络发言人 | 衡水公安 | 73.70 | 66.36 | 53.81 | 64.28 |
| 17 | 河北共青团 | 河北共青团 | 70.52 | 65.90 | 54.69 | 63.26 |
| 18 | 河北高院 | 河北高院 | 69.95 | 88.44 | 43.29 | 62.99 |
| 19 | 大好河山张家口 | 大好河山张家口 | 74.71 | 70.54 | 44.46 | 61.77 |
| 20 | 邢台公安网络发言人 | 邢台公安 | 69.85 | 66.75 | 50.90 | 61.65 |

## (三)京津冀公共服务协同发展研究

根据蚂蚁金服的京津冀“互联网＋公共服务”指数榜单可知，京津冀三省市在互联网公共服务的发展上均处于快速发展阶段，北京、天津与石家庄分列前三(见表 1－4)。不过，目前三地发展水平也呈现出一定差异。天津在新型教育服务方面，得分与北京比较接近。河北各市之间的发展水平则较为接近，廊坊、邯郸、秦皇岛等地在大数据交通治理、交通运输服务品质以及在线医疗新模式等方面，也有突出表现。

**表 1－4　京津冀“互联网＋公共服务”指数**[①]

| | 便民服务新业态 | 创新政府网络化管理和服务 | 大数据交通治理 | 交通运输服务品质 | 新型教育服务 | 在线医疗新模式 | 总指数 |
|---|---|---|---|---|---|---|---|
| 北京市 | 236.05 | 72.23 | 16.33 | 202.5 | 153.07 | 270.6 | 186.38 |
| 天津市 | 63.95 | 44.46 | 10.9 | 88.5 | 146.4 | 71.31 | 81.62 |
| 石家庄市 | 72.51 | 27.63 | 7.42 | 47.21 | 77.76 | 79.62 | 57.81 |
| 廊坊市 | 52.07 | 33.04 | 8.35 | 35.83 | 79.24 | 111.08 | 56.84 |

① 数据来源：蚂蚁金服；数据截至 2016 年 9 月。

续表

| | 便民服务新业态 | 创新政府网络化管理和服务 | 大数据交通治理 | 交通运输服务品质 | 新型教育服务 | 在线医疗新模式 | 总指数 |
|---|---|---|---|---|---|---|---|
| 唐山市 | 30.26 | 30.61 | 7.3 | 23.79 | 57.24 | 58.02 | 35.89 |
| 衡水市 | 27.68 | 38.58 | NA | 15.97 | 55.2 | 62.53 | 34.69 |
| 保定市 | 27.12 | 28.27 | 5.03 | 20.1 | 52.4 | 48.23 | 31.26 |
| 秦皇岛市 | 30.37 | 26.96 | 4.81 | 30.47 | 57.4 | 17.3 | 30.51 |
| 邯郸市 | 21.69 | 28.3 | 5.26 | 28.15 | 70.01 | 16.58 | 30.47 |
| 张家口市 | 20.67 | 25.19 | 2.85 | 18.36 | 58.18 | 17.68 | 24.86 |
| 承德市 | 22.26 | 21.18 | 5.84 | 13.75 | 60.77 | 21.77 | 24.74 |
| 邢台市 | 19.79 | 29.91 | 4.24 | 13.43 | 65.3 | 13.93 | 24.2 |
| 沧州市 | 24.25 | 33.97 | 3.91 | 15.84 | 50.31 | 13.56 | 23.37 |

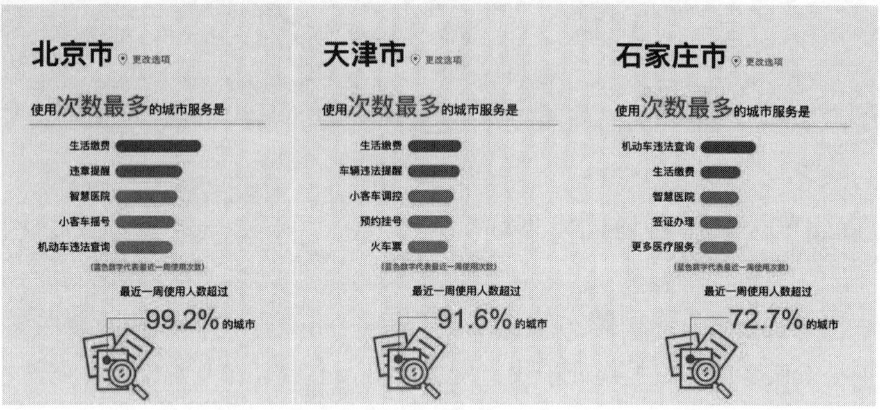


图 1-4　北京、天津与石家庄城市服务使用情况(2016 年 3 月 13 日至 3 月 19 日)

以北京、天津与石家庄为例，查询对比三地近一周内使用的互联网公共服务项目发现，生活缴费、智慧医疗、机动车违法提醒与查询、火车票、签证办理等与市民息息相关的公共服务项目使用频率较高，互联网已逐渐深入京津冀城市圈的公共服务体系中(见图 1-4)。

公共服务差异过大，是制约京津冀协同发展的突出短板。四年来，北京在加强与津冀公共服务资源共享、推进京津冀公共服务均衡化发展方面取得了积极成效。例如，自《京冀张医疗卫生合作框架协议》签署以来，在北京医疗资源的支撑下，张家口地区的百姓在家门口就享受到了优质医疗服务。京津冀间分级诊疗、双向转诊模式加快构建，北京市 50 多家医院与天津市、河北省 150 余家医疗机构开展合作，京冀在燕郊、张家口、曹妃甸、承德等地共同实施重点医疗合作项目，累计派出合作医师 1 000 余人，接诊患者约 7 万人次。位于河北燕郊的燕达金色年华健康养护中心，是国内最大规模的医养结合型养老社区。“目前在住的 1 500 多名老人中，98%来自北京，且需求人数还在增加。”养护中心营销总监李东辉说，“这里环境美、医疗条件好，孩子们从北京过来看望老人也就半个小时车程，很方便。”2017 年 1 月 5 日，北京市医保中心和河北燕达医院签署了医保直接结算服务协议，标志着京冀跨省异地就医实现互联互通。

此外，交通一体化是京津冀协同发展重要的骨骼和血脉系统，是需要率先发展的重点领域。四年来，打造“轨道上的京津冀”已成为京津冀协同发展进程中的一个热词。京津冀城际铁路网规划敲定，将以“京津、京保石、京唐秦”三大通道为主轴，以京、津、石三大城市为核心，到 2030 年基本形成以“四纵四横一环”为骨架的城际铁路网络。这张密密麻麻的网，将覆盖、连通每一个区域的中心城市、重要城镇和主要产业集聚区。

通过与长三角、珠三角两个区域对比，研究发现，2016 年京津冀整体的“互联网＋公共服务”水平与前两个区域均保持着快速增长的趋势。在 2016 年 1 月，京津冀、长三角与珠三角三个城市圈的“互联网＋公共服务”水平为 24.52、48.27 与 56.37；到了 2016 年 9 月，三个城市圈的“互联网＋公共服务”水平分别增长至 49.43、112.97 与 110.70。

伴随整体水平的提高，城市圈内的差异也逐渐明显。研究发现，2016 年 1 月，长三角与珠三角地区“互联网＋公共服务”水平的内部差异水平为 24.51 与 24.60；到了 2016 年 9 月，两地区的内部差异水平已经分别增长至 79.03 与 64.56。通过对比三个城市圈的走势发现，在相似增速的前提下，京津冀区域“互联网＋公共服务”水平的内部差异变化并不明显，城市圈保持着良好的整体发展势头。

### (四)加强“互联网＋政务”建设，打造京津冀智慧城市圈

目前，北京、天津、河北三省市签署了涵盖“放管服”改革内容的协同发展战略合作 10 项共识，以机制协同、结果互认为重点，构建基于“互联网＋”的统一系统平台，共同推进三地政务工作协同发展，努力实现政务服务便利化、同城化。但与此同时，如何通过互联网提高三地政务服务力、加强三地政务协同能力，如何利用互联网促进京津冀发展、打造智慧城市圈，均是亟待解决的问题与潜在的挑战。在此，人民网新媒体智库提出了几点建议：

1. 基于“互联网＋”打造京津冀政务服务矩阵

在各自政务新媒体梯队的基础上，以公安、交管、交通、医疗、民政、司法、人社、

教育、住房、城管、环保、生活缴费、文化生活等横向领域为切口，打造政务服务矩阵。

2. 建设京津冀政府网络数据库与公共服务产品

以“共享”为关键，建设政府基础信息数据库，打造数据共享交换平台，推进信息互联互通。以“整合”为保障，加快整合现有网络平台，优化整合线上线下两种资源，实现集约节约发展。

3. 加速京津冀三地网络基础设施建设

网络基础设施建设是信息交流、共享与三地合作的基础，因此，有必要积极推进云计算数据中心建设，形成处理能力强、存储容量大、安全可靠、适度分散、适应不同应用服务、布局合理的云计算环境。通过宽带等基础设施的建设，为云计算、大数据、物联网、移动通信等智慧区域的建设提供新的平台和空间。

4. 尝试通过 PPP 模式解决利益与风险问题

京津冀协同发展，仍需聚焦当下最实际的问题，即河北城市建设滞后于北京和天津的问题以及北京和天津的农村与城区的差距问题。通过 PPP 模式（政府和社会资本合作模式）将部分政府责任以特许经营权方式转移给私人企业，政府与企业建立起“利益共享、风险共担、全程合作”的伙伴式关系，并通过签署合同来明确双方的权利和义务，政府的财政负担减轻，企业的投资风险减小，同时达到加快社会信息化步伐的目的。

5. 构建京津冀协同发展的智慧城市圈

在基础设施建设、数据库建设、信息发布机制完善、网络服务平台搭建等方面的共同促进下，打造智慧城市圈是京津冀协同发展的产物，也是未来产业协同发展的重要载体。

## 三、中国城市交通智能出行 2016 发展报告

这可能是第一次如此大规模的，利用互联网公司企业数据作为依据，研究中国城市的交通出行问题。这是一次大胆的尝试，也是一次有意义的尝试。因为随着互联网的普及，“互联网＋交通”的推进，互联网思维已越来越深入人心，互联网产生的大数据也越来越被社会所重视。以往，我们印象中对交通出行的研究数据大多来源于城市交通管理部门，或者是专门的交通研究机构，可是现在，这种情况正

在发生改变。

人民网舆情数据中心联合滴滴媒体研究院、《中国交通年鉴》城市交通研究中心与浙江大学建筑工程学院交通工程研究所共同完成的《中国城市交通智能出行发展报告》，就是充分利用互联网交通出行和舆情大数据，对中国主要城市的交通出行所做的一次较为系统、深入的研究分析。这次研究输出的结果，采用了《中国交通年鉴》30 多年的数据积累和滴滴出行等单位的数据及舆情研究成果。

## （一）从舆情数据看城市交通

作为舆情监测与网民意见分析领域的先行者，人民网舆情数据中心拟利用 2016 年 1 月 1 日至 6 月 30 日这半年来的城市出行舆情大数据，对 22 个重点城市交通出行的网络舆情进行整体呈现（见图 1－5）。

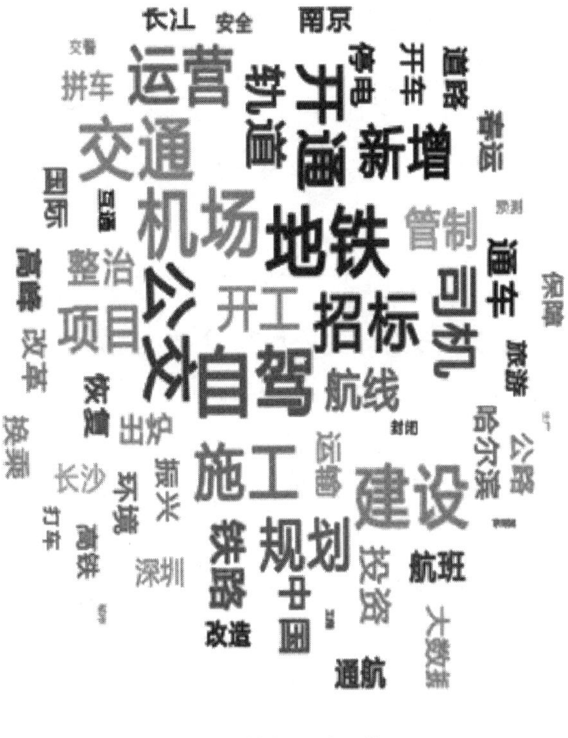


图 1－5　22 个城市十大交通舆情名词、动词的词云

■ 当“我们”所代表的网民，在谈论城市交通出行的时候，到底在谈论什么？

■ “我们”最关注哪些方面？

■ 在谈论交通时有哪些态度上的倾向、意见和看法？

■ 媒体、网民、政府对于这些话题的关注有哪些不同的解读和思路？

1.“地铁”“机场”成为各城市最热门话题（见图 1－6）

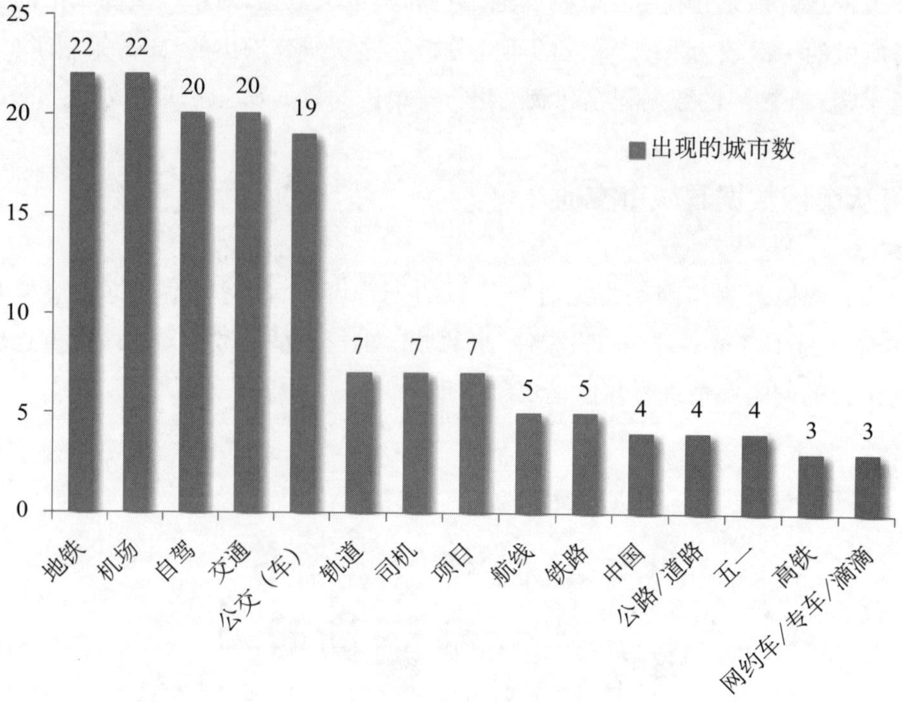


图 1－6　22 个城市交通舆情中最常出现的名词

首先是“地铁”“机场”等交通工具或场所，主要关注点集中于“新线路/航线”的规划、建设、开通；

其次是“自驾”等出行方式，主要关注点集中于春节、小长假、周末的出行；

再次是“公交（车）”等公共出行方式，主要关注点集中于“司机”和“公路/道路”状况等方面；

最后是“铁路”“高铁”等城际出行方式，主要关注点集中于高铁站的新建和开通等。

2.“开通/通车”与“建设”成为各地交通主要动态（见图 1－7）

舆情数据反映出，在为期半年的监测中，22 个城市都在城市交通方面有重大项目的建设与完工。监测期内，绝大部分城市都有重要交通项目已经“开通/通车”或“运营”，有不少城市正在“开工”“建设”“施工”……另外，也有部分城市忙着“治理”，比如，北京、重庆、成都、武汉、广州、兰州。

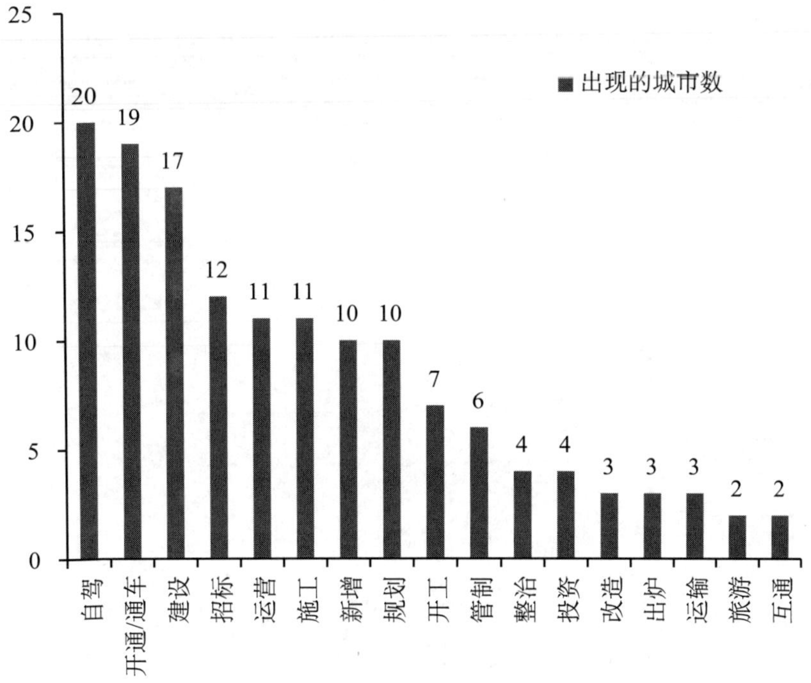


图 1-7　22 个城市交通舆情中最常出现的动词

3. 关联城市体现区域"一体化"与"同城化"

在不少城市的关联热词中，都出现了与其相关的其他省份、城市或区域名，有些地区看似与本市关联并不大，但深入研究却能发现交通发展对城市协同发展的促进作用。很多舆情中常出现的地名都与新航线、铁路线路的开通相关，或是本身就是该市周边的热门自驾游目的地，或体现了区域性的协同发展战略，如京津冀、长三角一体化等（见表 1-5）。

**表 1-5　城市关联热词情况**

| 城市 | 关联地名 | | | |
|---|---|---|---|---|
| | 市内 | 省内 | 国内 | 国际 |
| 北京 | | | 京津冀　河北 | |
| 上海 | 浦东　虹桥 | | 长三角　北京　江苏　杭州 | 日本　韩国 |
| 广州 | 增城　黄埔 | 顺德　深圳<br>东莞　佛山 | 香港　南宁　成都　上海<br>北京　武汉　山东　杭州 | |
| 深圳 | 龙岗 | 广州　惠州<br>东莞 | 北京　香港　杭州 | |
| 天津 | 滨海新区　武清 | | 北京　上海　临汾 | |
| 重庆 | 万州　永川<br>涪陵 | | 四川　广元　西藏　天津<br>云南　武汉　临汾　贵州<br>深圳　山东 | 越南 |

续表

| 城市 | 关联地名 | | | |
|---|---|---|---|---|
| | 市内 | 省内 | 国内 | 国际 |
| 沈阳 | | 大连 | 中国　西安　哈尔滨　张家口　北京 | |
| 长春 | 龙嘉　北湖 | 吉林市 | 中国　新疆　北京　武当山　昆明　大连　长沙　烟台 | |
| 哈尔滨 | 太平区　哈西 | | 石家庄　日照　青岛　北戴河　北京　张家口　营口 | |
| 石家庄 | 正定 | 张家口　北戴河　唐山　秦皇岛　保定 | 京津冀　北京　天津 | |
| 郑州 | 新郑 | | 北京 | |
| 济南 | 章丘 | 青岛　烟台 | 中国　北京 | |
| 青岛 | | 济南　烟台 | 中国　北戴河 | 美国 |
| 南京 | 江北 | 扬州 | 北京　上海　杭州　合肥 | |
| 杭州 | 萧山　西湖　余杭　富阳 | 临安　宁波 | 黄埔　上海　北京　武当山 | |
| 合肥 | 滨湖　肥东 | 巢湖　马鞍山　六安 | | |
| 武汉 | 武昌　汉口　汉阳　光谷　东湖 | | | |
| 长沙 | 宁乡　橘子洲 | 浏阳　张家界　株洲 | 中国　武汉 | |
| 兰州 | 东岗 | 敦煌 | 重庆　中国　西藏　青海湖 | |
| 西安 | | 咸阳　延安　宝鸡 | 成都　兰州 | |
| 成都 | 双流　温江　郫都区　都江堰 | 川西　遂宁　稻城亚丁 | 西藏　北京　重庆　拉萨 | |
| 南宁 | 吴圩 | 桂林　柳州　玉林 | 上海　中国　广州 | 日本　越南　泰国 |

■ 在哈尔滨，很多河北、山东的城市成了与之相关的高频词，如“石家庄”“青岛”“日照”“北戴河（隶属秦皇岛市）”等，这反映了民航的迅速发展。2016 年 3 月，石家庄、青岛、秦皇岛均增开了前往哈尔滨的相关航线，其中石家庄、青岛往来哈尔滨的航线均是该机场的骨干航线。

■ 在北京，京津冀、河北是其高频关联地名；在石家庄，京津冀、北京、天津是其高频关联地名；在天津，北京是其高频关联地名。京津冀一体化在网民与媒体中也得到了热烈的讨论和聚焦。

■ 在长三角的南京，扬州、上海、杭州、合肥都是其高频关联地名；在上海，长三角、北京、江苏、杭州是其高频关联地名；在杭州，临安、宁波、上海是其高频关联地名。

■ 在珠三角的广州，上海、南宁、东莞、深圳、佛山是其高频关联地名；在深圳，东莞、广州、香港则是其高频关联地名。长三角、珠三角、京津冀三地一体化的发展思路，明显体现在交通舆情中。

4. 交通舆情反映出城市“性别友好”的气氛

在不少城市，“女性”“女子”“女乘客”等也常成为出现频率较高的词汇，这在一定程度上说明女性的出行和安全更容易引发关注。比如，在郑州，“女性”“专车”“歧视”都是该城市独有的热点词汇，这与郑州公交推行的“女性专车”项目有关（见表 1－6）。

**表 1－6　城市交通领域含女性的新闻比例**

| 城市 | 含女性的新闻比例 | 城市 | 含女性的新闻比例 |
|---|---|---|---|
| 郑州 | 14.47% | 重庆 | 2.22% |
| 济南 | 8.69% | 西安 | 1.90% |
| 杭州 | 5.78% | 合肥 | 1.71% |
| 北京 | 5.50% | 长沙 | 1.69% |
| 上海 | 5.43% | 哈尔滨 | 1.61% |
| 南京 | 5.32% | 青岛 | 1.61% |
| 沈阳 | 4.25% | 深圳 | 1.51% |
| 天津 | 4.11% | 南宁 | 1.50% |
| 成都 | 2.44% | 石家庄 | 1.46% |
| 长春 | 2.29% | 兰州 | 0.82% |
| 广州 | 2.25% | | |

对孕妇、哺乳期妇女等弱势群体在出行上的特殊照顾，以及对普通女性夏季出行时的保护，反映了一个城市在舆情中“性别友好”的程度。

5. 节假日与本地文化塑造了城市的出行风貌

● 在不少城市的关键词中还透露出本地文化的特点；

● “端午”“赛龙舟”是广州交通舆情中的热点名词，体现出广州人对端午节的重视；

● “清明”“五一”则是南京交通舆情中出现较多的节日，与之相关的“扫墓”“自驾”“路线”等名词，表明南京人对这两个节假日的重视；

● 在青岛，“渔船”“航线”“克利伯”“海域”“帆船”“船员”等名词则是活跃度较高的词语；

● 在成都，随着以熊猫为主题的地铁 3 号线的建设运营，“3 号线”“熊猫地铁”和“盼达号”等名词一度骤升为新一届“网红”词；

● 在西安，“老区”“振兴”和“助推”等名词是热词，主要是因为近年来陕西省一直致力于整合红色旅游资源助力革命老区发展。

## (二)城市出行规律概览

1. 交通拥堵状况(见图 1-8)

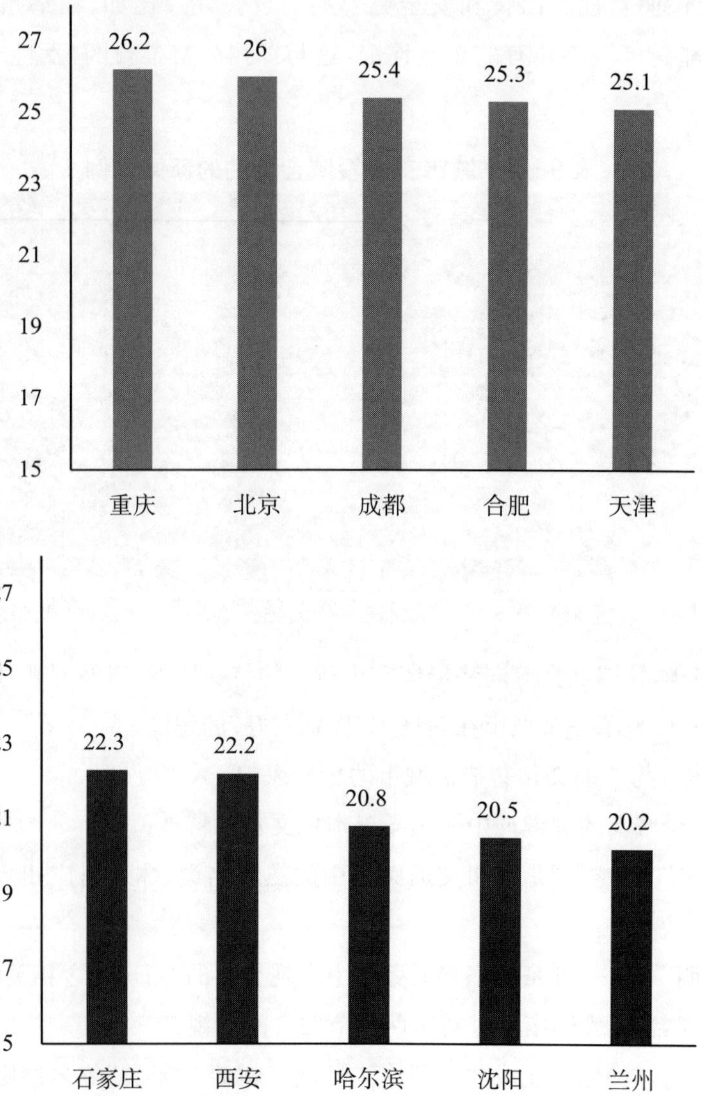


图 1-8 10 个城市全年平均车速(km/h)

通过对比这10个城市的全年平均车速可以发现，重庆、北京、成都、合肥及天津的全年平均车速分列前五位，而石家庄、西安、哈尔滨、沈阳及兰州则位列最后。由此可见，在这10个城市中，重庆、北京的交通拥堵状况比较乐观，而沈阳、兰州则相对欠佳。

2. 年度出行量分布及规律（见图1-9、图1-10）

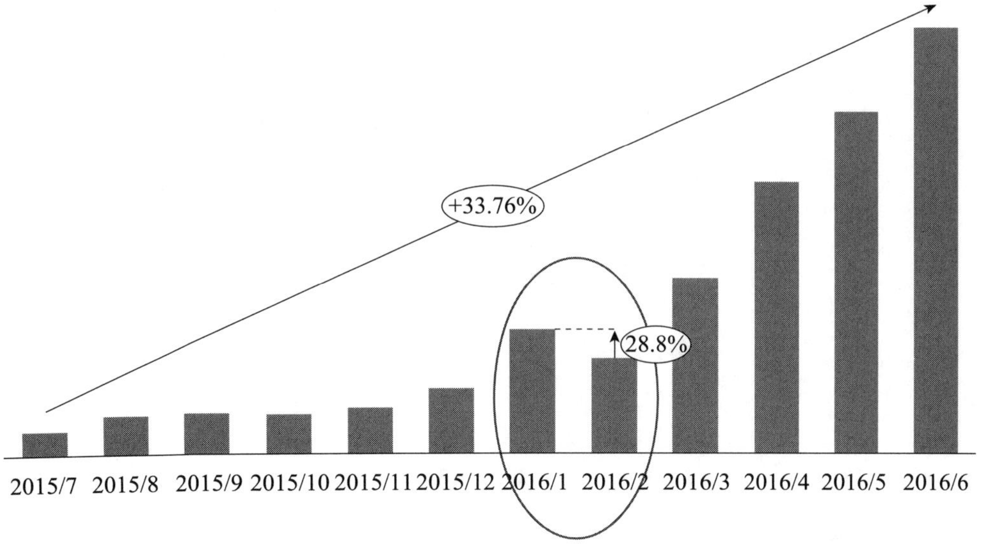


图1-9　重庆全年智能出行量变化月趋势

注：数据通过滴滴出行平台全量数据，结合统计周期内市场份额推算。

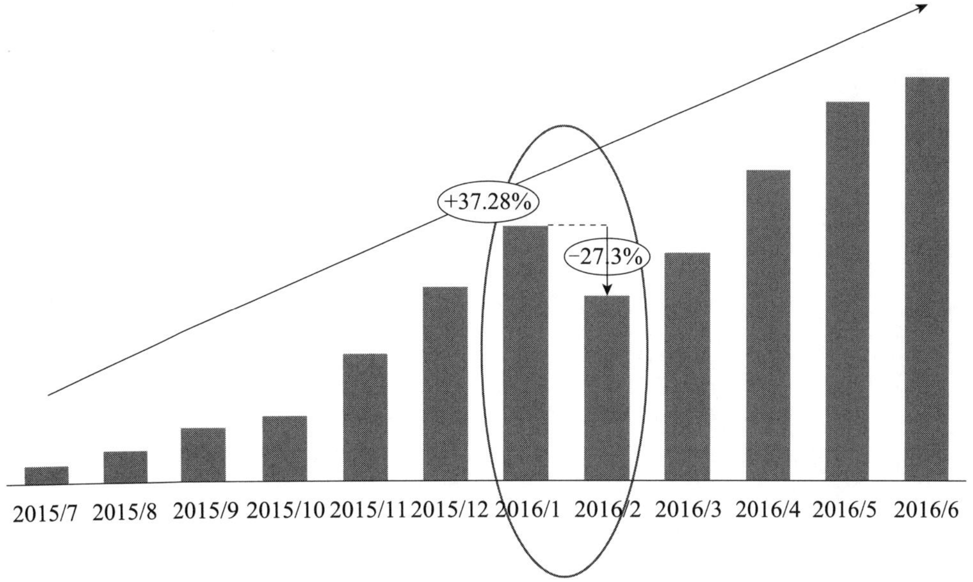


图1-10　石家庄全年智能出行量变化月趋势

注：数据通过滴滴出行平台全量数据，结合统计周期内市场份额推算。

通过对比这 10 个城市的年度出行量可以发现，在过去一年，基本上所有城市的出行量均呈现逐步上升的态势。另外，在 2 月份时受春节假期影响，整体出行量有不同程度的下降，兰州除外。

3. 工作日出行量分布及规律（见图 1－11、图 1－12）

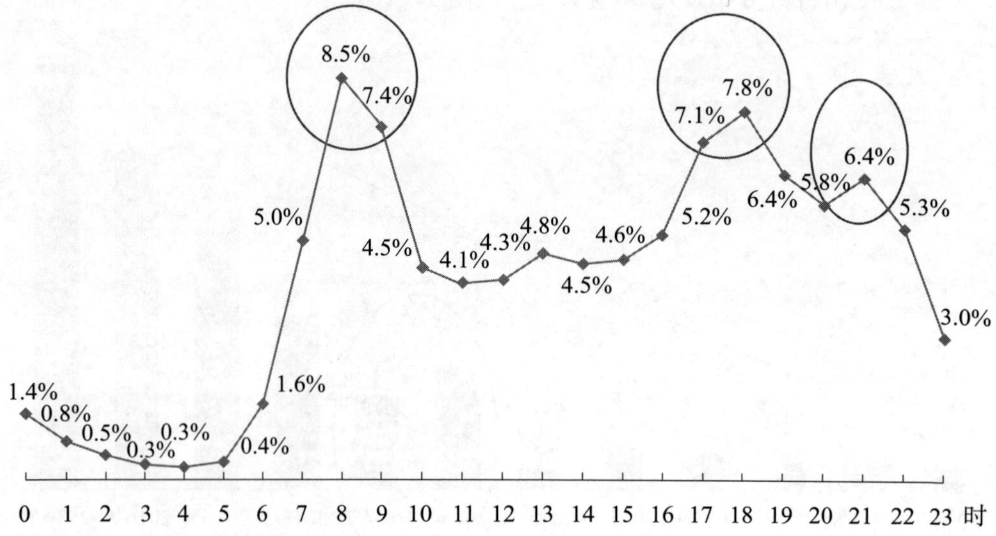


图 1－11 上海工作日出行量时间分布

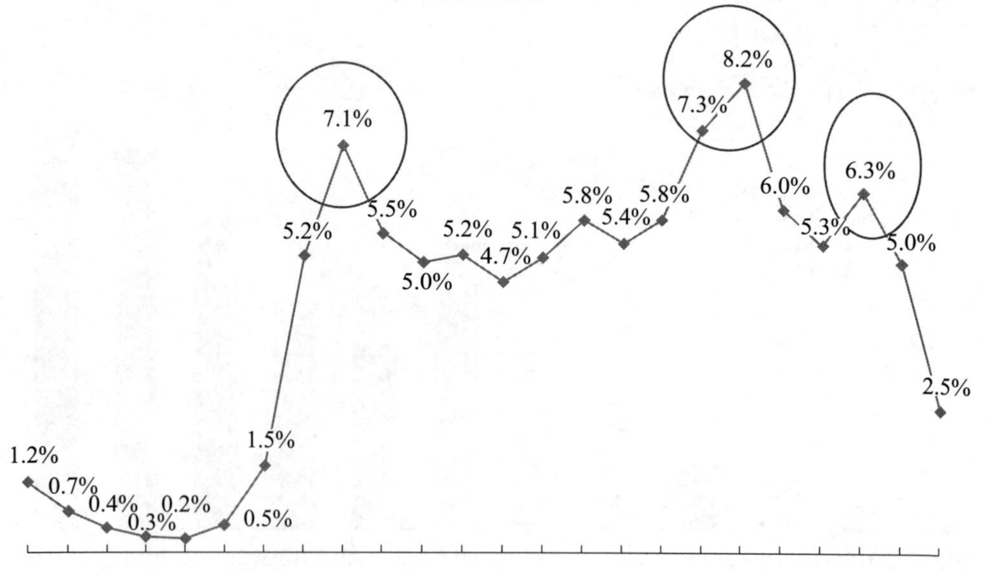


图 1－12 郑州工作日出行量时间分布

通过对比这10个城市的工作日出行量可以发现，在周一至周五工作日，基本上所有城市的出行量均会呈现出3个峰值，即早高峰（时间集中在7:00—9:00）、晚高峰（时间集中在17:00—19:00）以及夜高峰（时间集中在20:00—22:00）。

4. 特殊时间出行

● 节假日出行（见图1-13、图1-14）

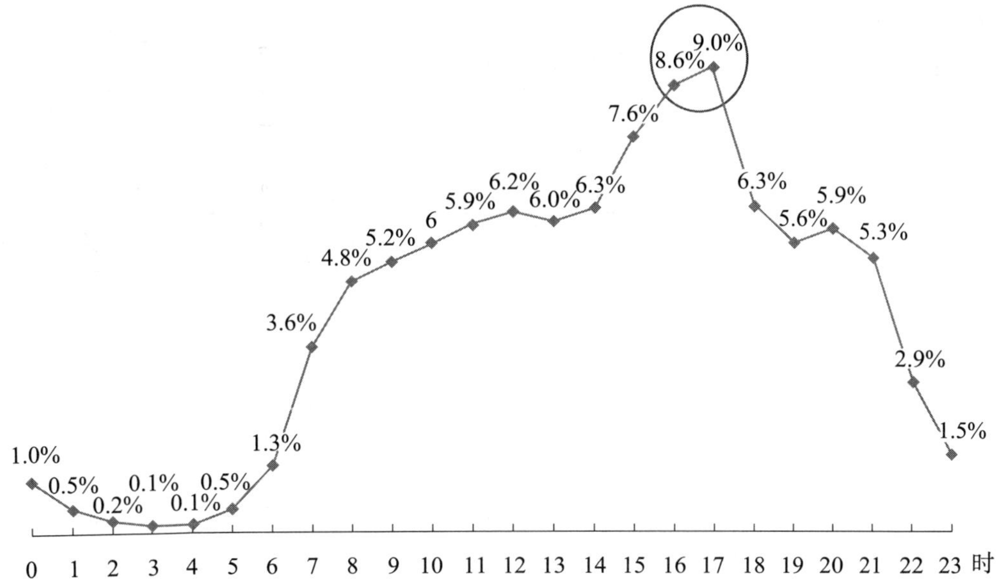


图1-13　哈尔滨节假日出行量时间分布

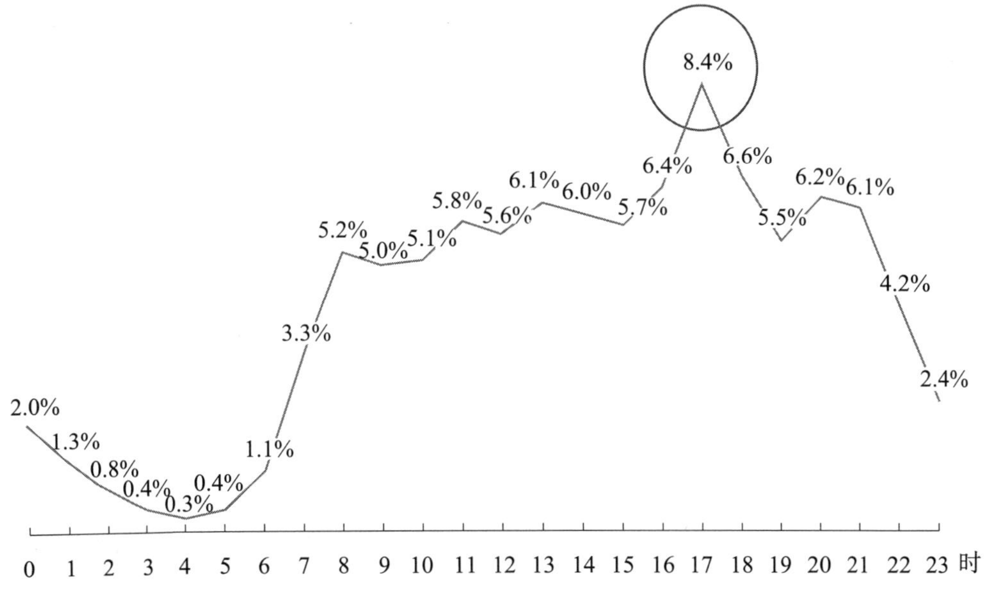


图1-14　南京节假日出行量时间分布

通过对比这10个城市的节假日出行量可以发现，相比于工作日的出行情况，在周末，基本上所有城市的早高峰和夜高峰均不再明显，仅有晚高峰依然存在。

● 春节出行（见图1-15、图1-16）

通过对比这10个城市2016年2月的出行量可以发现，春节期间，整体出行量较低，其中2016年2月8日（农历正月初一，春节）出行量最低。许多城市的“空城”现象明显。

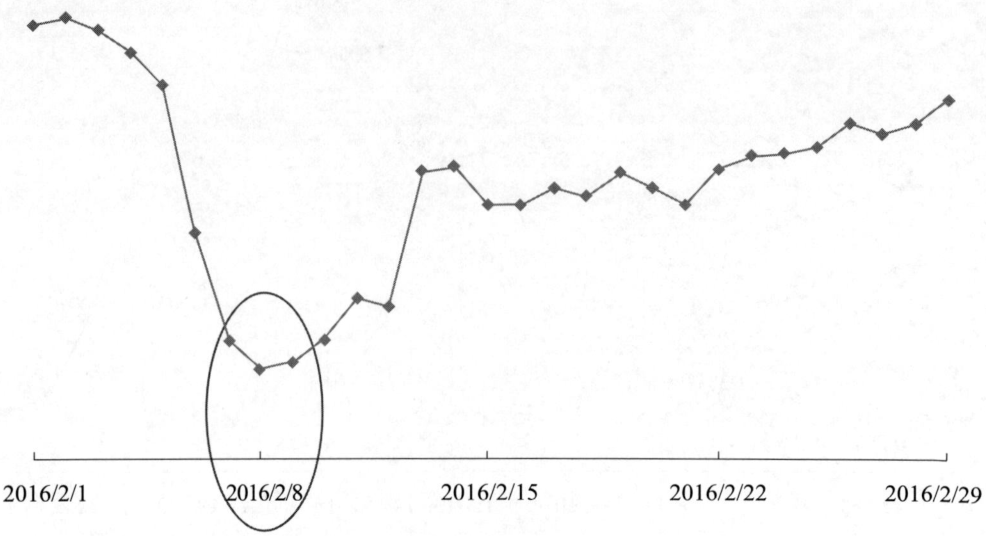


图1-15 沈阳2016年2月出行量变化趋势

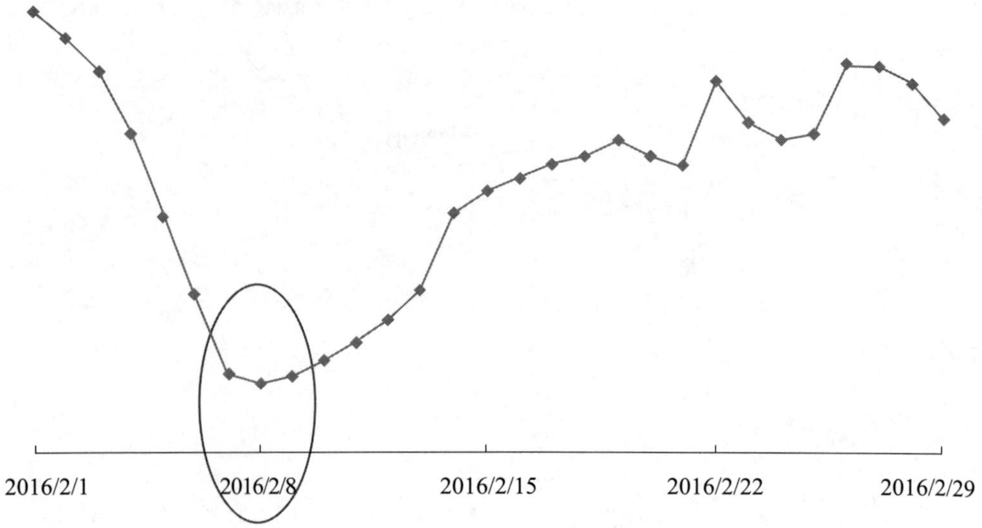


图1-16 杭州2016年2月出行量变化趋势

## (三)北京城市出行大数据分析

首都北京作为中国人口最多、最密集、城市建成区最广的城市之一，其城市交通出行一直是中国人热议的话题之一，“首堵”的趣称近年来几乎取代了“首都”，成为描述北京的专有名词之一。

事实上，北京真的是“首堵”吗？北京的交通出行真的那么难吗？通过对滴滴出行的大数据研究，对中国的省会级和副省级城市做横向比较，我们发现，北京可能并不是交通出行最糟糕的一个城市。

从北京地区人口密度分布状况可以看出(见图1－17)，城市核心区集中了大量的人口，其密度是远郊区的上百倍，如此多的人口每天通过公共交通、私家车，甚至步行等不同的出行方式，行走在狭小的城市空间里，这该是一种什么样的状况呢？

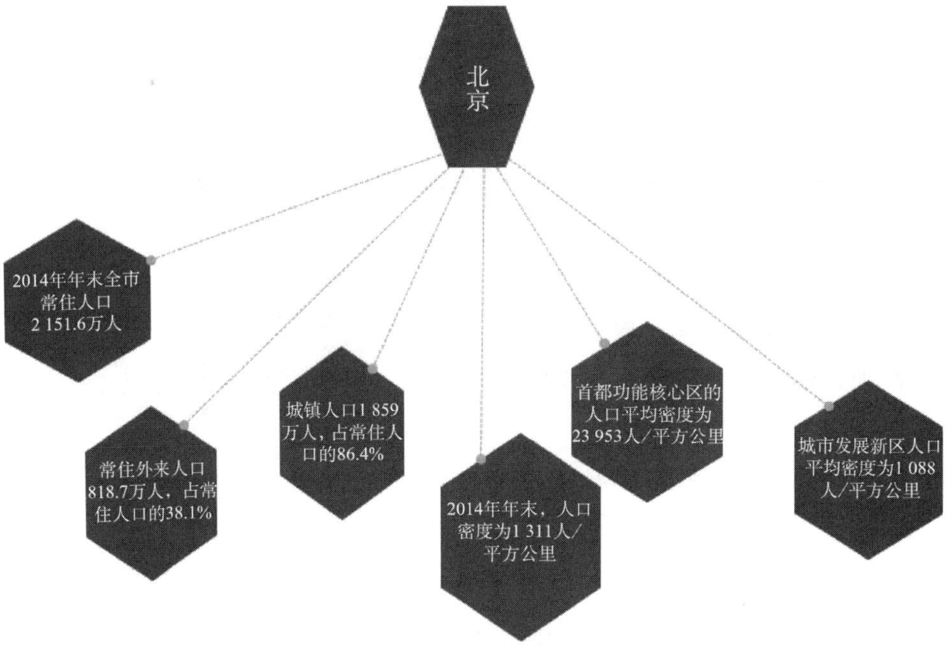


图1－17　北京地区人口密度分布状况

1. 整体交通概况

● 全年平均车速(见图1－18)

在观察的一年周期内，北京市主城区主要街道的行驶车速相对稳定，平均车速为 26KM/H。在 2015 年“9・3 反法西斯胜利七十周年大阅兵”期间、“十一国庆假期”期间和 2016 年“春节”期间，北京市主城区的日均车速达到一年观察期中的峰值，最高日均车速超过 36KM/H。

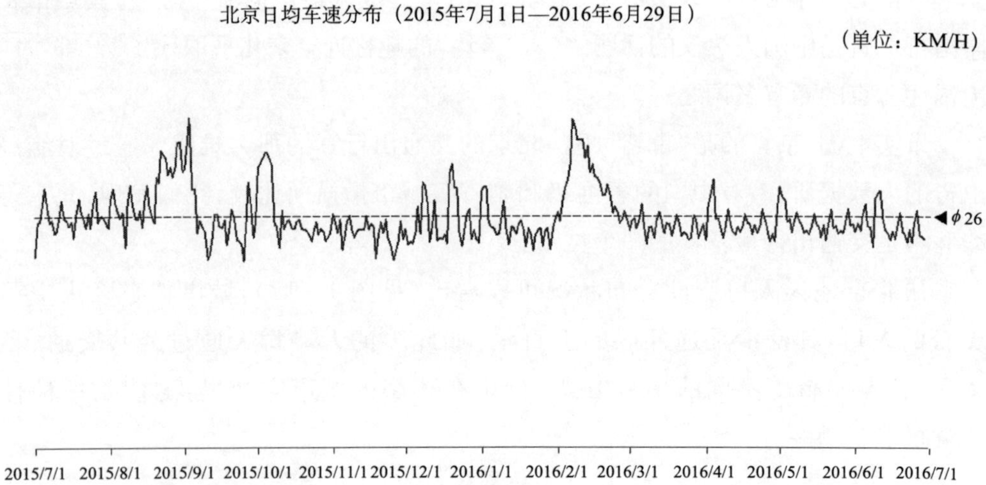


图 1-18　北京日均车速变化趋势

● 拥堵路段

根据滴滴出行大数据显示，北京市区容易发生拥堵的路段如下：

■ 东三环北路

■ 阜石路（五环和四环之间）

■ 西二环（儿童医院—西直门桥段）

■ 西三环（丽泽桥—苏州桥段）

■ 中关村北大街

■ 西二环（菜户营桥—广安门桥段）

■ 建国门桥和建外大街

■ 立汤路天通苑段

■ 西单北大街（西四—新街口段）

■ 长安街（天安门—公主坟段）

2. 出行规律

● 年度出行量分布及规律（见图 1-19、图 1-20）

北京主城区的交通出行有着很强的时间分布规律，特别是在一年之内，受节假日、特殊活动的影响很大。

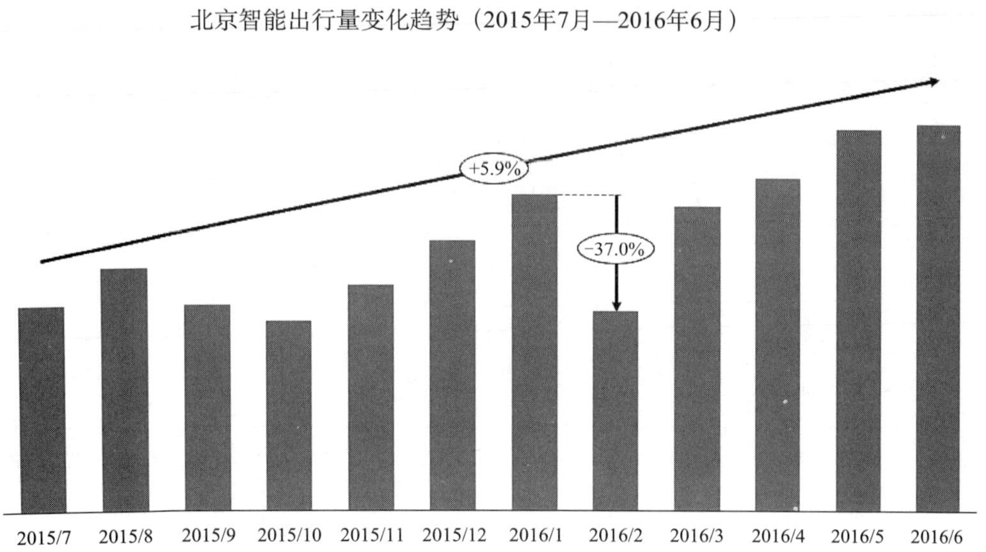


图 1-19　北京智能出行量变化月趋势

注：数据通过滴滴出行平台全量数据，结合统计周期内市场份额推算。

图 1-20　北京全年智能出行量变化日趋势

注：数据通过滴滴出行平台全量数据，结合统计周期内市场份额推算。

节假日整体出行量下降，2015 年受“9·3 反法西斯胜利七十周年大阅兵”、中秋节放假、“十一国庆假期”、2016 年春节的影响，滴滴平台的出行量会出现规律性的波动。

2016 年 2 月 8 日（农历正月初一，春节）的出行量最少。

● 工作日出行时间分布及规律（见图 1-21）

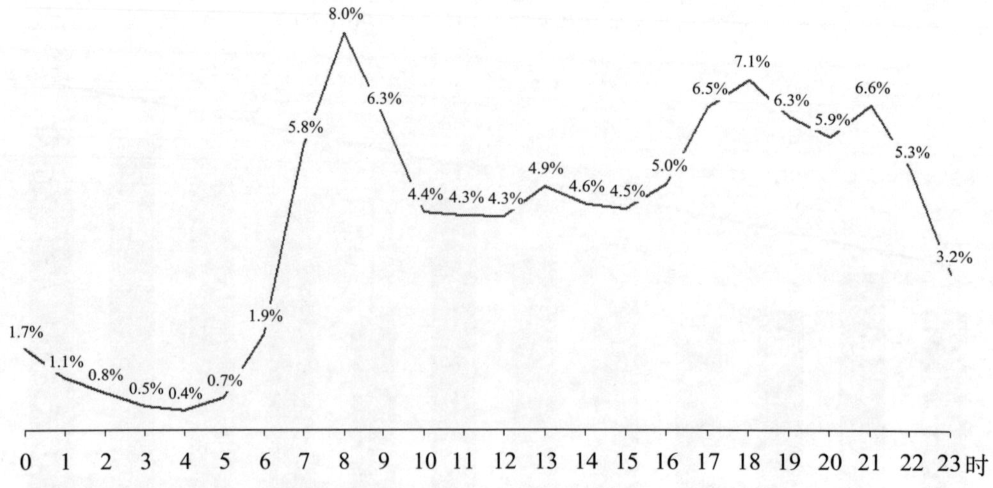


图 1-21　北京工作日出行时间分布

将一周五个工作日的出行量综合分析来看，一般来说，如果没有特殊状况，北京主城区每个工作日都有三个出行峰值，分别为：早高峰（7:00—9:00）、晚高峰（17:00—19:00）以及夜高峰（20:00—22:00）。

● 打车成功率（见图 1-22）

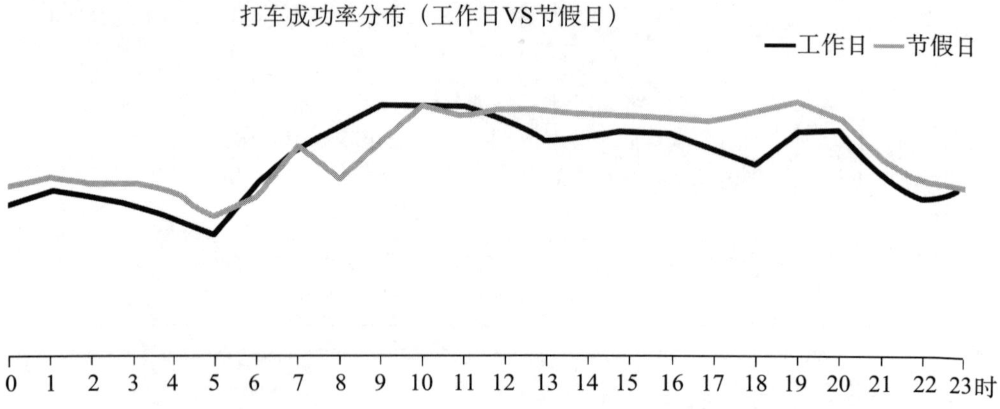


图 1-22　北京打车成功率时间分布

通过对人们打车习惯、时间段的分析发现，在每天凌晨 5:00 左右，打车的成功率是最低的。在工作日早晚高峰，打车的难度是较大的；在节假日的白天，打车成功率分布较为均衡，基本上不会出现“打车难”的状况。

● 出行量集中区域（见图 1-23）

如果将打车需求热点更为细化，就会发现：潘家园、三里屯、国贸、望京、丰台区水口子街、北京南站等路段和区域都是打车需求量较高的区域。

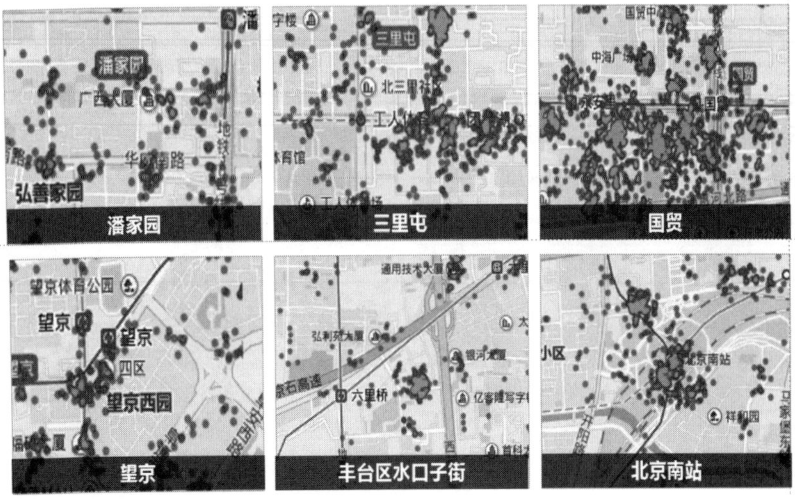


图 1-23 北京部分区域打车需求热点分布

通过总量分析发现，在北京市主城区，商业、商务等的高度集中，影响着区域的出行量。如果从行政区域来看，朝阳区、海淀区和东城区的出行需求更旺盛、更集中，并且不会受周末、假期等因素的影响。

- “打车难”区域(见图 1-24)

图 1-24 北京打车难区域分布

● 不同时间的出行目的地(见图 1-25)

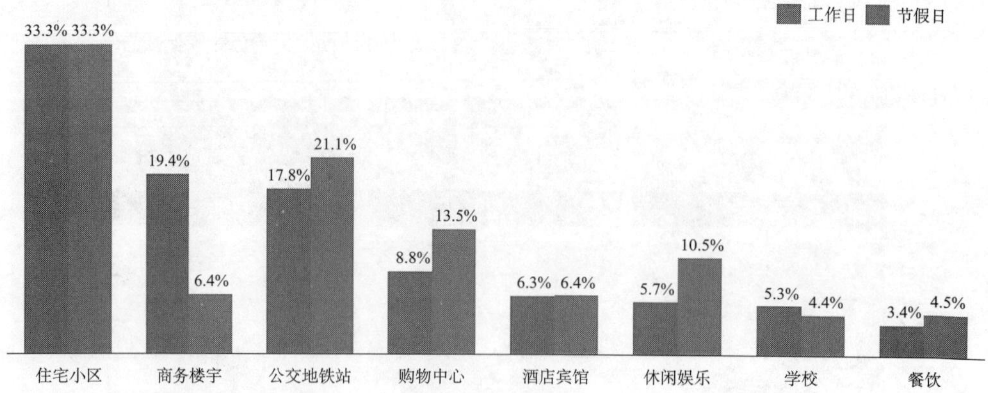


图 1-25 北京打车目的地分布

对比工作日和节假日可以发现，节假日去往商务楼宇的人数下降，而去往公交地铁站、购物中心的人数增多。

● 通勤路线(见图 1-26)

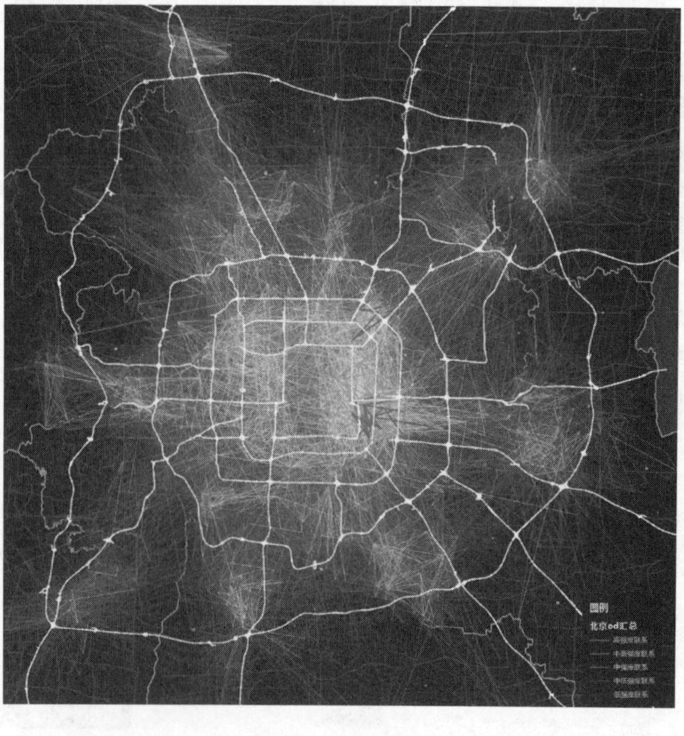


图 1-26 北京工作日早晚高峰出行 OD 图

注：上图通过北京早晚高峰打车订单的起点与终点连线绘制。

北京通勤主要以中短途为主，国贸、通州、望京和三里屯区域内的居住地与工作地之间的出行最为明显。

同时，北京也有较大数量的长距离通勤，大城市的职住分离现象导致每天早晚高峰上班族的“候鸟式”迁徙。

通过滴滴出行大数据我们发现，北京长距离（打车订单距离大于20公里）通勤主要路径有：

✓ 国展——三里屯

✓ 潘家园——中关村

✓ 马连道——东直门

✓ 八里桥——中关村

✓ 北苑——国贸

✓ 魏公村——三里屯

3. 特殊时间出行

● 节假日：早高峰缺席，晚高峰和夜高峰依旧（见图1－27）

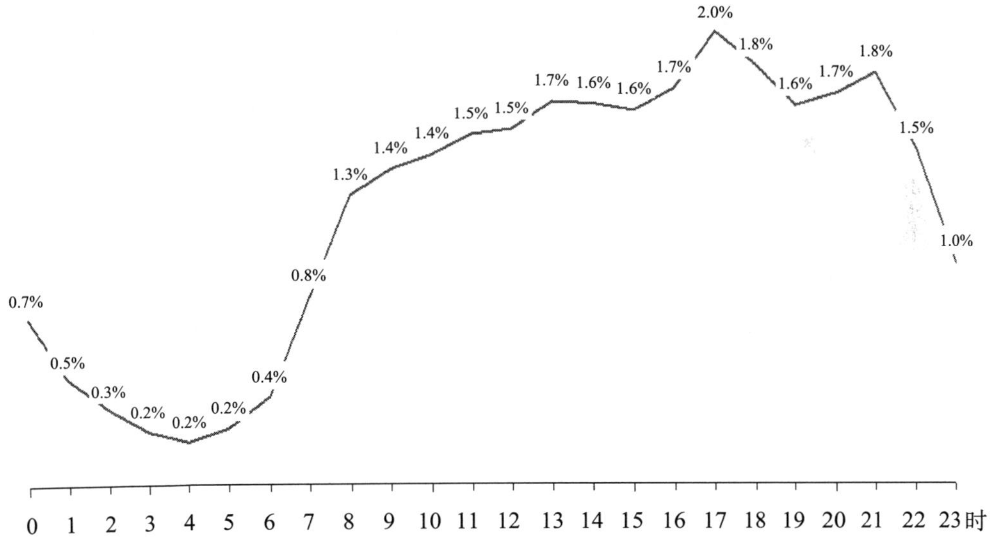


图1－27　北京节假日出行时间分布

● 春节：空城现象明显（见图1－28）

单独看2016年2月北京出行量分布，2月1日开始明显下降，2月8日出行量达到这一年中的最低位，北京进入“空城”模式。

对比2016年1月31日和2月7日的出行量，分区域查看出行量密度变化，可以发现，出行量下降幅度较为明显的区域为北京市海淀区西北旺路至东北旺路一段，对照地图发现，那里是中关村软件园的一期和二期，分布着联想、百度、滴滴出行、新浪、网易、IBM 等大型的互联网公司，互联网从业人员是平时构成这一区域人口的主体。春节期间，大型公司放假，大量年轻的互联网从业人员返乡省亲，导致这一区域成为短暂的“空城”状态。

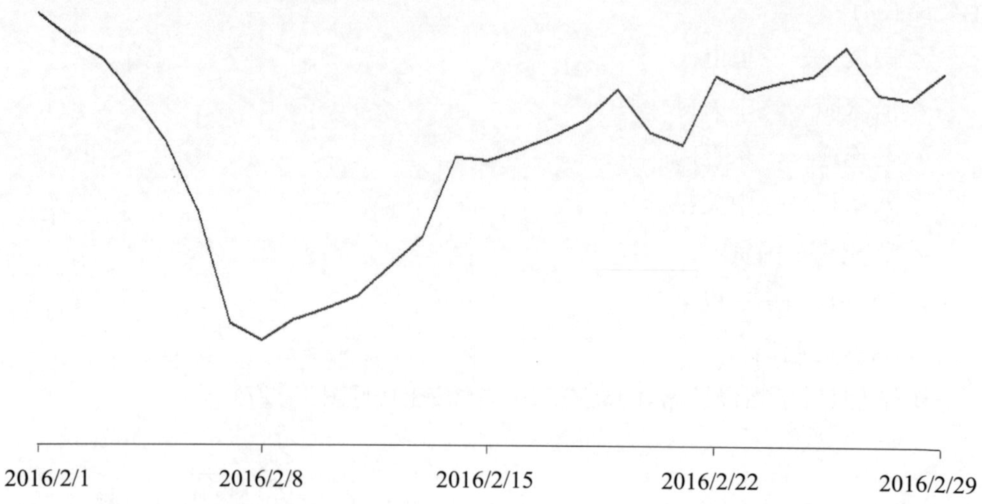


图 1－28　北京 2016 年 2 月出行量变化趋势

除中关村软件园一带外，我们还发现，以下区域的出行量都出现了明显下降：中关村、天通苑、三里屯、西单、国贸(见图 1－29)。

4. 北京出行规律小结

北京市在一年的观察期内，城市整体车速稳定，除节假日外，没有趋势性的上升和下降。

北京市工作日出行存在明显的早高峰、晚高峰和夜高峰，在这 3 个时间段内，人口在居住地和工作地之间集中流动，城市车速、拥堵、打车难及交通可靠性也随之呈现规律性波动，职住分离的城市布局产生了明显的城市出行“潮汐式”分布的现象。

在周末和节假日，北京市没有了早高峰，但晚高峰和夜高峰依旧存在。在中国人最重要的传统节日——春节期间，北京“空城”现象明显。

今天，中国的城市建设日新月异，在可以预见的将来，中国将涌现世界上最大的、最多的城市群，将拥有最多的城市人口，城市化带来的各种问题都不可避免地出现，城市圈、城市之间、城市内部的交通出行问题，已经成为全社会关注的问题。

图 1-29　北京春节期间出行量下降最大的区域

如今，人们已经不仅仅是交通政策的执行者，而是已通过互联网等多种形式成为城市交通发展的建设者和参与者。我们期望通过本次全新视角形成的城市交通研究报告，能够让更多的人关注城市交通、支持城市交通，为政府管理部门的决策和相关机构的科研提供有益的参考。

透视城市的交通舆情，我们提出批判、思考的问题，讨论、推进、弘扬优秀的地方经验，但同时也不能自以为正确、正直、正义，而是在网络这个"场域"中，在观点、文化、利益诉求的碰撞与交织中，在认知与行为的互构中，政府、网民、媒体、个人、组织、社会一起建构一个更美好、更合理的网络社群，为城市交通出行的改善，乃至整个城市面貌的提升群策群力。

我们希望这个报告能够打开一扇窗，并通过这扇窗让人们多角度地看到我国交通发展的现状，看到政府和社会为交通发展所做的巨大努力和取得的成绩，看到我国交通发展的光明未来。同时，我们期待这项研究能持续地得到更多机构、部门、研究者的参与和支持，并共同分享交通大数据带来的启迪。

# 第二章　2016 年度传媒上市公司绩效数据报告

武汉大学信息管理学院
朱静雯　陆朦朦　羊晚成

**媒至酷**

本报告由武汉大学信息管理学院教授、博士生导师朱静雯带领的媒至酷团队完成并发布，清博大数据（gsdata. cn）提供技术支持。目前，媒至酷团队已建立主板与新三板传媒上市公司财务信息数据库、投融资数据库及创新能力数据库等，并已实现数据自动抓取和多次迭代。媒至酷团队一如既往地聚焦于传媒上市公司的发展，除本次发布的行业报告外，将持续发布传媒上市公司综合绩效排行榜以及投融资、创新融合、跨界转型等多维度、多视角的系列报告，并将致力于为各类传媒公司提供个性化需求的定制服务，为其提供融合转型、绩效评估、创新提升、资源优化等一站式解决方案，以期为政府职能部门制定产业政策、为传媒上市公司提供战略决策、为传媒行业研究者等提供支持与服务。未来，媒至酷团队将持续深耕传媒行业大数据，努力成为有影响力的传媒智库。

# 一、我国传媒上市公司概况

## (一)统计样本:105 家传媒上市公司,五大子行业

本报告以 105 家传媒上市公司为样本,根据主营业务构成,将全部公司细分为五大子行业,分别为动漫游戏类 32 家,影视传媒类 24 家,新闻出版类 22 家,营销传媒类 17 家,广播电视类 10 家(见图 2-1)。其中,影视传媒类上市公司主营业务为影视内容制片、发行与放映,广播电视类上市公司主营业务为电信、广播电视和卫星传输服务。

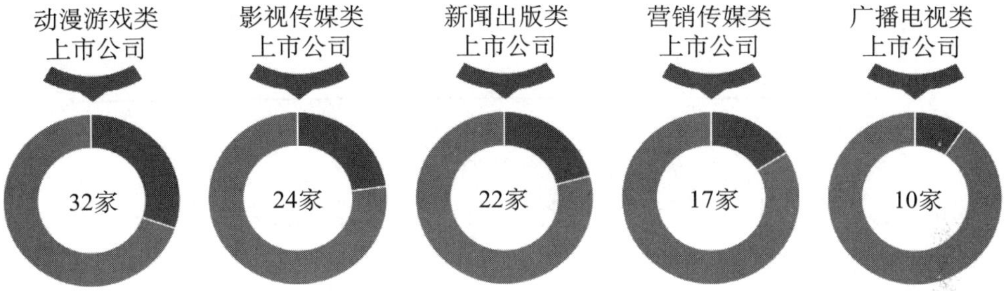


图 2-1　各细分类别样本公司数量说明

## (二)时间分布:2010 年以后增长迅猛,游戏和影视广受资本追捧

● 受益于传媒产业政策的引导与规范、资本市场的成熟与活跃,传媒公司上市门槛与流程逐渐降低及完善,从公司上市时间分布来看,2010 年以来,传媒上市公司数量增长迅猛(见图 2-2)。

● 分析上市公司数量前三名的年份(2010 年、2015 年、2016 年),动漫游戏类、影视传媒类两个细分子行业成为近年来的热门领域,广受资本青睐与追捧(见图 2-3)。

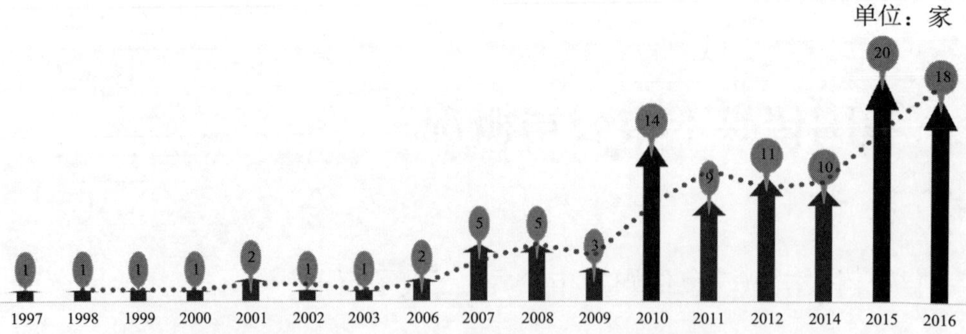


图 2－2　传媒上市公司上市时间分布

图 2－3　上市数量前三名年份各细分类别上市公司分布情况

## （三）时间分布：不同子行业上市时间差异明显，呈阶段性集中

- 传媒上市公司的上市时间呈现阶段性集中的特征，2006—2009 年、2010—2013 年、2014—2016 年三个时间段呈现三个小高峰；
- 不同子行业上市时间差异明显，影视传媒类、动漫游戏类和营销传媒类上市公司的上市时间集中在 2006—2016 年，新闻出版类与广播电视类公司上市时间相对分散，但近年来有逐年增加趋势（见图 2－4）。

图 2－4　各细分类别传媒上市公司上市时间分布

### (四)地区分布:区域差异明显,京浙粤苏成为传媒上市公司“重镇”(见图 2－5)

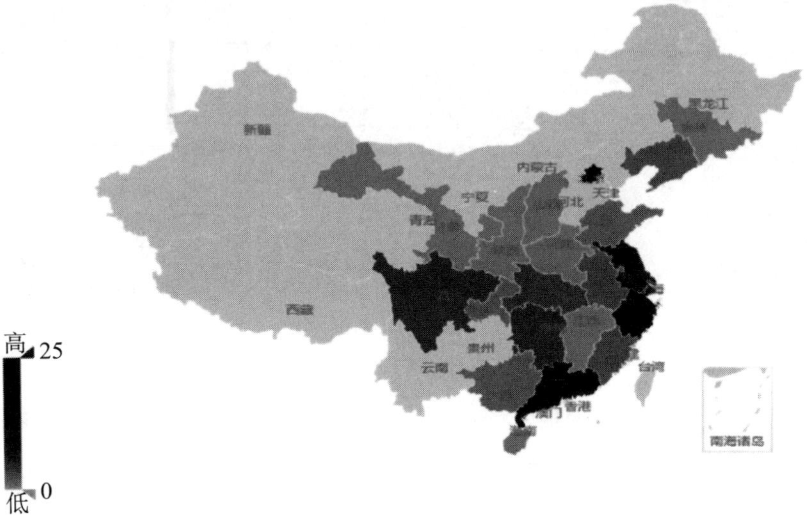


图 2－5　传媒上市公司上市地区分布

## 二、传媒上市公司 30 强

### (一)评价指标:6 个二级指标,28 个三级指标

本报告以资产规模、运营能力、盈利能力、偿债能力、现金能力、成长能力为 6 个二级指标,下设净资产、总资产、流动资产、流动比率、速动比率等 28 个三级指标(见图 2－6)。

### (二)研究方法

本报告传媒上市公司绩效使用基于突变理论和熵权法的评价模型。突变理论

图 2-6　传媒上市公司绩效评价指标体系

融合了拓扑学、结果稳定性理论，是一种通过描述系统临界点的状态来研究不连续现象的数学理论，基于此理论的模型对于控制变量变化带来的状态变化较敏感。传统的人工确定属性主观性太强，因此，本报告使用熵权法确定各个属性的相对重要程度。

## (三)综合绩效 30 强：完美世界以资产 162.97 亿、净利 11.66 亿夺冠(见图 2-7、表 2-1)

2016 年，完美世界实现净利润 11.66 亿元，同比增长 767.5%，在综合绩效 30 强中夺冠。其中游戏板块贡献 8.36 亿元，占比 72%；影视内容板块贡献 3.28 亿元，占比 28%；影游联动模式和综合性娱乐平台前景可期。

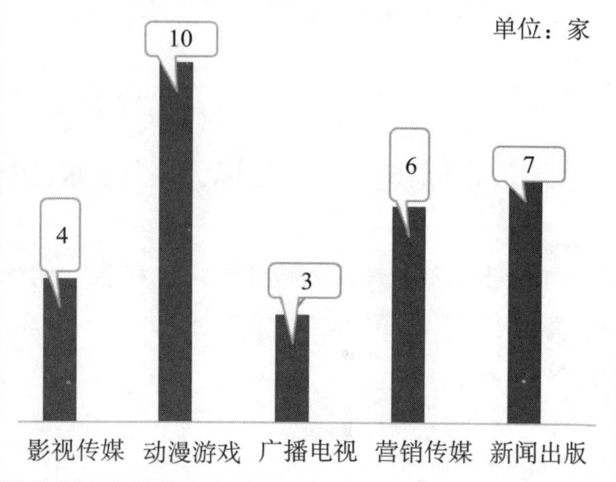


图 2-7　综合绩效 30 强

表2-1　传媒上市公司综合绩效30强

| 排名 | 公司简称 | 所属类别 | 绩效值 | 排名 | 公司简称 | 所属类别 | 绩效值 |
|---|---|---|---|---|---|---|---|
| 1 | 完美世界 | 动漫游戏 | 91.37 | 16 | 蓝色光标 | 营销传媒 | 89.18 |
| 2 | 世纪游轮 | 动漫游戏 | 91.05 | 17 | 皖新传媒 | 新闻出版 | 89.09 |
| 3 | 东方明珠 | 广播电视 | 90.19 | 18 | 顺网科技 | 动漫游戏 | 89.04 |
| 4 | 分众传媒 | 营销传媒 | 90.12 | 19 | 凤凰传媒 | 新闻出版 | 89.00 |
| 5 | 恺英网络 | 动漫游戏 | 90.12 | 20 | 冰川网络 | 动漫游戏 | 88.98 |
| 6 | 省广股份 | 营销传媒 | 89.96 | 21 | 北京文化 | 影视传媒 | 88.91 |
| 7 | 深大通 | 营销传媒 | 89.87 | 22 | 电魂网络 | 动漫游戏 | 88.75 |
| 8 | 万达电影 | 影视传媒 | 89.56 | 23 | 浙数文化 | 新闻出版 | 88.58 |
| 9 | 中文传媒 | 新闻出版 | 89.36 | 24 | 中国电影 | 影视传媒 | 88.57 |
| 10 | 中南传媒 | 新闻出版 | 89.32 | 25 | 电广传媒 | 广播电视 | 88.56 |
| 11 | 昆仑万维 | 动漫游戏 | 89.29 | 26 | 奥飞娱乐 | 动漫游戏 | 88.56 |
| 12 | 思美传媒 | 营销传媒 | 89.25 | 27 | 江苏有线 | 广播电视 | 88.52 |
| 13 | 三七互娱 | 动漫游戏 | 89.23 | 28 | 华闻传媒 | 新闻出版 | 88.51 |
| 14 | 乐视网 | 影视传媒 | 89.22 | 29 | 天神娱乐 | 动漫游戏 | 88.48 |
| 15 | 长江传媒 | 新闻出版 | 89.20 | 30 | 利欧股份 | 营销传媒 | 88.46 |

### (四)综合绩效30强:动漫游戏类公司上榜数量高达10家,占比33%

五大子行业中,动漫游戏类公司上榜数量为10家,占比33%;其次为新闻出版类公司上榜数量为7家,营销传媒类6家、影视传媒类4家和广播电视类3家(见图2-8)。其中,动漫游戏类公司受益于行业内生增长,优势明显,新闻出版类公司在融合转型背景下实力不可小觑。

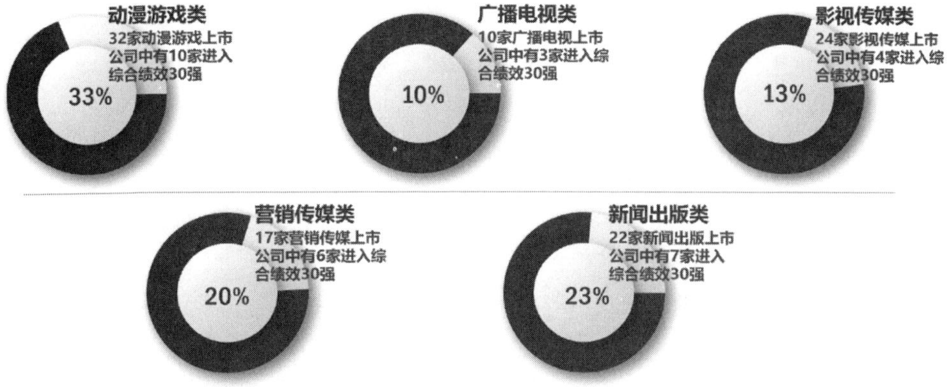


图2-8　各细分类别上市公司入选综合绩效30强数量对比

## (五)资产规模30强:东方明珠以总资产367.97亿拔得头筹(见图2-9、表2-2)

2016年,东方明珠资产规模高达367.97亿元,为105家样本公司之最。其中净资产287.12亿元,流动资产223.78亿元。

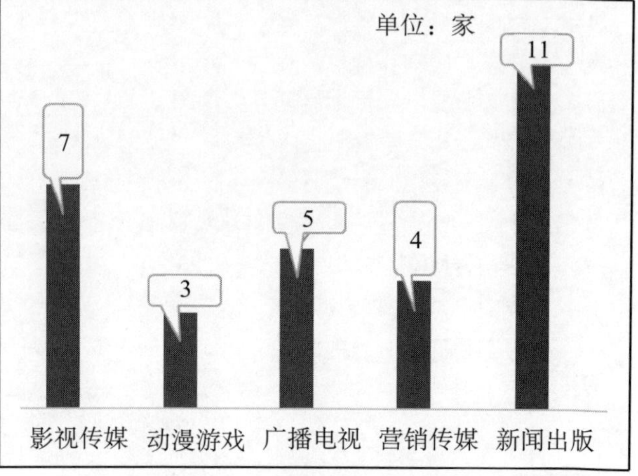


图2-9 资产规模30强

**表2-2 传媒上市公司资产规模30强**

| 排名 | 公司简称 | 所属类别 | 绩效值 | 排名 | 公司简称 | 所属类别 | 公司代码 |
|---|---|---|---|---|---|---|---|
| 1 | 东方明珠 | 广播电视 | 100 | 16 | 万达电影 | 影视传媒 | 65.80 |
| 2 | 乐视网 | 影视传媒 | 85.65 | 17 | 华闻传媒 | 新闻出版 | 65.49 |
| 3 | 江苏有线 | 广播电视 | 83.97 | 18 | 世纪游轮 | 动漫游戏 | 63.04 |
| 4 | 中南传媒 | 新闻出版 | 82.12 | 19 | 新华文轩 | 新闻出版 | 62.96 |
| 5 | 中文传媒 | 新闻出版 | 76.40 | 20 | 华策影视 | 影视传媒 | 62.70 |
| 6 | 凤凰传媒 | 新闻出版 | 75.98 | 21 | 长江传媒 | 新闻出版 | 62.29 |
| 7 | 电广传媒 | 广播电视 | 73.88 | 22 | 省广股份 | 营销传媒 | 61.85 |
| 8 | 完美世界 | 动漫游戏 | 73.03 | 23 | 大地传媒 | 新闻出版 | 61.49 |
| 9 | 华谊兄弟 | 影视传媒 | 73.02 | 24 | 利欧股份 | 营销传媒 | 60.60 |
| 10 | 中国电影 | 影视传媒 | 72.38 | 25 | 华录百纳 | 影视传媒 | 56.63 |
| 11 | 歌华有线 | 广播电视 | 72.25 | 26 | 时代出版 | 新闻出版 | 56.56 |
| 12 | 华数传媒 | 广播电视 | 69.33 | 27 | 光线传媒 | 影视传媒 | 56.20 |
| 13 | 分众传媒 | 营销传媒 | 68.85 | 28 | 浙数文化 | 新闻出版 | 56.00 |
| 14 | 皖新传媒 | 新闻出版 | 67.13 | 29 | 南方传媒 | 新闻出版 | 55.30 |
| 15 | 蓝色光标 | 营销传媒 | 66.91 | 30 | 掌趣科技 | 动漫游戏 | 55.07 |

## (六)资产规模 30 强：新闻出版类公司上榜数量高达 11 家，占比 37%

五大子行业中，新闻出版类公司上榜数量高达 11 家，占比 37%，遥遥领先；影视传媒类 7 家、广播电视类 5 家、营销传媒类 4 家和动漫游戏类 3 家(见图 2-10)。其中，新闻出版类公司与广播电视类公司多为国有控股背景，旗下子公司较多，其物业、网点等固定资产较为雄厚，这成为其体量庞大的重要原因。

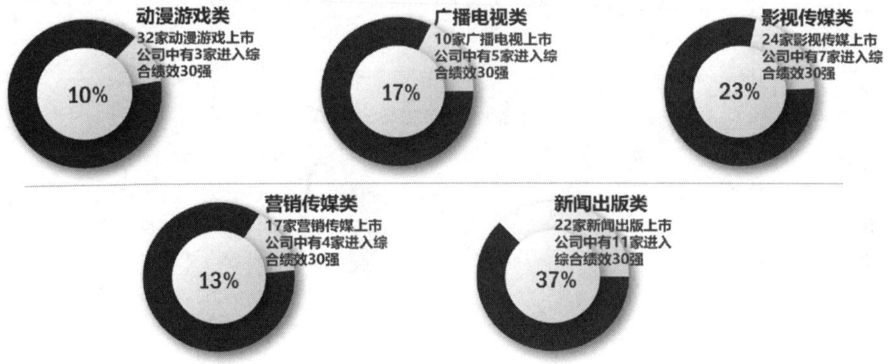


图 2-10　各细分类别上市公司入选资产规模 30 强数量对比

## (七)现金能力 30 强：盛迅达现金比率高达 2 899.54%，资金流动性强(见图 2-11、表 2-3)

2016 年，盛迅达现金比率高达 2 899.54%，公司资金流动性较强。其中，2016 年现金净增加额为 4.22 亿元。

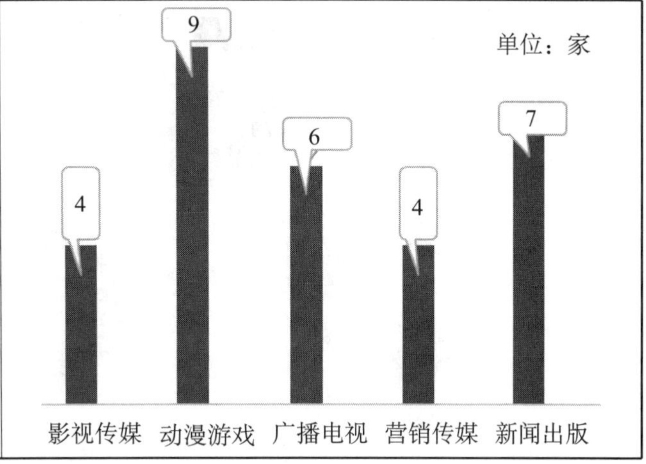


图 2-11　现金能力 30 强

表 2-3 传媒上市公司现金能力 30 强

| 排名 | 公司简称 | 所属类别 | 绩效值 | 排名 | 公司简称 | 所属类别 | 绩效值 |
|---|---|---|---|---|---|---|---|
| 1 | 盛讯达 | 动漫游戏 | 90.11 | 16 | 冰川网络 | 动漫游戏 | 75.39 |
| 2 | 盛天网络 | 动漫游戏 | 85.79 | 17 | 恺英网络 | 动漫游戏 | 75.36 |
| 3 | 中文在线 | 新闻出版 | 81.38 | 18 | 顺网科技 | 动漫游戏 | 75.31 |
| 4 | 龙韵股份 | 营销传媒 | 80.18 | 19 | 骅威文化 | 影视传媒 | 75.20 |
| 5 | 世纪游轮 | 动漫游戏 | 80.01 | 20 | 新华传媒 | 新闻出版 | 75.19 |
| 6 | 电魂网络 | 动漫游戏 | 79.03 | 21 | 新华网 | 新闻传媒 | 75.16 |
| 7 | 幸福蓝海 | 影视传媒 | 78.43 | 22 | 引力传媒 | 营销传媒 | 74.90 |
| 8 | 读者传媒 | 新闻出版 | 78.03 | 23 | 中南传媒 | 新闻出版 | 74.36 |
| 9 | 华数传媒 | 广播电视 | 77.79 | 24 | 光线传媒 | 影视传媒 | 74.22 |
| 10 | 歌华有线 | 广播电视 | 77.74 | 25 | 深大通 | 营销传媒 | 74.22 |
| 11 | 分众传媒 | 营销传媒 | 76.85 | 26 | 博瑞传播 | 新闻出版 | 74.11 |
| 12 | 天威视讯 | 广播电视 | 76.40 | 27 | 吉视传媒 | 广播电视 | 74.04 |
| 13 | 天舟文化 | 新闻出版 | 75.85 | 28 | 凯撒文化 | 动漫游戏 | 74.04 |
| 14 | 掌趣科技 | 动漫游戏 | 75.69 | 29 | 江苏有线 | 广播电视 | 73.99 |
| 15 | 新文化 | 影视传媒 | 75.41 | 30 | 广电网络 | 广播电视 | 73.55 |

## (八)现金能力 30 强:动漫游戏类公司上榜数量达 9 家,占比 30%

五大子行业中,动漫游戏类公司上榜数量为 9 家,占比 30%;新闻出版类 7 家、广播电视类 6 家、影视传媒类 4 家和营销传媒类 4 家(见图 2-12)。现金能力反映公司在经营、投资、筹资等活动中的竞争潜力,动漫游戏类上市公司在经营活动中产生的现金流相对较大,现金能力突出。

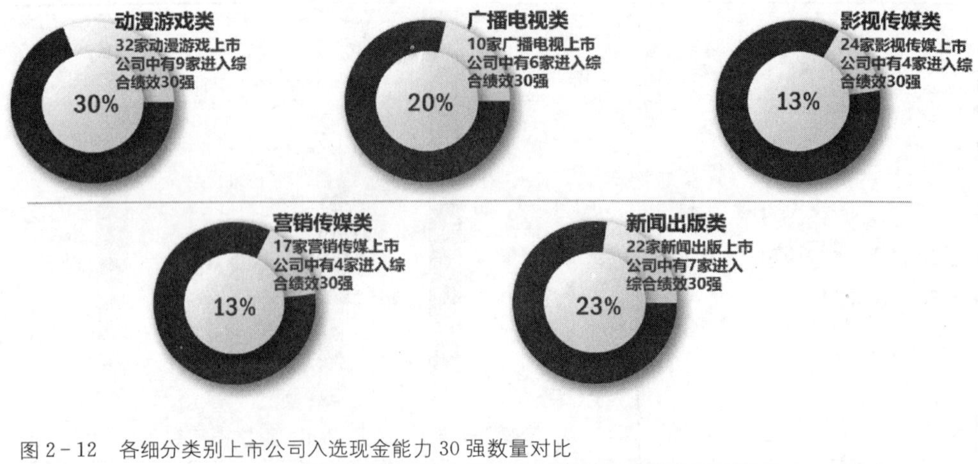


图 2-12 各细分类别上市公司入选现金能力 30 强数量对比

## (九)盈利能力 30 强:东方明珠以营收 194.45 亿、净利 29.34 亿居于榜首(见图 2－13、表 2－4)

2016 年,东方明珠实现营收 194.45 亿元,净利润 29.34 亿元,同比增长 0.94%。其中传媒娱乐相关服务营收 150 亿元,占比 77.04%;多渠道视频集成与分发营收 30.6 亿元,占比 15.74%;内容制作与发行营收 12.1 亿元,占比 6.25%。

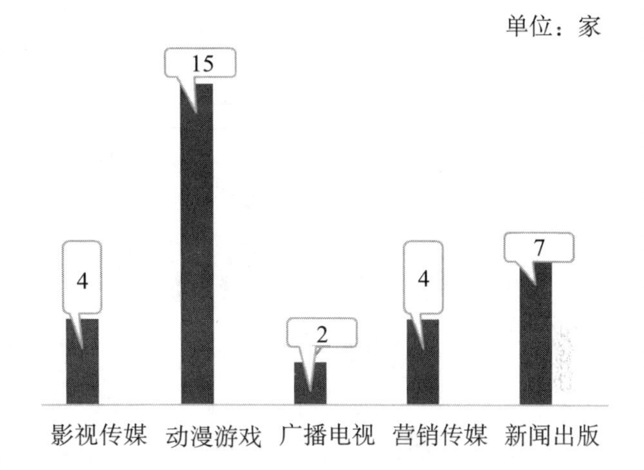


图 2－13　盈利能力 30 强

**表 2－4　传媒上市公司盈利能力 30 强**

| 排名 | 公司简称 | 所属类别 | 绩效值 | 排名 | 公司简称 | 所属类别 | 绩效值 |
|---|---|---|---|---|---|---|---|
| 1 | 东方明珠 | 广播电视 | 88.23 | 16 | 金利科技 | 动漫游戏 | 79.95 |
| 2 | 华谊兄弟 | 影视传媒 | 86.64 | 17 | 天神娱乐 | 动漫游戏 | 79.88 |
| 3 | 分众传媒 | 营销传媒 | 85.46 | 18 | 盛讯达 | 动漫游戏 | 79.52 |
| 4 | 华闻传媒 | 新闻出版 | 84.14 | 19 | 中南传媒 | 新闻出版 | 78.93 |
| 5 | 北京文化 | 影视传媒 | 84.11 | 20 | 电广传媒 | 广播电视 | 78.69 |
| 6 | 昆仑万维 | 动漫游戏 | 82.48 | 21 | 三六五网 | 营销传媒 | 78.49 |
| 7 | 完美世界 | 动漫游戏 | 82.33 | 22 | 骅威文化 | 影视传媒 | 78.43 |
| 8 | 世纪游轮 | 动漫游戏 | 82.01 | 23 | 星辉娱乐 | 动漫游戏 | 78.29 |
| 9 | 浙数文化 | 新闻出版 | 81.69 | 24 | 天润数娱 | 动漫游戏 | 77.90 |
| 10 | 光线传媒 | 影视传媒 | 81.60 | 25 | 奥飞娱乐 | 动漫游戏 | 77.78 |
| 11 | 电魂网络 | 动漫游戏 | 81.40 | 26 | 中文传媒 | 新闻出版 | 77.75 |
| 12 | 顺网科技 | 动漫游戏 | 81.02 | 27 | 文投控股 | 影视传媒 | 77.62 |
| 13 | 恺英网络 | 动漫游戏 | 80.78 | 28 | 欢瑞世纪 | 影视传媒 | 77.57 |
| 14 | 三七互娱 | 动漫游戏 | 80.49 | 29 | 游久游戏 | 动漫游戏 | 77.51 |
| 15 | 冰川网络 | 动漫游戏 | 80.44 | 30 | 大晟文化 | 影视传媒 | 77.44 |

## (十)盈利能力 30 强：动漫游戏类公司上榜数量达 15 家，占比 50%

五大子行业中，动漫游戏类上榜数量高达 15 家，占传媒上市公司总数的一半(50%)；影视传媒类 7 家、新闻出版类 4 家、广播电视类 2 家和营销传媒类 2 家。动漫游戏类上市公司用户基数大，黏性高，持续获利能力强，行业整体成长性突出，研发与运营一体化的龙头企业盈利能力尤为突出(见图 2-14)。

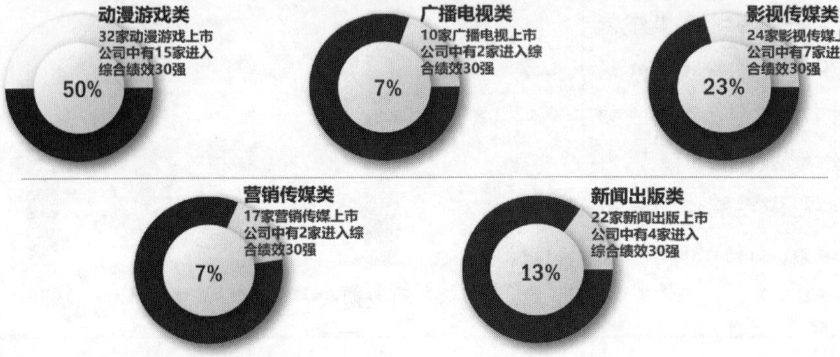


图 2-14 各细分类别上市公司入选盈利能力 30 强数量对比

## (十一)运营能力 30 强：思美传媒以总资产周转率 1.78 独占鳌头(见图 2-15、表 2-5)

2016 年，思美传媒总资产周转率为 1.78，流动资产周转率为 2.51，资产利用效率高。通过外延并购，思美传媒已形成“电视广告营销＋内容营销＋数字营销”三大支柱业务格局。

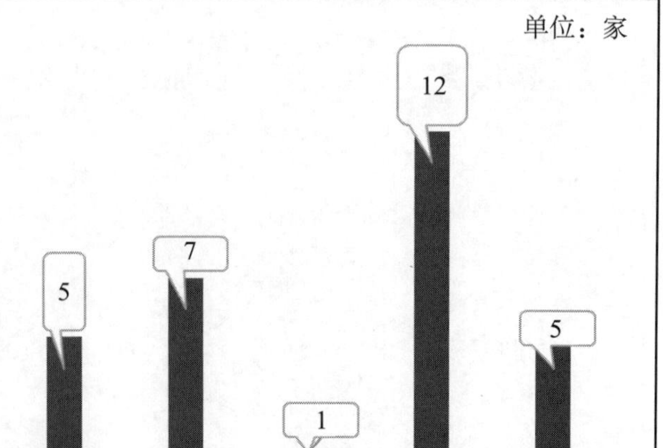


图 2-15 运营能力 30 强

表 2-5　传媒上市公司运营能力 30 强

| 排名 | 公司简称 | 所属类别 | 绩效值 | 排名 | 公司简称 | 所属类别 | 绩效值 |
|---|---|---|---|---|---|---|---|
| 1 | 思美传媒 | 营销传媒 | 76.80 | 16 | 昆仑万维 | 动漫游戏 | 52.75 |
| 2 | 引力传媒 | 营销传媒 | 72.66 | 17 | 乐视网 | 影视传媒 | 52.67 |
| 3 | 省广股份 | 营销传媒 | 66.49 | 18 | 顺网科技 | 动漫游戏 | 52.65 |
| 4 | 明家联合 | 营销传媒 | 61.50 | 19 | 皖新传媒 | 新闻出版 | 52.16 |
| 5 | 长江传媒 | 新闻出版 | 61.03 | 20 | 华录百纳 | 影视传媒 | 51.19 |
| 6 | 华谊嘉信 | 营销传媒 | 59.83 | 21 | 分众传媒 | 营销传媒 | 50.65 |
| 7 | 天龙集团 | 营销传媒 | 59.30 | 22 | 利欧股份 | 营销传媒 | 50.47 |
| 8 | 恺英网络 | 动漫游戏 | 59.25 | 23 | 时代出版 | 新闻出版 | 50.37 |
| 9 | 冰川网络 | 动漫游戏 | 58.11 | 24 | 电魂网络 | 动漫游戏 | 50.04 |
| 10 | 三七互娱 | 动漫游戏 | 55.59 | 25 | 天神娱乐 | 动漫游戏 | 49.82 |
| 11 | 蓝色光标 | 营销传媒 | 55.03 | 26 | 大地传媒 | 新闻出版 | 49.69 |
| 12 | 万达电影 | 影视传媒 | 54.91 | 27 | 三六五网 | 营销传媒 | 49.30 |
| 13 | 北巴传媒 | 营销传媒 | 54.65 | 28 | 湖北广电 | 广播电视 | 49.26 |
| 14 | 印纪传媒 | 营销传媒 | 54.21 | 29 | 鹿港文化 | 影视传媒 | 48.96 |
| 15 | 暴风集团 | 影视传媒 | 53.49 | 30 | 中文传媒 | 新闻出版 | 48.86 |

## (十二)运营能力 30 强:营销传媒类公司上榜数量达 12 家,占比 40%

五大子行业中,营销传媒类公司上榜数量高达 12 家,占比 40%;动漫游戏类 7 家、影视传媒类 5 家、新闻出版类 5 家和广播电视类 1 家(见图 2-16)。目前,营销行业在经历传统电视广告、数字营销、移动营销等发展后,逐步进入内容营销阶段。

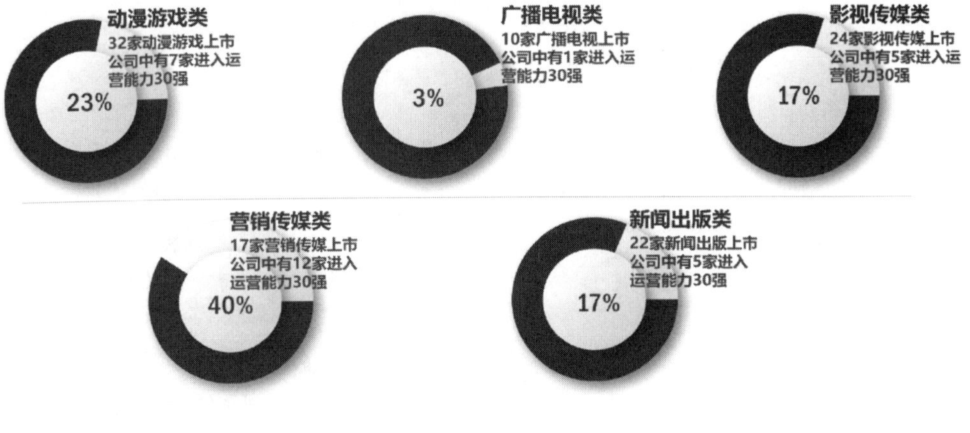


图 2-16　各细分类别上市公司入选运营能力 30 强数量对比

## (十三)偿债能力 30 强:昆仑万维名列榜首,资产负债率为 49.56%(见图 2-17、表 2-6)

偿债能力反映企业健康生存与发展的能力,昆仑万维 2016 年资产负债率为 49.56%,充分发挥财务杠杆在运营中的作用。2016 年,全年营收 24.25 亿元,同比增长 35.52%,净利润 5.31 亿元,同比增长 31.14%,业绩表现平稳。

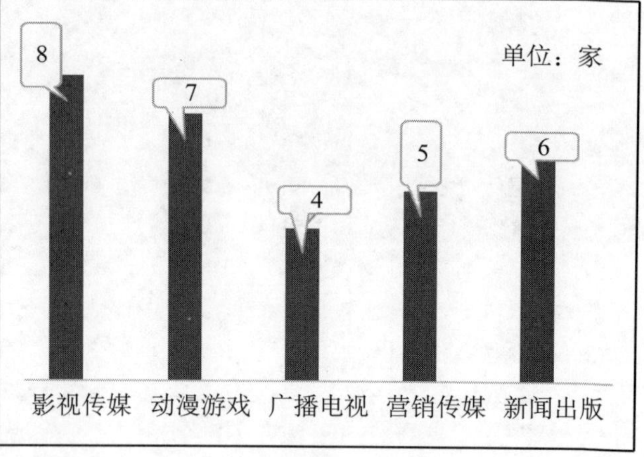


图 2-17 偿债能力 30 强

**表 2-6 传媒上市公司偿债能力 30 强**

| 排名 | 公司简称 | 所属类别 | 绩效值 | 排名 | 公司简称 | 所属类别 | 绩效值 |
|---|---|---|---|---|---|---|---|
| 1 | 昆仑万维 | 动漫游戏 | 97.51 | 16 | 中文传媒 | 新闻出版 | 95.66 |
| 2 | 北巴传媒 | 营销传媒 | 97.50 | 17 | 游族网络 | 动漫游戏 | 95.62 |
| 3 | 华谊兄弟 | 影视传媒 | 97.49 | 18 | 思美传媒 | 营销传媒 | 95.61 |
| 4 | 电广传媒 | 广播电视 | 97.34 | 19 | 长江传媒 | 新闻出版 | 95.56 |
| 5 | 南方传媒 | 新闻出版 | 97.13 | 20 | 文投控股 | 影视传媒 | 95.32 |
| 6 | 完美世界 | 动漫游戏 | 96.96 | 21 | 新文化 | 影视传媒 | 94.56 |
| 7 | 省广股份 | 营销传媒 | 96.93 | 22 | 天龙集团 | 营销传媒 | 94.52 |
| 8 | 广西广电 | 广播电视 | 96.70 | 23 | 吉视传媒 | 广播电视 | 94.49 |
| 9 | 星辉娱乐 | 动漫游戏 | 96.60 | 24 | 凤凰传媒 | 新闻出版 | 94.49 |
| 10 | 金利科技 | 动漫游戏 | 96.59 | 25 | 出版传媒 | 新闻出版 | 94.48 |
| 11 | 万达电影 | 影视传媒 | 96.15 | 26 | 华策影视 | 影视传媒 | 94.32 |
| 12 | 鹿港文化 | 影视传媒 | 96.09 | 27 | 广电网络 | 广播电视 | 94.18 |
| 13 | 中南文化 | 影视传媒 | 95.99 | 28 | 大地传媒 | 新闻出版 | 93.89 |
| 14 | 奥飞娱乐 | 动漫游戏 | 95.94 | 29 | 唐德影视 | 影视传媒 | 93.80 |
| 15 | 东方网络 | 动漫游戏 | 95.83 | 30 | 利欧股份 | 营销传媒 | 93.69 |

## (十四)偿债能力 30 强:五大细分类别相对平均,影视传媒类公司上榜数量达 8 家

五大子行业中,影视传媒类公司上榜数量达 8 家,占比 27%;动漫游戏类 7 家、新闻出版类 6 家、营销传媒类 5 家和广播电视类 4 家(见图 2－18)。综合来看,各子行业的偿债能力差异并不明显,各子行业都在积极发挥财务杠杆作用,以“股权＋债券”双重形式进行业务拓展、转型升级和创新发展。

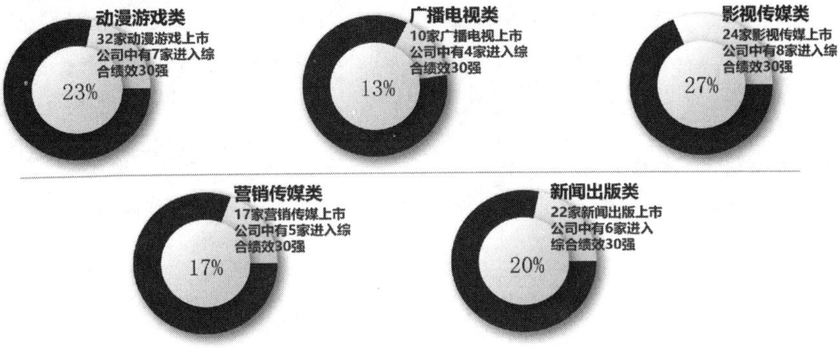


图 2－18　各细分类别上市公司入选偿债能力 30 强数量对比

## (十五)成长能力 30 强:深大通以净利润增长率高达 2 882.71%力压其他公司(见图 2－19、表 2－7)

2016 年,深大通净利润增长率高达 2 882.71%,营业收入增长率为 236.97%,系浙江视科文化传播有限公司和冉十科技(北京)有限公司经营利润纳入合并报表所致。深大通原主营业务为房地产,为跨界进入传媒领域的公司。

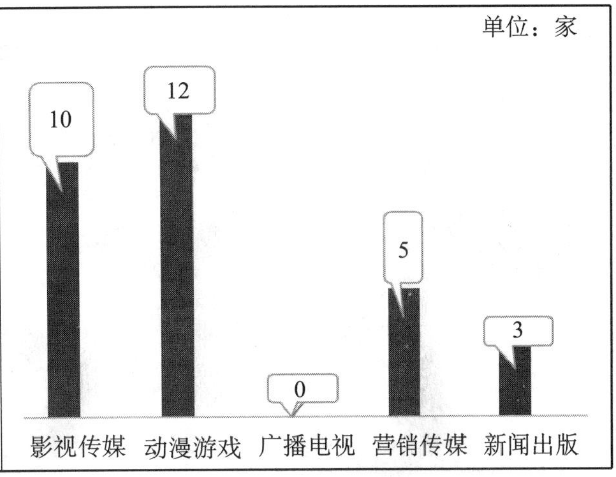


图 2－19　成长能力 30 强

表 2-7 传媒上市公司成长能力 30 强

| 排名 | 公司简称 | 所属类别 | 绩效值 | 排名 | 公司简称 | 所属类别 | 绩效值 |
|---|---|---|---|---|---|---|---|
| 1 | 深大通 | 营销传媒 | 87.07 | 16 | 天舟文化 | 新闻出版 | 48.20 |
| 2 | 世纪游轮 | 动漫游戏 | 75.84 | 17 | 冰川网络 | 动漫游戏 | 47.74 |
| 3 | 天润数娱 | 动漫游戏 | 73.47 | 18 | 乐视网 | 影视传媒 | 46.40 |
| 4 | 完美世界 | 动漫游戏 | 66.04 | 19 | 顺网科技 | 动漫游戏 | 46.23 |
| 5 | 北京文化 | 影视传媒 | 62.87 | 20 | 新华网 | 新闻传媒 | 46.16 |
| 6 | 帝龙文化 | 动漫游戏 | 56.20 | 21 | 文投控股 | 影视传媒 | 45.98 |
| 7 | 宝通科技 | 动漫游戏 | 54.44 | 22 | 盛讯达 | 动漫游戏 | 45.93 |
| 8 | 中文在线 | 新闻出版 | 53.82 | 23 | 上海电影 | 影视传媒 | 45.26 |
| 9 | 联创互联 | 营销传媒 | 52.00 | 24 | 思美传媒 | 营销传媒 | 44.57 |
| 10 | 恺英网络 | 动漫游戏 | 51.53 | 25 | 暴风集团 | 影视传媒 | 44.48 |
| 11 | 大晟文化 | 影视传媒 | 50.47 | 26 | 中南文化 | 影视传媒 | 44.46 |
| 12 | 当代明诚 | 影视传媒 | 50.30 | 27 | 天龙集团 | 营销传媒 | 44.26 |
| 13 | 美盛文化 | 动漫游戏 | 50.26 | 28 | 明家联合 | 营销传媒 | 44.26 |
| 14 | 电魂网络 | 动漫游戏 | 50.07 | 29 | 奥飞娱乐 | 动漫游戏 | 44.23 |
| 15 | 欢瑞世纪 | 影视传媒 | 49.85 | 30 | 鹿港文化 | 影视传媒 | 44.21 |

## (十六)成长能力 30 强:动漫游戏类、影视传媒类公司领跑,上榜数量分别达 12 家、10 家

五大子行业中,动漫游戏类公司上榜数量达 12 家,占比 40%;影视传媒类 10 家、营销传媒类 5 家、新闻出版类 3 家,广播电视类无缘上榜(见图 2-20)。其中,游戏行业增长迅速,增量主要来源于移动端,行业呈现集中化趋势;影视行业已由粗放式发展逐步进入精细化发展阶段,未来“内容+渠道”共同发展的战略逻辑潜力无限。

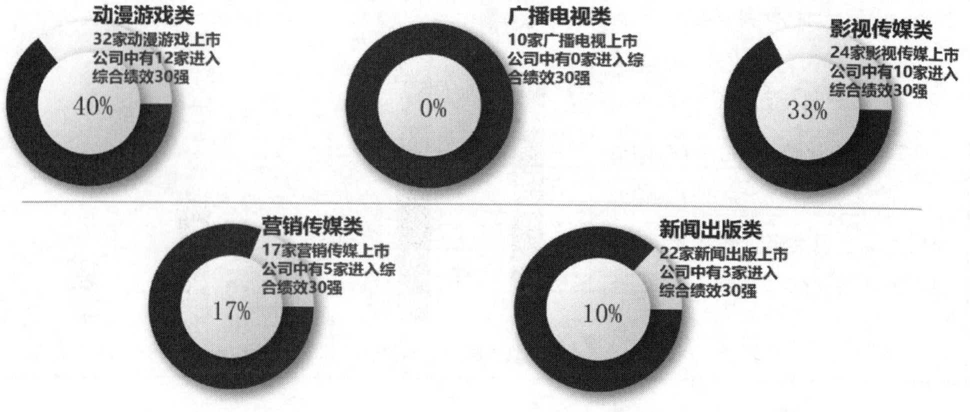


图 2-20 各细分类别上市公司入选成长能力 30 强数量对比

# 三、传媒上市公司分类榜

## (一)动漫游戏类 10 家公司进入综合绩效 30 强(见图 2-21、表 2-8)

在 2016 综合绩效排名中，动漫游戏类上市公司上榜数量为 10 家，位居第一，占传媒上市公司综合绩效 30 强的 33%。

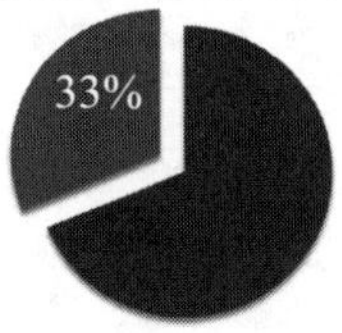


图 2-21　动漫游戏类公司综合绩效 30 强占比

表 2-8　入选综合绩效 30 强的动漫游戏类公司

| 排名 | 公司简称 | 所属类别 | 绩效值 | 排名 | 公司简称 | 所属类别 | 绩效值 |
|---|---|---|---|---|---|---|---|
| 1 | 完美世界 | 动漫游戏 | 91.37 | 16 | 蓝色光标 | 营销传媒 | 89.18 |
| 2 | 世纪游轮 | 动漫游戏 | 91.05 | 17 | 皖新传媒 | 新闻出版 | 89.09 |
| 3 | 东方明珠 | 广播电视 | 90.19 | 18 | 顺网科技 | 动漫游戏 | 89.04 |
| 4 | 分众传媒 | 营销传媒 | 90.12 | 19 | 凤凰传媒 | 新闻出版 | 89.00 |
| 5 | 恺英网络 | 动漫游戏 | 90.12 | 20 | 冰川网络 | 动漫游戏 | 88.98 |
| 6 | 省广股份 | 营销传媒 | 89.96 | 21 | 北京文化 | 影视传媒 | 88.91 |
| 7 | 深大通 | 营销传媒 | 89.87 | 22 | 电魂网络 | 动漫游戏 | 88.75 |
| 8 | 万达电影 | 影视传媒 | 89.56 | 23 | 浙数文化 | 新闻出版 | 88.58 |
| 9 | 中文传媒 | 新闻出版 | 89.36 | 24 | 中国电影 | 影视传媒 | 88.57 |
| 10 | 中南传媒 | 新闻出版 | 89.32 | 25 | 电广传媒 | 广播电视 | 88.56 |
| 11 | 昆仑万维 | 动漫游戏 | 89.29 | 26 | 奥飞娱乐 | 动漫游戏 | 88.56 |
| 12 | 思美传媒 | 营销传媒 | 89.25 | 27 | 江苏有线 | 广播电视 | 88.52 |
| 13 | 三七互娱 | 动漫游戏 | 89.23 | 28 | 华闻传媒 | 新闻出版 | 88.51 |
| 14 | 乐视网 | 影视传媒 | 89.22 | 29 | 天神娱乐 | 动漫游戏 | 88.48 |
| 15 | 长江传媒 | 新闻出版 | 89.20 | 30 | 利欧股份 | 营销传媒 | 88.46 |

## (二)动漫游戏类公司综合绩效排名:完美世界以综合绩效值 91.37 位居第一

- 动漫游戏子行业是传媒行业中成长潜力最大的板块，目前仍然保持高速增长趋势，其中游戏行业的增量主要来自移动端。

● 行业集中化趋势较为明显，研运一体化的龙头企业在竞争中将蚕食中小公司份额，龙头企业——完美世界优势明显。

● 游戏、移动电竞和游戏出海等是游戏行业内的重点领域，值得关注的是游戏行业中人口红利逐步消失、行业竞争加剧、政策监管趋严等因素依旧存在（见表2－9）。

**表2－9 动漫游戏类上市公司综合绩效排名**

| 排名 | 公司简称 | 公司代码 | 绩效值 | 排名 | 公司简称 | 公司代码 | 绩效值 |
|---|---|---|---|---|---|---|---|
| 1 | 完美世界 | 002624 | 91.37 | 17 | 世纪华通 | 002602 | 87.54 |
| 2 | 世纪游轮 | 002558 | 91.05 | 18 | 金利科技 | 002464 | 87.01 |
| 3 | 恺英网络 | 002517 | 90.12 | 19 | 凯撒文化 | 002425 | 86.27 |
| 4 | 昆仑万维 | 300418 | 89.29 | 20 | 万家文化 | 600576 | 86.16 |
| 5 | 三七互娱 | 002555 | 89.23 | 21 | 拓维信息 | 002261 | 86.11 |
| 6 | 顺网科技 | 300113 | 89.04 | 22 | 美盛文化 | 002699 | 86.09 |
| 7 | 冰川网络 | 300533 | 88.98 | 23 | 东方网络 | 002175 | 85.92 |
| 8 | 电魂网络 | 603258 | 88.75 | 24 | 三五互联 | 300051 | 85.52 |
| 9 | 奥飞娱乐 | 002292 | 88.56 | 25 | 北纬通信 | 002148 | 85.45 |
| 10 | 天神娱乐 | 002354 | 88.48 | 26 | 盛天网络 | 300494 | 85.31 |
| 11 | 游族网络 | 002174 | 88.28 | 27 | 巨龙管业 | 002619 | 85.22 |
| 12 | 帝龙文化 | 002247 | 88.22 | 28 | 迅游科技 | 300467 | 84.80 |
| 13 | 星辉娱乐 | 300043 | 88.17 | 29 | 盛讯达 | 300518 | 83.21 |
| 14 | 宝通科技 | 300031 | 88.13 | 30 | 游久游戏 | 600652 | 83.04 |
| 15 | 掌趣科技 | 300315 | 88.09 | 31 | 中青宝 | 300052 | 82.82 |
| 16 | 天润数娱 | 002113 | 87.57 | 32 | 长城动漫 | 000835 | 80.71 |

## （三）影视传媒类4家公司进入综合绩效30强（见图2－22、表2－10）

在2016综合绩效排名中，影视传媒类上市公司上榜数量为4家，占传媒上市公司综合绩效30强的13%。其中，万达电影进入10强。

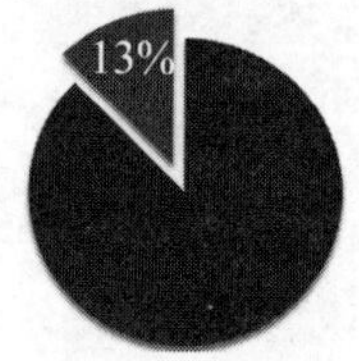


图2－22 影视传媒类公司综合绩效30强占比

表2-10 入选综合绩效30强的影视传媒类公司

| 排名 | 公司简称 | 所属类别 | 绩效值 | 排名 | 公司简称 | 所属类别 | 绩效值 |
|---|---|---|---|---|---|---|---|
| 1 | 完美世界 | 动漫游戏 | 91.37 | 16 | 蓝色光标 | 营销传媒 | 89.18 |
| 2 | 世纪游轮 | 动漫游戏 | 91.05 | 17 | 皖新传媒 | 新闻出版 | 89.09 |
| 3 | 东方明珠 | 广播电视 | 90.19 | 18 | 顺网科技 | 动漫游戏 | 89.04 |
| 4 | 分众传媒 | 营销传媒 | 90.12 | 19 | 凤凰传媒 | 新闻出版 | 89.00 |
| 5 | 恺英网络 | 动漫游戏 | 90.12 | 20 | 冰川网络 | 动漫游戏 | 88.98 |
| 6 | 省广股份 | 营销传媒 | 89.96 | 21 | 北京文化 | 影视传媒 | 88.91 |
| 7 | 深大通 | 营销传媒 | 89.87 | 22 | 电魂网络 | 动漫游戏 | 88.75 |
| 8 | 万达电影 | 影视传媒 | 89.56 | 23 | 浙数文化 | 新闻出版 | 88.58 |
| 9 | 中文传媒 | 新闻出版 | 89.36 | 24 | 中国电影 | 影视传媒 | 88.57 |
| 10 | 中南传媒 | 新闻出版 | 89.32 | 25 | 电广传媒 | 广播电视 | 88.56 |
| 11 | 昆仑万维 | 动漫游戏 | 89.29 | 26 | 奥飞娱乐 | 动漫游戏 | 88.56 |
| 12 | 思美传媒 | 营销传媒 | 89.25 | 27 | 江苏有线 | 广播电视 | 88.52 |
| 13 | 三七互娱 | 动漫游戏 | 89.23 | 28 | 华闻传媒 | 新闻出版 | 88.51 |
| 14 | 乐视网 | 影视传媒 | 89.22 | 29 | 天神娱乐 | 动漫游戏 | 88.48 |
| 15 | 长江传媒 | 新闻出版 | 89.20 | 30 | 利欧股份 | 营销传媒 | 88.46 |

### (四)影视传媒类公司综合绩效排名:万达电影以综合绩效值89.56位居第一

● 受益于销售溢价提升、品牌植入商业化增强、系列内容衍生开发、海外市场售卖提升等,影视内容制作发行商仍有增长潜力。

● 未来电影市场增速放缓,收入增速可能会在一定程度上出现下降,但非票房收入占比的上升将成为行业的另一个增长点,院线公司的市场占有率成为决定其未来行业地位的决定性力量。万达电影从产业链下游院线端进入上游影视内容制作端,其综合实力突出(见表2-11)。

表2-11 影视传媒类上市公司综合绩效排名

| 排名 | 公司简称 | 公司代码 | 绩效值 | 排名 | 公司简称 | 公司代码 | 绩效值 |
|---|---|---|---|---|---|---|---|
| 1 | 万达电影 | 002739 | 89.56 | 13 | 幸福蓝海 | 300528 | 87.11 |
| 2 | 乐视网 | 300104 | 89.22 | 14 | 欢瑞世纪 | 000892 | 86.85 |
| 3 | 北京文化 | 000802 | 88.91 | 15 | 唐德影视 | 300426 | 86.73 |
| 4 | 中国电影 | 600977 | 88.57 | 16 | 当代东方 | 000673 | 86.62 |
| 5 | 文投控股 | 600715 | 88.15 | 17 | 骅威文化 | 002502 | 86.61 |
| 6 | 华谊兄弟 | 300027 | 88.11 | 18 | 中南文化 | 002445 | 86.57 |
| 7 | 华策影视 | 300133 | 88.05 | 19 | 新文化 | 300336 | 86.48 |

续表

| 排名 | 公司简称 | 公司代码 | 绩效值 | 排名 | 公司简称 | 公司代码 | 绩效值 |
|---|---|---|---|---|---|---|---|
| 8 | 光线传媒 | 300251 | 87.90 | 20 | 当代明诚 | 600136 | 86.47 |
| 9 | 华录百纳 | 300291 | 87.89 | 21 | 暴风集团 | 300431 | 86.25 |
| 10 | 鹿港文化 | 601599 | 87.43 | 22 | 长城影视 | 002071 | 86.10 |
| 11 | 慈文传媒 | 002343 | 87.30 | 23 | 大晟文化 | 600892 | 84.53 |
| 12 | 上海电影 | 601595 | 87.14 | 24 | 中视传媒 | 600088 | 80.69 |

## (五)新闻出版类7家公司进入综合绩效30强(图2-23、表2-12)

在2016综合绩效排名中，新闻出版类上市公司上榜数量稳居前列，占传媒上市公司综合绩效30强的23.33%。有两家公司进入前10强。

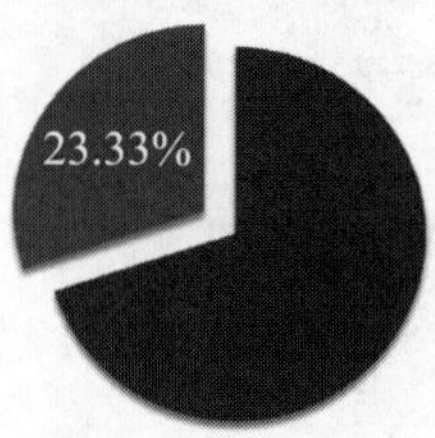


图2-23　新闻出版类公司综合绩效30强占比

**表2-12　入选综合绩效30强的新闻出版类公司**

| 排名 | 公司简称 | 所属类别 | 绩效值 | 排名 | 公司简称 | 所属类别 | 绩效值 |
|---|---|---|---|---|---|---|---|
| 1 | 完美世界 | 动漫游戏 | 91.37 | 16 | 蓝色光标 | 营销传媒 | 89.18 |
| 2 | 世纪游轮 | 动漫游戏 | 91.05 | 17 | 皖新传媒 | 新闻出版 | 89.09 |
| 3 | 东方明珠 | 广播电视 | 90.19 | 18 | 顺网科技 | 动漫游戏 | 89.04 |
| 4 | 分众传媒 | 营销传媒 | 90.12 | 19 | 凤凰传媒 | 新闻出版 | 89.00 |
| 5 | 恺英网络 | 动漫游戏 | 90.12 | 20 | 冰川网络 | 动漫游戏 | 88.98 |
| 6 | 省广股份 | 营销传媒 | 89.96 | 21 | 北京文化 | 影视传媒 | 88.91 |
| 7 | 深大通 | 营销传媒 | 89.87 | 22 | 电魂网络 | 动漫游戏 | 88.75 |
| 8 | 万达电影 | 影视传媒 | 89.56 | 23 | 浙数文化 | 新闻出版 | 88.58 |
| 9 | 中文传媒 | 新闻出版 | 89.36 | 24 | 中国电影 | 影视传媒 | 88.57 |
| 10 | 中南传媒 | 新闻出版 | 89.32 | 25 | 电广传媒 | 广播电视 | 88.56 |
| 11 | 昆仑万维 | 动漫游戏 | 89.29 | 26 | 奥飞娱乐 | 动漫游戏 | 88.56 |
| 12 | 思美传媒 | 营销传媒 | 89.25 | 27 | 江苏有线 | 广播电视 | 88.52 |
| 13 | 三七互娱 | 动漫游戏 | 89.23 | 28 | 华闻传媒 | 新闻出版 | 88.51 |
| 14 | 乐视网 | 影视传媒 | 89.22 | 29 | 天神娱乐 | 动漫游戏 | 88.48 |
| 15 | 长江传媒 | 新闻出版 | 89.20 | 30 | 利欧股份 | 营销传媒 | 88.46 |

## (六)新闻出版类公司综合绩效排名:中文传媒以综合绩效值89.36位居第一

● 随着新媒体的普及与发展,传统新闻出版行业的业务转型成为大势所趋,未来传统出版公司有望在影视IP及游戏开发、在线教育、新兴产业等方面进行转型。中文传媒并购游戏公司智明星通后,主营业务结构得到优化,综合绩效位居新闻出版子行业榜首。

● 此外,新闻出版类上市公司多以国企为主,未来国企改革逐步放开股权激励或员工持股,这将有利于激发员工的积极性,新闻出版子行业的未来潜力可期(见表2-13)。

表2-13　新闻出版类上市公司综合绩效排名

| 排名 | 公司简称 | 公司代码 | 综合绩效 | 排名 | 公司简称 | 公司代码 | 综合绩效 |
|---|---|---|---|---|---|---|---|
| 1 | 中文传媒 | 600373 | 89.36 | 12 | 时代出版 | 600551 | 87.92 |
| 2 | 中南传媒 | 601098 | 89.32 | 13 | 中文在线 | 300364 | 87.71 |
| 3 | 长江传媒 | 600757 | 89.2 | 14 | 天舟文化 | 300148 | 87.48 |
| 4 | 皖新传媒 | 601801 | 89.09 | 15 | 城市传媒 | 600229 | 87.22 |
| 5 | 凤凰传媒 | 601928 | 89 | 16 | 华媒控股 | 000607 | 87.09 |
| 6 | 浙数文化 | 600633 | 88.58 | 17 | 新华传媒 | 600825 | 86.6 |
| 7 | 华闻传媒 | 000793 | 88.51 | 18 | 人民网 | 603000 | 86.41 |
| 8 | 大地传媒 | 000719 | 88.41 | 19 | 出版传媒 | 601999 | 86.33 |
| 9 | 新华文轩 | 601811 | 88.39 | 20 | 读者传媒 | 603999 | 85.38 |
| 10 | 南方传媒 | 601900 | 88.16 | 21 | 博瑞传播 | 600880 | 85.21 |
| 11 | 新华网 | 603888 | 88 | 22 | 粤传媒 | 002181 | 85.15 |

## (七)广播电视类3家公司进入综合绩效30强(见图2-24、表2-14)

在2016综合绩效排名中,广播电视类上市公司上榜数量为3家,占传媒上市公司综合绩效30强的10%。其中,东方明珠以90.19的综合绩效值位列第三。

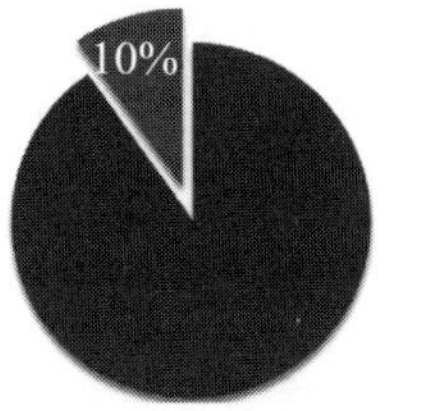


图2-24　广播电视类公司综合绩效30强占比

表 2-14　入选综合绩效 30 强的广播电视类公司

| 排名 | 公司简称 | 所属类别 | 绩效值 | 排名 | 公司简称 | 所属类别 | 绩效值 |
|---|---|---|---|---|---|---|---|
| 1 | 完美世界 | 动漫游戏 | 91.37 | 16 | 蓝色光标 | 营销传媒 | 89.18 |
| 2 | 世纪游轮 | 动漫游戏 | 91.05 | 17 | 皖新传媒 | 新闻出版 | 89.09 |
| 3 | 东方明珠 | 广播电视 | 90.19 | 18 | 顺网科技 | 动漫游戏 | 89.04 |
| 4 | 分众传媒 | 营销传媒 | 90.12 | 19 | 凤凰传媒 | 新闻出版 | 89.00 |
| 5 | 恺英网络 | 动漫游戏 | 90.12 | 20 | 冰川网络 | 动漫游戏 | 88.98 |
| 6 | 省广股份 | 营销传媒 | 89.96 | 21 | 北京文化 | 影视传媒 | 88.91 |
| 7 | 深大通 | 营销传媒 | 89.87 | 22 | 电魂网络 | 动漫游戏 | 88.75 |
| 8 | 万达电影 | 影视传媒 | 89.56 | 23 | 浙数文化 | 新闻出版 | 88.58 |
| 9 | 中文传媒 | 新闻出版 | 89.36 | 24 | 中国电影 | 影视传媒 | 88.57 |
| 10 | 中南传媒 | 新闻出版 | 89.32 | 25 | 电广传媒 | 广播电视 | 88.56 |
| 11 | 昆仑万维 | 动漫游戏 | 89.29 | 26 | 奥飞娱乐 | 动漫游戏 | 88.56 |
| 12 | 思美传媒 | 营销传媒 | 89.25 | 27 | 江苏有线 | 广播电视 | 88.52 |
| 13 | 三七互娱 | 动漫游戏 | 89.23 | 28 | 华闻传媒 | 新闻出版 | 88.51 |
| 14 | 乐视网 | 影视传媒 | 89.22 | 29 | 天神娱乐 | 动漫游戏 | 88.48 |
| 15 | 长江传媒 | 新闻出版 | 89.20 | 30 | 利欧股份 | 营销传媒 | 88.46 |

## （八）广播电视类公司综合绩效排名：东方明珠以综合绩效值 90.19 位居第一

● 广播电视子行业的未来发展有望在有线电视网络渗透率提高、国家三网融合进一步推进、广播电视类上市公司对外投资布局三大方面。

● 广播电视同属于国企范畴，其转型升级和国企改革成为发展亮点。其中，东方明珠率先完成覆盖近 10%的员工的限制性股权激励计划，激发其成长潜力，综合实力位列第一（见表 2-15）。

表 2-15　广播电视类上市公司综合绩效排名

| 排名 | 公司简称 | 公司代码 | 综合绩效 |
|---|---|---|---|
| 1 | 东方明珠 | 600637 | 90.19 |
| 2 | 电广传媒 | 000917 | 88.56 |
| 3 | 江苏有线 | 600959 | 88.52 |
| 4 | 湖北广电 | 000665 | 87.87 |
| 5 | 广西广电 | 600936 | 87.71 |
| 6 | 天威视讯 | 002238 | 87.54 |
| 7 | 广电网络 | 600831 | 87.50 |
| 8 | 华数传媒 | 000156 | 87.14 |
| 9 | 吉视传媒 | 601929 | 86.99 |
| 10 | 歌华有线 | 600037 | 86.62 |

## (九)营销传媒类 6 家公司进入综合绩效 30 强(见图 2－25、表 2－16)

在 2016 综合绩效排名中，营销传媒类上市公司上榜 6 家，占传媒上市公司综合绩效 30 强的 20%。其中分众传媒以 90.12 的综合绩效值位列第四。

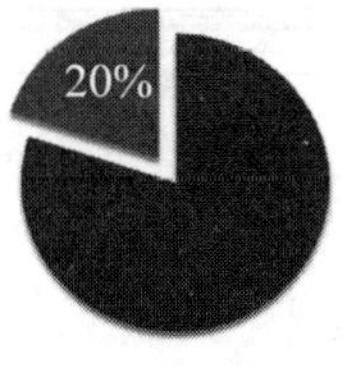


图 2－25　营销传媒类公司综合绩效 30 强占比

**表 2－16　入选综合绩效 30 强的营销传媒类公司**

| 排名 | 公司简称 | 所属类别 | 绩效值 | 排名 | 公司简称 | 所属类别 | 绩效值 |
| --- | --- | --- | --- | --- | --- | --- | --- |
| 1 | 完美世界 | 动漫游戏 | 91.37 | 16 | 蓝色光标 | 营销传媒 | 89.18 |
| 2 | 世纪游轮 | 动漫游戏 | 91.05 | 17 | 皖新传媒 | 新闻出版 | 89.09 |
| 3 | 东方明珠 | 广播电视 | 90.18 | 18 | 顺网科技 | 动漫游戏 | 89.04 |
| 4 | 分众传媒 | 营销传媒 | 90.12 | 19 | 凤凰传媒 | 新闻出版 | 89.00 |
| 5 | 恺英网络 | 动漫游戏 | 90.12 | 20 | 冰川网络 | 动漫游戏 | 88.98 |
| 6 | 省广股份 | 营销传媒 | 89.96 | 21 | 北京文化 | 影视传媒 | 88.91 |
| 7 | 深大通 | 营销传媒 | 89.87 | 22 | 电魂网络 | 动漫游戏 | 88.75 |
| 8 | 万达电影 | 影视传媒 | 89.56 | 23 | 浙数文化 | 新闻出版 | 88.58 |
| 9 | 中文传媒 | 新闻出版 | 89.36 | 24 | 中国电影 | 影视传媒 | 88.57 |
| 10 | 中南传媒 | 新闻出版 | 89.32 | 25 | 电广传媒 | 广播电视 | 88.56 |
| 11 | 昆仑万维 | 动漫游戏 | 89.29 | 26 | 奥飞娱乐 | 动漫游戏 | 88.56 |
| 12 | 思美传媒 | 营销传媒 | 89.25 | 27 | 江苏有线 | 广播电视 | 88.52 |
| 13 | 三七互娱 | 动漫游戏 | 89.23 | 28 | 华闻传媒 | 新闻出版 | 88.51 |
| 14 | 乐视网 | 影视传媒 | 89.22 | 29 | 天神娱乐 | 动漫游戏 | 88.48 |
| 15 | 长江传媒 | 新闻出版 | 89.20 | 30 | 利欧股份 | 营销传媒 | 88.46 |

## (十)营销传媒类公司综合绩效排名：分众传媒以综合绩效值 90.12 位居第一

● 2017 年 5 月 17 日，国家市场监督管理总局公布 2016 年全国广告经营额达到 6 489 亿元，同比增长 8.6%，广告行业整体竞争加剧。

● 受益于视频平台崛起、消费升级、用户习惯迁移等，内容营销快速增长。

● 移动出海营销势头增长迅猛，领先其他企业加强本地化能力，巩固其先发优势。具备垄断地位的线下生活圈媒体龙头——分众传媒综合绩效位居榜首(见表 2－17)。

表 2－17　营销传媒类上市公司综合绩效排名

| 排名 | 公司简称 | 公司代码 | 绩效值 | 排名 | 公司简称 | 公司代码 | 绩效值 |
|---|---|---|---|---|---|---|---|
| 1 | 分众传媒 | 002027 | 90.12 | 10 | 明家联合 | 300242 | 87.63 |
| 2 | 省广股份 | 002400 | 89.96 | 11 | 北巴传媒 | 600386 | 87.58 |
| 3 | 深大通 | 000038 | 89.87 | 12 | 华谊嘉信 | 300071 | 87.39 |
| 4 | 思美传媒 | 002712 | 89.25 | 13 | 引力传媒 | 603598 | 87.00 |
| 5 | 蓝色光标 | 300058 | 89.18 | 14 | 龙韵股份 | 603729 | 84.18 |
| 6 | 利欧股份 | 002131 | 88.46 | 15 | 易尚展示 | 002751 | 83.97 |
| 7 | 印纪传媒 | 002143 | 88.45 | 16 | 三六五网 | 300295 | 81.03 |
| 8 | 天龙集团 | 300063 | 87.91 | 17 | 腾信股份 | 300392 | 78.61 |
| 9 | 联创互联 | 300343 | 87.79 | | | | |

# 四、五大子行业上市公司能力对比

## (一)综合绩效标准差:营销传媒类公司综合绩效离散程度最大,行业竞争激烈

● 标准差可衡量一组数据的离散程度,通过计算五大子行业综合绩效标准差,可观察不同子行业的竞争程度。

● 营销传媒类公司综合绩效的离散程度最大,行业竞争最为激烈;动漫游戏类公司综合绩效离散程度次之,偏新媒体子行业呈现竞争更为充分,弱肉强食,龙头公司与落后公司间差距较大。

● 广播电视类公司之间离散程度最小,新闻出版类公司次之,偏传统媒体的子行业呈现竞争相对不充分,新闻出版类公司与广播电视类公司大多是均衡式分布,地域限制较大,公司之间同质化较为严重,彼此实力差距较小(见图 2－26)。

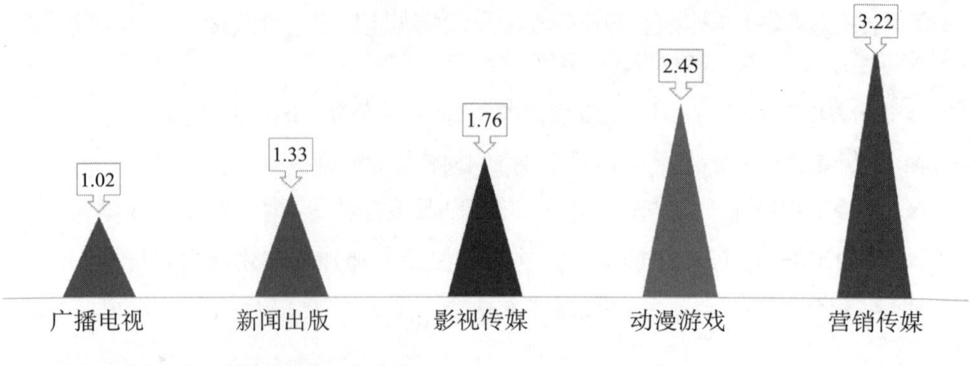


图 2－26　五大细分类别综合绩效标准差对比

## (二)动漫游戏类公司:盈利能力、现金能力与成长能力凸显优势

通过对比五大子行业上市公司的六大能力指标的平均绩效值与传媒行业平均绩效值,动漫游戏类上市公司在盈利能力、现金能力与成长能力三个维度上优势凸显,相较于其他类别公司,动漫游戏类公司具有现金优势,其盈利水平超过传媒上市公司整体的平均水平,成长潜力突出(见图 2-27)。

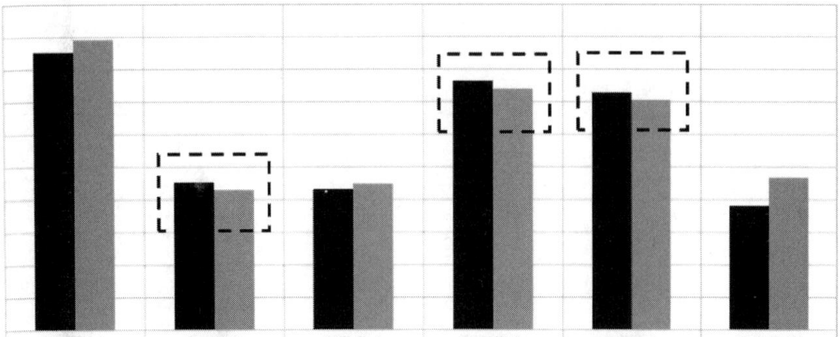

| | 偿债能力 | 成长能力 | 运营能力 | 盈利能力 | 现金能力 | 资产规模 |
|---|---|---|---|---|---|---|
| ■动漫游戏平均绩效值 | 85.38 | 45.21 | 43.11 | 76.54 | 72.94 | 38.08 |
| ■传媒行业平均绩效值 | 89.13 | 42.92 | 44.81 | 74.06 | 70.59 | 46.62 |

图 2-27　动漫游戏类上市公司六大能力指标平均绩效值

## (三)广播电视类公司:资产规模远超传媒行业平均水平

通过对比五大子行业上市公司的六大能力指标的平均绩效值与传媒行业平均绩效值,广播电视类上市公司在资产规模指标中优势凸显,相较于其他类别公司,广播电视类公司具有较大的资产规模优势,此外,广播电视类公司在盈利能力、现金能力和偿债能力方面也具有一定优势(见图 2-28)。

## (四)新闻出版类公司:资产规模超传媒行业平均水平

通过对比五大子行业上市公司的六大能力指标的平均绩效值与传媒行业平均绩效值,新闻出版类上市公司与广播电视类上市公司表现较为一致,在资产规模指标中优势凸显,并在盈利能力、现金能力和偿债能力方面具有一定优势(见图 2-29)。

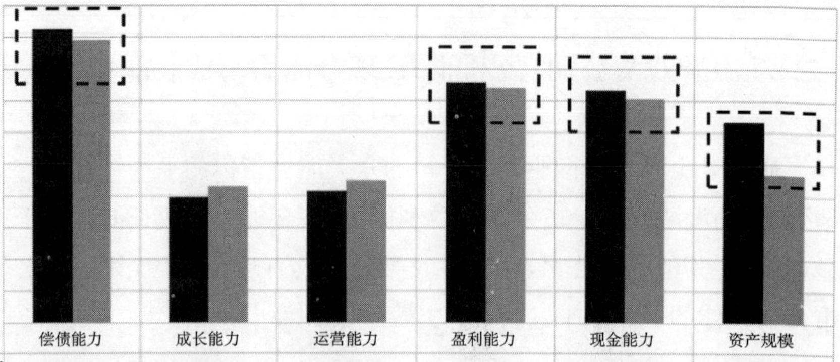

| | 偿债能力 | 成长能力 | 运营能力 | 盈利能力 | 现金能力 | 资产规模 |
|---|---|---|---|---|---|---|
| ■广播电视平均绩效值 | 92.59 | 39.58 | 41.36 | 75.71 | 73.35 | 63.5 |
| ■传媒行业平均绩效值 | 89.13 | 42.92 | 44.81 | 74.06 | 70.59 | 46.62 |

图 2－28　广播电视类上市公司六大能力指标平均绩效值

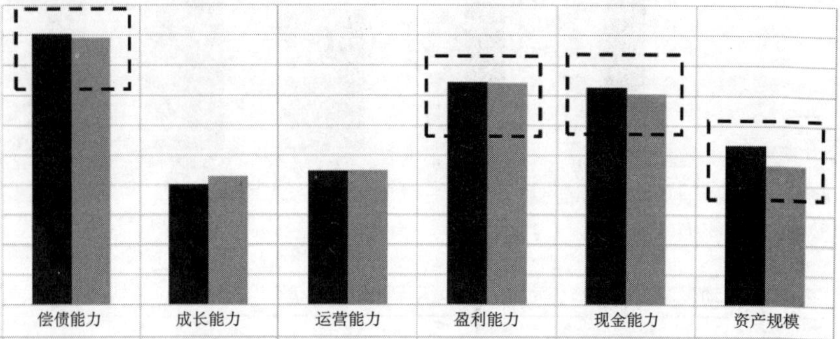

| | 偿债能力 | 成长能力 | 运营能力 | 盈利能力 | 现金能力 | 资产规模 |
|---|---|---|---|---|---|---|
| ■新闻出版平均绩效值 | 90.52 | 40.27 | 44.77 | 74.35 | 72.66 | 53.32 |
| ■传媒行业平均绩效值 | 89.13 | 42.92 | 44.81 | 74.06 | 70.59 | 46.62 |

图 2－29　新闻出版类上市公司六大能力指标平均绩效值

## (五)营销传媒类公司:运营能力在所有细分类别公司中表现抢眼

通过对比五大子行业上市公司的六大能力指标的平均绩效值与传媒行业平均绩效值，营销传媒类上市公司在运营能力指标中优势明显，相较于其他类别公司，营销传媒类上市公司整体运营实力较强，这与其主营业务性质相关。此外，营销传媒类公司偿债能力、运营能力均高于行业平均水平(见图 2－30)。

## (六)影视传媒类公司:成长能力超过行业平均水平,发展前景看好

通过对比五大子行业上市公司的六大能力指标的平均绩效值与传媒行业平均

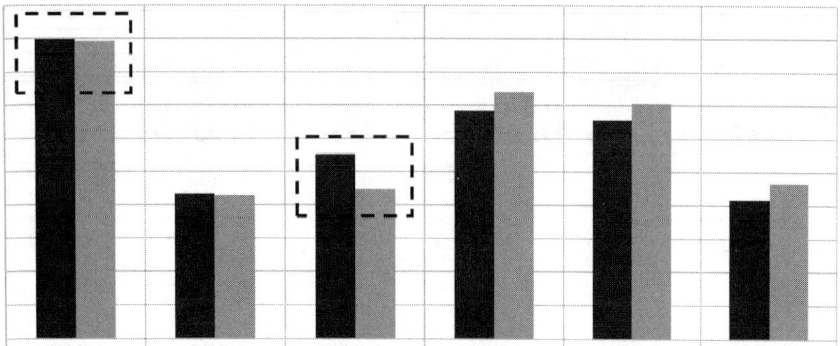

| | 偿债能力 | 成长能力 | 运营能力 | 盈利能力 | 现金能力 | 资产规模 |
|---|---|---|---|---|---|---|
| ■营销传媒平均绩效值 | 89.77 | 43.46 | 53.07 | 68.27 | 65.41 | 41.74 |
| ■传媒行业平均绩效值 | 89.13 | 42.92 | 44.81 | 74.06 | 70.59 | 46.62 |

图 2-30　营销传媒类上市公司六大能力指标平均绩效值

绩效值，影视传媒类上市公司在成长能力指标中优势明显，相较于其他类别公司，影视传媒类上市公司在 IP 热、电影热的背景下具有较好的发展前景，这在其成长能力表现中也得以反映。此外，影视传媒类上市公司在偿债能力和资产规模两个方面也超过行业平均水平（见图 2-31）。

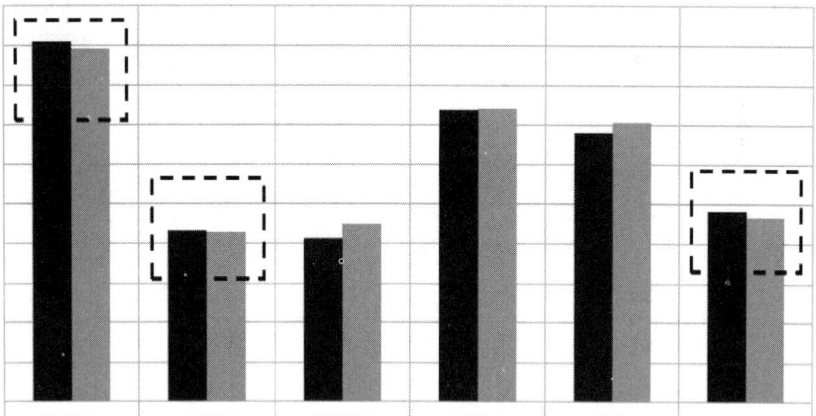

| | 偿债能力 | 成长能力 | 运营能力 | 盈利能力 | 现金能力 | 资产规模 |
|---|---|---|---|---|---|---|
| ■影视传媒平均绩效值 | 90.94 | 43.31 | 41.3 | 73.9 | 68.08 | 48.3 |
| ■传媒行业平均绩效值 | 89.13 | 42.92 | 44.81 | 74.06 | 70.59 | 46.62 |

图 2-31　影视传媒类上市公司六大能力指标平均绩效值

# 五、五大子行业龙头公司业绩分析

## (一)动漫游戏类公司：梯队式分散布局，完美世界表现最优，实现净利 11.7 亿

● 以净利润(亿元)为纵坐标，以综合绩效值为横坐标，以资产规模为圆圈大小，得出 32 家动漫游戏类上市公司财务绩效分布情况。

● 动漫游戏类上市公司在综合绩效值维度和净利润维度皆呈分散趋势。综合绩效排名前五的完美世界、世纪游轮、恺英网络、昆仑万维、三七互娱在净利润和资产规模方面各有优势，大部分动漫游戏类上市公司各维度均处于中段水平，而长城动漫在各个维度都表现欠佳，居于末位(见图 2-32)。

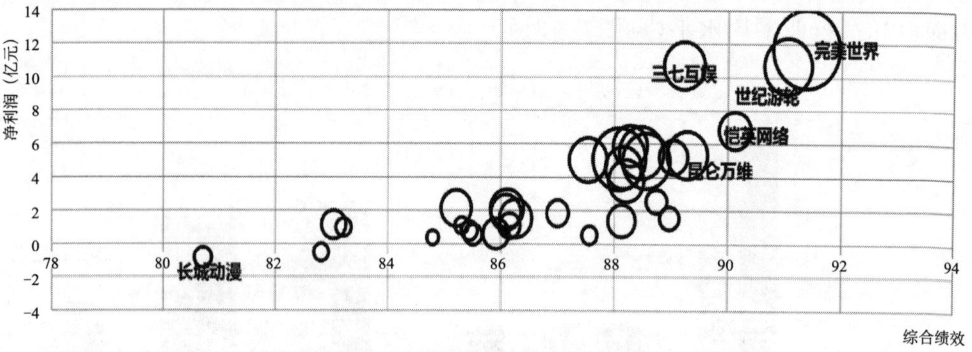


图 2-32 动漫游戏类上市公司综合绩效分布

注：考虑到展示效果，图中未将所有公司名称予以展示，仅展示靠前及居后的公司名称。

## (二)影视传媒类公司：万达电影优势明显，实现净利 13.66 亿

● 以净利润(亿元)为纵坐标，以综合绩效值为横坐标，以资产规模为圆圈大小，得到 24 家影视传媒类上市公司财务绩效分布情况。

● 从总体上来看，影视传媒类上市公司之间实力相差较悬殊。万达电影综合绩效排名第一，拥有雄厚的资产规模和较高的净利润，其优势明显。乐视网、中国电影、北京文化紧随其后。中视传媒净利润为负值，跌落在所有上市公司末端(见图 2-33)。

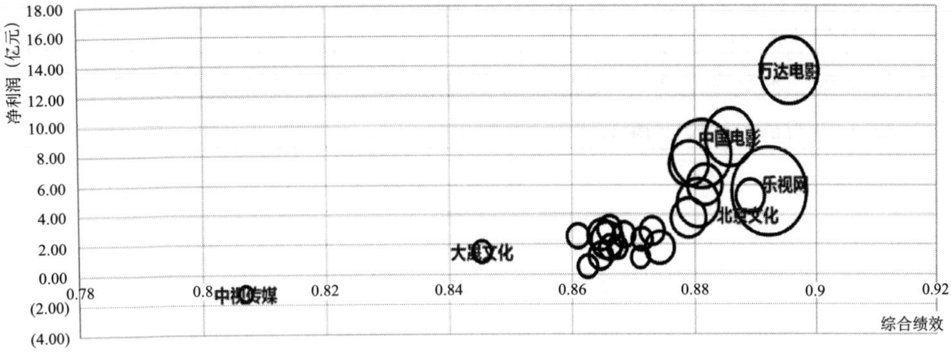


图 2-33　影视传媒类上市公司综合绩效分布

注：考虑到展示效果，图中未将所有公司名称予以展示，仅展示靠前及居后的公司名称。

## (三)新闻出版类公司：中文传媒净利 12.95 亿，业绩表现抢眼

● 以净利润(亿元)为纵坐标，以综合绩效值为横坐标，以资产规模为圆圈大小，得出 22 家新闻出版类上市公司财务绩效分布情况。

● 从总体上来看，第一梯队的中文传媒、中南传媒和皖新传媒有着雄厚的资产规模，而在综合绩效值和净利润两个维度上均处于上游水平；第三梯队的博瑞传播、读者传媒、出版传媒在这两个维度上均处于下游，且与第一梯队差距明显(见图 2-34)。

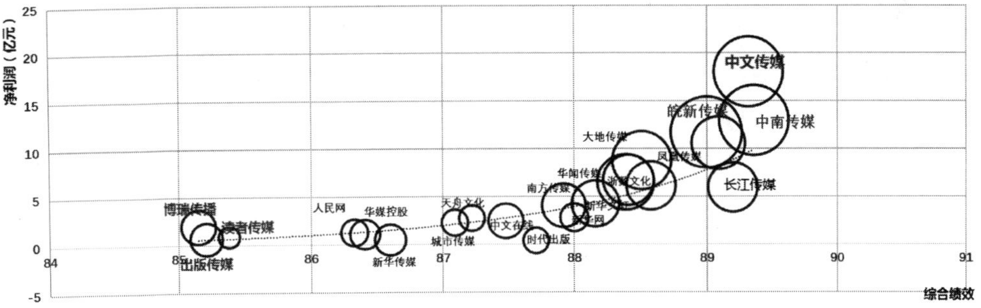


图 2-34　新闻出版类上市公司综合绩效分布

注：考虑到展示效果，图中未将所有公司名称予以展示，仅展示靠前及居后的公司名称。

## (四)广播电视类公司：东方明珠独占鳌头，资产规模、净利润、综合绩效值“三高”

● 以净利润(亿元)为纵坐标，以综合绩效值为横坐标，以资产规模为圆圈大

小，得出 10 家广播电视类上市公司财务绩效分布情况。

● 从总体上来看，东方明珠在财务绩效上遥遥领先于其他 9 家公司，在净利润与资产规模两个维度上均处于同类上市公司领先水平。江苏有线、电广传媒处在中上游水平，另外 7 家公司集中在中下游，与前三名差距较大（见图 2－35）。

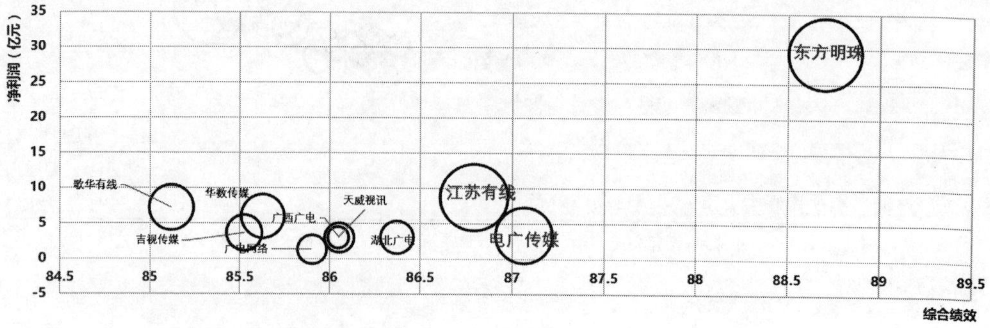


图 2－35　广播电视类上市公司综合绩效分布

注：考虑到展示效果，图中未将所有公司名称予以展示，仅展示靠前及居后的公司名称。

## （五）营销传媒类公司：分众传媒一枝独秀，实现净利 36.32 亿

● 以净利润（亿元）为纵坐标，以综合绩效值为横坐标，以资产规模表示圆圈大小，得出 17 家营销传媒类上市公司财务绩效分布情况。

● 从图中可以看出，营销传媒类上市公司在综合绩效值维度分布较为分散，在净利润维度分布比较集中。从总体上来看，位于榜首的分众传媒在综合绩效、净利润、资产规模三个维度上均处领先地位（见图 2－36）。

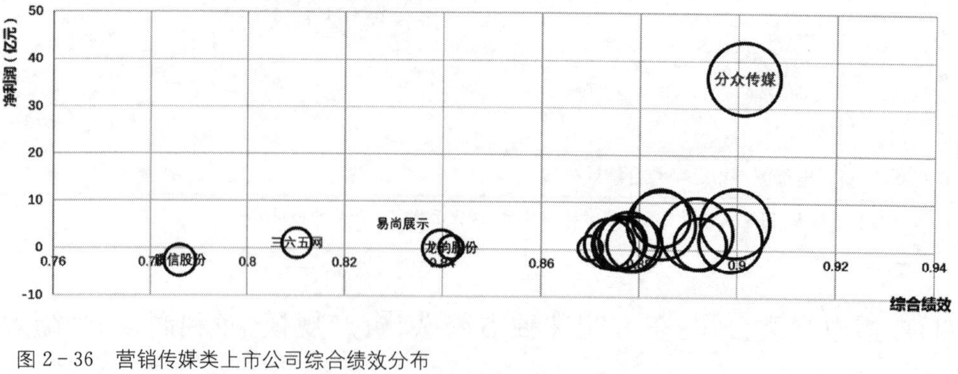


图 2－36　营销传媒类上市公司综合绩效分布

注：考虑到展示效果，图中未将所有公司名称予以展示，仅展示靠前及居后的公司名称。

## (六)五大子行业龙头公司:主业突出,实力强劲

在五大子行业中,完美世界综合绩效位列动漫游戏类公司第一;东方明珠综合绩效位列广播电视类公司第一;中文传媒综合绩效位列新闻出版类公司第一;分众传媒综合绩效位列营销传媒类公司第一;万达电影综合绩效位列影视传媒类公司第一(见图2-37)。

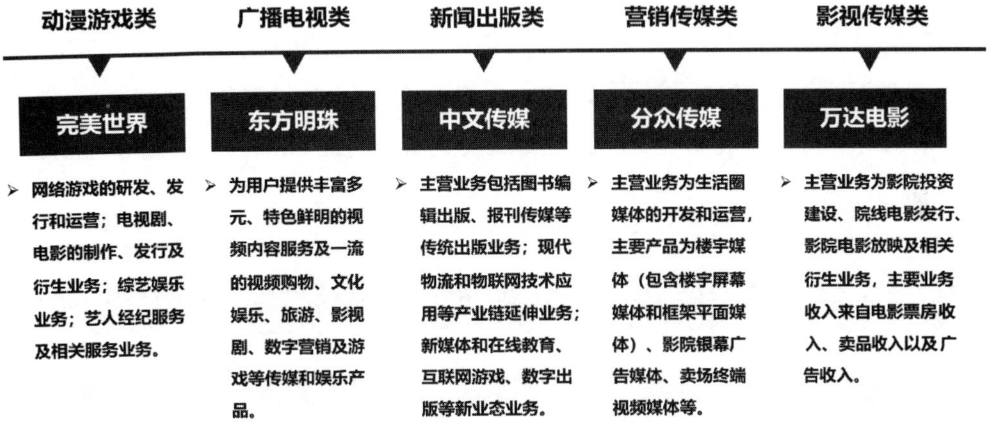


图2-37　五大细分类别龙头公司一览

## (七)龙头公司总资产占比超10%,呈现"一家独大"特征

在五大子行业中,完美世界总资产占所有动漫游戏类上市公司总资产的12.28%;东方明珠总资产占所有广播电视类上市公司总资产的23.72%;中文传媒总资产占所有新闻出版类上市公司总资产的10.62%;分众传媒总资产占所有营销传媒类上市公司总资产的13.81%;万达电影总资产占所有影视传媒类上市公司总资产的10.89%(见图2-38)。

## (八)分众传媒净利润占其所在子行业半壁江山

在五大子行业中,完美世界净利润占所有动漫游戏类上市公司的10.98%;东方明珠净利润占所有广播电视类上市公司的42.68%;中文传媒净利润占所有新

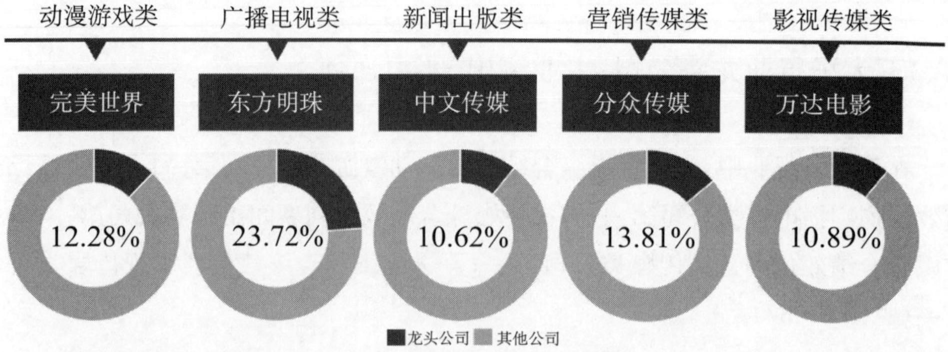


图 2－38　五大细分类别龙头公司总资产占比

闻出版类上市公司的 11.55%；分众传媒净利润占所有营销传媒类上市公司的 55.09%；万达电影净利润占所有影视传媒类上市公司的 15.08%（见图 2－39）。

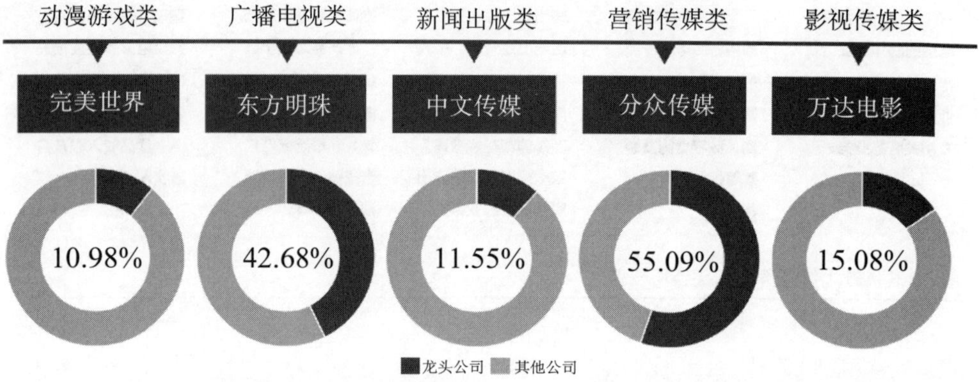


图 2－39　五大细分类别龙头公司净利润占比

## （九）完美世界六大能力评估

完美世界是国内领先的影视剧内容制作、游戏研发制作公司，目前，其游戏与影视业务并驾齐驱，业绩表现抢眼。在游戏方面，其手游业务稳定增长，旗下产品《诛仙》贡献较高流水，端游业务受益于电竞产业的布局，业绩有望回暖；在影视方面，其在艺人经纪与院线终端皆有布局，借助影视内容的年轻化和 IP 化转型，实现与优质内容的协同。

● 除现金能力外，完美世界在其他五个维度的绩效值都超过行业平均水平，尤其是在资产规模和成长能力两个维度上遥遥领先于行业平均水平。

● 完美世界以占行业 12.28%的总资产规模贡献了占行业 10.98%的净利润（见图 2-40）。

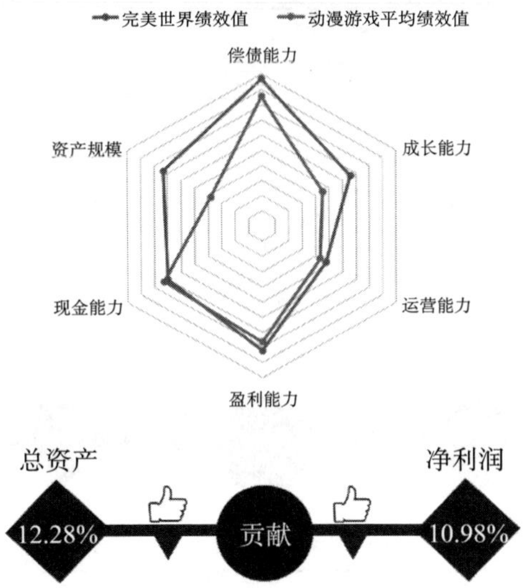


图 2-40　完美世界六大能力平均绩效值与动漫游戏类公司平均绩效值对比

## (十)东方明珠六大能力评估

东方明珠的业绩总体保持稳定，“娱乐＋”生态持续。与腾讯公司签订战略合作协议，实现与互联网资源包括用户的互补结合，带动双方在游戏、电竞、影视、动漫的版权和内容运营服务方面的合作；与微软中国、微软亚太科技签订战略合作协议，三方将深入推进智能、人工智能新技术研发及媒体行业应用的技术合作。

● 东方明珠的资产规模及盈利能力领先于广播电视类公司平均水平，而在偿债能力、现金能力、成长能力与运营能力四个维度上的表现并不突出，仅与行业平均水平持平。

● 东方明珠以占行业 23.72%的总资产规模贡献了占行业 42.68%的净利润（见图 2-41）。

## (十一)中文传媒六大能力评估

中文传媒传统主营业务为出版传媒印刷业务，近年来，借助智明星通涉足游戏领域，其旗下游戏《列王的纷争》利润贡献突出，新业务的业绩叠加效应凸显。目前，

图 2-41　东方明珠六大能力平均绩效值与广播电视类公司平均绩效值对比

公司已涉足包括出版发行、游戏、互联网、物联网、在线教育、投融资在内的多维度领域，通过多媒体平台化的发展手段，在不断夯实主业的基础上开拓利润增长点。

- 中文传媒通过游戏业务释放转型成效，在资产规模维度上位于行业平均水平之上，但在其他维度上与行业平均水平差距不大。
- 中文传媒以占行业 10.62%的总资产规模贡献了占行业 11.55%的净利润（见图 2-42）。

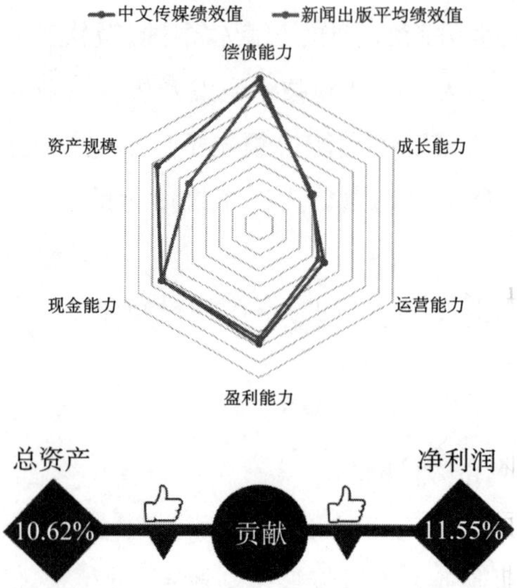


图 2-42　中文传媒六大能力平均绩效值与新闻出版类公司平均绩效值对比

## (十二)分众传媒六大能力评估

分众传媒为楼宇媒体龙头，楼宇视频媒体市占率超过 90%，拥有近 20 万台视频媒体，覆盖 90 多个城市。其公司业务增长来自议价与覆盖量两个方面。一方面，分众传媒作为龙头公司，有较强的议价能力；另一方面，框架媒体覆盖量有望稳定增长。

- 分众传媒在盈利能力、现金能力和资产规模三个维度上的绩效值都超过行业平均水平，显示出其在同类公司中的竞争实力。
- 分众传媒以占行业 13.81%的总资产规模贡献占行业 55.09%的净利润(见图 2 - 43)。

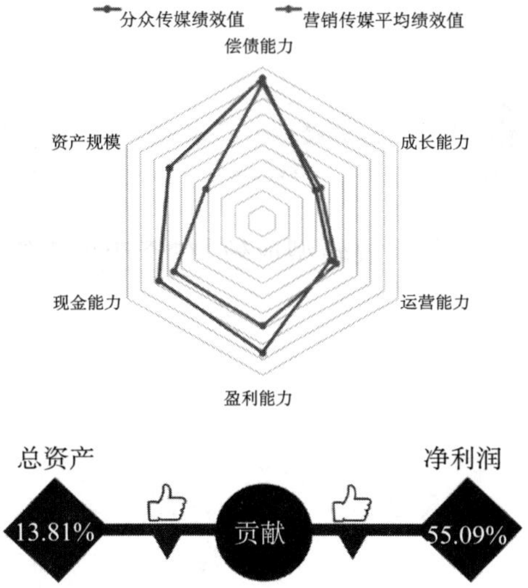


图 2 - 43　分众传媒六大能力平均绩效值与营销传媒类公司平均绩效值对比

## (十三)万达电影六大能力评估

2017 年 5 月 19 日，“万达院线”正式更名为“万达电影”，公司向产业链上游延伸，打造电影生活生态圈。继收购慕威时尚和时光网后，电影产业生态圈正在逐步构建，表明万达电影的商业模式正在持续向内容制作等轻资产模式推进。作为国内院线龙头，万达电影拥有资金、集团协作及规模多重优势。

- 除成长能力稍逊行业平均水平外，在其他五个维度上万达电影均超过行业平均绩效值，万达电影未来发展前景可期。

● 万达电影以占行业10.89%的总资产规模贡献了占行业15.08%的净利润（见图2-44）。

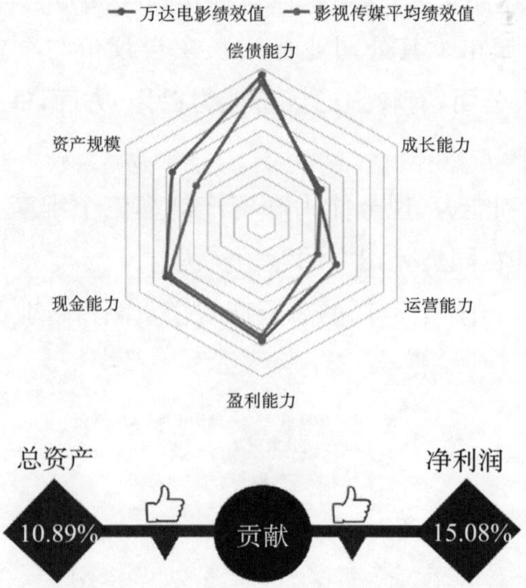


图2-44 万达电影六大能力平均绩效值与影视传媒类公司平均绩效值对比

## （十四）数据说明

本报告统计数据由媒至酷团队采集整理，均来自上市公司公开信息，本团队力求数据统计的客观公正，为市场和客户提供基本参考；所有内容均属原创，如需转载或引用本报告内容，请注明出处，谢谢合作。

# 第三章　构建青少年网络素养教育生态系统

## ——2017 青少年网络素养调查报告

北京师范大学教育新闻与传媒研究中心
方增泉　祁雪晶　杨　可　刘界儒　李　君　贾　宁　李阳阳

## 一、青少年网络媒介素养研究的重要意义

中国互联网络信息中心(CNNIC)最新发布的第 40 次《中国互联网络发展状况统计报告》显示，截至 2017 年 6 月，我国网民规模达 7.51 亿人，互联网普及率达 54.3%。其中我国网民以 10—39 岁群体为主，10—19 岁群体占比为 19.4%，在整

个网民年龄阶段占比中稳居第三。这一系列数据表明，青少年已经成为我国互联网的重要使用人群（见图3－1）。

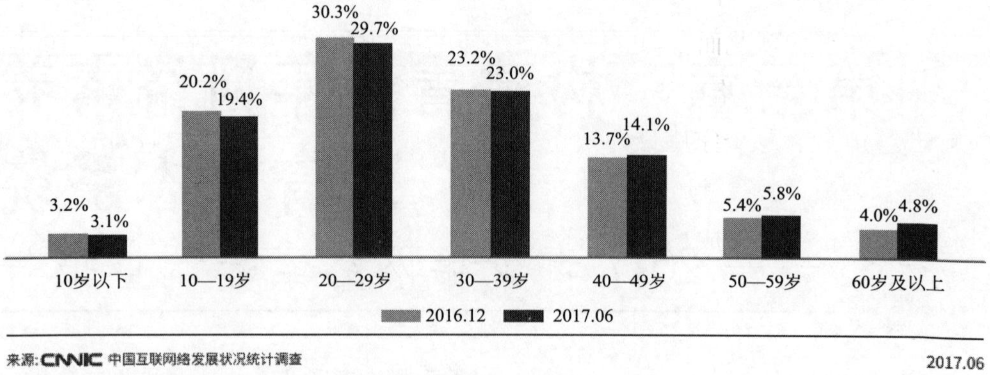


图3－1　中国网民年龄结构

青少年是互联网时代一个独特的群体，尤其是对出生于2000年前后的青少年来说，他们是地地道道的"数字原住民"。他们一出生就"浸泡"在网络环境中，对于各种技术应用习以为常，认知模式和学习行为等也都带有明显的网络化特性。如今，网络已渗透青少年一代的娱乐、教育、生活、自我表达、社交等方方面面，成为当前我国青少年不可或缺的学习、信息交流和娱乐工具，对青少年以及人类社会的发展都有着极大的推动作用。

然而，值得注意的是，青少年认知模式和学习行为正处于发展、成熟阶段，对于各种复杂的互联网信息的辨别能力不够，在接触使用媒介的同时也面临注意力缺失、信息焦虑、数字压力、网络成瘾、隐私安全、网络暴力等诸多潜在风险。提高青少年的网络素养水平，重视和加强青少年的网络素养培育，日益被政府、社会重视。

青少年作为祖国的未来，民族的希望，以习近平同志为核心的党中央时刻心系他们的健康成长。2015年以来，习近平在多个场合都曾强调，培育积极健康、向上向善的网络文化，用社会主义核心价值观和人类优秀文明成果滋养人心、滋养社会，做到正能量充沛、主旋律高昂，为广大网民特别是青少年营造一个风清气正的网络空间。

2017年"两会"期间，全国人大代表、腾讯公司董事会主席兼首席执行官马化腾共提交了七条建议，其中重要的一条——关于"加强未成年人健康上网保护体系建设"的建议尤为引人关注。马化腾认为，加强未成年人健康上网保护体系建设的需求越来越紧迫。他在这份议案中提出，保护未成年人健康上网需要家长、学校、有关部门与互联网企业共同行动，相互配合，一起构筑未成年人网络保护的同心圆。

这是一个互联网高速发展的时代，广大青少年面对来自四面八方泥沙俱下的各类资讯。如何抵制网络不良信息、参与网络社区建设，就要求青少年必须增强自身的网络素养。就此而言，开展针对青少年的系统的网络素养教育显得尤为重要。

目前，青少年网络成瘾、网络诈骗受害、网络失范、网络犯罪等问题已成为政府、社会、学校和每个家庭最为关切的社会问题。但我国尚未形成针对青少年个人、家庭、学校、社区、社会相协调的网络素养教育生态系统。因此，提高青少年网络素养对于青少年的成长和发展，构建未来健康、文明的网络生态具有重大意义。

## 二、研究综述

### (一)媒介素养

媒介素养最早源于 20 世纪 30 年代，英国学者利维斯和汤普森在《文化与环境：批判意识的培养》一书中，首次提出将媒介素养教育引入学校课堂的建议，这被认为是英国乃至世界关于媒介素养研究的开始。自此，“媒介素养”这一概念登上了学术舞台，逐渐受到学界的重视。

目前，各国学者虽然对媒介素养的研究有了长足发展，但尚未形成统一的概念。1992 年，美国媒介素养研究中心将媒介素养定义为，“人们面对媒介各种信息时的选择能力、理解能力、质疑能力、评估能力、创造和生产能力以及思辨的反应能力”。2005 年，英国通信管理局（OFCOM）对媒介素养的定义是“在复杂社会情景下，人们接触媒介、理解媒介和积极使用媒介进行创造性交流的能力”。加拿大安大略省教育部门定义媒介素养是“学生理解和运用大众媒介方法，对大众媒介本质、媒介常用的技巧和手段以及这些技巧和手段所产生的效应的认知力与判断力”。

### (二)网络素养

随着网络技术的飞速发展，人们使用各种网络媒介的频率日益增加，网络媒介对人们的影响也日益加深。与此同时，学界对于媒介素养的研究方向和结果也呈现出新的变化，网络素养的研究由此诞生。

1994年，美国学者Mc Clure首先用“网络素养”（network literacy）的概念来描述个人识别、访问并使用网络中的电子信息的能力。

伴随着社会实践的进一步展开，网络素养的内涵被进一步廓清，学者Selfe C.将网络素养的概念进一步精细化，区别了计算机素养（computer literacy）和技术素养（technological literacy）：计算机素养是人们使用计算机、软件或网络的机械技能；而技术素养是在电子环境背景下，一系列包含社会和文化因素的价值观、实践和技巧的复杂的操作语言。学者Savolainen则从社会认知理论出发，对网络素养进行了系统梳理，提出了网络能力（network competence）的概念，认为网络能力包含互联网信息资源中的知识、使用工具获取信息的能力、对信息的相关性判断的能力、沟通能力等四个方面。

今天，随着移动互联网和数字技术的迅猛发展，信息传播环境早已发生了巨大变化，网络的承载能力也不可同日而语。正如学者麦克卢汉所提出的“媒介即讯息”——人类只有在拥有了某种媒介之后才有可能从事与之相适应的传播和其他社会活动，网络在影响社会生活各方面的同时，也承载了包含数字技术、资源整合、信息传播等多个维度的通路。在此背景下，国内学者喻国明提出，网络素养应是一种基于媒介素养、数字素养、信息素养等，再叠加社会性、交互性、开放性等网络特质，最终构成一个相对独立的概念范畴[①]（见图3-2）。

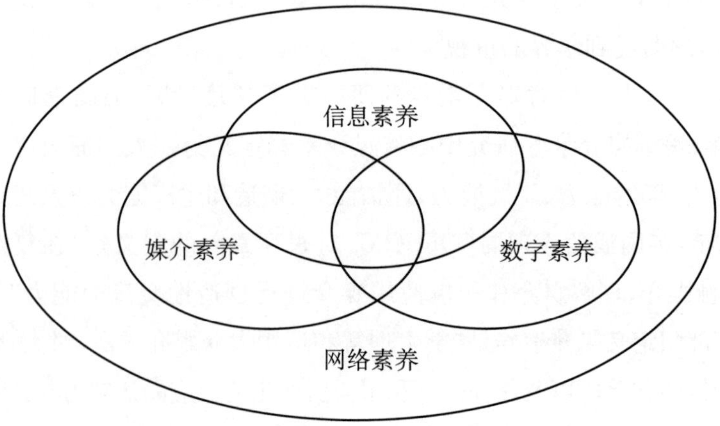


图3-2 喻国明提出关于“网络素养”的新图示

① 喻国明，赵睿．网络素养：概念演进、基本内涵及养成的操作性逻辑[J].新闻战线，2017(2)：43—46.

## (三)青少年网络素养的测量维度

2008年,学者周葆华和陆晔在《从媒介使用到媒介参与:中国公众媒介素养的基本现状》一文中,澄清了关于媒介素养的操作化定义。他们认为,媒介素养由媒介信息处理和媒介参与意向两个维度组成,其中媒介信息处理包含思考、质疑、拒绝和核实四个维度。2013年,学者彭兰也敏锐地指出,对于公众来说,社会化媒体时代的媒介素养应该包括媒介使用素养、信息生产素养、信息消费素养、社会交往素养、社会协作素养、社会参与素养等。学者芮必峰也在《新传播技术呼唤新媒介素养》一文中提出,新媒介素养涉及使用者的媒介认知、使用和交往理性三个内容。

随着互联网的进一步发展,网络素养作为重要议题成为新的媒介素养被学界探讨。关于网络素养的操作化定义,也有很多学者提出了不同的看法。网络素养主要是指人们接近、分析、评价和生产网络媒介内容等四个方面的能力(Livingstone,2008)。其中,"接近",是指人们通过何种途径以及如何使用网络媒介的能力,包括使用网络媒介的场所、渠道以及使用经验(时间和频次)(Hobbs R.,1998)。"分析",是指人们收集、处理和理解网络媒介信息的能力(Tibor Koltay,2011)。"评价",是指人们根据已有知识背景,鉴别网络媒介信息真实性的能力,在某种程度上,这一能力是对网络使用者的"赋权",使他们能动处理媒介信息(Livingstone,2008)。"生产网络媒介内容",是指人们分享、制造、传播网络媒介信息的能力(Livingstone & Helsper,2007;van Dijk,2006)。在网络素养四个方面的能力之间,不是一个此消彼长的关系,而是相辅相成的整体(Potter,2010)。

2010年,学者Roman Brandtweiner,Elisabeth Donat & Jonann Kerschbaum把网络素养划分为两个层面、四个方面的能力,分别是网络技能(接近网络和分析自我网络的技能)和网络媒介知识(评估和生产网络媒介内容)。网络技能作为接触和使用网络的基本能力,影响着人们能否平等地参与网络信息交往;网络媒介知识是人们认知和判断网络环境的能力,作为更高层次的能力,深刻地影响着人们的网络社会行为(Hargittai,2002)。

近年来,伴随在线交往的深入,人们对隐私性和亲密性的标准进行了重新整合,对网络素养和自身风险的管理提出了新的要求(Livingstone,2008)。网络隐私作为人们保护和控制自我网络信息的权利,是一种信息自决权;其内涵从消极的"私生活不受干扰"发展为能动的"自我信息控制"(刘德良,2007)。网络素养被认为具有支持、鼓励和赋权人们控制和管理个人信息的能力，这种能力的差异直接影响人们如何认知网络风险环境以及他们的隐私信息控制行为(Ball & Webster, 2003; Yong Jin Park, 2013)。所以，网络信息素养和信息安全是网络素养的天然性组成部分。伴随着互联网的持续发展和我国对于互联网环境治理的探索，信息安全(隐私)仅仅是网络中存在的诸多问题中的一个，网络暴力、群体极化、网络谣言等危害程度持续增加的网络问题，使得青少年在网络上面对的风险不止有信息安全这一个方面。"如何看待网络规范""了解我国关于互联网的法律吗"等一系列关乎网络伦理道德与法律的知识也应该和信息安全一样被看作是网络素养的一个维度。

尚靖君和杨兆山在2012年的研究中提出对网络媒介素养概念的界定，他们认为，网络媒介素养是面对网络时应具备的基本素养，包括四个方面：网络媒介意识、网络媒介知识、网络媒介能力和网络媒介道德。

我们在调查中同样把网络媒介知识和网络能力、非意识因素，作为青少年网络素养的重要组成部分，非意识因素包含意识和道德两个方面。对于网络媒介知识的考察，我们借由媒介素养的操作化定义到网络素养定义的发展，一方面，把对网络内容的分析和评价作为衡量维度之一；另一方面，它作为认知和判断网络环境的能力，是人们对上网环境和自身上网行为的认知基础。所以，我们在测量中引入网络信息分析与评价这一维度作为对青少年网络媒介知识的测量。在网络技能方面，我们主要侧重于网络信息搜索与利用能力的测量。自我信息控制作为网络道德和网络信息安全的统一维度，既有对青少年认知网络环境、伦理道德的考察，又有对他们行为的了解，例如，网络隐私保护行为等。

另外，2007年，荣姗姗在《安徽高校学生网络素养现状及其教育实践探究》一文中指出，对上网行为的自我管理能力，即对自身上网行为的自律，包括上网时间的自我管理、信息选择的自我管理、网络表现的自我管理。它将有助于约束上网行为，减少行为偏差，培养正确的网络使用习惯。而学者肖立新、陈新亮、张晓星在对大学生网络素养的研究中也认为，网络自我管理能力是网络素养的组成部分。结合我们这次调查的对象来看，多个实证研究表明，青少年在使用网络的过程中，部分学生缺乏网络自我管理能力。很多人没意识到网络自控力的重要性，网络自我管理能力普遍较差。据此，我们引入网上自我管理能力作为青少年网络素养的组成部分之一，主要测量被试者网上认知、情感和行为的自我管理及控制能力。这部分也是我们量表的第一部分。

随着社交网络的兴起，网上交友和在网上开展社交活动也逐步成为青少年使用网络的主要目的。根据艾瑞报告《2015 年中国青少年儿童网络互联网使用现状研究报告》显示，当儿童成长到初中(12 岁)，他们对于社交的需求最大(77%)，而网络交友问题也开始成为家长担忧的问题。

结合有关学者的研究结果——印象管理作为辨别青少年网络社交成迷的重要变量，我们可以在广义上把印象管理能力纳入网络素养的范畴。我们可以假设，适度的网络印象管理能力是高水平的网络素养的体现，印象管理与自我控制、信息素养及道德认知等一起共同作用于青少年的网络素养水平。把印象管理作为对青少年网络素养测量的维度之一，是我们这次调查的最新尝试。

## (四)网络素养的影响因素

对于"网络素养"的影响因素，目前学界的主流观点认为包含五大因素，即个体因素、家庭因素、学校因素、政府因素和社会因素。

诸多学者的认为，学生在性别、年龄、受教育程度、社会背景等方面的人口统计学差异，会对其网络素养产生一定的影响。周葆华、陆晔通过实证调查分析后发现，中国公众的媒介知识水平整体较低且存在差异，差异具体表现为：男性的媒介知识水平要高于女性；年轻人比老年人的媒介知识储备要高；受教育程度越高，媒介知识的掌握越多。[①] 杜海钰通过对乌海市第四中学初中生进行调查后发现，初中阶段的女生整体信息素养要高于男生；学习成绩好的学生信息素养水平整体较高。[②]

家庭因素同样对青少年的媒介素养水平有着深刻的影响，学界的考察集中在父母受教育程度、父母的工作性质、父母与孩子的沟通方式、家庭的经济状况、家庭的网络媒介环境、家庭关系、家庭网络生活规范等方面。王倩课题组则看到了家庭媒介条件对子女媒介素养的影响，并提出了影响儿童媒介接触与使用的三点家庭因素：(1)家庭拥有媒介的种类及数量；(2)父母的媒介使用习惯与媒介素养水平；(3)父母对子女媒介行为的指导和参与情况。[③] 江宇通过调查研究分析，指出家庭社会经济背景和家庭传播环境也会影响青少年的媒介素养水平，而且由家庭社会经济背景、

---

① 周葆华，陆晔．中国公众媒介知识水平及其影响因素——对媒介素养一个重要维度的实证分析[J]．新闻记者，2009(05)：34—37.

② 杜海钰．初中生信息素养水平现状调查与影响因素分析[D]．呼和浩特：内蒙古师范大学，2014.

③ 王倩，李昕言．儿童媒介接触与使用中的家庭因素研究[J]．当代传播(汉文版)，2012(2)：111—112.

家庭传播环境等结构因素带来的媒介素养水平差距会在代内间和代际间“重现”。①

学校教育是媒介素养教育的基础和关键，没有一种教育方式可以与学校系统化、规模化、正规化的教育方式相提并论。一些学者发现，学校开设信息技术课的情况在一定程度上会影响学生的媒介素养。杜海钰通过调查后发现，信息技术课会影响学生的媒介素养，上过信息技术课时间越长的学生信息素养水平越高②。谢建对农村初中学生信息素养现状进行调查后发现，信息技术教师的素质（包括教师的专业化程度和从事教学的时间）和信息技术课程的课时量都会对学生的媒介素养产生一定的影响。③

同时，政府的重视和支持也是一个国家媒介素养教育长足发展的保证。2003年，英国政府设置国家通讯管理局（OFCOM）负责管理英国的传媒业，确保英国范围内播放高质量的电视和广播节目内容，还负责和英国教育部联合，以确保有效地推动媒介素养教育的开展，提高英国公民的媒介素养。④

面对复杂的网络环境，网民特别是青少年网民的媒介素养教育亟待解决。然而，媒介素养教育绝非靠一家之力就可完成，它需要社会各界力量的共同努力。朱顺慈通过对来自四个不同领域的10位专家深度访谈以及参加3个网络安全学术论坛后提出，儿科专家可以通过临床实践观察青少年的心理健康；社会工作者可以关注青少年通过接触风险（被欺负、骚扰、跟踪或和陌生网友见面）和参与风险活动（网络欺凌、违反法律、创建色情等有问题的内容、援交、分享毒品信息）导致价值观的混乱；IT专家可以思考云技术发展导致一切信息都可以被检索和追溯，从而导致隐私权问题；教师担心网络监测技术的运用，催生了社交媒体中沉默的螺旋，即学生不敢实名在互联网上发表不同的意见，反而转向匿名网络攻击的形式。⑤

## 三、研究框架

通过文献梳理和前测考察，我们把影响青少年网络素养的影响因素（自变量）

① 江宇．家庭社会化视角下媒介素养影响因素研究[D]．北京：中国传媒大学，2008.

② 杜海钰．初中生信息素养水平现状调查与影响因素分析[D]．呼和浩特：内蒙古师范大学，2014.

③ 谢建．农村初中学生信息素养现状调查与影响因素[D]．长春：东北师范大学，2007.

④ 郭铮．英国青少年媒介素养教育的实践与启示[D]．郑州：郑州大学，2014.

⑤ CHU D. Internet risks and expert views：a case study of the insider perspectives of youth workers in Hong Kong[J]. Information Communication & Society，2016，11(1)：1—18.

划分为：个人属性、家庭属性和学校属性 3 种类型，青少年网络素养由上网注意力管理、网络信息搜索与利用、网络信息分析与评价、网络印象管理、自我信息控制 5 个维度组成（见图 3－3）。

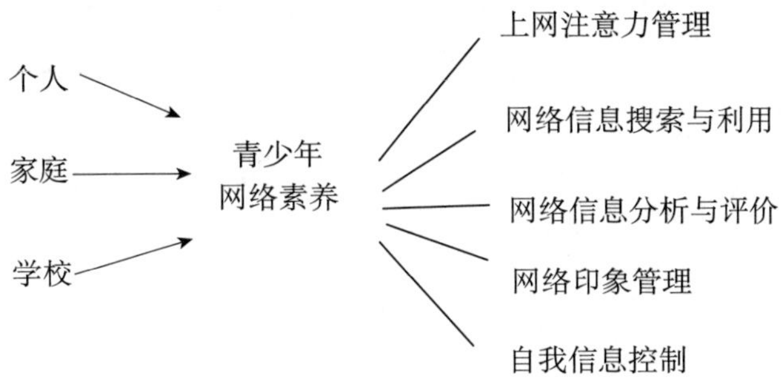


图 3－3　青少年网络素养研究框架

# 四、研究方法和指标体系

## （一）研究方法

本章主要采用整群抽样调查的方式，以 34 个城市的 57 所中学学生的网络素养作为样本总体，调查范围涵盖 22 个省市自治区。从 57 所附属中学中随机抽出 48 所作为样本框，利用整群抽样的方式，从每个学校抽取初中和高中各年级一个班的学生，组成研究的实际调查对象。本次调查共计发放问卷 9 620 份，其中高中部 3 876 份，初中部 5 344 份。剔除无效样本后，得到合格样本 7 044 份。

## （二）样本构成（见表 3－1）

**表 3－1　样本构成**

| 样本分布 | | 百分比(%) | N |
|---|---|---|---|
| 东中西部地区 | 东部地区 | 43.6 | 3 074 |
| | 中部地区 | 21.7 | 1 531 |
| | 西部地区 | 34.7 | 2 439 |

续表

| 样本分布 | | 百分比(%) | N |
|---|---|---|---|
| 城市 | 一线城市 | 15.9 | 1 117 |
| | 二线城市 | 19.1 | 1 346 |
| | 三线城市 | 65 | 4 581 |
| 性别 | 男 | 49.8 | 3 499 |
| | 女 | 50.2 | 3 531 |
| 年级 | 初一 | 28.3 | 1 985 |
| | 初二 | 19.2 | 1 356 |
| | 初三 | 13.5 | 948 |
| | 高一 | 16 | 1 120 |
| | 高二 | 12.4 | 871 |
| | 高三 | 10.6 | 741 |

## (三)指标体系

结合青少年媒介素养和网络素养的相关研究，本章把青少年网络素养分为5个维度:“上网注意力管理”“网络信息搜索与利用”“网络信息分析与评价”“网络印象管理”“自我信息控制”，14个指标，采用62个操作化定义进行测量(见表3-2)。

**表3-2 测量指标体系**

| 维度 | 指标 | 操作化定义(数量) |
|---|---|---|
| 上网注意力管理 | 网络使用认知 | 6 |
| | 网络情感控制 | 6 |
| | 网络行为控制 | 3 |
| 网络信息搜索与利用 | 信息搜索与分辨 | 7 |
| | 信息保存与利用 | 6 |
| 网络信息分析与评价 | 对网络的主动认知和行动 | 4 |
| | 对信息的辨析与批判 | 10 |
| 网络印象管理 | 迎合他人的倾向 | 3 |
| | 伤害控制 | 2 |
| | 操控倾向 | 2 |
| | 自我宣传 | 2 |
| 自我信息控制 | 自我信息保护 | 4 |
| | 他人信息权利 | 4 |
| | 网络信息规范 | 3 |

# 五、青少年网络素养现状

## (一)总体状况

1. 总体得分情况

调查显示,青少年网络素养平均得分为 3.55 分(满分 5 分),总体得分不高,网络素养水平总体处于及格线上,有待进一步提升。其中,自我信息控制的平均得分最高(3.64 分),网络印象管理的平均得分最低(3.31 分)(见图 3－4)。

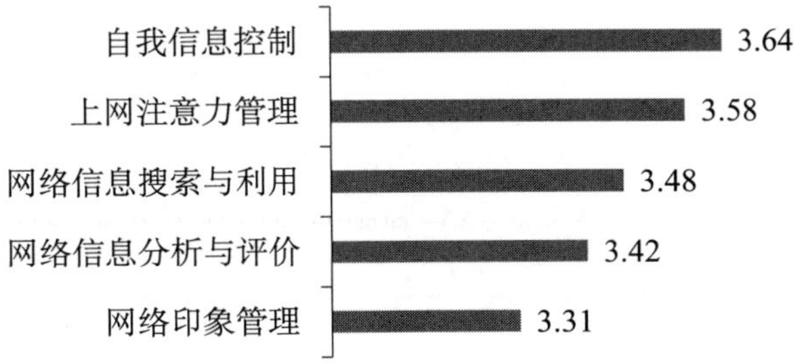


图 3－4　青少年网络素养总体得分(五分制)

2. 回归模型

回归模型显示,个人属性中的年级、成绩、城市户口、东部地区、一线城市、二线城市,家庭属性中的上网设备种类、与父亲亲密程度、与母亲亲密程度、与父母讨论网络信息的频率,学校属性中的是否开设相关课程、教师使用多媒体课件频率,对青少年综合网络素养有显著影响(见表 3－3)。

**表 3－3　青少年综合网络素养回归模型**

| | 模型 1 | 模型 2 | 模型 3 |
|---|---|---|---|
| 男性 | －0.011 | 0.001 | －0.005 |
| 年级 | －0.046*** | －0.055*** | －0.04** |
| 成绩 | 0.165*** | 0.13*** | 0.121*** |
| 城市户口 | 0.111*** | 0.051*** | 0.051** |

续表

| | 模型 1 | 模型 2 | 模型 3 |
|---|---|---|---|
| 东部 | 0.062*** | 0.054** | 0.05** |
| 西部 | 0.40* | 0.03 | 0.016 |
| 一线城市 | 0.74*** | 0.052*** | 0.05** |
| 二线城市 | 0.038** | 0.034* | 0.033** |
| 与双亲居住 | | 0.016 | 0.02 |
| 父亲最高学历 | | 0.04* | 0.036 |
| 母亲最高学历 | | 0.035 | 0.039 |
| 父亲体制内职业 | | 0.008 | 0.008 |
| 母亲体制内职业 | | −0.009 | −0.007 |
| 上网设备数量 | | 0.05*** | 0.047*** |
| 与父亲亲密程度 | | 0.088*** | 0.086*** |
| 与母亲亲密程度 | | 0.073*** | 0.073*** |
| 与父母讨论网络信息的频率 | | 0.108*** | 0.105*** |
| 父母对自己上网干预频率 | | −0.017 | −0.017 |
| 学校开设相关课程 | | | 0.43** |
| 教师使用多媒体课件频率 | | | 0.079*** |
| R 方 sig | 调整后的 R 方<br>6.1%SIG=0.000 | 调整后的 R 方<br>1.1%SIG=0.000 | 调整后的 R 方<br>1.2% SIG=0.000 |

## (二)个人属性影响因素分析

回归模型结果显示，成绩、城市户口、东部地区、一线城市、二线城市正向影响青少年网络素养，而年级对青少年网络素养的影响为负向。

1. 初中生网络素养水平优于高中生(见图 3-5)

图 3-5　不同年级青少年网络素养得分均值(五分制)

2. 随着青少年学习成绩的提高，网络素养水平也显著提高(见图 3 - 6)

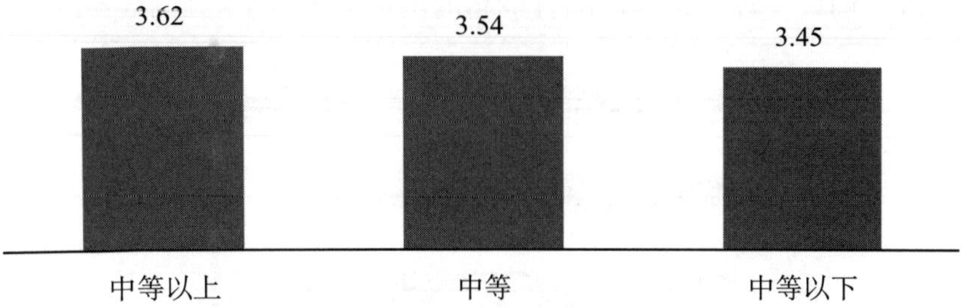


图 3 - 6　不同成绩青少年网络素养得分均值(五分制)

3. 东、中、西部地区对青少年网络素养的影响

东部地区青少年网络素养水平显著高于非东部地区，中部地区青少年网络素养出现“凹陷”的情况(见图 3 - 7)。

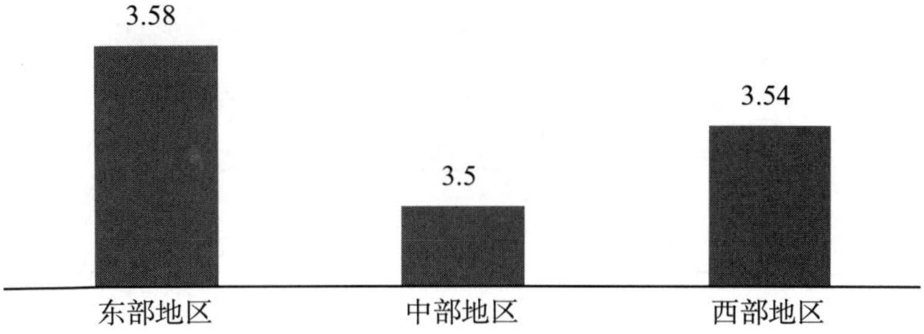


图 3 - 7　东、中、西部地区网络素养得分均值(五分制)

4. 以城市来看，一线城市青少年的网络素养水平最高(见图 3 - 8)

图 3 - 8　不同城市青少年网络素养得分均值(五分制)

## (三)家庭属性影响因素分析

在家庭因素中，上网设备种类、与父母亲密程度、与父母讨论网络信息的频率

对青少年网络素养有显著的正向影响。

1. 家庭上网设备种类正向影响青少年的网络素养水平（见图 3－9）

图 3－9 综合网络素养得分均值—上网设备种类（五分制）

2. 与父母的亲密程度越高，青少年网络素养水平也越高（见图 3－10、图 3－11）

图 3－10 综合网络素养得分均值—和父亲的亲密程度（五分制）

图 3－11 综合网络素养得分均值—和母亲的亲密程度（五分制）

3. 与父母讨论网络信息的频率越高，青少年网络素养水平也越高（见图 3－12）

图 3－12 综合网络素养得分均值—和父母讨论网络信息的频率（五分制）

## (四)学校属性影响因素分析

在学校因素中,学校开设相关课程、教师使用多媒体课件的频率与青少年网络素养呈正相关。

1. 学校开设了相关课程,青少年网络素养水平较高(见图 3-13)

图 3-13　综合网络素养得分均值—学校是否开设相关课程(五分制)

2. 教师使用多媒体的频率,正向影响青少年的网络素养水平(见图 3-14)

图 3-14　综合网络素养得分均值—教师使用多媒体的频率(五分制)

## (五)个人属性对五个维度的影响分析

1. 性别对五个维度的影响分析

在上网注意力管理和自我信息控制方面,女性青少年优于男性青少年;在网络信息搜索与利用、网络信息分析与评价、网络印象管理方面,男性青少年优于女性青少年(见图 3-15)。

2. 年级对五个维度的影响分析

网络信息分析与评价能力随年级升高而提高;其他方面能力随年级升高而降低(见图 3-16)。

3. 成绩对五个维度的影响分析

成绩越好的学生,五个维度的得分越高(见图 3-17)。

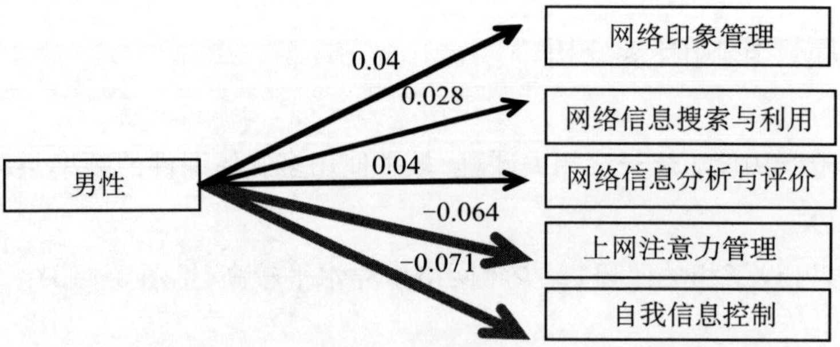


图 3－15　性别对网络素养五个维度的影响

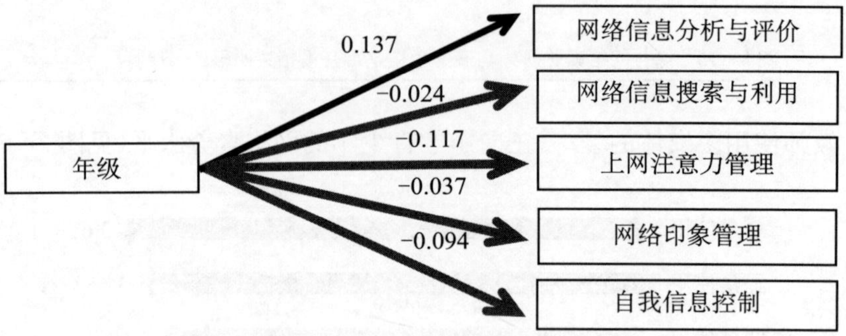


图 3－16　年级对网络素养五个维度的影响

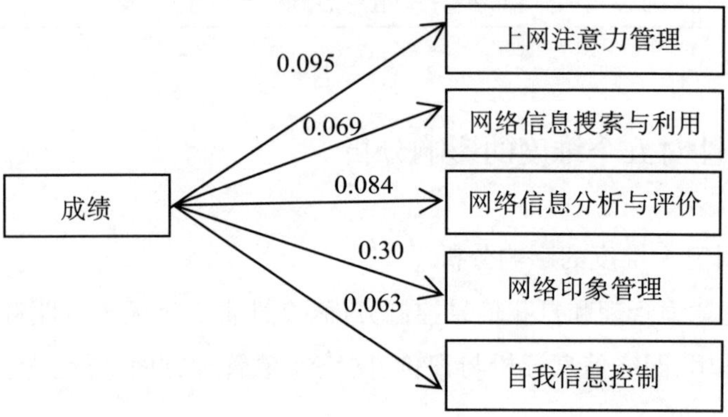


图 3－17　成绩对网络素养五个维度的影响

4. 城市户籍对五个维度的影响分析

在上网注意力管理、网络信息分析与评价能力两个方面，城市户籍的青少年优于农村户籍的青少年（见图 3－18）。

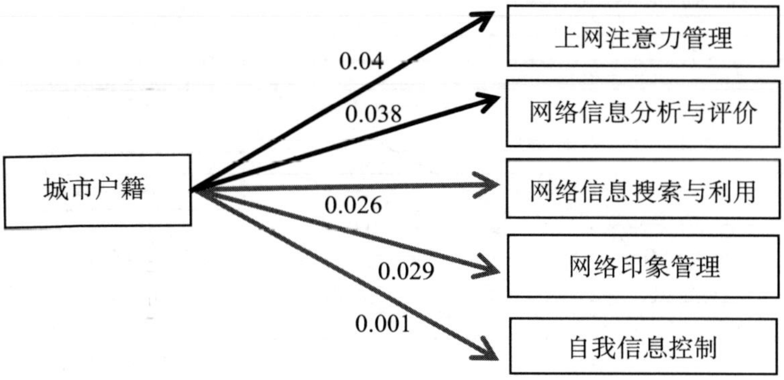


图 3-18 城市户籍对网络素养五个维度的影响

5. 东部地区对五个维度的影响分析

除网络印象管理外的其他四个维度，东部地区的青少年显著优于非东部地区的青少年（见图 3-19）。

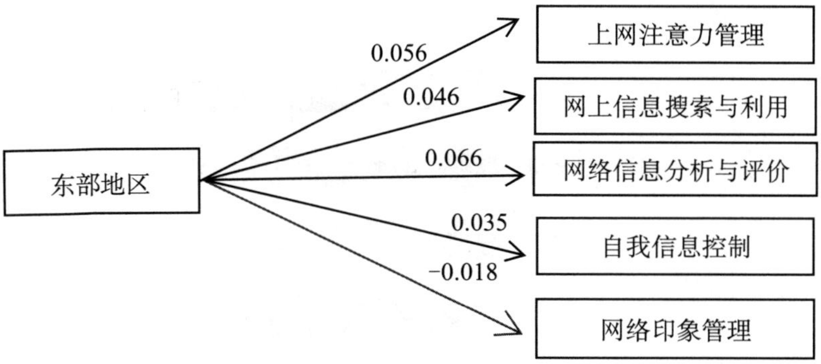


图 3-19 东部地区对网络素养五个维度的影响

## (六)家庭属性对五个维度的影响分析

在家庭因素中，上网设备种类、与父母亲密程度、与父母讨论网络信息的频率对青少年网络素养有显著影响。与双亲居住，对青少年上网注意力管理和自我信息控制能力的提高有显著影响。上网设备种类越多，青少年在网络信息搜索与利用、网络信息分析与评价、网络印象管理方面的能力越好。随着家长对青少年上网行为干预频率的提高，青少年上网注意力管理能力显著下降。与父母讨论网络信息的频率越高，青少年在网络信息搜索与利用、网络信息分析与评价、网络印象管理方面的能力越高(见图 3 - 20)。

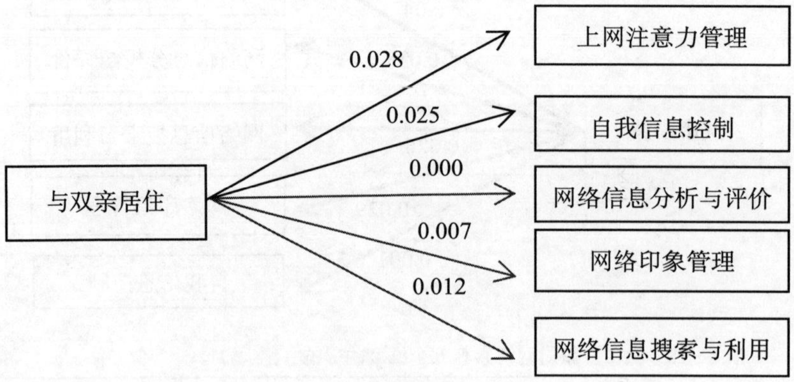


图 3 - 20　与双亲居住对网络素养五个维度的影响

1. 五个维度的家庭因素分析:与双亲居住

与双亲居住,对青少年上网注意力管理和自我信息控制能力的提高有显著影响(见图 3 - 21、图 3 - 22)。

图 3 - 21　与双亲居住对上网注意力管理能力得分的影响(五分制)

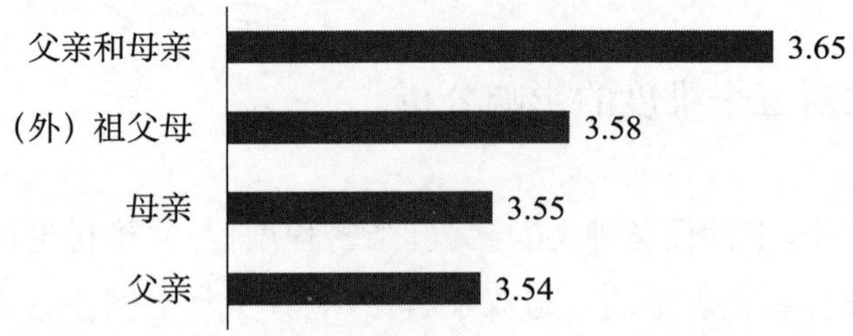


图 3 - 22　与双亲居住对自我信息控制能力得分的影响(五分制)

2. 五个维度的家庭因素分析:上网设备种类

上网设备种类越多,青少年在网络信息搜索与利用、网络信息分析与评价、网络印象管理方面的能力越好(见图 3－23)。

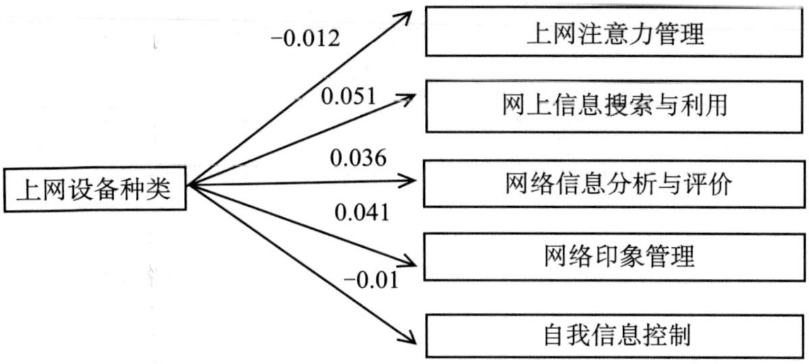


图 3－23　上网设备种类对网络素养五个维度的影响

3. 家庭对五个维度的影响分析:父母对青少年上网行为的干预频率

随着家长对青少年上网行为干预频率的提高,青少年上网注意力管理能力显著下降(见图 3－24)。

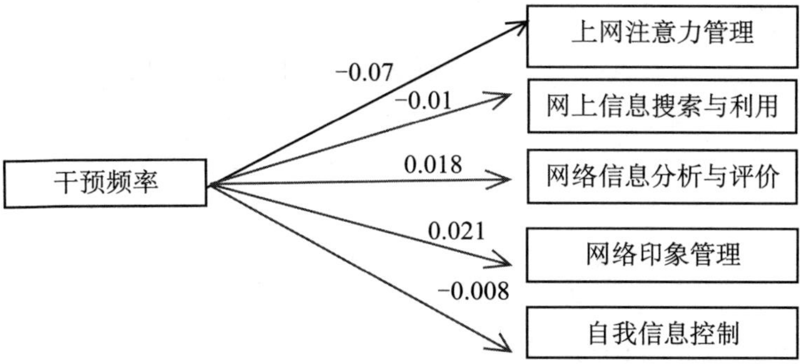


图 3－24　父母对青少年上网行为的干预频率对网络素养五个维度的影响

4. 家庭对五个维度的影响分析:与父母的亲密度

良好的亲子关系显著影响青少年网络素养的培养;与母亲的亲密度有显著关联;父亲在青少年网络信息能力的培养中缺位(见图 3－25、图 3－26)。

5. 家庭对五个维度的影响分析:与父母的学历

父亲学历对青少年的网络信息分析与评价能力有显著正向影响,母亲学历对青少年的网络信息搜索与利用能力有显著正向影响(见图 3－27、图 3－28)。

6. 家庭对五个维度的影响分析:与父母讨论网络信息的频率

与父母讨论网络信息的频率越高,青少年在网络信息搜索与利用、网络信息分析与评价、网络印象管理方面的能力越高。因此,以提高和孩子讨论网络信息频率

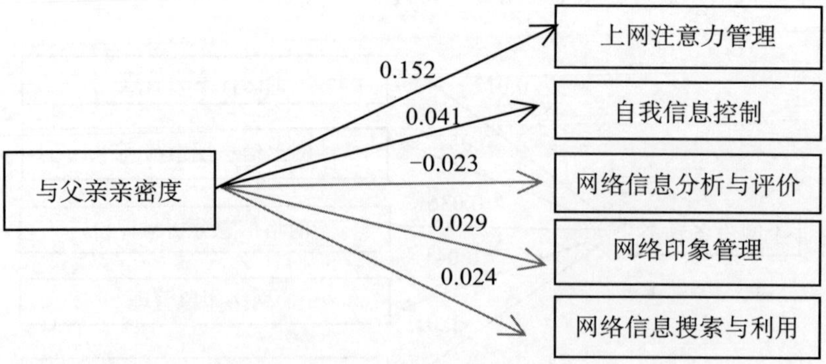


图 3-25　与父亲的亲密度对网络素养五个维度的影响

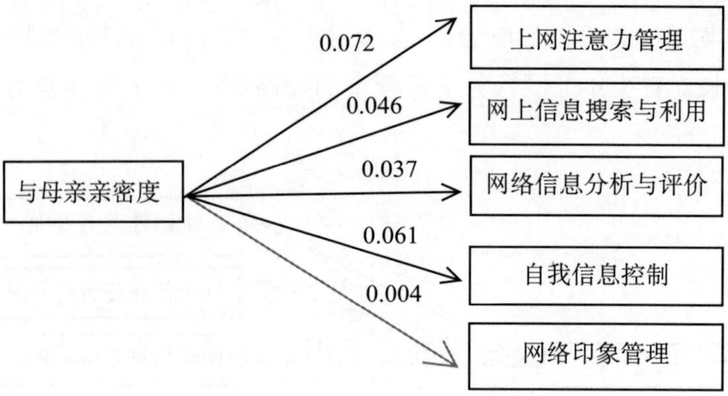


图 3-26　与母亲的亲密度对网络素养五个维度的影响

的方式来管理孩子的上网行为是可取的(见图 3-29)。

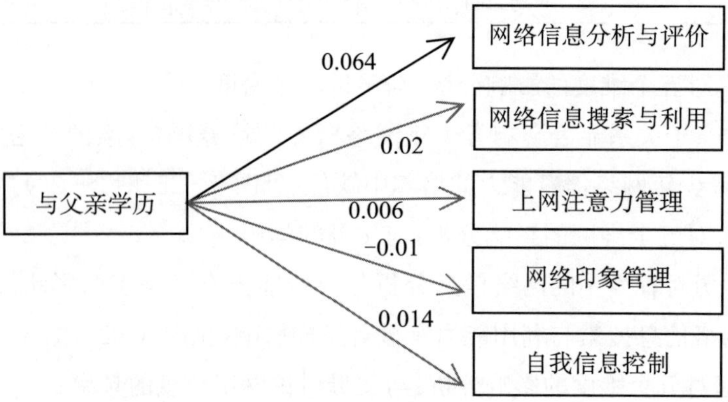


图 3-27　父亲学历对网络素养五个维度的影响

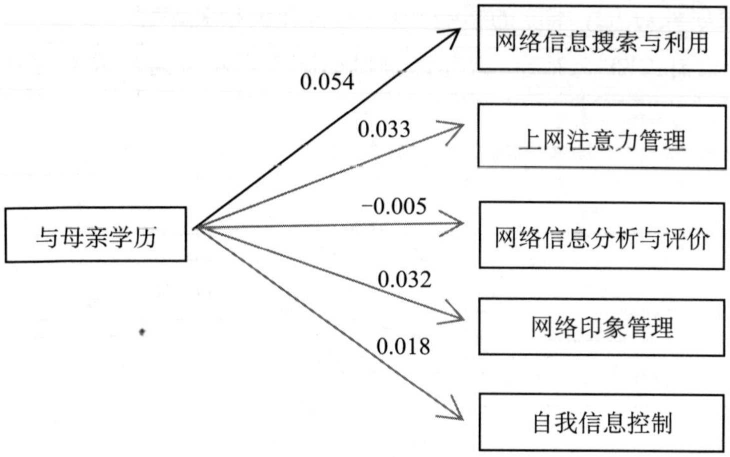


图 3－28　母亲学历对网络素养五个维度的影响

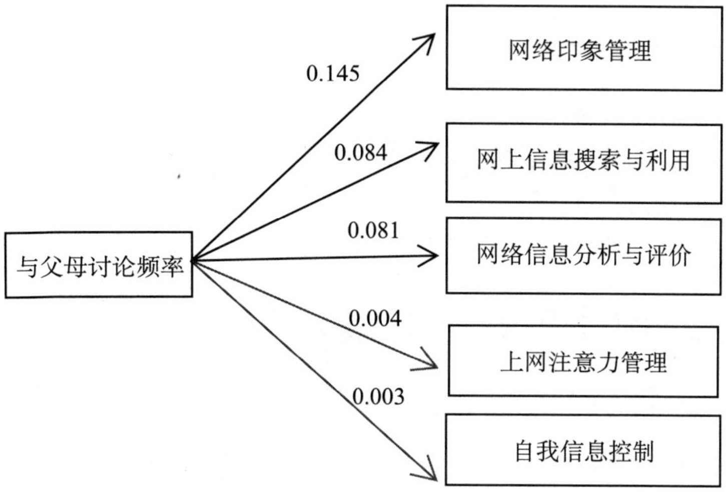


图 3－29　与父母讨论网络信息的频率对网络素养五个维度的影响

## (七)学校属性对五个维度的影响分析

在学校因素中,学校开设相关课程、教师使用多媒体课件的频率与青少年网络素养呈正相关。数据显示,学校开设有关网络(信息)素养课程对青少年的上网注意力管理、网络信息搜索与利用以及自我信息控制有显著的正影响;教师使用多媒体课件的频率越高,青少年网络素养越高。

1. 学校属性对五个维度的影响分析：是否开设相关课程

学校开设有关网络（信息）素养课程对提高青少年网络素养有显著影响（见图3-30）。

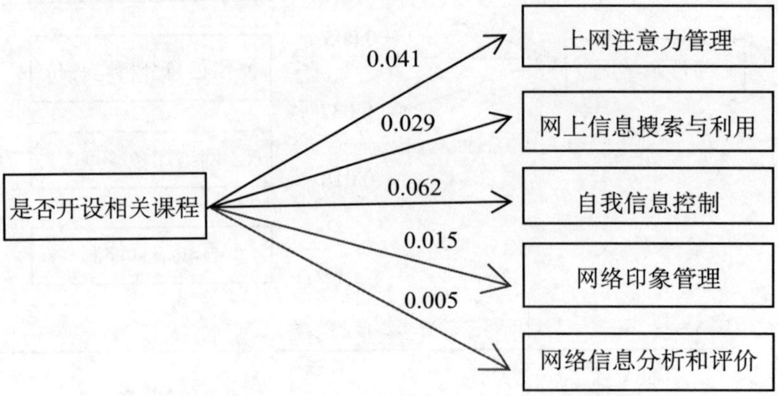


图3-30 学校开设相关课程对网络素养五个维度的影响

2. 五个维度的学校因素分析：教师使用多媒体课件的频率

教师使用多媒体课件的频率会显著影响青少年网络素养的培养。

# 六、青少年网络素养对策建议

## （一）"赋权"和"赋能"是青少年网络素养的核心理念

互联网在中国飞速发展了20余年，由网络化、数字化演进到今天的智能化，互联网以"连接一切"的方式作用于社会，极大地激活了个体，深度嵌入我国社会经济和民生生活，成为影响中国未来发展的重要因素。

基于青少年网络素养的量化研究结果，结合青少年成长发展的现实语境和社会土壤，对于青少年网络素养的培养和发展这一议题，我们认为"赋权"和"赋能"是培育网络素养的核心理念。

"赋权"，既青少年作为"网络原住民"，他们从出生便生活在网络世界和现实世界交融的独特生存空间中。"赋权"就是要赋予青少年在实践中提升自我发展能力的权利，除了鼓励青少年去认知和接触现实世界，也应该在网络世界中顺应青少年探索未知的天性，帮助青少年通过网络与现实世界建立和社会的联系，并引导他们在探索的过程中发现内在的意义与自我成长的价值，强调实践对认知和综合能力的提升作用，尊重青少年的自由精神与探究本能。

"赋权"是一种能力构建教育，使青少年利用网络自我发展为"智慧网络人"，即可以培养青少年的上网注意力管理能力、网络信息搜索与利用能力、网络信息分析与评价能力、网络印象管理能力、自我信息控制能力等，使青少年可以娴熟地使用网络，又能让他们更好地参与社会活动和发声，并利用互联网在虚拟和现实的交互中便捷地解决复杂问题，让网络真正能为青少年所用。

## (二)实施青少年网络素养个人能力提升行动计划

作为青少年，应认识到网络素养的重要性，从而提高自身网络素养，以达到安全、健康和高效使用网络的目的。

1. 青少年需充分构建学习网络社区

根据调研结果，青少年个人成绩与网络素养呈正相关。在网络信息环境下，青少年需充分构建学习的网络社区，更好地提升青少年的自身素质和能力；互联网也为使用者提供了帮助其行动的主要条件和空间，青少年也可以根据自己关于互联网的知识结构和能力，参与网络上关于社会话题的讨论，参加利于自己发展的网络团体，为成长为一个完全的社会人，在公共领域累积更丰富的知识和实践经验。

2. 学会安全、健康地使用互联网

一是保护信息和隐私安全。当面对自己感觉陌生又不能确定安全性的网络信息时，告诉父母或重要监护人。

青少年应该提高信息安全和隐私防范意识，特别在社交媒体、网上交易、需要填写个人账户密码或真实信息的情境中；应尊重隐私和知识产权，不剽窃、盗用他人的知识成果或网络账号，不参与任何形式的网络暴力。

二是加强注意力管理，谨防网络成瘾。青少年处在需要接受有益信息的关键时期，应该主动地将注意力放在与自己生活息息相关的高质量、高价值的信息上。避免迷失在复杂性、及时性、开放性的信息环境中，形成注意力倾向的长期偏差，影响正常生活。

三是警惕数字压力。青少年应检验自己是否存在一定程度上的数字压力，学会时间管理、有计划地上网、减轻对社交媒体的依赖、制定目标并开始改变，定期反省使用情况，当阶段性地完成目标时给予自己奖励，直到养成新的习惯。

## （三）实施青少年家庭网络素养教育计划

家庭教育对青少年的成长起着潜移默化的作用。对于网络素养的教育而言，以血缘为纽带的家庭教育具有自身独特的感染性，家长对孩子的性格特点、行为习惯、教育状况、思想动态等比较了解，他们的教育引导更具有针对性。此外，家长的上网习惯会对青少年的上网行为产生直接的影响。

1. 家长需自我训练，提高自身的网络素养水平

在网络素养的家庭教育方面，家长要首先提高自身的网络素养水平，如管理自己使用网络的时间、加强对网络信息的分析鉴别能力、重新认识网络的利与弊，不能一味地采用禁止态度，认为网络是“洪水猛兽”，也不能对孩子的网络使用行为放任不管。

此外，父亲、母亲在网络信息搜索能力和网络信息分析与评价能力方面，承担显著的责任和角色差异。因此，要有针对性地提高自身的网络素养水平，母亲要在青少年网络素养培养过程中发挥引导作用，父亲要承担起陪伴青少年的成长发展的责任。

2. 注重沟通，善于发现青少年使用网络时的问题

调研数据显示，与双亲居住是提高青少年网络素养重要的家庭环境；父母与青少年讨论网络信息的频率越高，青少年的网络素养越高；随着家长对青少年上网行为干预频率的提高，青少年上网注意力管理能力显著下降。

作为家长，在青少年网络素养的教育过程中，要主动搭建起亲子沟通的平台。建议父母对这种现象要以宽容、理解的态度，建立与青少年平等讨论和分享的良好习惯，正确引导青少年的上网行为。

同时，家长要多观察青少年使用网络的时间和状态，善于倾听孩子对于网络行为的困惑。在尊重隐私的前提下，通过与孩子的沟通交流发现其问题，如是否存在网络成瘾的现象，孩子是否缺乏相应的上网注意力管理能力等。

此外，父母亲要适度地干预青少年的上网行为，采取多种方法，多维度地介入，必要时可以建立科学的家庭上网规则。比如，与孩子商量制定网络使用计划表，让孩子养成先完成学习任务再上网的习惯。

3. 安全上网，引导青少年识别垃圾信息

作为“网络原住民”的青少年，对于网络信息缺少足够的鉴别能力。家长要教授孩子学习基本的信息整理、分类技巧以及辨别垃圾信息的能力。培养孩子正确

的价值观，避免有害信息对青少年的伤害。家长也要对网络安全问题引起足够的重视，并在日常生活中向孩子讲解网络安全的相关知识，包括避免通过社交网络与陌生人聊天，避免泄露自己的真实信息等。

4. 引导孩子正确参与网络互动、文明上网

青少年拥有利用互联网进行自由表达、参与网络互动的权利。家长要引导孩子积极参与网络上一些规范的学习社群和兴趣小组，要让网络成为青少年学习的工具。网络印象管理作为网络素养的组成部分，是青少年网络互动的表现，但家长也需要教导孩子如何恰当利用网络为自己塑造良好形象。

家长要指导孩子进行文明上网，包括不传播未经核实的信息、不侮辱欺诈他人、不浏览不良信息。

5. 在对话中提升青少年对网络信息的分析与评价能力

网络信息的分析与评价能力是网络素养的重要组成部分，它更侧重于信息的认知过程。家长要创造与孩子的对话和交流，指导青少年正确认识网络上的信息。例如，可以与孩子讨论网络广告，包括这则网络广告是怎样运作的，为我们营造了一个怎样的环境，分析它为什么会让我们产生购买的欲望，等等，从而让他们成为理智的消费者。

## (四)构建青少年网络素养教育的生态系统

学校教育是网络素养教育的基础和关键，没有一种教育方式可以与学校系统化、规模化、正规化的教育方式相提并论。

1. 改善课程设置

调研数据显示，学校开设网络素养相关课程，对青少年网络素养的培养影响显著。建议在学校中开设网络素养教育的独立式课程或融入式课程。

课程设置应把握理论与实践相结合，尝试把媒体教育融入各个学科之中，进行跨学科的合作。具体的教学策略和阶段，如课程单元、课时安排等，需要媒介教育研究的专业部门以及教育学方面的专家在此次调查研究结果的基础上进行共同商定和施行。

2. 加强教师培训

调研数据显示，教师使用多媒体课件的频率影响青少年网络素养的培养。建议进一步提升教师的网络素养水平，在教师的培训和继续教育课程中，增加网络素养模块。

在对教师的网络素养培训中，要着重培养教师对媒体教学的实用性认识及教学方法，教师可以就网络中学生最常接触到的新闻媒体、广告等的生产制作流程，以及制作团队背后的意图和目的给学生进行客观与理智的分析，让他们更加清晰地看待他们所接触到的网络环境。此外，相关教育部门要研发教师网络素养指导手册。

3. 发挥社会大课堂育人的作用

调研数据显示，中部的青少年网络素养塌陷现象显著，这种区域的差异更需要社会的参与，学校要积极引入社会、媒体、社区、企业、公益组织等第三方力量，开展媒介进校园、进课堂、进社团等系列活动。同时，鼓励青少年开展参与式、交流式、拓展式的媒介体验和社会实践活动。

# 第四章 《移动社交网络时代的传谣与辟谣：技术逻辑视野下的新态势与新对策》研究报告

北京师范大学新闻传播学院
中国人民大学新闻与社会发展研究中心
喻国明 李 彪 杨 雅 潘佳宝 赵 睿 程思琪

## 一、研究背景

### (一)信息生产和分发的社会化为谣言提供了“肥沃土壤”

传统媒体时代，信息内容的生产与分发都是由传媒组织来完成，是两位一体的社会角色扮演和功能设定。但随着移动互联网时代的到来，信息生产的大分工加剧，传统的内容生产开始进一步分化，分为三类主体：UGC（User Generated Content，用户生产内容）、PGC（Professionally-generated Content，专业生产内容，也称 PPC，Professionally-produced Content）和 OGC（Occupationally-generated Content，职业生产内容），信息生产的主体越来越多元化，社会化信息大生产成为当前信息生产的最主要特征之一（见图 4－1）。

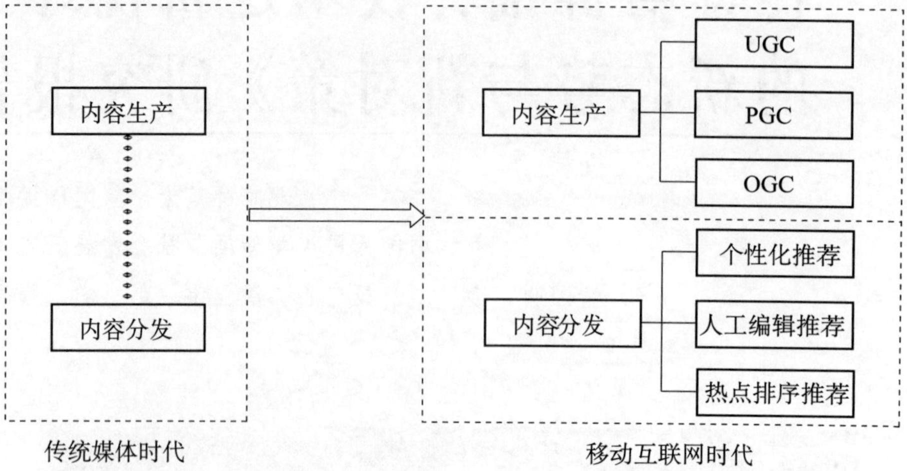


图 4－1　传统媒体时代和移动互联网时代的信息生产与分发格局

而信息分发格局也发生了根本性改变，由传统的媒体组织单一负责（靠发行、转播等）转为更多的信息分发模式，概括起来主要有依靠电脑算法的个性化信息推荐（即我喜欢看什么）、热门排序推荐（即别人喜欢看什么）和人工编辑推荐（即编辑猜你喜欢看什么）等三种信息分发模式。传统媒体在信息分发渠道上不再有优势，信息分发也越来越呈现出社会化的趋势，即信息生产与分发的主体都呈现出“社会化”趋势，而在这一过程中角色扮演和功能指向越来越边缘化及下移，传统的信息生产与传播格局产生了深远影响。

1. 信息传播主体的“议程设置能力”削弱

“议程设置”理论最早由美国传播学者 M. E. 麦库姆斯和唐纳德·肖针对总统选举提出，强调“议程最后能否成为议程，实际上是议题支持者之间竞争的结果。议程设置实质就是赢得媒介、公众和政策制定者对某些议程的注意”。在传统媒体时代，这些能够有权力参与“议程设置”的机构往往与政治联系密切，与同行竞争相关，通过广告商的二次售卖，受众作为最终的消费者往往能够参与的机会很少。随着新媒体技术的发展，“草根群体”以它庞大的基数正成为中国新媒体技术的实践主体，这些在原有的传统媒体环境下不具有信息传播和反馈的“草根群体”，在真正意义上有机会参与到“议程设置”这个环节之中。而在参与过程中，这些“草根群体”由于赋权时间短、组织不严密、制度欠完善，产生的“议题”往往为了获取利益、博人眼球，包含大量未经证实的谣言。同时，由于“议程设置”主体之间的议程竞争，不仅在一定程度上削弱了“议程设置”的效应，还打乱了原有的“拟态环境”，无论是原有的传统媒体的议程设置能力，还是“草根群体”的议程设置能力都出现了削弱的境况。

2.“把关人”功能泛化与下降

长期以来，传统媒体一直扮演着精心筛选并小心求证使信息符合传播价值的“把关人”。一方面是传统媒体在议程设置中发挥着强大的调控作用；另一方面是受众在这个苦心经营的“温室”里无忧无虑地接收信息。在这个环境中，即使产生谣言，其产生的影响也在“把关人”的可控制范围内，究其根本是在这个环境下，很少有“把关人”建立起信息反馈机制。而到了移动互联网时代，最明显的特点就是增加信息的反馈环节，“传输—反馈”借助新媒体平台同时实现了跨时空的人际传播和大众传播，使获得新媒体赋权之后的信息接收者同时成为信息传播者，两者身份的统一唤醒强烈的自我意识，使“传输—反馈”不再关注到信息是否属实，而是享受参与其中的快感，直接越过“把关人”的“把关”，于是造成网络谣言的肆意传播。

3.“沉默的螺旋”越来越扁平化

沉默的螺旋是一个政治学和大众传播理论。理论基本描述了这样一个现象：人们在表达自己的想法和观点的时候，如果看到自己赞同的观点受到广泛欢迎就会积极参与进来，这类观点就会越发大胆地发表和扩散；而发觉某一观点无人或很少有人理会(有时会有群起而攻之的遭遇)，即使自己赞同它，也会保持沉默。意见一方的沉默造成另一方意见的增势，如此循环往复，便形成一方的声音越来越强大，另一方越来越沉默的螺旋发展过程。传统媒体时代，由于信息传播的时滞性和传统媒体的舆论引导，沉默的螺旋虽然存在，但“螺旋”相对更加“细长”，有一个逐步旋转扩大的过程，而随着新媒体时代的到来，信息几乎是秒传播的速度，一起汹涌地向公众扑来，公众进行讨论和合意空间的共建越来越急促，促使优势地位的意见更加凸显，劣势地位的意见基本没有获得发言的可能，“沉默的螺旋”越来越扁平化，优势地位的意见的扩大效应极端化明显，这在一定程度上是“群体极化”的表征，而谣言则借助“沉默的螺旋”扁平化效应，获得以往无法比拟的传播速度和心理认同。

4. 社群传播超越大众传播成为社会传播的主流传播形式

任何人都生活在社会群体之中，不可能脱离社群而存在，人本质上是一个“关系人”。农业文明时代，基于血缘、地缘等关系而形成社会的关系网和群落化存在，人际传播和群体传播是这一时期的主要传播形态，社会归属感最为强烈；工业文明时代来临后，在一定程度上使得社会个体所依附的原有社会关系网被破坏和取代，个体重新以“原子化”的方式而存在，社会关系的连接则主要是依赖学缘和业缘，社会关系开始变得虚拟化，社会归属感也相应下降；而随着网络社会的崛起，互联网媒体的勃兴使人们得以重新部落化、族群化，人与人之间的社会关系也随着社会的进步越来越丰富，一种新型的社会关系诞生——基于趣缘的社会虚拟关系，并且社交移动互联网的社会属性在不断消退，人们越来越把过多的私人领域的想象叠加到社会关系上，并越来越倚重于这种虚拟的社会关系网，社会关系和社会结构发生了本质性变化，而依附在虚拟社会关系网之上的传播关系，也会基于新型的移动互联网社会关系而改变和重塑，社群传播将逐步取代大众传播、组织化传播，成为社会传播的主流传播形式。社群传播使得谣言传播呈现出零成本、高速率、高危害的特点。

## (二)社交网络与谣言传播

1. 反馈机制的缺失是社交网络上谣言传播加剧的根源

社会上很多人认为，社交网络的实时性加速了谣言的传播。这似乎是有道理的，但在社交网络出现之前，已经存在了BBS、“论坛”和“社区”等社交网络的雏形；而很多研究复杂网络和传播动力学的分析则认为，“社交网络的网络结构更易于传播谣言”，并用小世界特性、无标度网络、幂律分布、“二八效应”等来解释，但事实是社交网络的复杂网络特性在现实的人际网络中同样具备，简而言之，社交网络的人际结构不过是现实社会的复刻而已。诚然，复杂网络的网络结构特性确实会加速谣言的传播，但这不能解释两者的区别。信息成本降低因素不是决定性的，网络结构因素又不能完全说明问题，真正造成社交网络谣言传播加剧的原因是信息反馈机制的缺失。

在传统的人际社会中，谣言传播是在一对一或者一对多的人际圈子中，首先由“谣言感染者”发起谣言。接着倾听者会逐一表示自己的态度：认同、反对——当然还包括“沉默”。在这个交流的圈子中，“认同者”会增加圈子中个体进一步将谣言带入下一个交际圈的兴趣；而相反，“反对者”会减弱圈子里个体对于谣言的兴趣——毕竟对于大多数只是“八卦”并非别有用心的人来说，传播一个容易被识别的假谣言是很没面子的。当然，如果圈子中反对者的态度足够强烈且理由充分，圈子中的所有人会成为“谣言的免疫者”甚至“谣言粉碎者”——当在其他圈子中再次听到该谣言时，会加以反对。

而在社交虚拟网络中，由于信息发布的单向导通和局域广播性，谣言的传播机制如下：谣言发布——推送给交际圈中每一个个体——个体转发——再次推送给新的圈子，而再次的推送反馈并不在这个圈子中。在整个传播机制中，一方面，个体对于谣言的反馈无法与谣言的传播同步，谣言的单向导通使得信息并不需要获得反馈就可以传播，这样导致反馈远远滞后。另一方面，社交网络的反馈只针对谣言发起者，并不具有等同的局域广播性，这使得反馈变得异常微弱。严重时滞和微弱到不起眼的音量，两方面的共同作用使得真实社交中的人际传播的反馈机制根本无法发挥作用——这就是为什么社交网络中“智者”会被淹没在谣言中。虽然社交网络中“智者”也拥有辟谣的权利，但在实际的人际社会中，同样拥有辟谣的机制，这并不能作为社交网络中失去反馈机制的补偿。无论在社交网络，还是在现实社会，“智者”似乎总是没有动力如此强烈地表示自己的清醒，但现实社会的反馈机制保障了“智者”在圈子中能够发挥作用；而失掉了反馈机制，社交网络便成了“愚者”的乐园——这就是为什么总是有人抱怨，社交网络中疯传的东西总是有点“脑残”——这似乎成了另一种大众选择的“劣币淘汰良币”。

2. 社交网络使得民众承受谣言的临界值下降

国外的研究者曾做过相关实验，对同等参数条件下现实社会与 Facebook 中谣言的传播感染密度进行了数据分析（见图 4－2）。

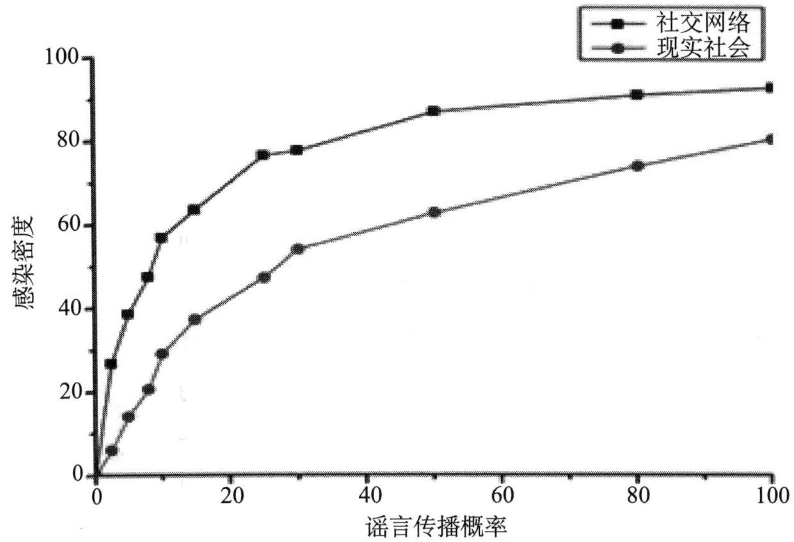


图 4－2 社交网络和现实社会中谣言传播概率与感染密度比较

从上图可以看出，在现实社会中人际反馈机制相比于社交网络上的谣言具有很强的抑制作用。研究表明，在低传染性谣言下，人际反馈机制基本可以降低一半以上的感染密度。在高传染性谣言下，其抑制作用在15%—25%。而从谣言传播的阈值角度而言，现实人际反馈机制下能够承受的谣言传播的临界值是社交网络的3—5倍。也就是说，如果认为谣言的传染强度遵从泊松分布或者正态分布的话，在社交网络中能够传播的谣言60%—70%在现实社会中都无法形成规模扩散。从这个意义上来说，社交网络中反馈机制效能的下降大大提升了谣言传播的概率。

# 二、数据来源与方法

## (一)数据来源

本报告的数据来源主要是两部分：

一是基于腾讯公司移动端产品含新闻客户端、视频客户端、天天快报、微信等。

- 提取包括谣言关键词的相关内容，含谣言和辟谣内容；
- 来自网友举报、经筛选鉴定的6 000多条谣言；
- 数据维度涉及浏览量、评论数等。

二是北京师范大学新闻传播学院、中国人民大学新闻与社会发展研究中心等数据平台的用户行为样本。

## (二)数据方法

本报告以腾讯公司移动端产品数据为主，也综合了北京师范大学新闻传播学院、中国人民大学新闻与社会发展研究中心等数据平台的用户行为样本，以非结构性数据挖掘结合样本分析，得出结论。

# 三、移动互联网谣言传播的新特征和新变化

## (一)理论框架:SEIR理论模型

谣言在社会人群中的传播与传染病的传播扩散很接近,因此,在很多研究中利用传染病模型来分析网络谣言的传播机制与动力模型。目前,传染病模型的研究非常广泛,如SI(susceptible infected)模型、SIS(susceptible-infected-susceptible)模型、SIR模型、SEIR(susceptible-exposed-infected removed)模型和SEIJR(susceptible-exposed-infected-junior-removed)模型等。本报告借用SEIR模型,主要探讨的是四类角色在传染源特征、传播路径和易感人群三个层面的话题,因此,本报告对谣言的研究也主要从谣言传播的传染源特征、传播路径和易感人群等角度展开分析。

## (二)谣言信源的新特点

谣言公式:R=I×A,最早是由美国社会学家G. W. 奥尔波特和L. 波斯特曼于1947年总结出的。中文翻译为:谣言的杀伤力=信息的重要度×信息的不透明程度。传播学者克罗斯将这一公式发展后提出:谣言=(事件的)重要性×(事件的)模糊性÷受众批判能力。说明谣言的能量有多大,既取决于真实信息的透明程度,也取决于受众的批判能力。这一公式更适用于传统媒体时代涉及公共事务的谣言或重大社会谣言,而涉及个人日常领域的谣言,尤其在移动互联网时代,这一公式的一些变量发生了根本变化。谣言信息传播呈现日常化议题、故事化导入、数据化支持、专家化名头、社会化传播等特征。

1. 议题层面

(1)内容分布:科学常识类与社会时政类谣言数量最多

①科学常识类与社会时政类谣言是网友举报最多的谣言(见图4-3)。

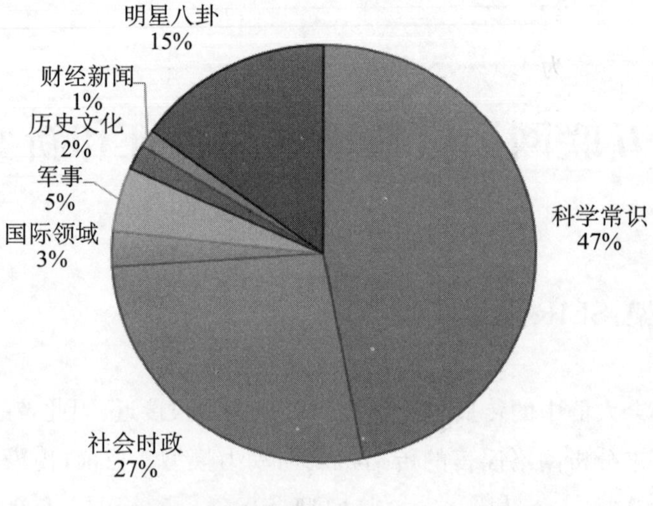


图 4-3 网络谣言的内容分布

从上图可以看出，科学常识类谣言占网友举报谣言的47%，近二分之一；其次是社会时政类，占27%，近三分之一；而明星八卦类占15%。由于财经和历史文化等知识需要专业知识储备，本身比例也相对较低，再加上其危害度不如科学常识类和社会时政类谣言，因此，被识别的概率不高。

②在科学常识类谣言中，食品健康类谣言不易被网友识别，并经常反复出现转发高峰（见图4-4）。

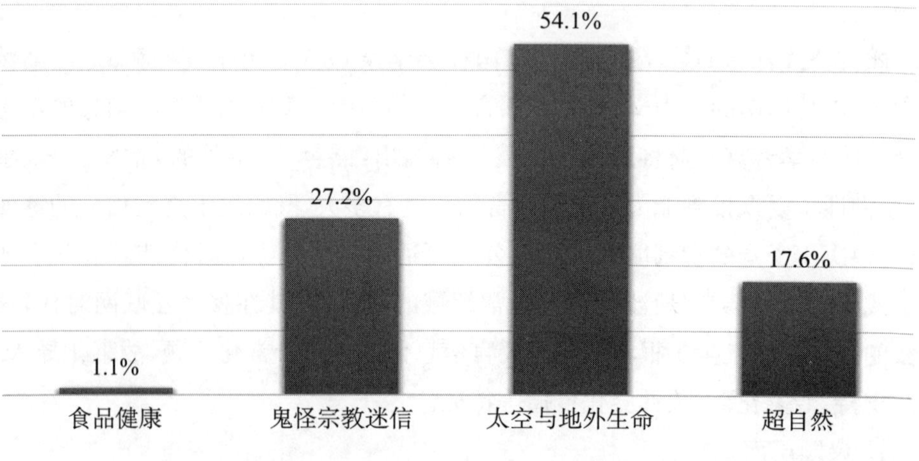


图 4-4 科学常识类谣言分布

从上图可以看出，在科学常识类谣言中，太空与地外生命类谣言的数量和被举报的次数比例最多，占54.1%，因为这类信息真的看起来“很谣言”，如《又一个地球2.0被发现，这一次会有外星人吗？》《女子生下外星混血儿真相竟如此离奇》。

而民众最可能接触到的食品健康类谣言由于其良好的伪装性，反而不易被网友识别，举报比例仅为1.1%，因此，在谣言传播过程中存在一个奇怪的现象，即谣言的数量与传播频次之间的背离，个别类别的谣言数量虽多，但其社会传播力不一定很高。

在太空类谣言中，地外生命类流量最高且与霍金相关的谣言网友评论最高（见图4-5）。

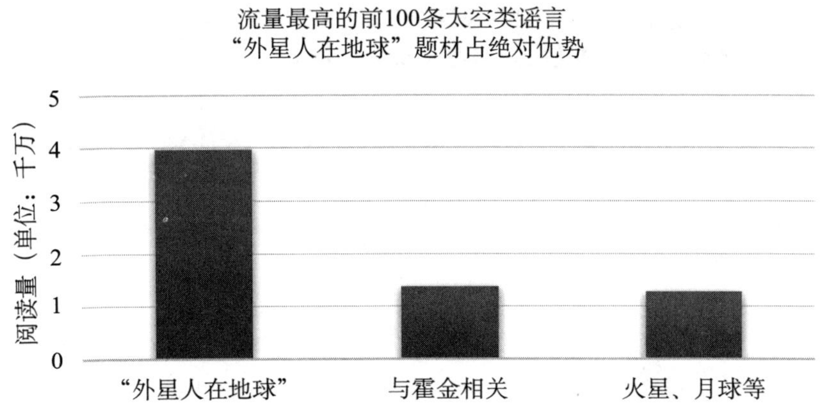


图4-5 太空类谣言的内容分布

在太空类谣言中，地外生命类的相关谣言被举报得最多，其次是与霍金相关的谣言。在上图三类谣言中，评论最多的前100条太空类谣言与霍金相关的占61%，如《为什么至今没有发现外星人？霍金一句话让人恍然大悟》《霍金警告NASA停止外星人探索，后果不堪设想》。

鬼怪类谣言主要基于对未知事件的杜撰，多为"标题党"，一般包括以下三类：古尸、恶鬼索命，场景多发生在深山、山村；现代都市传奇，如前几年沸沸扬扬的"蓝可儿事件"；将一些历史或自然未解之谜归于鬼神（见图4-6）。

这里需要注意的是，浏览与传播鬼怪类谣言的用户绝大多数只为猎奇，而非相信，造谣者经常在鬼怪故事中配有血腥或色情的擦边球图片，易吸引受众简单地点击，大多数人之所以传播并不是简单地相信鬼怪故事，而是把这些当作无聊时的消遣。

超自然类谣言主要涉及不明生物、自然未解之谜和现代文学演绎，如神龙、凤凰、美人鱼的发现；百慕大三角、埃及法老木乃伊及金字塔；摸金校尉类小说或影视剧的周边产品。而在超自然类的谣言中，77%的网友是持怀疑态度的（见图4-7）。

村里流血的百年巨树！开发商想砍它，却死了两个人！
村里孕妇一尸两命下葬，八人抬棺愣是纹丝不动，竟是孕妇遗愿未了
喜丧出殡引来恶鬼抢尸，孙子抱着棺材不撒手
男子挖出亲人的坟墓，里面的一幕让他目瞪口呆！
妇女死后又从棺材里爬出来，当场吓坏了自家人！
人死后头七那一天是亡灵还阳日，您知道吗？
美女在湖边洗衣服，忽然水里伸出一只手将她拖下了水
孩童捉迷藏误入阴阳交界，危急关头已故爷爷奶奶相救
中国真实的渡劫事件遭封杀 事实真相太惊悚!
给尸体擦身体，结果擦到一半出现惊人一幕

图 4-6 鬼怪类谣言

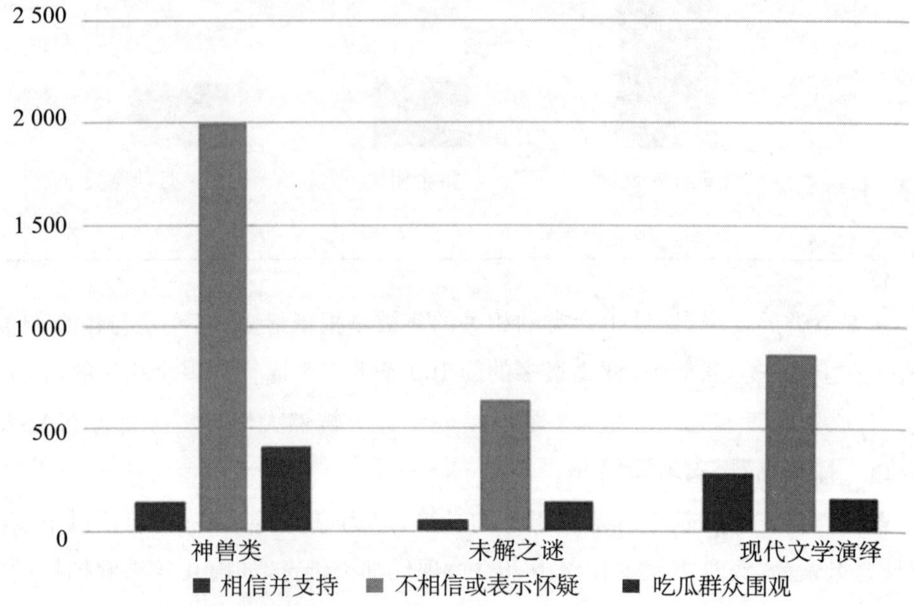


图 4-7 超自然类谣言评论统计

网友针对这种超自然现象，所表现的行为主要有：没见过或者目前科学没有合理解释，还是全盘接受吧；没有办法将古代传说、志怪小说与现实进行区分；超自然的神奇故事消磨时间并可以无障碍、无门槛地进行“喷子”互动。

(2)叙事结构程式化

网络谣言在叙事结构上往往具有一定的程式化。一是题目必须耸人听闻，有吸引受众读下去的悬念；二是切入正题，国内外对比，讲事实，现身说法；三是使用专家或者权威人士之口，强调这种事情的真实性；四是首尾呼应，加强语气，绑架舆

论，获取最大的心理认同。图 4－8 即为一个典型的谣言叙事结构。

**不要点赞，要转发！！！（烘托燃眉之急，千钧一发的气氛）**

再也不要往自家马桶水箱里放蓝色的洁厕块了！**（开篇点题，呼吁）**

由于中国住宅小区马桶下水道是什么什么模式的，与德国等发达国家不同**（国内国外对比，增加可信度）**

马桶水箱里的废水可能会回流到饮用水的水管内，南京汪先生、广州蒋先生等等好几个人都在厨房的水管里接出了淡蓝色的水**（摆事实，在此增加可信度）**

我自己也多次感到水管里接出来的水有些异味**（以自己为例，给读者一种身临其境的感觉）**

专家分析，洁厕块的成分大多为化学药品，在体内累积的话会导致白血病、癌症等不治之症**（专家出来了，借专家之口危言耸听，恶化结果，让读者不寒而栗，才能出现“宁可信其有，不可信其无”的心态）**

是中国人就转发下去！不要让洁厕块再害人了！！！**（首尾呼应，加强语气）**

图 4－8　典型的谣言叙事结构示例

(3)谣言议题的日常化和话题的普遍性

奥尔波特的谣言公式曾提出，“信息的重要度”是谣言传播的很重要的促进动力。移动互联网时代，谣言议题出现了新的变化，议题的日常化和普遍性比议题本身的重要程度更具有传播动力，因为这些话题更具有“感同身受”的谈资意义。尤其是在一些食品安全类谣言中，所涉及的物品和事情都是与每个人的日常生活息息相关，并且所有人都可以在现实人际传播网中发挥一种增强社交货币的作用。因此，谣言的数量和种类虽然层出不穷，根据评论和阅读的数据可以看出，与自身日常生活的相关度越高和事件的普遍性越强，谣言被传播的频度就越高。

食品类谣言主要是与人们的日常生活紧密结合，常常出现的标题关键词如图 4－9 所示，标题中的一些常用表达方式如下：《这物吃多当心一辈子不能生孩子，一定要认真看》《夫妻生三对龙凤胎创奇迹，竟是因为吃了这三种食物！》《身上有一奇穴，专门针对糖尿病，上手很方便！》《如果妈妈做了这种鱼，请马上倒进垃圾桶，真不能吃》《这个菜含有一种「强致癌」成分，到餐厅可别点了》《这些餐具都致癌！可是我们却离不开它》。

(4)谣言传播的“社交货币化”

社交货币源自社会经济学(social economy)的概念，它是用来衡量用户分享信息的倾向性问题，也可以理解成社交货币是社会中两个或两个以上的多个个体，在获取认同感与联系之前，对于自身知识储备的消耗或者说是谈资，利用人们乐于与

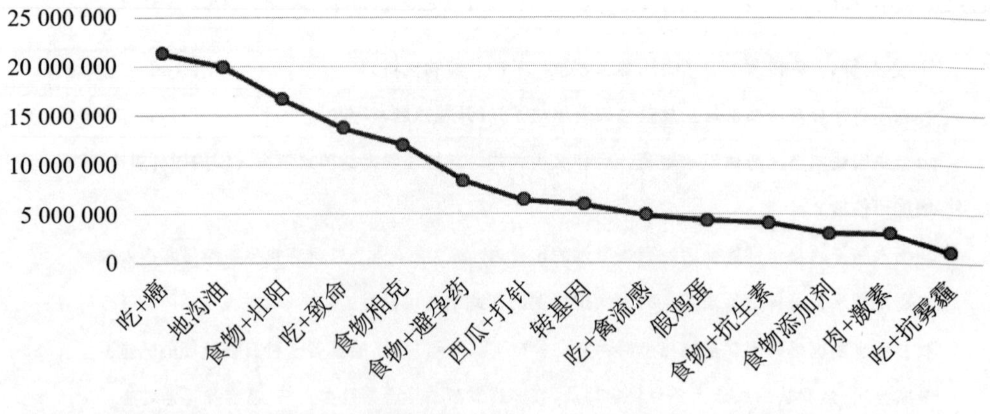


图 4-9　食品类谣言十四大关键词文章阅读量

他人分享的特质来塑造自己的产品或思想，从而达到口碑传播的目的。谣言在社交网络传播时会扮演社交货币的价值：通过自己的分享表示自己是一个“懂得很多”“掌握一定知识”的人，进而赚取更多的社交货币。中老年人为什么热衷于转发这类谣言信息，从自身心理来说是彰显自己的存在（他们是一群失去社会话语权的群体），更多的是希望赚取更多的社交货币来符合他们自身角色的定位。如在一个家庭的微信群里，长辈们更喜欢传播一些食品安全、耸人听闻的社会新闻事件，因为这和他们的社会角色相符合，他们就应该教育晚辈们注意食品安全和身体健康，防范社会危险事件发生在自己身上。

（5）善于运用故事元素

故事是一种最原始的娱乐形式，人类血液里流传的就是故事，特洛伊木马的故事比任何历史研究的著作都出名，就是因为它是一个好故事。故事情节叙述从本质上来讲比基本事实来得更加生动，包含着叙述者与倾听者的感情，故事本身也是一种社交货币，很多造谣者恰恰利用故事的这一优势，将谣言巧妙地切入一个有趣的故事中，以故事为导入，最终达到造谣、传谣的目的。如 2017 年 8 月，腾讯较真平台联合腾讯指数发布的 8 月十大食品安全类谣言中，第一条是《XX 店承认：在中国所售糕点含致癌橡胶鞋底原料》，通过故事直接把谣言以耸人听闻的方式传播出去。腾讯较真平台是依托腾讯大数据进行专门的事实查证的平台，已先后推出 13 个辟谣报告，产出 800 篇查证文章，已辟谣内容 10 000 条，阅读人次超过 3 亿次。

而该报告对 2017 年以来微信平台上网民举报的谣言（4 160 条）中采用随机抽样的方式选取了 416 条，相关结果如图 4-10 所示。

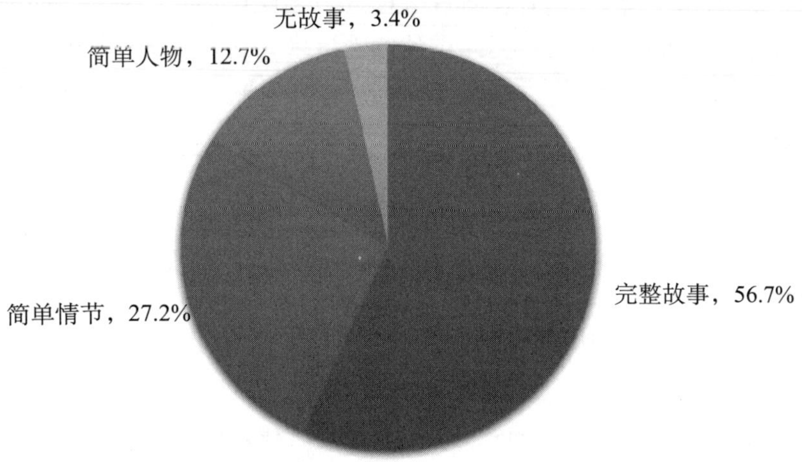


图 4-10　网络谣言中讲故事的叙事方式比例

(6)情理交融:数据化支撑+权威名头

在讲故事之后,又往往利用专家或某权威媒体名头(如《奥巴马承认:51 区与外星人签有秘密契约》)、数据支撑(如《1 300 斤猪成精了,智商高听得懂人话》)进行理性的分析,让看到这则谣言者不得不信,这是一种典型的情理交融的劝服手法,利用看似理性的叙事方式使受众信服。本报告随机抽取了 4 160 条网络谣言中的 210 条,每一类 30 条,进行理性和感性比例的分析,结果如图 4-11 所示。

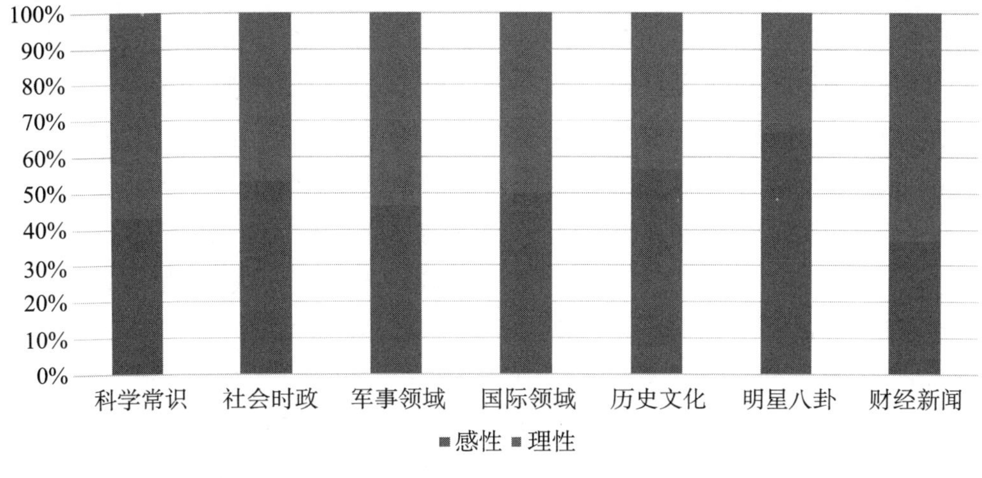


图 4-11　七类网络谣言中感性与理性的比例

从上图分析结果显示，这七类谣言所包含的感性比例差距整体不是很大。明星八卦、历史文化和社会时政三类谣言的感性诉求相对比较多，而财经新闻、科学常识类谣言则重在理性叙事。可见，谣言文本的写作通常是力求用看似相对严谨、科学的“理性论证”，加上动之以情的“感性叙事”来掩盖其真实面目的，以期达到说服受众并获得较高转发量的目的。

另外，很多谣言还善于滥用专业术语，堆积各种概念，如在天津港爆炸事故中广泛传播的“burn down”灭火原则，事后被证明根本没有这个消防术语，这种高质量的谣言往往比单纯的煽情式的谣言更具有生命力、繁衍力。

(7)扯明星、蹭热点

很多谣言越来越善于伪装自己，移动互联网时代的网络谣言最大变化之一就是擅长扯明星、蹭热点事件，个别造谣者甚至熟谙“事件营销”之道，借势上位，加上明星的加持、热点事件的东风，一下子使得谣言呈现几何级的传播速率，如《从刘恺威的签名看看他因“性欲”出轨的可能性究竟有多大！》《传马蓉“自杀”视频上热搜，真假？还是博眼球》等。在本报告随机抽取的 4 160 条网络谣言中，扯明星、蹭热点事件的谣言比例占总体的 23.1%，近四分之一。

(8)图片和视频类谣言比例不断提升

随着移动互联通信速率的提升，图片和视频等传输技术增强，图片和视频类谣言比例在不断升高，甚至个别谣言直接以信息图的形式躲避辟谣平台的关键词检索而不断被疯传。这类谣言的危害特别大，主要是“有图有真相”的思维定式，再加上形成的视觉冲击力，很多信息的接收者很快成为传播者，进而随手转发。近几年出现的同一视频谣言，被造谣者加上文字说明和字幕，进行简单的“包装”，尤其是将事件发生地更换为“本地模式”进行传播。由于地理的接近性，很快在一个地方疯传，并且过几年循环往复一个周期，如 2017 年 8 月中旬，网上流传一段疑似医院内狂犬病患者发病的视频，并称视频拍摄于郑州大学第二附属医院。对此，郑州大学第二附属医院发出声明：该视频绝对不是拍摄于郑州大学第二附属医院，而且医院也从未收治过狂犬病患者。后经查证，该视频拍摄于吉林一家医院，视频中的女子也并非患有狂犬病，而是有精神疾病。此外，还出现了“万金油”的“填空式”谣言，如图 4 - 12 所示。

由此可以看出，70%左右的谣言都配有一定数量的图片作为支撑，无论是图文相关还是不相关，毕竟目前信息消费已进入了读图时代；还有近五分之一的谣言是以小视频的形式出现，通过解说或者字幕引导人们将这一谣言对号入座，达到有视频、有真相且具有说服力的目的。

1. “提醒各位家长，街上来卖___的，___牌照的车，喊厂家批发___的，带孩子千万躲远点，那是偷孩子的，不是瞎传，是真的！___车后面是雪花板弄的保温箱……警惕！有爱心者转发出去，刑警队好友发的，有孩子的家长注意了，最近有偷小孩的，开一辆___的车，后面跟着一辆___车，千万要注意孩了别独自玩耍，独自一人在外面，用你的爱心传递一下吧。”

2. “提醒各位家长，最近大街小巷有一批___牌的‘专修楼房漏水’的___车，窗户黑黑的，外面看不到里面，其实是‘拉娃娃’的___黑帮，据外省抓住的人交代，他们趁大人不注意，把娃拉到车里，一些是用来卖钱，一些却是拿去卖器官！一定要看好自己的宝贝。”

3. “大家注意吧！___出现偷小孩的情况啦，有个女人把孩子弄丢了，___把所有门都关了，最后孩子在厕所找到了，一个小女孩，头发都给剃了，换了男孩子的衣服，目光呆滞，被下药了……”

4. “今天___和___被抢走一儿童，妈妈被推倒硬抢的，___被抢儿童被救下，以器官贩卖为主，已得到熟悉警察证实，确实有一帮人在本市做此不法勾当，提醒不要妈妈一人带孩子出行……家长一定注意！”

5. “___的朋友请注意，告诉身边的朋友出门要多注意，今天警察在___搜出二三十把刀具，刀具形状和昆明暴徒使用差不多，现在___已经进入二级战备状态，___所有警察带枪上街巡逻，火车站，汽车站，___的朋友最近不要在人口密集区停留，请为有朋友，家人，同学在___的而转吧！”

图 4-12 “万金油”的“填空式”谣言示例

从随机抽取的 4 160 条谣言中，呈现结果如图 4-13 所示。

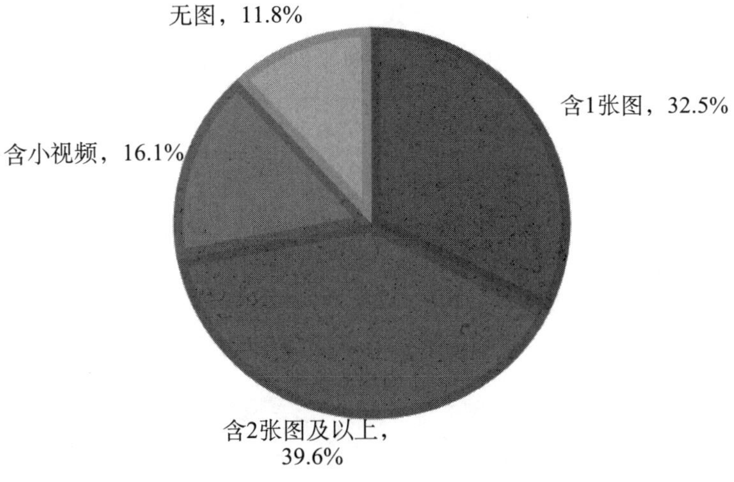


图 4-13 网络谣言中含有图片和视频的比例

(9)警惕“谣言营销”现象的蔓延

在很多谣言传播的背后，是一些营销号为了经济利益而进行造谣，甚至将“谣言营销”堂而皇之地作为一种营销伎俩，转发量高的微信文章可以获得增加粉丝的效果，超过 5 万粉丝就可以获得广告收益。一个拥有 5 万粉丝的微信公众号，一篇微信文章的价格在 1 000 元到 2 000 元；粉丝量超过 10 万人，一篇微信文章的价格可超 5 000 元；至于坐拥 50 万粉丝的微信公众号，一篇微信文章的售价可卖到上万元。同时，微信文章的转发量和阅读量也与广告费用挂钩，这也是不少微信公众号挖空心思、造谣传谣，利用人们的同情心借机牟利的真正原因。

2. 标题特征

(1)平均标题长度 23.8 个字

通过对谣言的语料进行分析，平均每个谣言的标题长度为 23—24 个字，比一般的新闻标题相对较长。根据相关研究，新闻媒体的新闻标题平均为 16 个字左右，更多的字数意味着可以提供更多信息，使受众光看标题就知道内容。同时，更多的字数也提供了更多腾转挪移的空间，便于标题制造转折，增加戏剧性与张力。

(2)使用第一人称代词

很多谣言的制造者常常以第一人称或第二人称视角，从表面上来看是自己真实的经历，具有高度的可信性，并方便展开大段的内心独白，表达恐慌、焦急、忧虑的情绪，达到吸引受众眼球的目的，如《这小伙子有脾气！我支持你！打他！》《本群重要通知，速看！》等。本报告对语料库中的 4 160 个标题进行词频统计，含有“我”或“我们”字样的标题占总体的 7.3%；含有“你”或“你们”字样的标题占总体的 8%左右。

(3)常用“神秘”“真相”“揭秘”“震惊”等关键词贴标签(见表 4-1)

**表 4-1 网络谣言标题的 Top50 实词**

| 序号 | 关键词 | 词频 | 序号 | 关键词 | 词频 |
|---|---|---|---|---|---|
| 1 | 专家 | 258 | 26 | 怀孕 | 57 |
| 2 | 农村 | 191 | 27 | 外星 | 55 |
| 3 | 石头 | 190 | 28 | 真实 | 55 |
| 4 | 人类 | 128 | 29 | 村民 | 54 |
| 5 | 神秘 | 127 | 30 | 千年 | 53 |
| 6 | 真相 | 121 | 31 | 火星 | 50 |
| 7 | 鉴定 | 117 | 32 | 离婚 | 50 |
| 8 | 曝光 | 108 | 33 | 揭秘 | 49 |
| 9 | 挖出 | 108 | 34 | 生物 | 48 |
| 10 | 科学家 | 103 | 35 | 恐怖 | 44 |
| 11 | 美女 | 96 | 36 | 出轨 | 40 |

续表

| 序号 | 关键词 | 词频 | 序号 | 关键词 | 词频 |
|---|---|---|---|---|---|
| 12 | 霍金 | 86 | 37 | 惊呆 | 39 |
| 13 | 震惊 | 79 | 38 | 预言 | 39 |
| 14 | 女子 | 75 | 39 | 老人 | 39 |
| 15 | 世界 | 71 | 40 | 妹子 | 36 |
| 16 | 灵异 | 71 | 41 | 诡异 | 36 |
| 17 | 妈妈 | 71 | 42 | 大叔 | 34 |
| 18 | 意外 | 68 | 43 | 毁灭 | 33 |
| 19 | 癌症 | 65 | 44 | 宇宙 | 33 |
| 20 | 有毒 | 63 | 45 | 惊人 | 33 |
| 21 | 孩子 | 62 | 46 | 疑似 | 32 |
| 22 | 小伙 | 61 | 47 | 钓鱼 | 32 |
| 23 | 农民 | 61 | 48 | 性感 | 32 |
| 24 | 月球 | 58 | 49 | 棺材 | 31 |
| 25 | 秘密 | 58 | 50 | 搞笑 | 31 |

对所有语料库的标题进行词频分析，可以看出，谣言标题中经常出现“一定”“绝对”“只因为”等绝对化用语，“揭秘”“真相”“曝光”等表示悬念的用语，“震惊”“惊呆”等夸张性用语，“竟然”“没想到”“居然”等表示意外的用语，“必看”“警惕”“扩散”等诱导性用语。

本报告将词频最高的50个实词做成词云图，相关结果如图4-14所示。

图4-14 网络谣言标题TOP50关键实词

(4)感叹号和问号最多

对语料库中的所有谣言的标题进行统计分析，相关结果如图 4-15 所示。

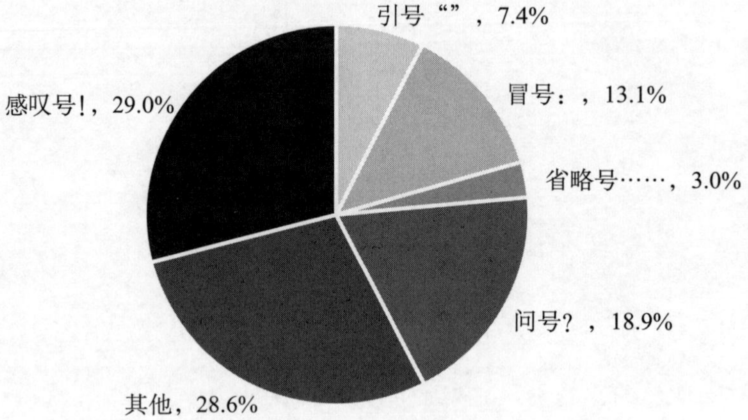


图 4-15　标题中常见标点符号比例分布

从上图可以看出，谣言标题中最常用的是感叹号(29.0%)、问号(18.9%)和冒号(13.1%)。感叹号是一直加重语气、吸引读者注意的常用标点符号，很多标题不止一个感叹号，甚至是三四个感叹号连着使用，给人一种急切关注的心理压迫感，如《惊呆！火星确实存在外星人!!!!!》；问号则是引起读者阅读兴趣、吊人胃口和制造悬念的主要手法，如《【辟谣】宁乡步行街发生命案?? 真相是……》；冒号则是借用专家或权威媒体名头，实现第一人称视角的真实假象，如《你的配偶可能是外星人？专家：500 万异形藏匿地球》。

(5)充满性元素

网络谣言为了获得更多人的关注，经常增加性元素的内容，以此来博取更多受众的眼球，在网络谣言标题的 TOP50 中就有“美女”“怀孕”“离婚”“出轨”“妹子”“性感”等关键词。类似的标题在网络谣言中屡见不鲜，尤其是在一些社会新闻类的谣言中。

(6)新闻式和数字式的标题是最常见的标题形式

按照谣言标题的行文格式，本报告将网络谣言的标题分为新闻式、疑问式、祈使式、故事式、恐吓式、炫耀式、数字式、聊天式、建议式、真理式、利益式、号召式、悬念式、反问式总计 14 种，经过数据分类和统计，相关结果如图 4-16 所示。

由此可以看出，网络谣言的标题形式可谓是各种各样，覆盖了所有的标题写作风格。网络谣言第一是以新闻式的标题出现的(17.1%)，伪装成信息会增加更多网民的关注，并且还有公信力加持，认为是传统媒体报道的，不是假消息；第二是数

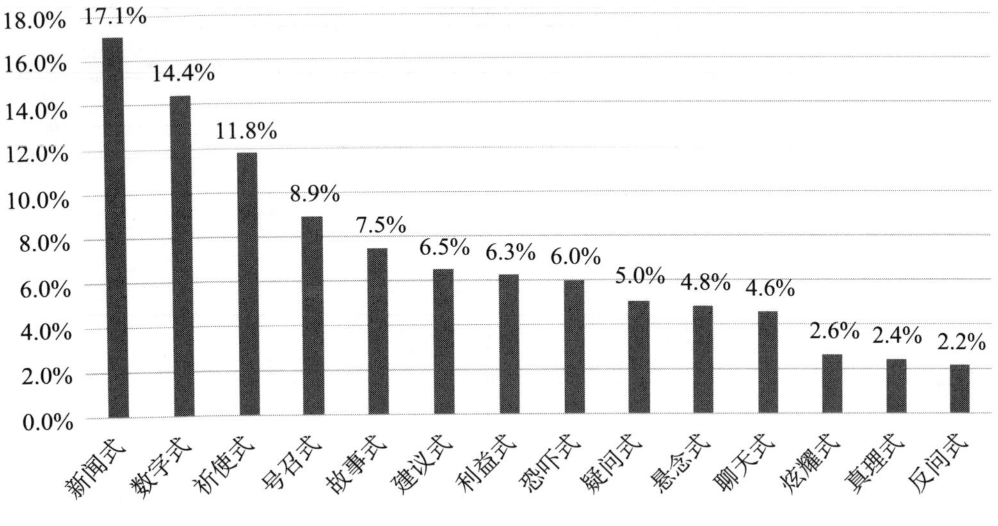


图 4－16　谣言标题各样式比例

字式的谣言标题，占总体的 14.4％，在标题中直接使用言之凿凿的数据，增强谣言标题的可信度；第三是祈使式的谣言标题，通过呼吁号召来增强危机感和参与到相关行动中的紧迫感。

## (三)谣言传播的新特点

1. 传播路径

(1)谣言传播符合幂律分布：80％左右会自动消解

任何一个谣言都有其制造、传播、高峰和消解(或反复)的四个阶段，本报告选取七类谣言并通过对其转发次数的分析发现，不同类别的谣言出现转发峰值的情况不尽相同，但每个类别都存在相似的情况，即只有 20％左右的谣言会获得一个不断转发和重复出现的机会，80％的谣言会自动消解，甚至不会再出现。

从图 4－17 可以看出，80％的谣言话题只有一个较大转发峰值，也就是说，被辟谣后，该谣言会逐渐消解，如关于一些名人的谣言，2017 年年初谣传周星驰去世的消息，经过其经纪人的辟谣，该消息迅速消解，而对于一些常识类谣言(不仅看着影响很大，而且其总量也多)则不断反复转发。

(2)60％的谣言会在一周内消亡

对网络谣言的活跃期进行时间分析统计可以得出，由于各辟谣平台和当事人的及时辟谣，60％的谣言活跃期都在 7 天以内，因为有近 20％的谣言会反复出现，

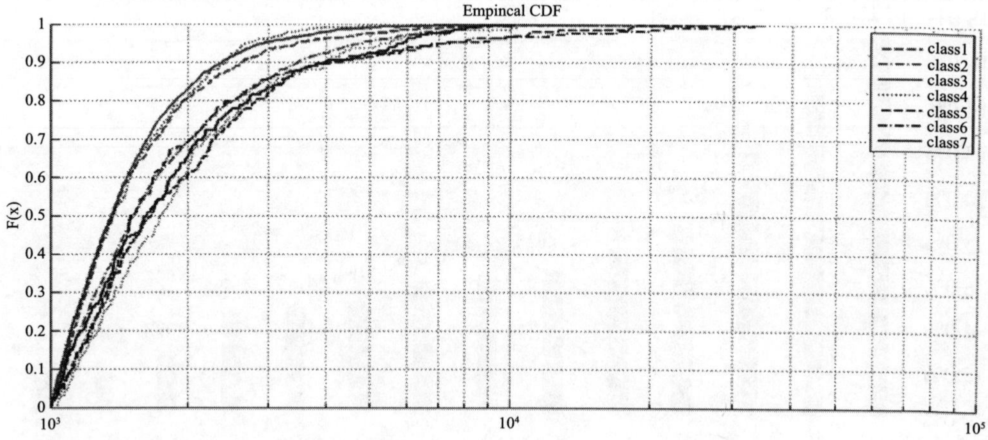


图 4－17　七类网络谣言的转发次数的幂律分布

没办法统计所有谣言的活跃期，但也在一定程度上说明谣言横行的一种错觉不是谣言的数量很多，而是谣言由于人们加入的社群数量增多，而变得很容易被遇到，显得频度很高罢了。

(3)传播结构：与传统社会人际关系网近似的圈群化传播

网络谣言在传播结构上最大的变化是圈群化传播，圈群化是和传统社会人际关系网最为接近的网络结构，是最适宜谣言传播的结构，这个传播网和大众传播网最大的差别是伴随着社会信任和社会资本作为“赋权资源”而传播的，其具体传播结构如下：

网络谣言在一个圈子内部传播，会被信息桥节点（谣言搬运工）转发到其他圈子，出现了圈子之间的嵌套、连接，进而会产生情绪共振和情感共鸣，会在整个虚拟空间形成一种群体的压力，传谣的氛围至此形成。

2. 传播节点

在传染病传播模型的研究中，有个核心的观点是对已感染人群的控制与隔离，进而使整个网络结构断裂，从而控制传染病的危害。在网络谣言传播中，关键传播节点也具有很重要的研究价值和意义，这些关键节点在移动互联网时代也发生了新的变化（见图 4－18）。

(1)造谣者以草根账号为主

在微信公众号制造的谣言中，90%以上是“个人账号”制造和传播的，即为初始信源，而在信息推送和传播的过程中，个人账号推送的信息无论是在呈现方式上还是在打开阅读的形式上，都与认证机构账号基本一致，这造成了很多易感人群（尤

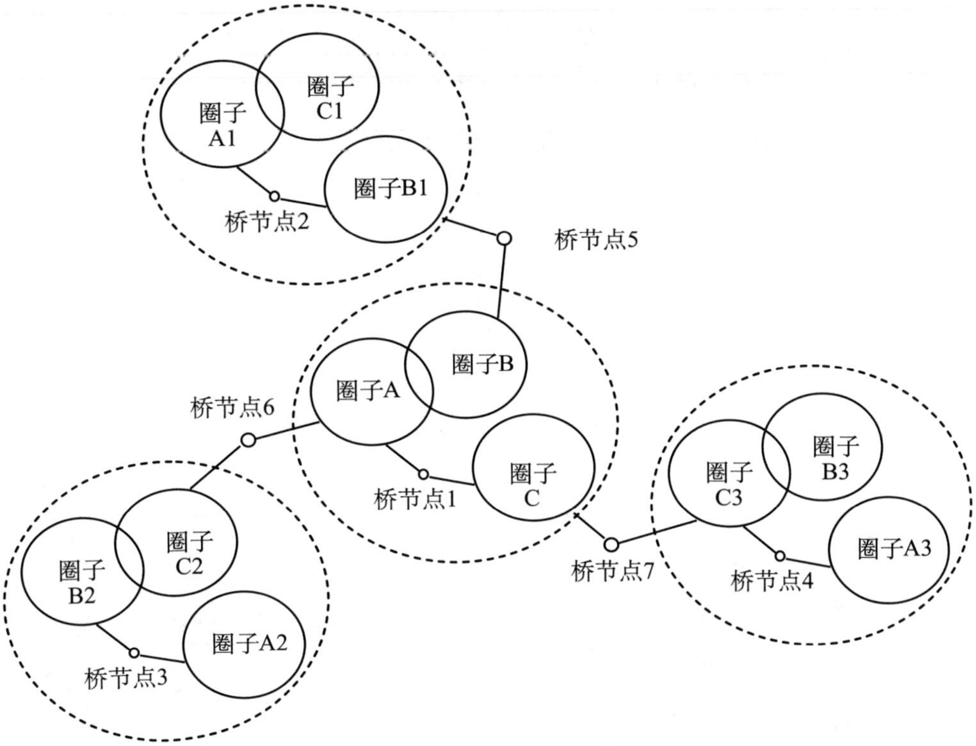


图 4-18 谣言传播的圈群化嵌套结构示意图

其是新媒体素养相对不高的中老年网民群体）误认为是与传统媒体一样具有公信力的认证账号推送的，而个人账号由于各种动机，为了赚取受众眼球，故意造谣、传谣，而为此付出的代价成本较低。

(2)谣言信源的唯一性

网络谣言和真实信息在传播节点上最大的差异在于网络谣言的信源追溯具有唯一性，而真实信息的信源则相对多元，毕竟事实发生时会有很多的目击者或者亲历者，真实信息的传播是以无影灯效应建构真实的事件，而网络谣言由于是主观为之，是一种“创意的真实”，信源只有一个，与真实信息的多信源相比很容易从中被鉴别。

## (四)谣言易感人群的新特点

著名的谣言心理研究专家奥尔波特曾说过：“每一则谣言都有听众。”因此，研究“听众”中的易感人群，对研究谣言传播的规律具有很重要的价值和意义。

1. 易感人群的群体特征

根据腾讯较真平台于2017年4月对网络大数据分析、梳理，发布的《谣言易感人群分析报告》可知，易感人群具有以下几点特征：

(1)女性是传谣主体人群，男性是造谣主体人群

从性别上来看，女性比男性更容易相信谣言，数据显示，谣言易感人群中女性占比25.1%，高于男性，且防骗高手的人群中女性占比明显低于男性。

而本报告中通过随机抽取4 160条谣言的首发账号的注册主体也可以看出，男性是造谣的主要群体，平均占总体的81.2%，女性仅占18.8%；而在随机抽取的传谣的账号主体中，女性"个人账号"则占总体的64.7%，可以说从性别上来看，男性是造谣的主要群体，女性则是传谣的主要群体(见图4-19)。

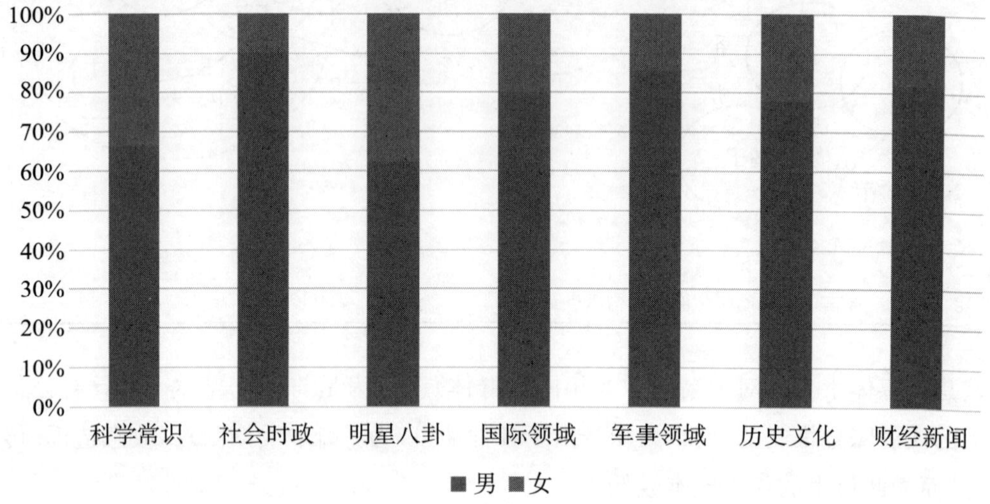


图4-19　网络谣言造谣者的性别比例分布

(2)老年人和未成年人是信谣的主要人群

从年龄来看，老年人和未成年人更易受骗。数据显示，60岁及以上的老年人和未成年人超过三成都是谣言易感人群。而在防骗高手群体中，60岁及以上的老年人和未成年人所占比例最少，同时，他们对于谣言的鉴别能力低于其他年龄段的群体。

(3)农村或三四线小城市地区是谣言易感重灾区

从地区来看，农村地区是谣言易感重灾区。数据显示，北上广一线城市、省会城市以及非省会地级城市防骗高手群体占比较高，分别为54.4%、52.9%、56.6%；农村地区防骗高手群体占比较低，为43.7%。同时，北上广一线城市、省

会城市以及非省会地级城市谣言易感人群占比较低，分别为22.6%、22.1%、19.0%；农村地区谣言易感人群占比较高，为28.7%。

(4)低学历人群是谣言易感人群

从学历情况来看，低学历人群更易相信谣言。数据显示，硕士及以上学历的人只有一成左右是谣言易感人群，而初中及以下学历的人占比超过30%。

2. 易感人群的心理特征

人们不可能了解全部信息是一切网络造谣的理论基础，造谣者利用易感人群的心理盲点，操纵他们的社会认知，而这些人的社会心理则是谣言滋生的土壤。综合来说，易感人群的社会心理特征可以概括为以下几点。

(1)对权威的认同心理

很多谣言都带有"央视都曝光了""公安局已经确认""中科院专家说""媒体都报道了"等词句，这类谣言标题也更容易在社交平台上出现大规模的传播，这种谣言叙事方式利用权威机构、权威人士作为符号资源，试图"提升"谣言本身的权威性和可信度，并利用网民对权威的认同和追随心理扩大谣言的传播范围。

(2)安全感缺失的焦虑心理与恐惧心理

数据显示，最易使受众产生焦虑与恐惧心理的是接近性谣言，一般来说，某个谣言的发生地距离网民的地理位置越近或者谣言主题跟网民日常生活的关系越接近，越能够激发网民的关注和传播，这也是上文中提到的利用谣言指向与民众生活的紧密度来进行造谣、传谣。

(3)利益心理

通过上面易感人群的社会特征可以看出，易感人群多是生活在农村或三四线小城市的低学历、中老年妇女群体。这类人群对"小利"相对重视，又扮演家庭主妇的长辈角色，有些谣言就利用这种心理，通过让人们减少不确定性的东西，一些声称能产生某种利益的谣言，容易吸引具有相关需求的受众的注意。

(4)好奇或恶搞的心理

以往传统媒体流传的"都市传奇""志怪故事"，单调的叙事结构加上狗血的情节渲染被搬运到新媒体上(比如，畸形婚恋、灵异、外星生物等谣言)之后，往往能吸引众多受教育程度不高的三四线城市的网民，满足他们的猎奇心理。

(5)阴谋论心理

阴谋论心理是人天性中的缺陷，现实中很多传谣者可能认为这个信息不是真实的，但很容易进入一个阴谋论怪圈，认为自己一直被主流意识形态欺骗，有一种反抗和宣泄的快感，尤其是很多谣言善于利用民族主义的说辞，动不动就是"是中国人就得要转”等，在阴谋论的外衣下进行“舆论绑架”和“舆论架空”。

(6)从众心理

从众心理是人性的一个永恒弱点，希望自己的观念是被大多数人认同的，如果大多数人不认同，就会怀疑自己。心理学有个非常著名的实验——美国心理学家阿希于1951年设计的“从众实验”，实验者准备两张图，图上有一样长的线条，实验对象每7个人分成一组，在同一个房间依次序回答“这两张图哪一张的线条比较长?”，但实际上前6个人是安排好的托儿，真正的实验对象只是第7个人。6个托儿被安排一起故意选择错误的答案，这时的结果是:第7个人竟然有三分之一跟着做了错误的选择，他们选择了两根线条不一样长。心理学家用这个简单的问题在多组人群中做了多次的实验，结果是75%的人至少有一次错误的从众选择，真正一直坚持正确选择的只占25%。如此简单的问题竟然得到这么可怕的结果。如果是素质和学历更加参差不齐的人群，面对更加复杂的问题，情况可想而知，这就是典型的“从众心理”，很多传谣者可能也是质疑谣言本身的真实性，但看着别人转发，抱着“宁可信其有不可信其无”的心理随手转发。

## (五)警惕谣言传播的新效应

1. 逆火效应

在现实生活中经常遇到这种现象，谣言发生后，相关部门寻找谣言的传播源头，邀请专家科学辟谣，第一时间发出声音……公众在辟谣的当下意识到了这则谣言的危害，但是过段时间，类似谣言又出现了，再次引发公众的集体恐慌……造谣—信谣—传谣—辟谣，谣言周期性“发作”，这就是谣言的逆火效应。“逆火效应”来自英文“back fire”，最早是内燃机术语，引申意即“适得其反，事与愿违”。

一般人认为，最好的改变别人错误观点的方式就是用事实说话。但实际上，这种我们认为温和而有效的反驳很可能产生反作用，即当人们遇上与自身信念抵触的观点或证据时，除非它们足以完全摧毁原信念，否则会被忽略或被反驳，原信念反而更加强化。这也就解释了为什么经常看到一些人受骗后非要打钱给骗子，警察和银行怎么解释都不信，怎么拦都拦不住。抑或老人喜欢保健品，而子女摆一堆科学道理甚至是产品欺诈的证据也无济于事。因为从记忆生成的角度来看，是因为大脑中有无数的神经元相联结，而神经元在一次次接受刺激后就会逐渐被强化，所以当我们坚信一个观点时，同时也反复强化了神经元的联结，从而形成了根深蒂固的思维。同时，当自身的观点被攻击时，就跟自己被攻击差不多，所以人们就会想要捍卫自己的观点。

在2013年美国俄亥俄州立大学的研究中发现，如果一个错误信息在出现后立即被纠正，那么乍看起来这种纠正是起了作用，一些人改变了自己的看法。但是当他们再仔细去考察这个现象的时候，他们发现，这种改变只发生在起初就对错误信息倾向于不信任的人身上。如果一个人本来就很相信错误信息，那么纠正信息不但不会起作用，反而还会加深此人对纠正信息的信源的不信任。2015年，美国西北大学发布的一项研究提出了另外的解释：当人们接收到那些低估他们自身认知的信息时（比如，新的信息证明了他们原来坚信的事物是错误的），这就激发了他们愤怒和惊慌的感受，使得他们很难去接受新的事实，用中国的文化来说，这其中的很多情况用“丢面子”就能解释清楚，逆火效应与信息接收者的自我认知有关，新信息威胁到了接收者的自我认知，激发了负面情绪，而众所周知，负面情绪能阻碍我们的认知和理解能力，因此，产生的这种负面情绪同时影响了接收者对新信息的消化。

所以在试着说服他人时，即使作为辟谣主体表达的观点非常正确，但是与其直接否定他人的看法，不如试着用委婉的语言风格。

2. 可视化负效应

美国前总统第一夫人南希·里根曾经拍摄了一部反毒品的广告，希望通过大规模传播，使观看到的人们不要去吸毒。但研究结果显示，这则广告让更多的青少年吸毒。因为该广告使吸毒这种行为可视化，似乎是一种常见的社会现象，因此，有些辟谣则是扮演着谣言的帮凶，在辟谣的同时也在向人们强调这些错误的认识和想法，比如，“没有买卖就没有伤害”会导致更多人企图猎杀，这则广告只是为了募捐更方便。再比如，经常报道女大学生失踪的案件，会导致更多女大学生失踪，这都是可视化的结果。因此，在辟谣时一定要注意，有些采用视频的形式来展示谣言的不可信反而会加强人们对谣言本身的认知，这就是网络谣言的可视化负效应。

3. 时滞效应

谣言的传播主要是基于圈群化的嵌套结构进行传播的，相较于传统社会的人际传播，网络谣言的传播速度有所提升，但相较于大众媒体传播的堂而皇之，网络谣言又具有一定的隐匿性和时滞性，是逐步扩散开来的，而不是大众媒体那种“高射炮打蚊子”时的瞬间传播，基于虚拟社群传播的网络谣言则具有一定的时滞性，并且是从核心城市向边缘城市和地区传播、从核心网络群体向边缘群体传播，这个时间段大约为1—3天，这也为网络辟谣提供了黄金时期。

4. 少数群体启动效应

任何舆论操控首先就要控制信息，虽然互联网日益发达，信息流通呈现秒传播的趋势，但网络谣言的数量和频度却不见减少，最主要的原因是造谣者和传谣者充分利用少数群体启动效应，即不需要瞒天过海让大多数人信，而让一小部分人信，造谣者和传谣者就成功了。在现实中，我们都遇到过街边的算命先生，其实他只有几套说辞。大多数人情况不符合，但是总有一个人“踩狗屎运”跟算命先生说的一致。所以，造谣的人只要争取到少数人的支持就行了。信息控制通常骗不了所有人，但对特定人群效果极佳，这群人信任恶意的信息源，往往对攻击目标怀有反感情绪，听不进反面意见。

## 四、现阶段辟谣举措与路径

马克·吐温曾有句名言：“谎言跨越半个地球的时候，真相还在穿鞋。”这句话强调了辟谣的难度和滞后性。随着移动互联网技术的发展，谣言的数量和传播速度在不断提升，但“解铃还须系铃人”，移动网络时代的谣言还需要依靠移动互联网时代的技术来解决。目前，腾讯安全部门和研究部门也不断通过大数据的方法，针对互联网尤其是网络谣言重灾区的微信平台成立了专门的辟谣中心，通过微信公众平台辟谣中心、辟谣小助手等多个系统工具处理谣言信息。此外，通过辟谣信息公示、安全教育等方式，提高用户对谣言信息的辨识能力，对网络谣言主动出击，通过事先预警—事中引导—事后追惩等无缝连接，摸索出了一整套的应对网络谣言的措施。

截至 2017 年 2 月，辟谣中心拦截谣言文章 60 余万篇，辟谣小助手累计回复用户求证 70 余万次，谣言安全教育累计传播量也超过 2 000 万次。

### （一）传播机制视角下的辟谣分析

谣言的传播在很大程度上就是混淆公众视听，超过一半的用户认为，缺乏有效的辟谣机制是谣言肆虐的首要原因，应根据公众关注的焦点问题开展答疑解惑。本次调查的相关数据显示，在伪科学传播的原因中，比例最高的首先是缺乏有效辟谣机制（58.2%），其次是标题党为传播断章取义（41.0%）、公众科学素养有待提升（33.9%），最后是权威解释过于专业难懂（21.3%）。可以看出，建立有效的辟谣机制是当前辟谣的当务之急（见图 4－20）。

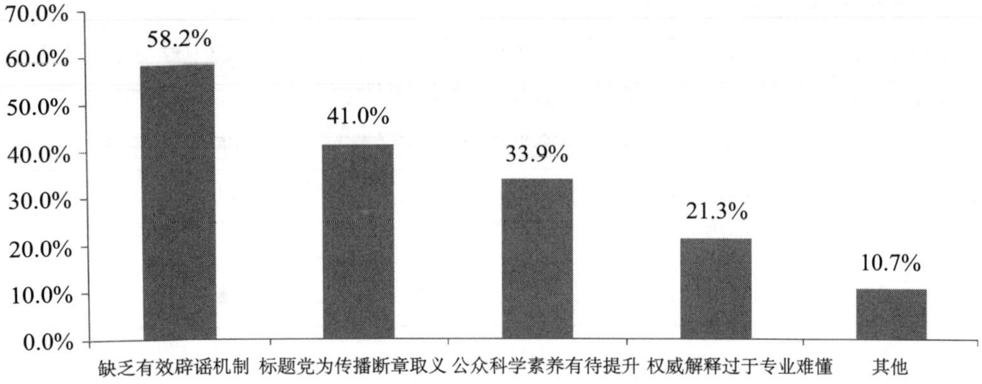


图 4-20 伪科学传播的原因调查结果

1. 针对新出现谣言：引入第三方权威机构的辟谣平台

(1)辟谣中心引入第三方辟谣机构，提升专业性与权威性

微信公众平台设立了辟谣中心，引进了专业的第三方辟谣机构，对微信平台中的谣言进行辟谣。辟谣机构涵盖健康养生、食品安全、政治政策、社会事件等多个领域，已有达500个第三方权威机构加入，其中包括中国科学技术协会指导的近百家学会、364家网警、32家网信中国系列账号、5家中央级媒体等，例如，中央电视台、《人民日报》、新华社、网信中国、江苏网警等账号(见图4-21)。

图 4-21 微信辟谣机构截图

(2)建构“谣言池”的辟谣机制

辟谣机制主要由以下两个步骤组成:一是微信公众平台通过用户举报收集疑似谣言;二是将疑似谣言推送给第三方机构进行评估。

加入辟谣机构后,微信公众平台会将用户举报的谣言内容推送给辟谣公众号,辟谣公众号管理员可在“谣言池”里看到推送的谣言,对谣言进行辟谣(见图 4-22)。

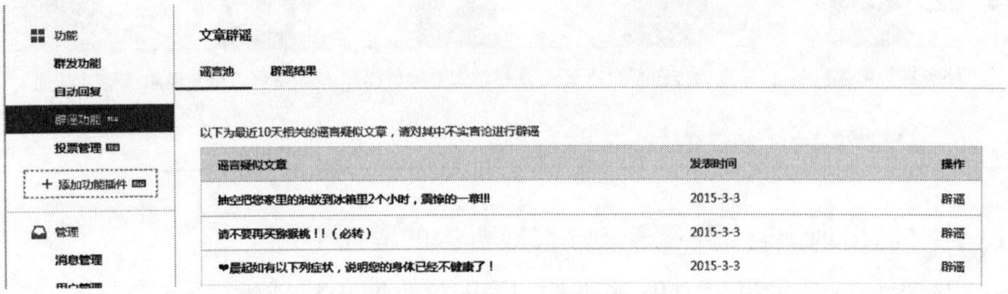


图 4-22　谣言池页面

辟谣时需填写简要科普结论,可关联一篇辟谣公众号素材库里对应的科普文章。科普文章是选填,直接写科普结论即可。后续如想再增加关联文章,可在辟谣结果里进行关联(见图 4-23)。

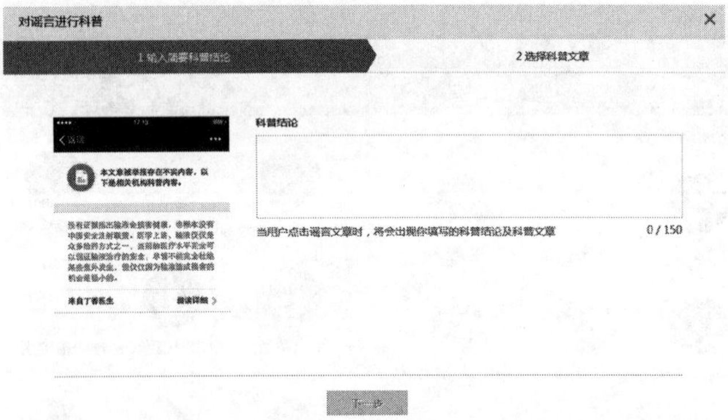


图 4-23　辟谣操作页面

辟谣信息提交后,微信公众平台会进行审核,审核通过后即将此谣言插入中间页显示。中间页会显示辟谣公众号名称、辟谣结论及科普文章(如有),亦可继续阅读谣言文章(见图 4-24)。

(3)效果

2017 年上半年,辟谣中心已经处罚的微信公众号数量约 4.5 万个;辟谣中间

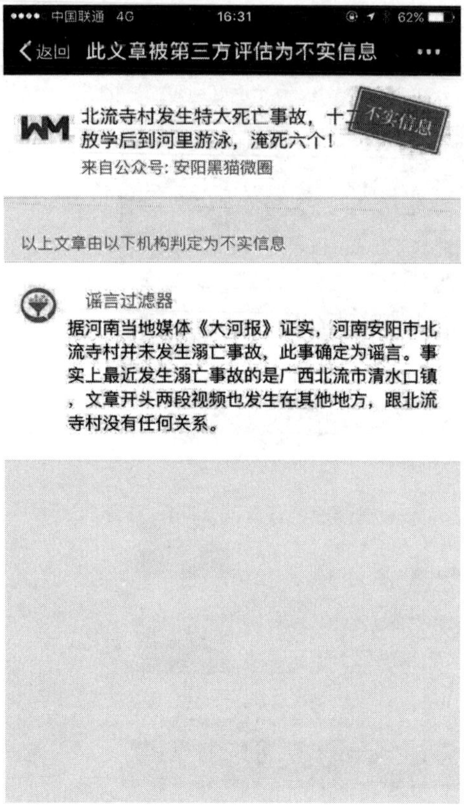


图 4－24 加上谣言识别标识的中间页

页科普次数约 3.4 亿次，日均达 190 万次；辟谣中间页科普总人数约 6 600 余万人，未来还将持续扩大辟谣机构规模，引入更多政府单位、权威媒体、高校科研机构等，提升辟谣能力。

2. 针对反复出现的周期性谣言：建设数据库开发辟谣小程序

2016 年 6 月，“微信辟谣小助手”上线，用户不仅可以主动搜索谣言，而且用户阅读或分享过的文章一旦被鉴定为谣言，将收到提醒信息，一方面阻断了谣言的传播，另一方面也对传播谣言的用户进行了正面教育（见图 4－25）。

针对那些 20%左右的隔一段时间就反复出现的谣言，尤其是一些食品安全等常识类谣言，微信公众平台通过构建谣言数据库作为技术底层支撑，借助关键词高速检索技术，实现每一个微信用户都可以自助查询和鉴别，提高自身抵制和应对谣言的能力。

微信辟谣小助手自上线以来，其后台样本库已达数千条谣言，并且在不断扩充中。用户求证次数 76 万余次，有效回复比例近 90%。

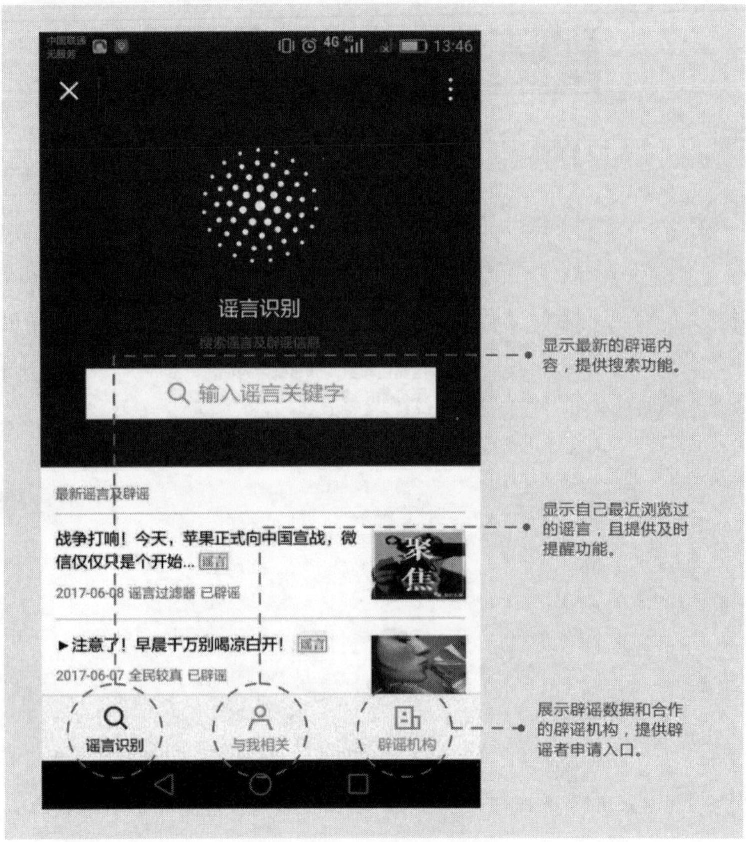


图 4－25 “辟谣小助手”功能示意图

3. 针对公众辨谣素养：辟谣公示及安全教育

微信通过微信安全中心、谣言过滤器、腾讯安全观等官方公众号，平均每月定期展示朋友圈十大热度谣言，并对各类谣言进行分析。该项榜单被《人民日报》等媒体公众号多次转载，并每周针对中老年用户等谣言易感群体推送辟谣信息。以谣言过滤器公众账号为例，目前，其辟谣文章阅读总量超 2 000 万次。平台希望通过持续的用户教育，借助媒体力量扩散辟谣信息，提高用户对谣言的辨识能力。

目前，平台已持续发布谣言榜单 30 余篇；累计详细解读 300 余条谣言；全平台累计传播量超过 2 000 万次。

4. 三位一体的综合辟谣机制

为了提升综合辟谣能力，腾讯产品团队打造了三大系统作为支撑，分别为技术识别系统、举报人工处理系统和辟谣工具。同时，在日常运营中，设有一支专业的队伍负责处理用户的举报内容，根据用户的举报，经查证后一旦确认存在涉及侵权、泄密、造谣、骚扰、广告及垃圾信息等违反国家法律法规、政策及公序良俗、社会公德的内容，腾讯产品团队会视情况严重程度对相关账号予以处罚。

此外，针对谣言，微信公众平台建立了一整套处理体系。

(1)举报体系

日前，微信公众平台每天接到关于谣言的投诉达1万单左右，为保证这些举报信息的有效处理，在日常运营中，腾讯有一支专业的队伍负责处理用户的举报内容。

(2)运营体系

为了保证谣言的辨识度以及防止谣言扩散。微信公众平台联合中国科学技术协会等多家有影响力的科普机构以及网警机构设立了微信辟谣中心，作为辟谣机构合作伙伴的公众号将有一个专门的辟谣功能，微信用户举报的谣言信息都会到这个素材库中，辟谣机构可以根据这些素材对内容进行纠正，一旦涉及谣言的内容被辟谣机构纠正，用户再去点击那个涉及谣言的文章时就会跳转到辟谣的内容上去，供用户识别。

(3)传播体系

在对外传播上，微信公众平台建立谣言过滤器，定期对外输出辟谣报告，方便互联网使用者对于谣言整体辨识有清醒认知。如“8.12”滨海新区大火期间，网络谣传急需熊猫血，经过微信相关平台转给天津网警，天津网警及时辟谣，并通过相关媒体报道，该谣言迅速消失。

(4)奖励体系

根据辟谣的篇数＋阅读量，进行稿费保底＋流量分成奖励，推介食品安全类辟谣星级专家。

## (二)传播周期视角下的辟谣分析

根据目前针对网络谣言的辟谣举措，如果按照传播周期来划分的话，可以分为事前、事中和事后三个核心阶段。

1. 事前阶段：重视数据库支撑的预警

谣言传播早期，通过用户举报和对可疑用户的监控建立疑似谣言的集合。一方面，将疑似谣言和谣言库中的内容进行比对；另一方面，对于在谣言库中没有匹配内容的谣言，通过查询该领域的专家库，推荐若干专家对该疑似谣言进行鉴别。

2. 事中阶段：强化辟谣的覆盖面，以信息引导为主

谣言传播中期，通过自然语言处理技术分析疑似谣言的评论信息，并以社会网

络分析技术分析疑似谣言的传播模式,判定该信息是否为谣言。判定后及时组织相关专家和媒体进行辟谣,强调辟谣的覆盖面,强化信息引导能力。

3. 事后阶段:明确责任,进行追惩

谣言传播后期,对于判定为谣言的信息,将其加入谣言库;对信息发布人进行可信性分析,确定其信用等级,将信用等级低于一定阈值的用户加入可疑用户库,在一段时间内对其发布的相关内容进行监控;对信息举报人和评论人进行专家发掘,充实和更新与该信息相关的知识领域的专家库。

# 五、人工智能视角下的网络辟谣新趋势

在网络辟谣中经常会遇到这样的难题,即谣言发布时阅读者众多,但辟谣时很多人看不到,形成了传谣与辟谣的信息暴露不对称现象。随着人工智能技术的成熟,网络辟谣越来越呈现新的发展方向,大致主要有以下几种。

## (一)变被动为主动:辟谣关口前置化

1. 利用大数据技术鉴别谣言信源的唯一性进行有效锁定

根据谣言传播的信息源具有唯一性的有效识别特征,通过大数据回溯技术,可以将网络谣言进行有效识别,然后进行传播干预。只有在谣言产生于传播早期就能将其识别,才能将谣言的危害性降至最低。

2. 充分利用谣言的传播时滞性

在上面已经有所论述,网络谣言从核心地区向边缘地区、从核心人群向边缘人群的传播是有个时间周期的,大约为1—3天,因此,生活在北上广的人们经常发现其在三四线城市的父辈传来的谣言是几天前就看到的。网络谣言需要抓住这个传播时滞周期,及早切断传播路径,实现网络谣言预警的主动性。

## (二)变内容识别为节点识别:强调人群画像

1. 对公共账号进行认证身份的明确标识

在很多网络谣言的传播中,由于均是公众号推送,很多易感人群没有区分公众号主体是否被官方有效认证的能力，全部一视同仁，结果造成很多个人账号也滥竽充数，让易感人群上当受骗，因此，需要加强公众号主体对传播内容的认证标示，并将之作为一种基本识别谣言的科普性知识进行推广。虽然微博的加"V"认证策略在一定程度上使得网络空间出现了明星围观模式，但对快速形成明星影响力和有效规范明星的言论都起到了不可替代的作用。

2. 分析谣言节点的社会网络结构

信息接收者仅通过内容很难识别谣言，而信息发布者属性和网络传播属性能显著提高信息接收者的识别率。因此，需要引入更多的辟谣识别变量，这也是人工智能所具有的基本功能，强化每个节点在最活跃的几个圈群中的社会结构和社会角色，进而对谣言链条中的角色进行有效识别。

3. 构建信用分级的造谣者、传谣者和易信谣者数据库

网络谣言的治理从根本上来讲是对人的治理，对人的治理要考虑针对性和精准化，按照谣言传播链条的角色和地位，可以将之分为造谣者、传谣者和易信谣者，并对之进行传播信用等级的评估，类似于征信体系，并在账号主体明显的位置上予以标识，对信用等级较低的账号进行预警，一旦用户点开其传播的信息，将会收到自动预警提示。

## (三)变各自为战为综合治理:网络辟谣的社会化

1. 构建网络辟谣的多元主体平台

网络谣言的治理目前多是以平台企业和政府为主，社会第三方等资源介入其中的比例不高，未来需要在政府主导层面形成数据平台方—企业—专家—高校—政府等五位一体的多元主体平台，实现网络辟谣的社会化和无影灯效应。

2. 打通辟谣的数据平台，构建国家层级的网络谣言大数据平台

目前，微信公众平台的辟谣助手、较真辟谣平台的事实查证已经进行了有效的尝试，但整体来说数量不大，未来需要在打通各个平台的层面上，通过社会化的合作，在整个国家层面构建网络谣言大数据平台，融合网站、报纸、电台、电视、社会组织，建立融合新媒体、传统媒体的综合辟谣机制，因为网络辟谣并不是一个平台、一个公司的事情，是整个国家层面的民众新媒介素养的大事情。

在此基础上建立一套成熟的谣言触发机制，设定谣言关键词，当含有谣言关键词的传言在微信群或者朋友圈传播达到一定数量时，会自动触发预警，提醒相关专家和辟谣平台关注，并判断其是否属实。

3. 加强预防式科普宣传，全面提升民众识谣、辨谣的素养

加强日常的预防式科普宣传，尤其是针对易感人群进行通俗易懂的识谣、辨谣传播，加强专业俗语的“转译”能力，注意方式方法的革新和改进，学会讲故事，避免简单的说教和告知，强化辟谣的情绪化引导，改变目前的知识堆砌和过于理性的状况，充分利用新媒体的影响力和传播渠道，注重将信息公开和政策解读同步推出，有效避免谣言的进一步滋生。

# 第五章　中国互联网视听行业发展报告（2017）

CC-Smart 新传智库
陈　鹏　司　若　陈　锐

2017年，我国网络视听行业持续高速发展，网络视频用户规模达5.65亿人，网络音频用户规模超过2.2亿人，网络视听市场需求日益旺盛，市场规模扩大，网络视听从业者数量增加，产业链格局逐渐形成。行业主管部门出台了多项政策法规规范网络视听内容，清扫网络视听在前些年“野蛮生长”中留下的色情、暴力等内容。网络视听行业正朝着积极、健康的方向发展。与此同时，网络视听行业也面临不少问题，如忽视社会责任、粗制滥造、内容创作面临天花板、视频网站盈利难等。

# 一、行业概况与现状

## (一)视听内容井喷,市场规模扩大

中国的网络视听媒体发展已逾20年,网络视听产业在不断变化的经济和媒体环境中快速崛起。根据中国互联网络信息中心(CNNIC)第40次《中国互联网络发展状况统计报告》显示,截至2017年8月,中国网民规模达到7.51亿人。其中,网络视频用户5.65亿人,用户使用率为75.2%。①

伴随着网民数量的崛起,市场对于网络视听内容的需求呈爆发式增长。因此,2017年,我国的网络视频无论是从质上还是从量上,都取得了瞩目的成绩。

在网络大电影方面,2013年,网络大电影上新总量仅为39部;到了2014年和2015年,这个数字变为437部和619部;至2016年,网络大电影直接跨过1 000部的量级,跃升到2 176部。自2016年10月至2017年8月,网络大电影累计上新2 072部,其中,2017年1—8月的8个月内累计上新1 412部,总播放量突破159亿次,并且实现了由"野蛮生长"向精品化的转变,单片播放量稳步提高,2017年平均单片年度播放量突破千万次(见图5-1)。

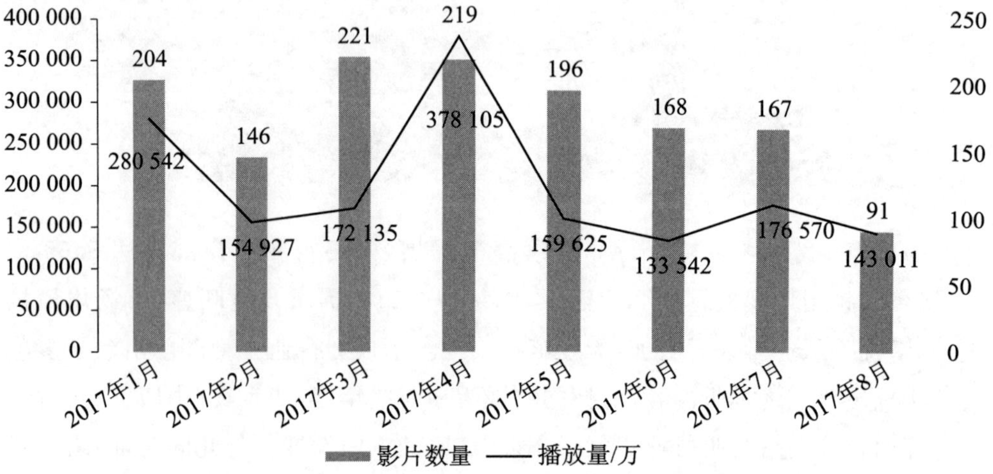


图5-1 2017年1—8月网络大电影影片数量与播放量统计图

① 第40次《中国互联网络发展状况统计报告》[EB/OL].[2017-08-03]. http://www.cnnic.net.cn/hlwfzyj/hlwxzbg/hlwtjbg/201708/t20170803_69444.htm.

在网络剧方面，2014 年为网络剧元年，在经过了 2015 年的爆发期，2016 年的井喷增势期后，2017 年网络剧市场更加完善，行业生态越来越成熟。在 2016 年 10 月至 2017 年 8 月的这段时间内，网络剧每月平均上线 24 部，单剧播放量过亿的网络剧数量达到 131 部。在剧集数量、播放量稳步增长的同时，整体制作水平快速提升，口碑剧大获好评，与电视剧差异逐渐减小，豆瓣评分排名前十的网络剧评分均超过 8 分，五星好评率在 30%以上（见图 5－2）。

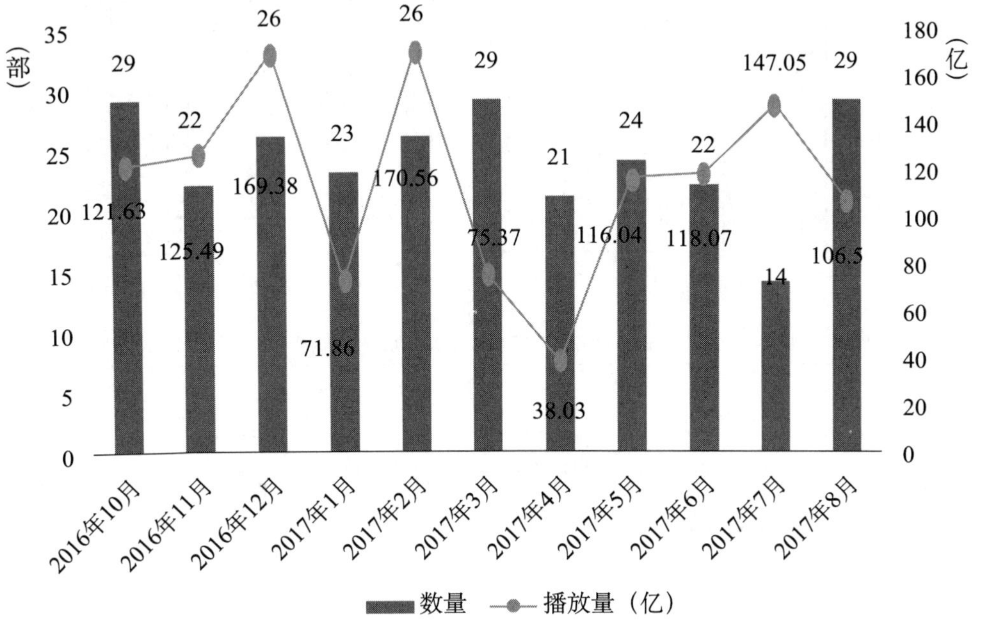


图 5－2　2016 年 10 月—2017 年 8 月网络剧各月数量和播放量统计

同样在这一时间范围内，网络综艺市场规模持续扩大、爆款频出，网络综艺整体呈现蓬勃发展的态势，形成了比较成熟的生产、制作和发行体系，能够保证每月有稳定数量的网络综艺节目上线，保证网络视频平台形成良好有序的节目更替，避免节目断档。在 2016 年 10 月至 2017 年 8 月的这段时间内，共上线综艺节目 125 档，平均每月约 11 档，播放量大幅度增加，破 10 亿的网络综艺节目数量达到 14 档，10 亿的播放量成为头部内容的进入门槛。综艺节目类型更加细化，节目主题与创意均有突破，呈现系列化、体验互动化、内容社群化与主创平衡化的创作趋势（见图 5－3）。

此外，网络直播、互联网音频、网络短视频等网生内容也有了突破式进展。

就网络直播而言，我国网络直播兴起于 2005 年，经过 11 年的发展后终于在 2016 年迸发，进入“网络直播元年”，形成了泛娱乐化直播平台、移动直播平台、秀

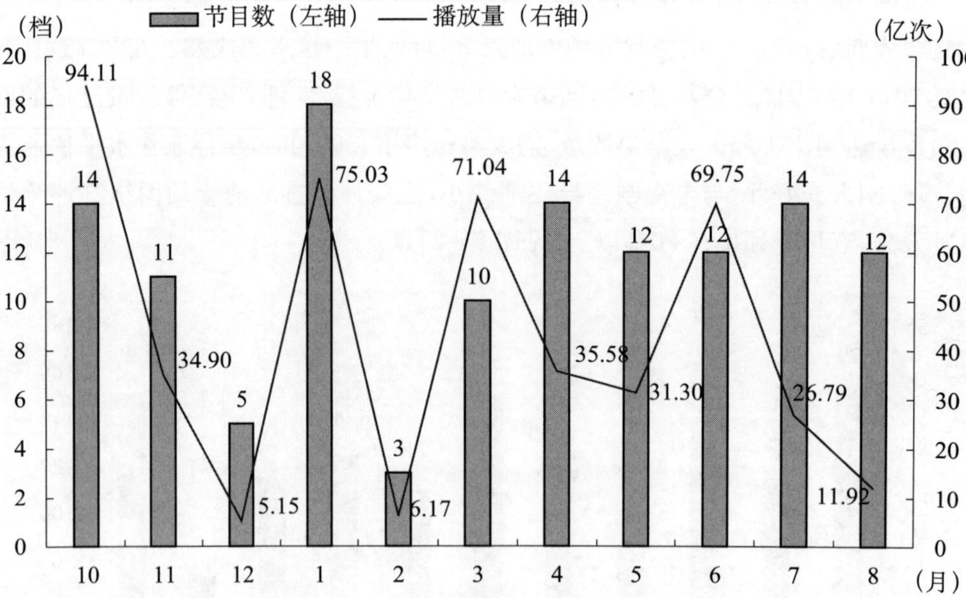


图 5-3　2016 年 10 月—2017 年 8 月网络综艺节目数量及播放量分布图

场类直播平台和垂直类直播平台等四种类型化平台。2017 年，全面进入全民直播时代，移动互联网技术的日新月异大大降低了直播门槛，直播市场用户增加率逐渐下降，数量趋于稳定，到 2017 年年底用户规模达到 3.92 亿人（见图 5-4）。①

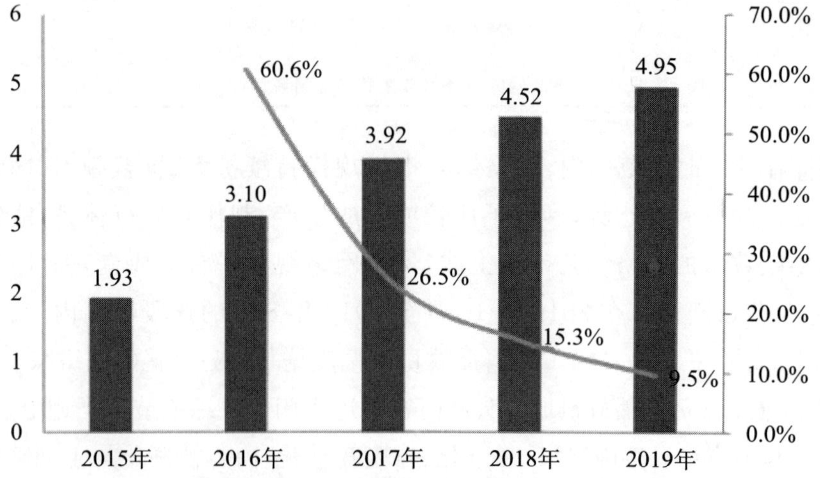


图 5-4　2015—2019 年网络直播市场用户规模及预测

① 艾媒报告，2017Q1 中国在线直播市场研究报告。

互联网音频亦实现快速发展，主体运营与融资总体向好，盈利模式逐渐清晰，融资情况乐观，实现从“吸睛”到“吸金”的转变，形成广告、打赏、智能硬件和有声出版四种主要盈利模式。此外，用户趋于稳定，数量增长进入平缓期，但活跃度快速提升，用户黏性增强，据速途研究院数据显示，互联网音频用户规模在 2017 年年底达到 2.6 亿人（见图 5－5）。①

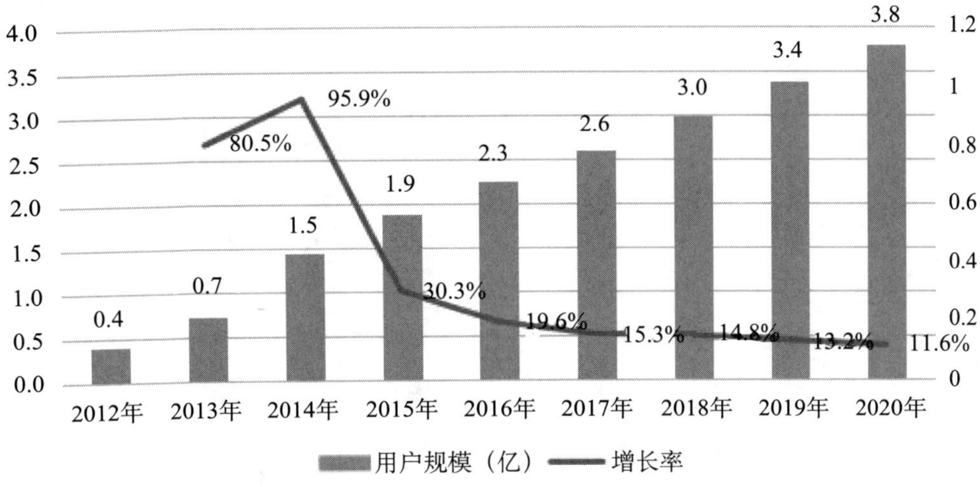


图 5－5　2012—2020 年中国移动电台用户规模及预测

作为一种新兴行业，短视频行业增长态势迅猛，在 2016 年进入爆发期后，各大巨头抢占市场，纷纷入局，形成泛娱乐行业的大风口。凭借新的内容形式、新的组织形态和新的商业模式，短视频与长视频的界限逐渐清晰，在泛娱乐行业全面开花，从个体向组织化机构发展，在内容上从泛娱乐化向垂直内容转型，更加面向小众群体精确推荐，相关部门与机构的管控也是日渐完善，管理体系渐趋规范。进入 2017 年，短视频行业继续保持迅猛增长的态势，行业月活跃用户近 2 000 万人，同比增长率保持在 40%上下，2017 年年底用户达到 2.42 亿人（见图 5－6）。②

## （二）产业迅速发展，行业格局形成

随着视听产业的迅速发展，各行业涌现占据优势地位的领跑者，马太效应越来越明显，头部资源整合市场能力进一步得到提高。

① 2017Q1 移动电台行业报告[EB/OL]. [2017－08－03]. http://www.sootoo.com/content/670672.shtml.

② 艾媒报告，2016—2017 中国短视频市场研究报告。

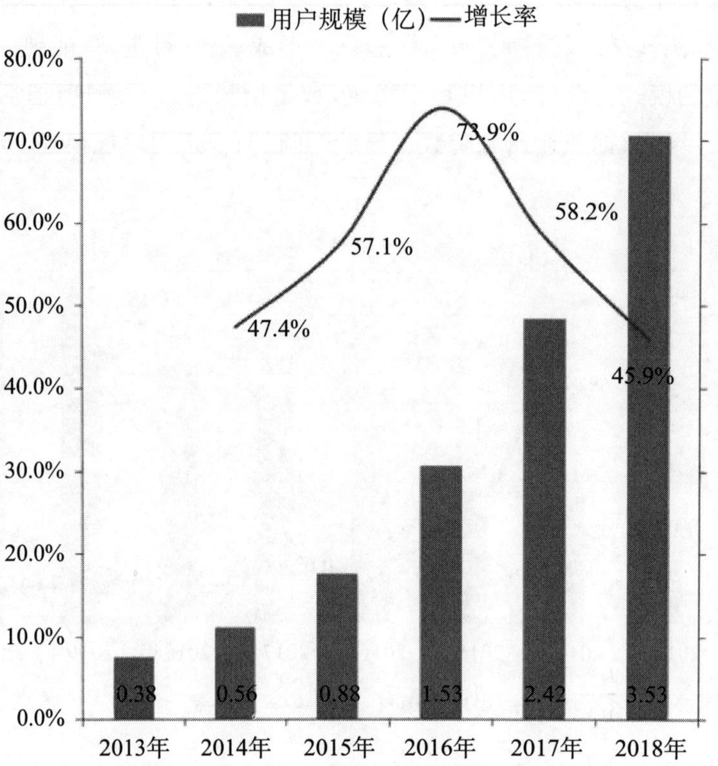


图 5-6　2013—2018 年移动短视频用户规模及预测

网络视频节目领域形成了腾讯视频、爱奇艺、优酷视频、搜狐视频、乐视视频、芒果 TV 等平台引领市场的竞争格局。

网络大电影方面，爱奇艺作为网络大电影概念的首创者以及市场领航者，在网络大电影领域占据最大的市场份额，2017 年 1—8 月的 8 个月内，累计播放总量接近 74 亿次，播放量占网络大电影总体播放量的 46.2%。腾讯视频和优酷视频两者不相上下，分别以 20.4%和 17.5%的播放量占比处于第二梯队。搜狐视频在播放总量上稍逊乐视视频，但独播数量略高于乐视视频。

网络综艺方面，芒果 TV 播放量占总体播放量的 28.81%，以 122.1 亿次的播放量强势领跑。腾讯视频、优酷视频紧随其后，凭借 27.67%和 21.39%的播放量占比紧随其后。爱奇艺虽然节目数量占比达到 27.17%，但只取得 15.86%的播放量占比，因此，爱奇艺掉落第二梯队。乐视视频播放量占比 6.16%。搜狐视频仅上线两档综艺节目，播放量均未破亿，处于网络综艺的边缘地带（见图 5-7）。

网络剧方面，随着行业生产链的整合完善，运作模式的加速升级，各大视频网站已经逐渐进化为集投资融资、内容生产，整合营销、播出发行、衍生开发于一体

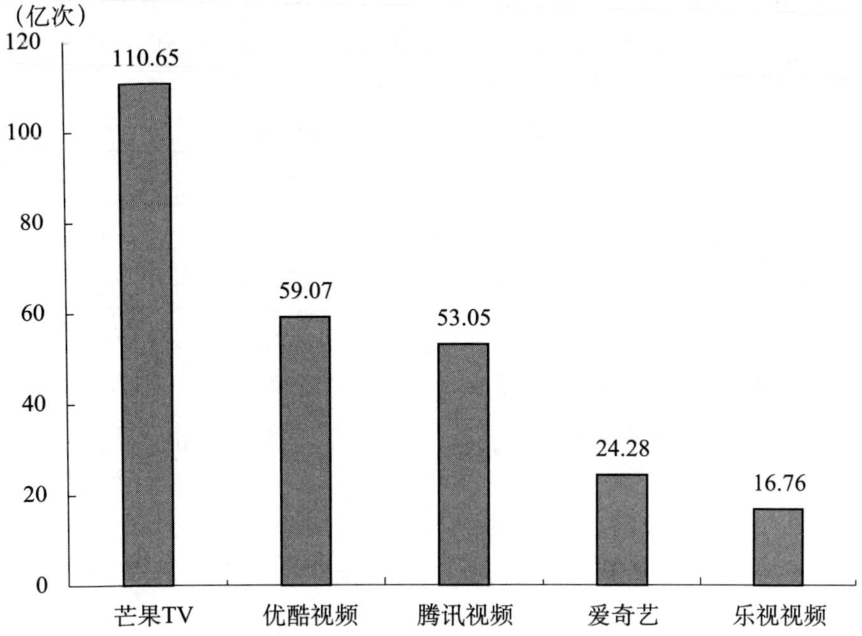


图 5-7　2016—2017 年头部网络综艺播放量分布(按平台)

注:统计数据截至 2017 年 8 月 31 日,尚有 31 档综艺节目在播。

的网络剧开发者。目前,爱奇艺、优酷视频、腾讯视频背靠强大的资本和资源优势领跑,各平台在标杆类型、模式战略等方面开始分化,逐渐形成各家特色(见图 5-8)。

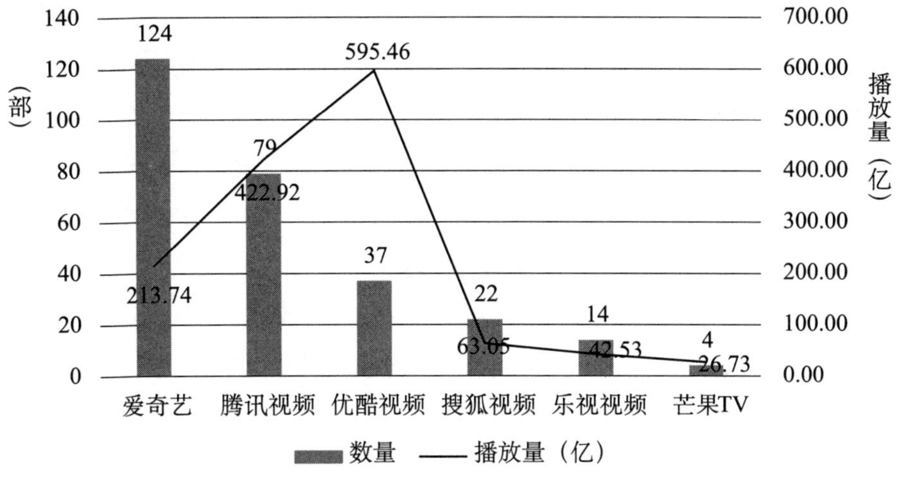


图 5-8　2016—2017 年各平台新播网络剧数量及播放量统计

截至目前，网络直播平台服务数量已经超过500家，在直播红利的推动下仍然还有不少直播平台进入市场。行业巨头诸如百度、腾讯、阿里巴巴、网易、乐视等纷纷试水网络直播市场。根据《2017直播行业半年报》显示，排名前五的直播平台合计半年（2017年1—6月）流水高达42.37亿元，其中映客遥遥领先，流水高达21.88亿元；花椒直播则以12.15亿元紧随其后；接下来的分别是一直播（4.597亿元），来疯（2.102亿元）和美拍（1.639亿元）。

短视频行业多样化平台亮相，阿里巴巴文化娱乐集团、今日头条等巨头在短视频行业动作不断，发展速度也越发惊人；秒拍、快手、陌陌短视频业务日渐壮大，花椒、映客等直播平台纷纷上线短视频业务。根据易观发布的《中国移动短视频市场专题分析2017》报告，截至2016年12月移动全网短视频平台用户渗透率前三的平台分别为秒拍、头条视频和快手，渗透率分别为61.7%、53.1%和43.2%。美拍和凤凰视频分别以40.1%和31.0%的渗透率排在第四位、第五位。排名前五的短视频平台渗透率几乎完全碾压其他平台，大平台的优势将持续扩大（见表5-1）。

**表5-1　2016年12月移动全网短视频平台用户渗透率TOP10①**

| 排名 | 短视频平台 | 渗透率 |
|---|---|---|
| 1 | 秒拍 | 61.7% |
| 2 | 头条视频 | 53.1% |
| 3 | 快手 | 43.2% |
| 4 | 美拍 | 40.1% |
| 5 | 凤凰视频 | 31.0% |
| 6 | 小咖秀 | 7.9% |
| 7 | 小影 | 3.4% |
| 8 | 逗拍 | 3.2% |
| 9 | 蛙趣视频 | 2.4% |
| 10 | 爱拍 | 1.3% |

喜马拉雅FM、蜻蜓FM和荔枝FM三款互联网音频产品在产品功能、用户运营层面动作频繁，在2016—2017年拥有较高的搜索关注度，用户优势明显。通过付费音频，喜马拉雅FM创新了电台变现的新模式，蜻蜓FM则围绕优质内容开启音频+商业生态的模式创新。此外，荔枝FM借力直播，启用了语音直播模式。

① 2017短视频分析，秒拍排名第一，头条视频、快手紧随其后[EB/OL].[2017-08-03]. http://www.techweb.com.cn/prnews/qiyenews/archives/11531.html.

## (三)移动终端崛起:小屏“抢占”用户时间

网络视听内容之所以能够形成一个新的行业形态,并成为内容创业的风口,与网络条件的完备、视频采集软硬件普及密不可分。收看、收听网络内容的设备包括电脑、iPad、手机、互联网电视等。

移动互联网时代,用户对信息的需求与获取方式都发生了转变,时间与场景趋于碎片化,“速食”内容占比逐渐提升。渠道社交化,朋友圈成为用户关注自媒体的第一渠道。在这样的背景下,近些年,移动终端快速崛起,手机成为受众的第一选择,大大“抢占”了用户的网络视听内容使用时间,“小屏”越来越成为人们收看、收听网络视听内容的重要渠道。

调研结果显示,手机是观看网络剧、网络大电影、网络综艺的最主要介质。据统计,有 80.1%的受众选择通过手机观看网络综艺节目,84.80%的受众选择通过手机观看网络大电影;在网络剧方面,该比例更是高达 84.90%。由此可见,手机是目前受众最重要的网络视听内容观看设备(见图 5－9)。

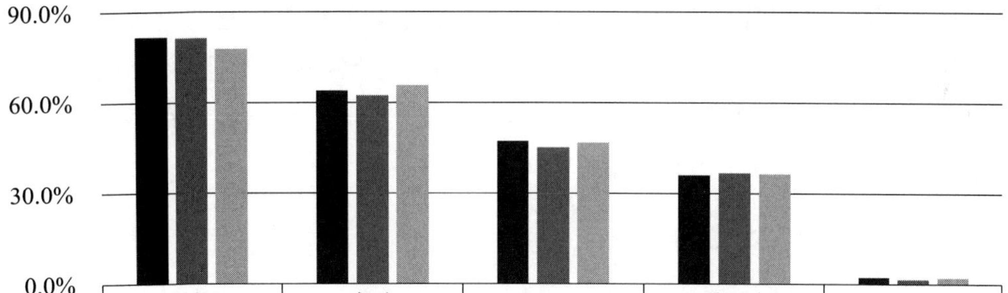


| | 手机 | 电脑 | iPad | 互联网电视 | 其他 |
|---|---|---|---|---|---|
| ■网剧 | 81.8% | 63.9% | 47.3% | 36.1% | 2.3% |
| ■网大 | 81.5% | 62.2% | 45.1% | 36.7% | 1.5% |
| ■网综 | 78.0% | 65.6% | 46.8% | 36.3% | 2.0% |

图 5－9　受众网络视听内容观看设备

同样,观看网络直播的设备也包括 PC 端和移动端两种,其中移动端又主要是手机和 iPad。根据调查结果显示,绝大部分用户更喜欢在移动端上进行观看,其中 87.6%的用户倾向使用手机观看直播(见图 5－10)。

互联网音频方面,据速途研究院和艾瑞咨询的研究显示,“躺着”和“走着”是用户最喜欢的两种收听状态。这也体现用户对互联网音频的使用状态是利用碎片化

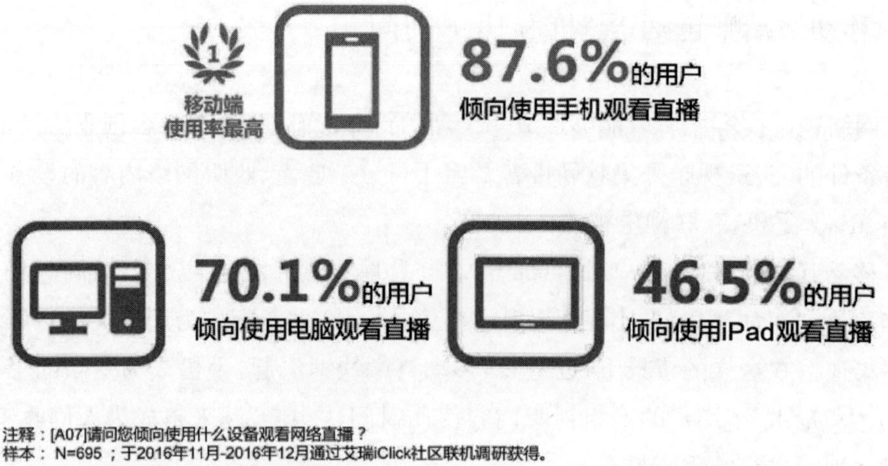


图 5－10　2017 年中国泛娱乐直播用户群观看设备倾向

时间、休息时间获取轻松有趣的信息或放松娱乐。近年来，移动音频通过车机联网或者智能手机投射链接的方式，实现用户在行车过程中收听网络在线或离线音频的需求，其已成为发展最迅猛的车载媒体形态。

作为新媒体时代下诞生的新型沟通方式，短视频的崛起更是与全屏化手机的普及密切相关。随着手机编辑软件能力的加强，以及社区化媒体、社交媒体的出现，用户可以随时用手机拍摄，通过手机编辑之后发到各个平台，短视频制作的链路越来越短，也就带来了内容的爆发。

## 二、热点扫描与分析

2017 年，中国网络视听产业呈现迅速发展的良好势头，网络大电影、网络剧、网络综艺等网络视听节目呈“井喷”式发展，网络直播、网络短视频、网络广播等新兴网络视听形态快速崛起，形成资本红海。文化产业的大发展、大繁荣强烈呼唤着合理、有效的法律制约与行业规范。在这一年中，相关政策、规范相继出台。

## (一)网大、网剧、网综:规范节目内容

此前,由于采用“网站自审＋观众举报”的方式对网络大电影、网络剧、网络综艺等内容进行审查,其审查标准相对宽松。因此,网络视听节目一度出现过内容大打擦边球、色情、暴力等混乱情况。

在过去的几年中,相关部门出台了《专网及定向传播视听节目服务管理规定》《关于加强微博、微信等网络社交平台传播视听节目管理的通知》《关于进一步加强网络原创视听节目规划建设和管理的通知》《互联网视听节目服务业务分类目录(试行)》《关于进一步加强网络视听节目创作播出管理的通知》《网络视听节目内容审核通则》《关于加强网络视听节目领域涉医药广告管理的通知》《关于支持电视剧繁荣发展若干政策的通知》和《关于电视剧网络剧制作成本配置比例的意见》等 9 项规定。对网络视听节目的管理逐步深入,行业主管机关越来越将管理重点集中在内容规范方面。

## (二)网络直播:纳入现有管理体制

2016 年被称为“网络直播元年”,经过一段时间的“野蛮生长”导致乱象频出后,自 2016 年 9 月至今,《关于加强网络视听节目直播服务管理有关问题的通知》《互联网直播服务管理规定》《网络表演经营活动管理办法》《网络视听节目内容审核通则》和《电信业务经营许可管理办法》等政策、法规相继出台,对网络直播服务平台资质、管理能力、直播内容都进行了制约。同时,行政部门作为网络直播市场监管的重要环节,各法规也对其监管职责做出了划分。

总体来说,多年来与网络视听内容相关的政策、法规对于网络大电影、网络剧、网络综艺等内容的管理日趋全面、细致。此外,对于网络直播等新形式进行了及时规制,强调经营主体的合法资质以及内容的规范化。

## (三)热点事件概览

1. 大规模网络视听节目下架

随着国家新闻出版广电总局印发《关于进一步加强网络原创视听节目规划建设和管理的通知》,原创视听节目的备案制度正式建立落实。2017 年 6 月,

《网络视听节目内容审核通则》正式出台，为网络视听内容的规范化进一步提出更明确的要求。国家和省级新闻出版广电部门将网络大电影、网络剧及用于网络首发的视听内容纳入指导规划之中，并予以明确的指导意见。为响应有关部门规则要求，各大网络视听平台对各平台内相关内容进行审查，先后于2016年11月、2017年2月、2017年6月下架了大量的网络大电影、网络剧和网络综艺等网络视听节目。

此外，各大视频平台也主动加强了对自家上线网络视听内容的审核，设定一系列监管底线，发布“爱奇艺禁九条”“搜狐七把控”“乐视十不准”等内容，坚决杜绝色情、暴力等不良元素，坚决禁止播放价值观有偏差的内容。

业内人士表示，除有关部门发出下架通知外，行业规范化也是下架风波的主要原因，主管部门与视频网站的监管组合拳，不仅是监管部门规范市场的举措，更是市场主体主动寻求变革，为找到持续发展道路所做的努力，这也标志着网络视听内容从“野蛮生长”时代迈入规范成熟的精品化之路。

2. 大批娱乐八卦账号被封

《关于进一步加强网络视听节目创作播出管理的通知》一发布，主管部门旋即重拳出击。2017年6月7日下午，北京市网信办约谈新浪微博、今日头条、腾讯、一点资讯、优酷、网易、百度等网站负责人，责令网站切实履行主体责任，加强用户账号管理，积极传播社会主义核心价值观，营造健康向上的主流舆论环境，采取有效措施遏制渲染演艺明星绯闻隐私、炒作明星炫富享乐、低俗媚俗之风等问题。

2017年6月7日下午至6月8日晚间，新浪微博、今日头条、腾讯、一点资讯、优酷、网易、百度等网站依据相关法律法规、网站内容管理规定及用户协议关闭了“风行工作室官微”“全明星探”“中国第一狗仔卓伟”“名侦探赵五儿”“长春国贸”“娱乐圈揭秘”等19个违规账号，以及25个娱乐八卦类微信公众号。

虽然政府早就对互联网新媒体的传播内容做过相关的规范和引导，但此次的果断行动和硬性举措还是给业界带来了极大震动与警醒。此番的永久封号让很多业内人士加强了自律的诉求，也密切关注政策走势，期待在新的政策环境下获得新的发展空间。很多舆论认为，这是对娱乐八卦和自媒体行业的一次重创，甚至会引发行业的“腰斩”，但实际效果是为行业划定了一条红线，杜绝对明星隐私的过度挖掘和炒作。人民网和《人民日报》也纷纷发表评论称“关停炒作账号是一次正能量对负能量的胜利”“被关的别喊屈，而应自省；逃过一劫的别侥幸，更应自检”，这不仅显示了官方的态度，还预示着在未来一段时期内对其的监控管理不会放松。娱乐八卦产业应“守住底线，不碰红线”，为风清气正的网络空间积累正能量。

3. 网络直播政策再收紧

2016年11月4日，国家网信办正式发布《互联网直播服务管理规定》（以下简称《规定》）。《规定》重点强调了四个方面：第一，提出了“后台实名，前台自愿”的原则，要求网络直播需满足直播平台和主播双资质，主要包括对互联网直播用户需进行基于移动电话号码等方式的真实身份信息认证，对互联网直播发布者需进行基于身份证件、营业执照、组织机构代码证等的认证登记。第二，《规定》要求提供互联网新闻信息直播服务的平台需设立总编辑。第三，《规定》指出互联网直播服务提供者应当建立直播内容审核平台，对互联网新闻信息直播及其互动内容实施先审后发管理。第四，互联网直播服务提供者应当具备与其服务相适应的技术条件，应当具备即时阻断互联网直播的技术能力，技术方案应符合国家相关标准。同时，《规定》还要求互联网直播服务提供者对直播实施分级分类管理，建立互联网直播发布者信用等级管理体系，建立黑名单管理制度。

紧随其后，文化部于2017年1月1日施行《网络表演经营活动管理办法》，不仅要求平台对表演者进行实名注册、保护注册信息的安全，同时还要求通过面谈、录音通话等有效方式进行核实；同时，对于平台，要求其自主建立表演者分级制度，对表演者进行有针对性的管理；文化主管部门还将建立警示名单和黑名单，并且组织对全国网络表演市场进行抽查。

据不完全统计，在国内提供互联网直播平台服务的企业超过300家，且数量还在增加。为博眼球，多个直播平台的直播内容涉及色情、欺诈等内容，这些不良内容反映了网络直播在“野蛮生长”时期为吸引流量而忽视法律和道德，扰乱社会风气，衍生出了很多不和谐、不文明的现象，引发了人们对于净化行业环境的呼吁。

因此，《互联网直播服务管理规定》和《网络表演经营活动管理办法》的出台响应了现实的发展需求。资质门槛的限制，总编辑的把关，先审后发的筛选，表演者实名制、分级制、黑名单等制度安排都有助于对低俗直播内容进行抵制和清理，有利于整治网络直播乱象。截至2017年7月，国家网信办发布消息称已经关闭73家网络直播平台，大型直播平台、社交媒体均表示拥护“新规”，相信未来网络直播行业也会在“新规”的保驾护航下往规范、健康的方向发展。此外，众多业内人士表示，相关规定的出台不仅促进了直播行业的规范化，更加速了直播行业的新一轮洗牌，“小公司会洗牌出局，最终资源聚拢到大公司”。

# 三、2017 年网络视听行业受众调研

## (一)网络视听行业受众调研概况

对网络视听行业受众的媒介使用习惯与视听内容收看习惯进行详细研究，能够有利于网络视听行业从业者把握受众心理，推动网络视听行业繁荣发展。

网络视听内容丰富，类型众多，在此，我们选取网络大电影、网络剧、网络综艺这三种目前接受度与满意度最高的网络视听内容类型作为重点分析对象。我们以网络渠道在全国范围内发放问卷，最后共收回问卷 4 089 份，经筛选获得有效问卷 3 553 份。问卷样本分布在全国 17 个省级行政区。

## (二)网络视听内容受众构成

1. 从性别来看，女性受众多于男性受众

在本次问卷中，从性别来看，男性为 1 664 人，女性为 1 889 人，分别占比为 46.2%和 53.8%，女性受众占比略高于男性受众占比（见图 5 - 11）。

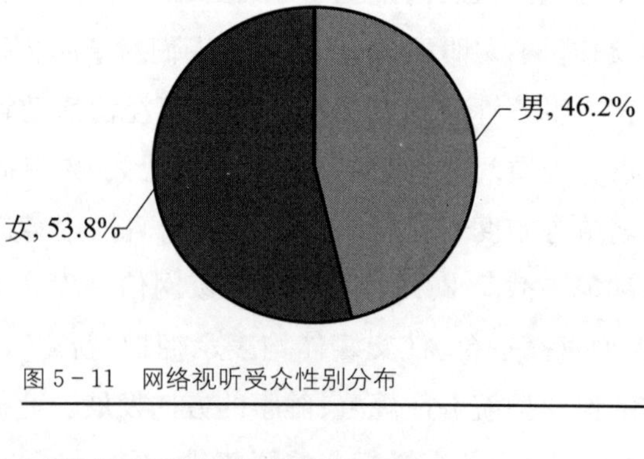


图 5 - 11　网络视听受众性别分布

2. 从年龄来看，网络视听受众以中青年为主

因为在调研前的先导调查中，我们了解到网络视听受众呈现年轻化特征，因此，调查将网络视听受众分为 5 个年龄段，依次为 18 岁以下、18—25 岁、26—30 岁、31—40 岁和 40 岁以上。在本次调查中，年龄在 18 岁以下的受众占比为

2.5%，18—25 岁的受众占比为 24.6%，26—30 岁的受众占比为 44.9%，31—40 岁的受众占比为 22.6%，40 岁以上的受众占比为 5.4%（见图 5-12）。

由此可见，网络视听受众的年龄分布明显呈现"中间大、两头小"的纺锤形结构。18 岁以下与 40 岁以上的受众总计为 7.9%；而 18—40 岁的中青年受众达到 92.1%，构成网络视听受众的绝对主体。其中，26—30 岁的受众占总体的 44.9%，成为网络视听受众中的中坚力量，这个年龄段的受众大多是已经有稳定工作的青年人，面对社会、家庭的压力，闲暇的时间更需释放压力，而观看网络视听内容则是一种高性价比的休闲方式。

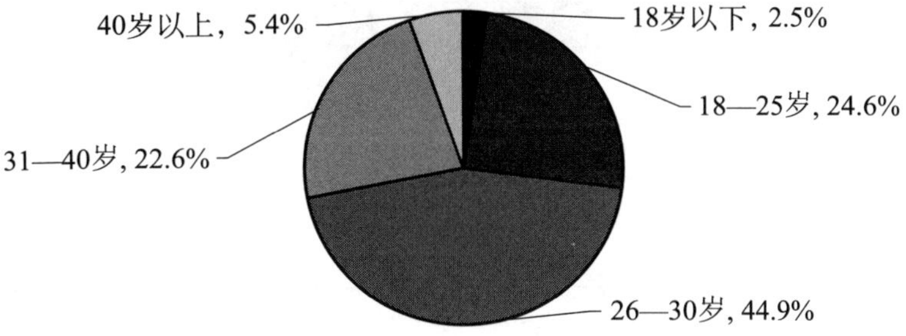


图 5-12　网络视听受众年龄分布

3. 从收入水平来看，2 000—6 000 元的受众最为集中

从图 5-13 可以看出，收入在 2 000—6 000 元的受众最为集中，占比为 64.3%。此外，在 6 000—10 000 元的收入群体中，普遍规律是收入越高，网络视听内容的观看比例越低。收看、收听网络视听内容是一种性价比较高的休闲方式，受众只需拥有可连接网络的设备便可以免费收看、收听，付费内容的消费也较为低廉，因此，颇受低、中收入群体的喜爱。

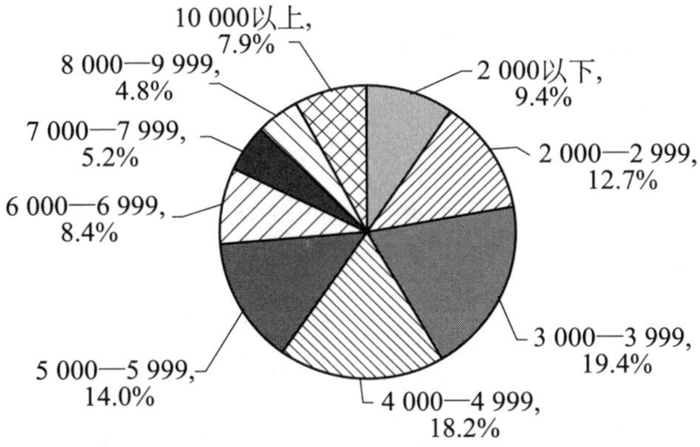


图 5-13　网络视听受众月收入分布

4. 从婚姻状况来看，单身人数占比低

从图 5-14 可以看出，有伴侣的受众占比较高，合计达到 79%；单身受众占比仅为 21%。而在有伴侣的受众中，已婚有小孩的受众占比最高，达到 37%；已婚没小孩的受众占比最低，为 17%。

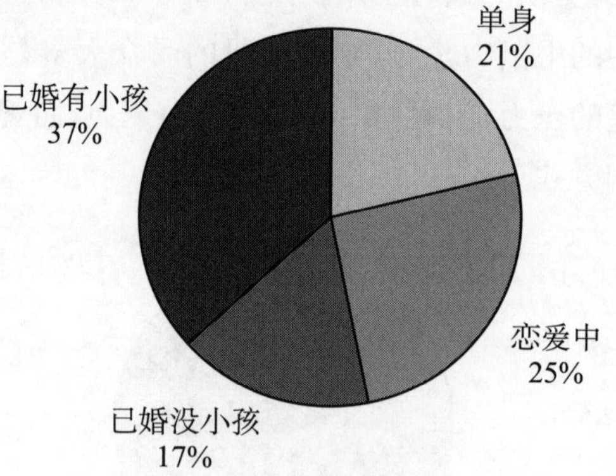


图 5-14　网络视听受众婚姻状况

## (三)受众对各类型网络视听内容喜爱程度的差异

网络视听内容的类型往往能够影响受众的收视选择。了解不同类型受众对于不同类型网络视听内容的关注和偏好程度，将在一定意义上有利于网络视听行业从业者对全行业各类型内容形成一个整体而清晰的认识，从而更好地确定目标受众，提高网络视听内容的播放质量。

本部分采用矩阵量表法，受众以 1—5 分对各类型网络视听内容进行打分，分数越高代表满意度越高。其中，“5 分”表示受众对于网络视听内容“非常喜欢”。本问卷按照选择“非常喜欢”的受众的占比对受众的喜爱程度进行评价，占比越高，则受众的喜爱程度越高。

1. 整体喜爱程度：网络视听内容不及传统视听内容

问卷结果显示，各类型网络视听内容的受众喜爱程度集中在 40%—50%之间，差异较小。其中电视剧、院线电影、电视综艺等传统视听内容的喜爱程度较高，分别达到 55.3%、53.0%和 51.8%，均大于网络综艺(51.3%)、网络大电影(50.7%)、网络剧(49.0%)、网络直播(45.8%)、网络短视频(45.6%)、网络广播(42.2%)等网络视听内容。这说明受众对网络视听内容的整体喜爱程度不及传统视听内容(见图 5-15)。

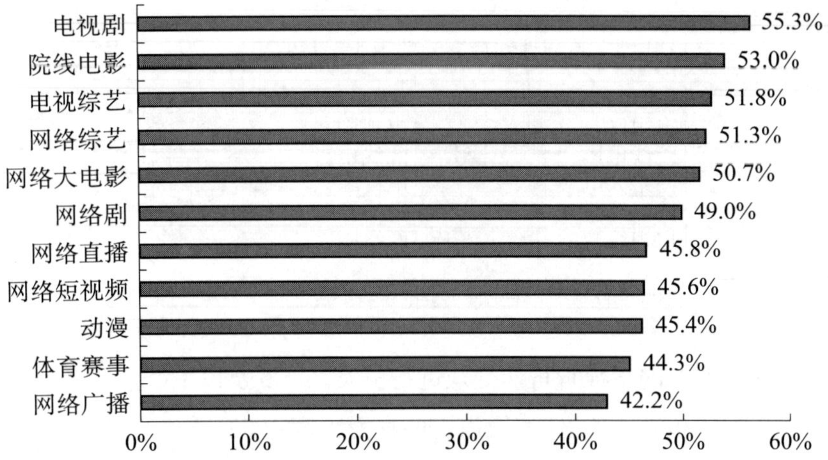


图 5－15　各网络视听内容"非常喜欢"的受众占比

2. 性别对喜爱程度的影响：女性喜爱程度普遍高于男性

不同性别受众对网络视听内容的喜爱程度有所不同。选取不同性别受众对网络视听内容喜爱程度的平均值进行分析。女性受众的喜爱程度为 50.8%，而男性喜爱程度为 45.8%（见图 5－16）。由此可见，女性喜爱程度普遍高于男性。

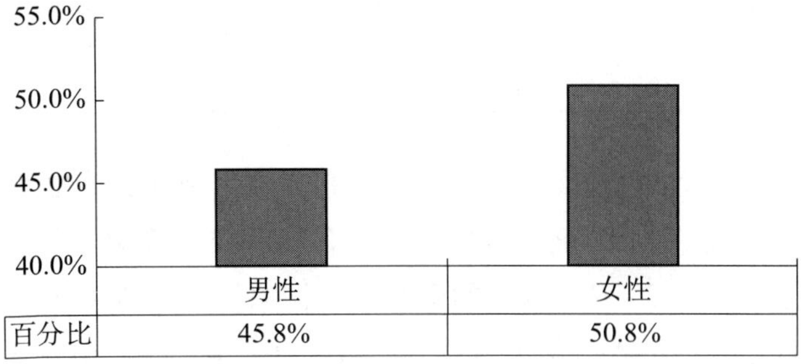


图 5－16　网络视听内容分性别整体喜爱程度

在类型方面，不同性别受众对于网络大电影、网络剧的喜爱程度存在较大差异。男性对于网络大电影的喜爱程度较高，该类型在男性喜爱的网络视听节目中排在第三位，而女性喜爱的网络视听节目 TOP5 中则不包含网络大电影。女性对于网络剧的喜爱程度较高，网络剧排在女性喜爱程度第五位，男性喜爱的视听节目 TOP5 中不包含此类型（见图 5－17）。

3. 年龄对喜爱程度的影响：年轻受众对视听内容喜爱程度整体较低

从整体来看，受众的喜爱程度随年龄递增。按照 25 岁及以下、26—30 岁、31 岁

| 不同性别最喜爱的视听节目TOP5 | | | |
|---|---|---|---|
| 男性 | | 女性 | |
| 电视剧 | 49.1% | 电视剧 | 60.2% |
| 院线电影 | 48.9% | 院线电影 | 56.3% |
| 网络大电影 | 48.7% | 电视综艺 | 56.3% |
| 网络综艺 | 47.8% | 网络综艺 | 54.0% |
| 电视综艺 | 46.1% | 网络剧 | 52.9% |

图 5－17　不同性别最喜爱的视听节目 TOP5

及以上 3 个年龄段对网络视听行业受众进行分类，25 岁及以下受众平均喜爱程度为 44.1％，26—30 岁为 50.0％，31 岁及以上的喜爱程度为 50.5％（见图 5－18）。

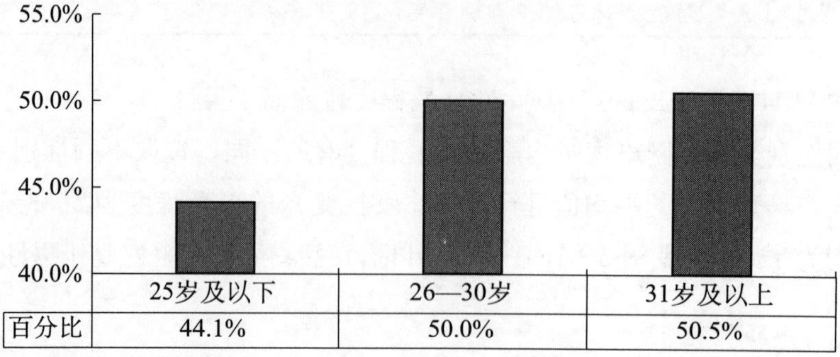


图 5－18　网络视听内容分年龄整体喜爱程度

从类型方面来看，25 岁及以下的受众最喜爱的类型为院线电影，而随着年龄的增长，受众对于电视剧的喜爱程度增加，最喜爱的类型转变为电视剧，院线电影下滑至第二位。此外，25 岁及以下的受众对于网络剧喜爱程度较高，排在该年龄段喜爱类型第五位，而该类型并非其他年龄段受众喜爱的视听节目 TOP5。26—30 岁与 31 岁及以上受众对于网络大电影的喜爱程度较高，分别排在最喜爱类型的第四位、第五位，而该类型并非 25 岁及以下受众喜爱的视听节目 TOP5（见图 5－19）。

| 不同年龄段最喜爱的视听节目TOP5 | | | | | |
|---|---|---|---|---|---|
| 25岁及以下 | | 26—30岁 | | 31岁及以上 | |
| 院线电影 | 51.4% | 电视剧 | 56.4% | 电视剧 | 58.9% |
| 电视剧 | 49.5% | 院线电影 | 53.7% | 院线电影 | 53.5% |
| 电视综艺 | 47.4% | 电视综艺 | 53.3% | 电视综艺 | 53.3% |
| 网络综艺 | 47.1% | 网络大电影 | 53.1% | 网络综艺 | 52.5% |
| 网络剧 | 46.0% | 网络综艺 | 52.9% | 网络大电影 | 52.4% |

图 5－19　不同年龄段最喜爱的视听节目 TOP5

## (四)受众观看习惯调查

1. 观看设备：小屏看网剧、网大，大屏看网综

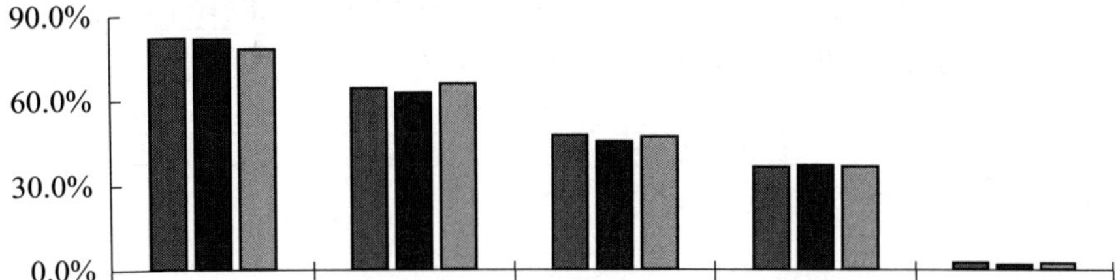


| | 手机 | 电脑 | iPad | 互联网电视 | 其他 |
|---|---|---|---|---|---|
| 网剧 | 81.8% | 63.9% | 47.3% | 36.1% | 2.3% |
| 网大 | 81.5% | 62.2% | 45.1% | 36.7% | 1.5% |
| 网综 | 78.0% | 65.6% | 46.8% | 36.3% | 2.0% |

图 5-20　受众观看设备

受众观看设备主要以手机、电脑、iPad 以及互联网电视为主。其中，手机是受众观看网络视听内容的主要设备，平均有 80.4％的受众会选择用手机收看网络视听内容。

在具体设备方面，用手机看网络剧、网络大电影的比例高于网络综艺；而在电脑、iPad 的设备观看中，网络综艺的观看比例要高于网络剧和网络大电影。也就是说，受众较于习惯用小屏幕收看网络剧、网络大电影，较于习惯用大屏幕收看网络综艺(见图 5-20)。

互联网电视的使用者喜好相差不大。

2. 平台选择：在高播放量平台上，主要看网剧、网大

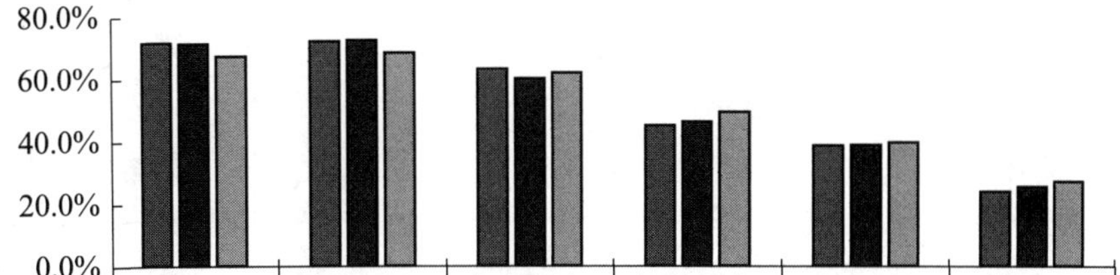


| | 爱奇艺 | 腾讯视频 | 优酷视频 | 搜狐视频 | 乐视视频 | 芒果TV |
|---|---|---|---|---|---|---|
| 网剧 | 71.5% | 72.1% | 63.2% | 45.0% | 38.6% | 23.9% |
| 网大 | 71.3% | 72.5% | 60.0% | 46.2% | 38.8% | 25.5% |
| 网综 | 67.3% | 68.4% | 61.8% | 49.3% | 39.6% | 27.1% |

图 5-21　不同网络视听内容分平台观看情况

受众在各平台中的观看选择有所不同。

在爱奇艺、腾讯视频中，受众的选择以网络剧、网络大电影为主。在优酷视频中，网络综艺的观看者比例高于网络大电影。而在搜狐视频、乐视视频、芒果 TV 中，网络综艺的观看者比例要高于网络剧、网络大电影(见图 5－21)。

由此可见，高播放量的网络视听内容平台的播放主要以网络剧、网络大电影为主，而播放量稍微逊色的平台播放则以网络综艺为主。

## (五)各视频网站会员情况调查

会员业务正逐步成为视频网站倚重的核心，并被视作“未来可期的利润增长点”。从视频网站角度来看，当前视频网站加大网生视频内容的投资制作，加大在网生内容方面的成本，因此，急需扩大收入来源，改变广告收入占比过大的现状。从受众角度来看，受众对于付费模式的认可度上升，对于付费会员抢先看等特殊服务认可度上升。从宏观角度来看，国家严厉打击盗版、网络支付的普及等也都是视频网站会员数量上升的原因。

根据 CNNIC 数据显示，截至 2016 年 12 月，网络视频付费用户规模已突破 7 500 万人，占比较低，但网络视频付费用户的增速高达 241%，是美国市场的 9 倍。中国将成为继北美、欧洲之后全球第三大视频付费市场。

这个趋势在本次调研中也有所体现。在本次调研中，曾经是会员的比例为 47.1%，现在为会员的比例为 52.7%，从整体来看，会员比例有所提升。

1. 女性会员比例高于男性，中年群体会员比例最高

该问卷中，视频网站会员比例达 79.2%，性别、年龄因素对会员比例影响不大，不同类型受众的会员比例均在 74%—84%之间(见图 5－22)。

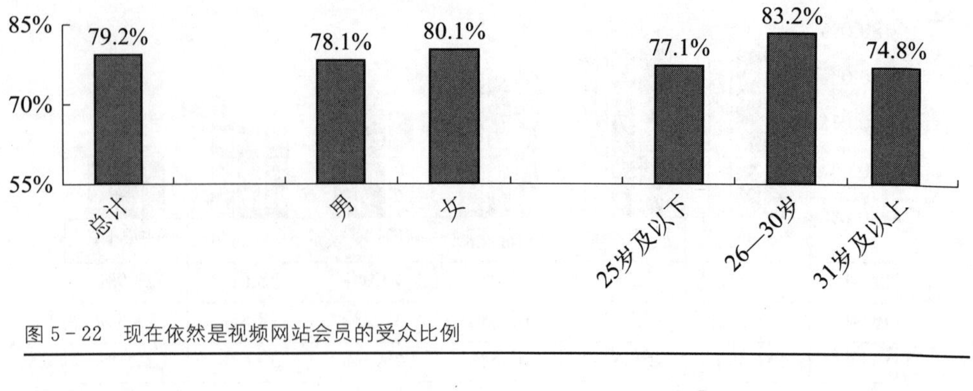


图 5－22 现在依然是视频网站会员的受众比例

性别方面，女性会员比例（80.1%）高于男性（78.1%）。年龄方面，26—30 岁群体比例最高，为 83.2%；25 岁及以下排在第二，为 77.1%；31 岁及以上比例最低，为 74.8%。

2. 爱奇艺、腾讯会员比例领跑，芒果 TV 提升会员翻番

在被调查的六大视频网站中，爱奇艺与腾讯视频会员比例最高，均超过 60%，剩下的按高低程度排序分别是优酷视频、乐视视频、搜狐视频以及芒果 TV。视频网站间平台会员比例在近年来差距逐渐减小，位次基本保持不变，仅有芒果 TV 当前会员比例反超搜狐视频（见图 5－23）。

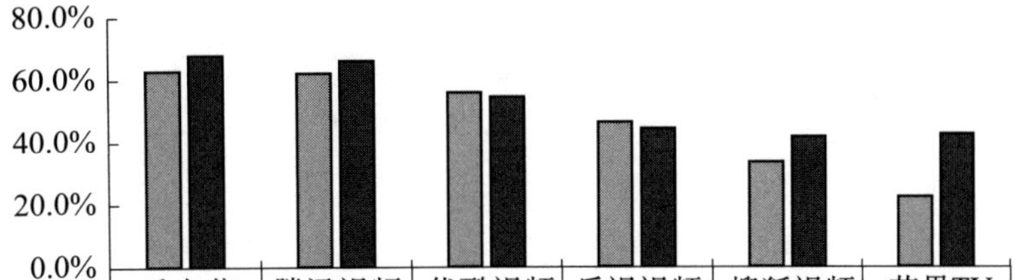


| | 爱奇艺 | 腾讯视频 | 优酷视频 | 乐视视频 | 搜狐视频 | 芒果TV |
|---|---|---|---|---|---|---|
| 曾经是会员 | 62.8% | 62.0% | 55.9% | 46.3% | 33.3% | 22.2% |
| 现在是会员 | 67.7% | 66.0% | 54.5% | 44.2% | 41.5% | 42.4% |

图 5－23　各平台会员比例变化

从整体来看，会员比例提升了 12%。其中，爱奇艺、腾讯视频、搜狐视频、芒果 TV 这四家视频网站会员比例上升。上升程度最高的为芒果 TV，上升了 91%。优酷视频、乐视视频这两家视频网站会员比例有所下降，但下降浮动较小。

3. 性别差异不显著，会员占比高的平台女性占比大

各平台会员构成性别差异较小。性别差异最大的为爱奇艺，女性会员高出男性会员 6.4%；性别差异最小的为芒果 TV，女性会员高于男性会员 0.2%（见图 5－24）。

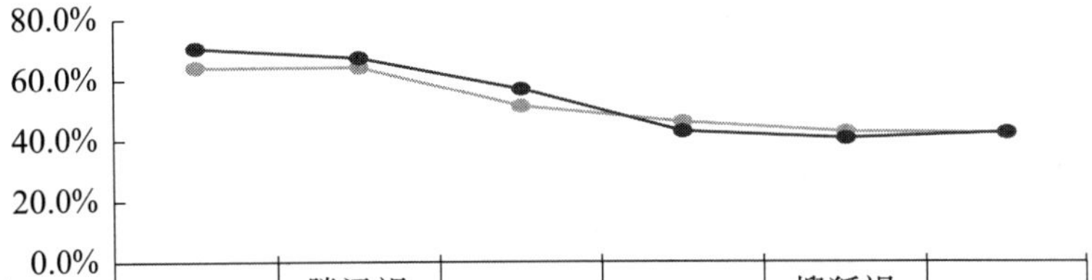


| | 爱奇艺 | 腾讯视频 | 优酷视频 | 乐视视频 | 搜狐视频 | 芒果TV |
|---|---|---|---|---|---|---|
| 男 | 64.1% | 64.2% | 51.3% | 46.0% | 42.7% | 42.3% |
| 女 | 70.5% | 67.3% | 56.9% | 42.9% | 40.6% | 42.5% |

图 5－24　各平台会员分性别占比

其中，会员比例最高的三家视频网站是爱奇艺、腾讯视频、优酷视频，这三家均是女性会员占比高于男性会员占比；而乐视视频、搜狐视频则是男性会员占比高于女性会员占比。

4.30 岁及以下会员平台选择相似

各平台会员年龄分布以 30 岁为分界线。除在爱奇艺平台中，25 岁及以下会员比例高于 26—30 岁会员比例外，在其他平台，25 岁及以下与 26—30 岁这两个年龄段会员平台选择曲线基本重合，平台选择相似（见图 5 - 25）。

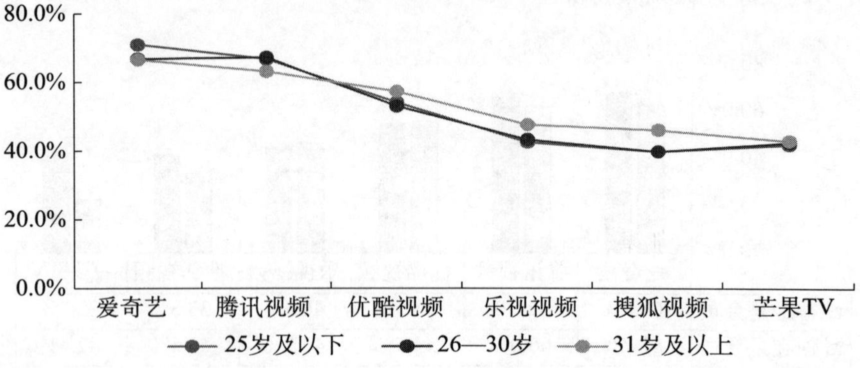


图 5 - 25　各平台会员分年龄占比

在会员占比最高的爱奇艺、腾讯视频这两个平台中，30 岁及以下人群占比高；而在优酷视频、乐视视频、搜狐视频、芒果 TV 中，31 岁及以上人群占比高。由此可见，30 岁及以下人群是平台会员的主要构成人员。

# 四、2017 年网络视听行业从业者调研

## （一）网络视听行业从业者调研概况

网络视听行业从业者是指网络视听内容生产及上下游产业的工作人员。指从事于网络视频、网络音频、网络直播等内容的投资、制作、宣发、终端的行业人员。

随着近年网络视听行业的崛起，网络视听行业从业者的数量水涨船高。随着需求的增加，大批专业人才涌入该行业，亦有大批非科班出身的人员从事与网络视

听行业相关的工作,而目前并未有针对该群体的大规模详细调查,因此,对于行业从业者的详细调研,有利于了解全产业链工作人员情况,有利于了解全产业链生产状态,有利于决策者与从业人员对于网络视听行业人事进行深入了解。

本次网络视听行业从业者调研,我们通过网络渠道在全国范围内发放问卷,最后共回收问卷478份,经筛选获得有效问卷326份。

## (二)网络视听行业从业者人口特征

1. 性别:女性比例略高于男性

在问卷中,我们调查网络视听行业从业者性别分布,其中女性共171人,占比为52.5%;男性为155人,占比为47.5%。相比之下,女性从业者比例略高于男性。

2. 年龄:网络视听行业从业者普遍年轻化

在调研前的先导调查中我们了解到,网络视听行业从业者普遍较为年轻,集中为中青年人群。因此,在本次调研中我们将从业者的年龄划分为四个层次。分别为21—25岁、26—30岁、31岁—35岁和36岁及以上。问卷结果显示,网络视听行业整体确实呈现年轻化状态。其中,以26—30岁人群占比最高,达到35.9%;31—35岁与21—25岁的人群分别以29.4%和27.0%的占比排在第二位、第三位。而36岁及以上人群数量最少,仅占7.7%。

3. 婚育:未生育比例高达71.5%

网络视听行业从业者除具备年轻化特征外,未生育比例较高,达到71.5%。虽然已婚人士合计占比为54.9%,比例过半,但其中已婚有小孩的比例(26.7%)略低于已婚没有小孩的比例(28.2%)。再加上未婚的43.3%的从业者,从整体来看,未生育比例达到71.5%(见图5-26)。这不仅与网络视听行业从业人员年轻化有关,更源于行业压力、加班时长等因素。

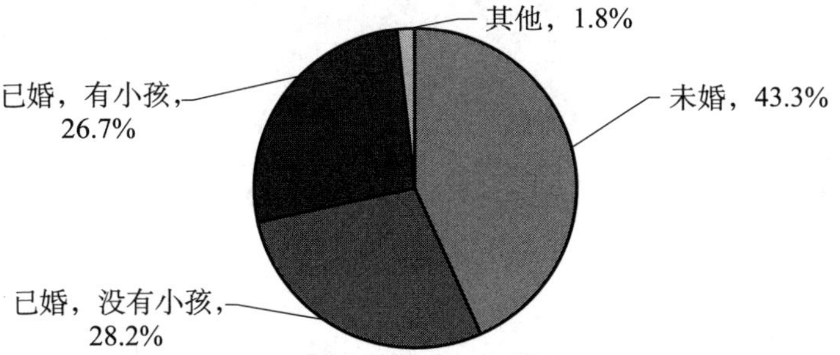


图5-26　网络视听行业从业者婚育状况

4. 学历:本科毕业生占比最高

在网络视听行业从业者中，本科学历从业者占比最高，比例接近半成，达到42.3%；紧随其后的是专科学历，从业者比例达到34.4%；排在第三的是高中及中专以下学历，占比为15%，在这部分人群中，主要从事剧组内技术工种灯光、收音、布景、场务等工作。硕士研究生及以上学历的从业者占比最低，仅为8.3%(见图5-27)。

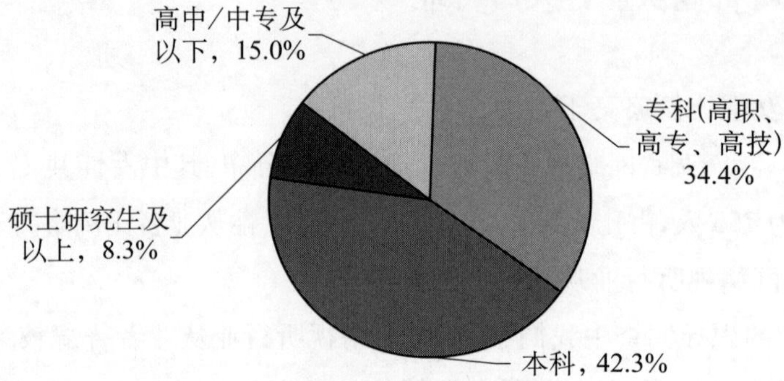


图5-27 网络视听行业从业者学历分布

5. 专业:非影视科班出身从业者占比过半

在调查范围中，影视科班出身人员占比为46.9%，略低于非影视科班出身人员(53.1%)。在这部分非影视科班出身人员中，不仅包括了广告学、传播学、市场营销学等专业的从事上下游产业工作的人员，更包括了非传媒相关专业出身却从事相关工作的人员。当前网络视听行业迅速发展，行业人才存在巨大缺口，而影视科班在国内的学科社会并未跟上人才需求的步伐，导致非影视科班出身的从业者比例高于影视科班出身的从业者(见图5-28)。

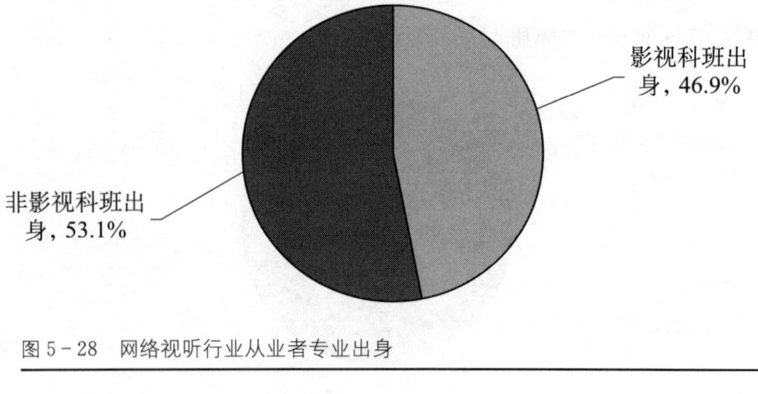


图5-28 网络视听行业从业者专业出身

## （三）网络视听行业从业者从业情况调查

1. 职业状况：公司全职从业人员比例达六成

在本次问卷的先导调查中，我们了解到当前网络视听行业的就业方向主要是工作室、公司两种，而就业状况只有全职、实习、自由职业三种。因此，在本次调研中问卷在从业者职业状况方面设置了五个选项，分别是公司全职、工作室全职、公司实习、工作室实习和自由职业。

其中，公司全职从业人员占比最高，达到 64.7%；自由职业者的占比其次，达到 11.3%；工作室全职从业人员占比为 10.7%。全职与自由职业者的比重均高于实习工作的比重（见图 5-29）。

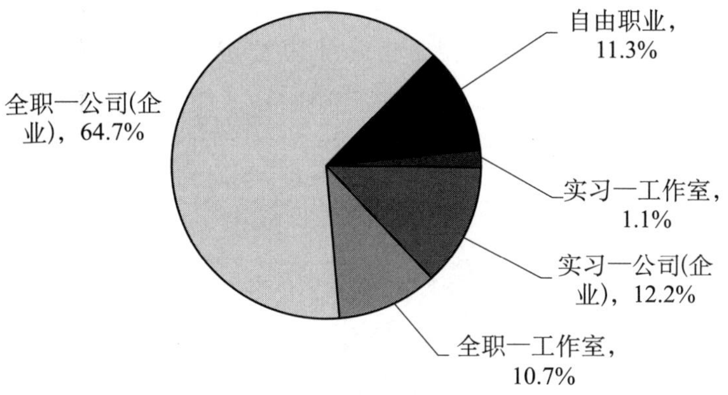


图 5-29　网络视听行业从业者职业状况

2. 工作年限：从业者工作年限普遍偏短

网络视听行业从业者工作年限普遍较短。其中，以 1—3 年占比最高，为 54.6%；工作 1 年以内的占比为 28.2%。工作年限在 3 年以内的占比合计达到 82.8%，这主要是因为网络视听行业崛起的时间较短。网络视听内容爆发更是集中在 2015 年，因此，工作人员从事该行业也是集中在 2015 年后，此外，由于网络视听行业从业者普遍年轻化，许多都是刚步入社会的毕业生，也导致网络视听行业从业者工作年限普遍较短（见图 5-30）。

3. 作品数量：参与作品数量普遍较少

在从业者参与过的作品数量中，最普遍的状态是 3 部以下，占比为 54.4%，比例过半；参与过的作品数量在 3—5 部的人员占比排在第二，为 29.8%。而参与作品数量在 6—10 部、11—15 部和 16 部及以上的人员占比均比较小，分别是

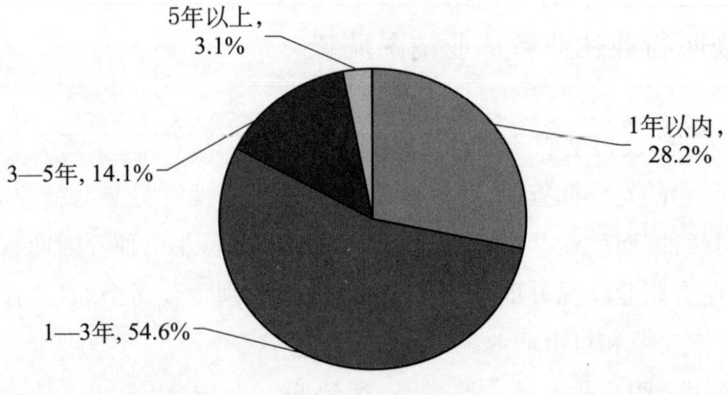


图 5-30 网络视听行业从业者工作年限

10.5%、1.8%和 3.5%。

这表明，当前从事网络视听工作的人员普遍资历尚浅，参与作品数量普遍较少，这个特征与从业者从事网络视听工作年限较短的整体特征有一定联系（见图 5-31）。

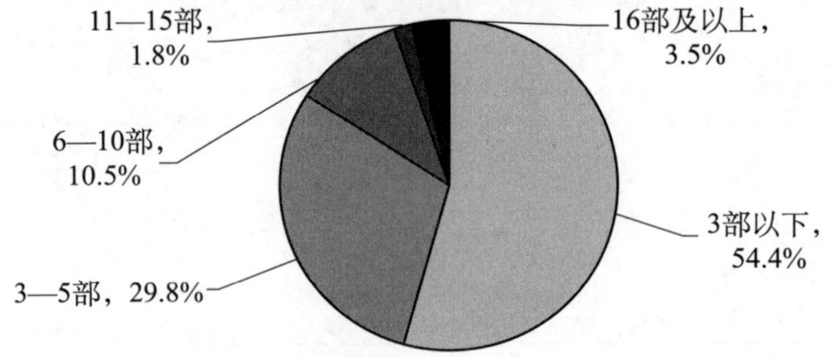


图 5-31 个人参与过的作品数量

4. 月收入：收入集中在 6 001—9 000 元占比最高

月收入在 3 000 元以下的主要是实习生群体，月收入在该水平的人员占比在 8.9%。此外，月收入为 3 001—6 000 元的行业新人占比也达到了 24.5%（见图 5-32）。

收入在 6 000 元以上的群体中，从业者收入与数量成反比，从业者数量随着收入的上升而递减。6 001—9 000 元的收入群体占比最大，为 31.9%。根据问卷中关于从业者年龄、工作年限的问题，可以看到，网络视听行业从业者普遍年轻化，工作时限在 3 年以内，因此，6 001—9 000 元的收入段占比最高也符合薪酬规律。

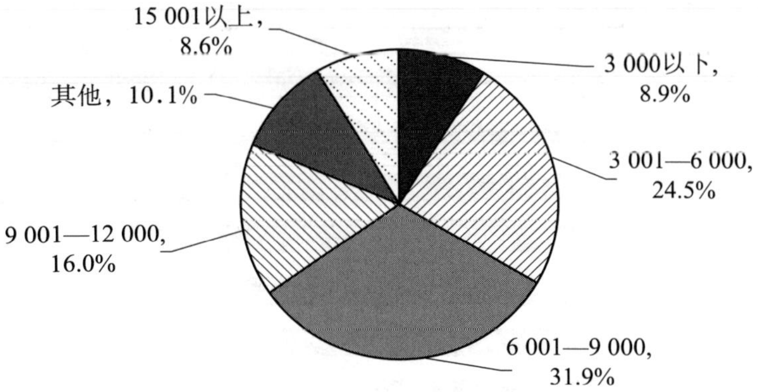


图 5-32　月收入

5. 工作时长：八成以上从业者每日加班

本次调研中的网络视听行业从业者普遍存在加班现象。以 9 小时上班制为评价标准，日工作时长在 9 小时以上的从业者比例高达 84.5%。八成以上的从业者每日都需要加班，但是加班时长控制在 1—2 小时内，工作时长在 9—10 小时为常态，占比达到 42.3%；工作时长在 10—11 小时的从业者紧随其后，占比为 30.1%(见图 5-33)。

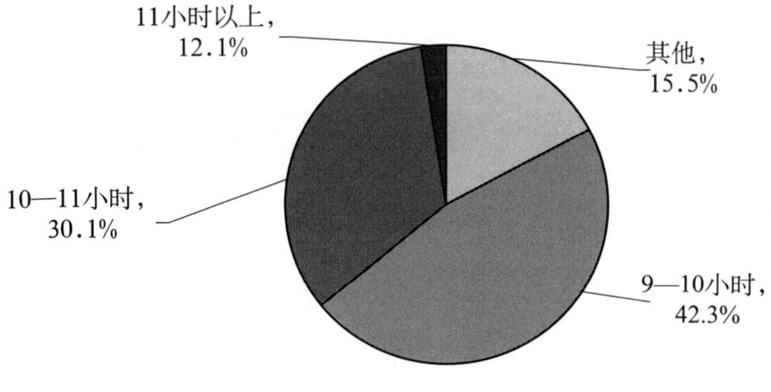


图 5-33　日工作时长

6. 工作阻力：最大阻力来自市场

网络视听行业从业者在工作中受到的阻力不一，其中阻力最大的来源为市场，认为市场竞争激烈与缺乏市场认知这两个方面成为工作阻力的人员占比分别达到了 36.8%和 36.5%。

此外，从业者自身原因也成为工作阻力的重要来源，认为创意灵感匮乏和精力有限成为工作阻力的人员占比也都达到了 35.0%(见图 5-34)。

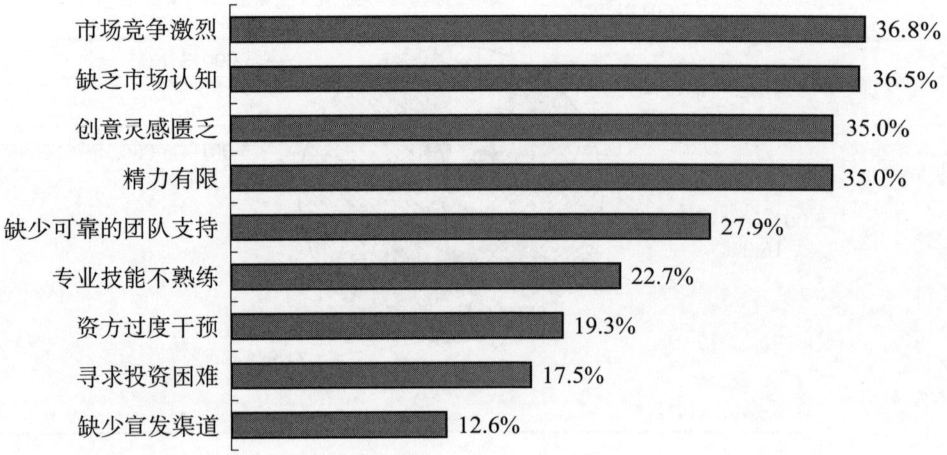


图 5－34　工作中的阻力

7. 职业规范：行业满意度较高

在本次调研中，打算跳槽并转换工作内容的受访者比例仅为 6.4％，打算转换工作内容的受访者比例累计相加也仅为 26.8％。由此可见，网络视听行业从业者行业满意度较高，普遍愿意继续从事当前的工作内容。

同时，从业者对于公司的满意度也较高，不打算跳槽的占比过半，合计达到 59.5％，略高于打算跳槽的占比(40.5％)(见图 5－35)。

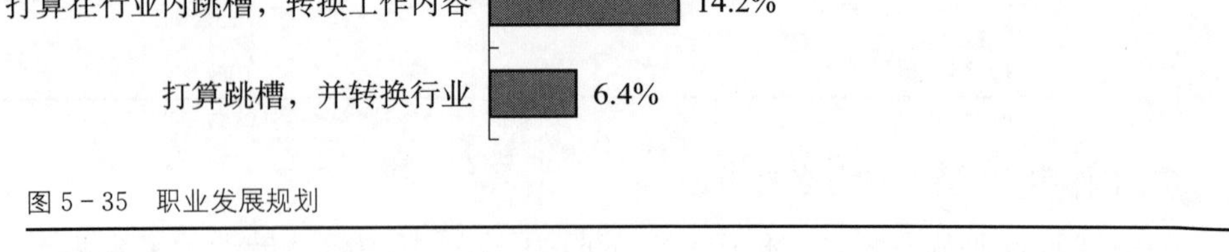


图 5－35　职业发展规划

## (四)视听行业从业者从业公司情况

本问卷的受访者随机选取自网络视听行业各公司，因此，受访者所从业的公司情况在一定程度上反映了整个行业的公司情况，具有一定的代表性。我们可凭借受访者所在公司的比重窥视整个行业的分布情况。

1. 产业链并未发展成熟

在调查从业者所属公司的业务类型方面，由于公司存在多种业务，因此，该题为多选题。调研结果显示，网络视听行业公司分工不一，差异较大，其中，包含制作业务的公司比例达到 40.2%，占比最高；平台、宣传营销和投融资分别以 32.3%、29.8%和 18.7%的占比排在第二、三、四位；而包含发行业务的公司占比最低，仅为 12.3%（见图 5－36）。

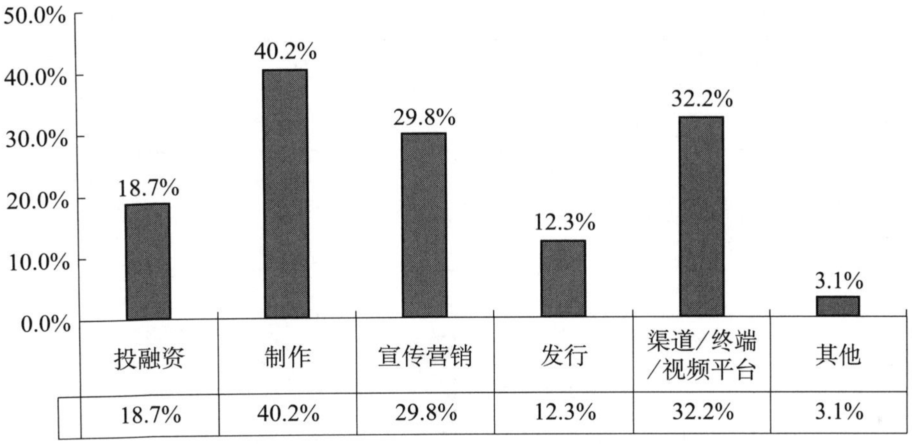


图 5－36　网络视听行业公司业务类型

因此，对比传统视听行业来说，网络视听行业产业链发展还不够成熟，没有形成合理的业务分布，特别是在网络视听内容制作的上下游支撑业务上有所欠缺，在发行方面这个问题更为明显。

2. 传统视听内容依旧占据主要地位

本题同样为多选题，受访者可选取公司所开发的内容类型。传统视听内容的比重均高于网络视听内容的比重，由此可见，当前专门从事网络视听内容开发的公司在数量上还未壮大，网络视听内容主要还是由从事传统视听内容开发的公司承担制作（见图 5－37）。

此外，在网络视听内容中，网络剧比重远远超过其他类型的网络视听内容，也体现了网络剧是目前网络视听内容中最为成熟的一种类型。

3. 中等规模公司有所欠缺

在调研问卷中，从业者所在公司规模达到 101 人及以上的占比为 43.6%，此

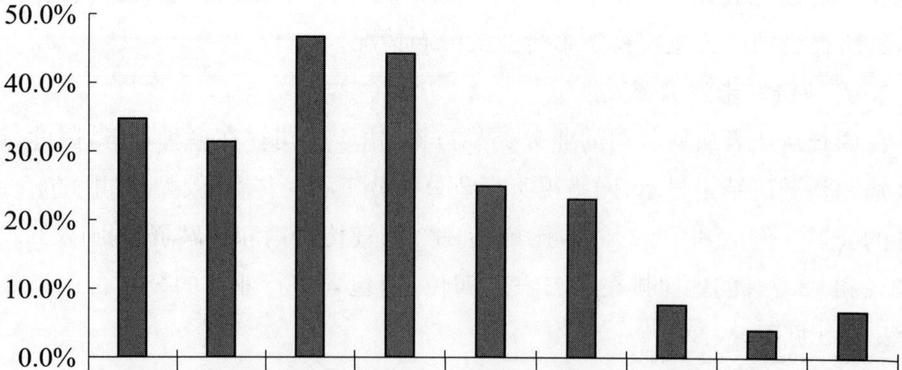


| 院线电影 | 网络大电影 | 电视剧 | 网络剧 | 电视综艺 | 网络综艺 | 网络直播 | 网络音频电台 | 短视频 |
|---|---|---|---|---|---|---|---|---|
| 34.7% | 31.3% | 46.6% | 44.2% | 24.8% | 23.0% | 7.7% | 4.0% | 6.7% |

图 5-37　网络视听内容制作公司内容类型

外，公司规模在 21—50 人的中小型规模的公司占比紧随其后，达到 27.9%。而公司规模在 51—100 人和 20 人以下的公司占比均较小(见图 5-38)。

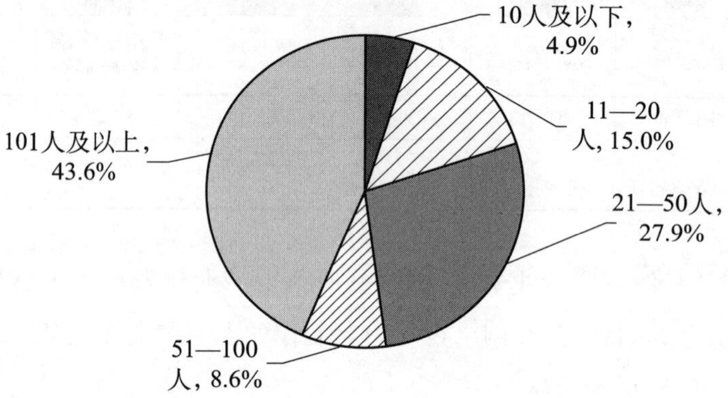


图 5-38　公司(团队)规模

这主要是由于网络视听行业在近几年异军突起，除原先的大规模企业抢先入局外，目前的主要公司成立时间都比较短，还未能发展到中等规模企业，因此，目前主要以大规模公司和中小规模公司为主。

4. 团队成立时间较短

在调研中我们发现，从业者所在公司普遍成立时间较短，成立时间在 5 年以上的占比仅有 10.1%。占比最高的则是成立 1—3 年的公司，占比为 39.6%。这与整个网络视听行业的崛起密切相关(见图 5-39)。

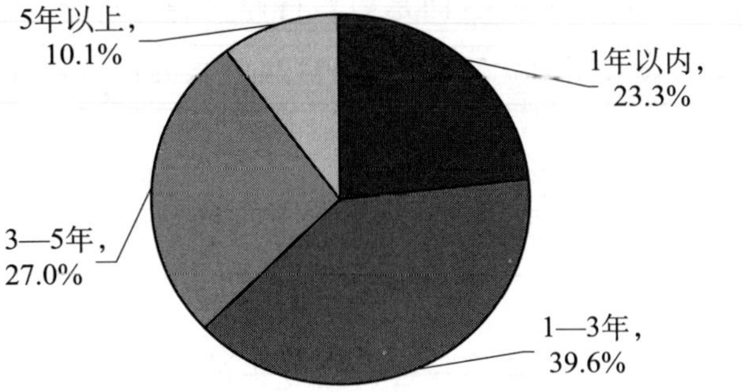


图 5-39　公司(团队)成立时间

# 五、问题透视与对策

## (一)片面追求经济效益而忽略社会责任

网络视听媒体的责任担当意识还不够明确，往往为了片面追求经济效益而忽略了社会效益，网络视听领域曾充斥着色情、暴力等内容，国家新闻出版广电总局网络视听节目管理司司长罗建辉在出席“第九届中国网络视听产业论坛”时指出，为切实加强网络视听节目管理，2017 年上半年总局共处理了 155 部存在内容低俗等违规问题的网络原创节目，其中对 125 部严重违规节目做了下线处理，对 30 部违规节目做了下线重编处理。同时，总局还进一步加强了对网络电视(IPTV)等的管理，督促相关企业合法合规开展业务，对发现问题的节目要求限期整改。[①] 国家新闻出版广电总局下发的《关于进一步加强网络视听节目创作播出管理的通知》中，强调网络视听节目必须坚守文明健康的审美底线，要坚持与广播电视节目同一标准、同一尺度。尽管目前在相关政策法规的约束下，网络视听内容变得“清洁”了不少，但依然免不了过度娱乐化。网络视听内容的受众群体以年轻人为主，而青少年又在其中占据很大的比例，青少年正处于价值观形成的关键时期，而互联网中的这些低俗内容不利于青少年的健康成长。有时相关法规的建设落后于行业发展，网络视听内

① 我国网络视听产业高速发展上半年备案播出网络电影逾 4 000 部[EB/OL].[2017-09-05].http://news.xinhuanet.com/politics/2017-09/05/c_1121610379.htm.

容从业者不能仅仅依靠法规约束，而是要靠行业自身的自律，认真履行社会责任，提高媒介素养，在内容创作上严格把关，肩负起更大的社会责任，实现经济效益与社会效益双赢。

## (二)粗制滥造局限受众范围

网络视听行业发展之初，凭借其题材优势和新颖的形式成功打开了市场的大门，五花八门的题材进入市场，一时间各种色情、暴力、迷信等为博眼球而生的网络视听内容流入市场。随着近几年的不断规范与变革，网络剧逐步走向精品化，网络综艺随着电视综艺班底的进入和网络综艺团队的业务能力提升，也早已摆脱了粗制滥造。而网络大电影则没有完全摆脱制作成本低、专业化程度低、资本介入晚等局限，给观众留下的第一印象仍然是难登大雅之堂。

网络直播等新兴网络视听内容，由于发展前期的低俗化倾向，给行业带来了一定的负面口碑，虽然进行了系统化规范和约束，但低俗仍是其难以挥去的标签，在受众中形成的刻板印象一时难以从根本上去除。低俗、山寨这样的标签自然将很大一部分受众，尤其是高学历、高收入、追求精品化内容的受众排斥在外。那些为了猎奇而观看的受众，新鲜过后，没有优质且具有创新的内容，难以真正将他们留住。网络视听内容亟待摆脱给观众留下的粗制滥造、格调低劣的观感，而走向精品化的开拓之路已经开启。传统视听领域专业化的制作团队入局网络视听行业在一定程度上可以加速网络视听内容由量到质的转变。专业团队所带来的丰厚资本、专业人才和技术对网络视听内容的品质提升将是很大的保障。

## (三)内容同质化显露创作天花板

内容同质化一直是视听内容领域面临的重大问题，而网络视听内容又因制作成本小，更容易陷入跟风、山寨、追热点、蹭话题等内容创作的乱象之中。如改编自网文 IP 的网络剧有很多题材重复，情节相似的宫廷剧、玄幻剧；网络大电影蹭热点、蹭 IP，往往同一时间出现大量相似的作品；网络综艺由于制作周期短、易于模仿，往往某一综艺节目成为爆款，其他制作公司便会跟风推出相似节目；网络短视频被同质化的娱乐搞笑内容牢牢占据；网络直播和网络音频也早已彰显内容短缺的困境。大量同质化的内容很容易令受众产生审美疲劳，造成的结果往往是一个类型的内容由极盛转向极衰。要突破内容创作的天花板，就要从创作伊始把受众的需求放在首位，通过大数据、市场调研等手段，深度挖掘用户的观看需求，在各个垂直细分领域进行多元化内容开发，基于我国“小众即大众”的国情，精准定位目标受众。在此基础上以内容创作为核心，通过精良的制作来满足不同受众群体的需求，可以基于不同身份、不同地域、不同爱好的受众推出不同的网络视听内容，避免内容同质化。

## (四)视频网站仍旧盈利难

国内的视频网站“烧钱大战”还在持续，为了争夺用户流量，视频网站从花钱抢购版权到大力发展自制，视频网站的每一次转型都要依靠雄厚的资本投入。根据百度财报显示，爱奇艺 2013—2016 年的亏损额仍在扩大，搜狐公布的季度财报中也显示视频业务成为其最大的“拖油瓶”。目前，互联网视频行业收入仍有一半以上来自广告收入，随着传统贴片广告盈利的疲软，视频网站和制作方又创造出“创可贴”广告、情景剧广告、花式口播等新形态的互动式广告及网络原生广告，兼具传播效果和盈利效果。对于观众来说，充满创意的广告形式目前或许新鲜感未过，但也只能暂时得利，并不一定是长久之计。视频网站也在积极寻求新的盈利方式，会员付费和视频点播的收入比重已经逐年上升。尽管如此，视频网站仍未摆脱盈利难的现状。大力发展自制，提高自制的品质，加快产业上下游资源的整合，加强 IP 或系列化开发战略对于视频网站来说或许是摆脱盈利泥沼的可行之路(见图 5 - 40)。

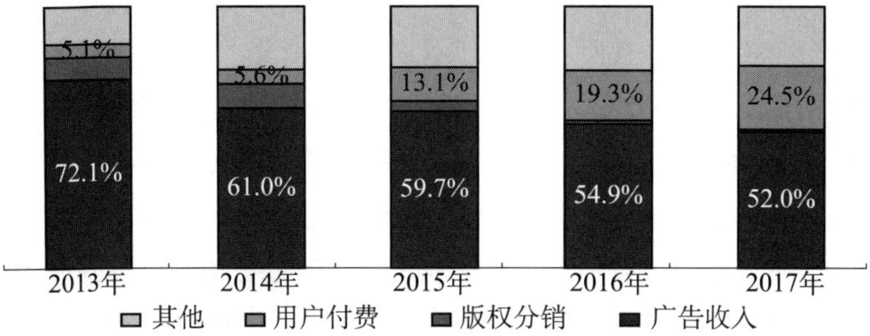


图 5 - 40　中国在线视频行业收入构成①

① 根据艾瑞咨询、艺恩等网络公开信息整理，视频网站付费用户规模估算为有效付费会员，不包含各类渠道赠送会员。

# 六、行业趋势与展望

## (一)整体趋势

1. 行业融合将成为大势所趋

网络视听行业规模和受众规模将进一步扩大，正如国家新闻出版广电总局网络视听节目管理司司长罗建辉所说，网络视听行业正迎来新的高点，步入新的常态。网络视听行业最重要的就是内容和用户，并且最终实现盈利，若视频平台仅依靠购买版权或非 IP 化的单部作品经营模式势必造成成本高而收益小。移动互联网的发展、网络视听规模的扩大以及用户的消费升级在一定程度上推动着视频平台加速整合上下游资源，内容制作、播出平台、智能终端、新媒体营销、衍生开发……这样一个贯穿网络视听行业上下游的产业链正在形成。目前，各大视频网站已经完成从单一的媒体播出平台到制播一体化平台的转变，同时也都在积极布局文学、动漫、体育、游戏等泛娱乐化产业，平台的协同效应正在彰显，IP 全产业链泛娱乐化开发的运营模式正逐步形成。未来，网络视听行业也将积极拓展与零售、电商、旅游等其他行业的合作方式，加速线上内容和线下资源的融合，促进网络视听行业整体升级。

行业融合将带动网络视听行业工业化体系的建设。目前，我国网络视听内容产业链上的短板是投资端的风控体系脆弱、制作端的工业水准较低、播出端的监测体系“浮肿”，这三大短板直接导致网络视听行业创新能力、创收能力、健康可持续发展后劲均存在问题。目前，网络视听行业常常因为一些现象级的内容作品出现而进一步掩盖了表现繁荣背后的问题。但是，一部现象级的网络剧体现更多的是某个创作团队的水平提升，这并不能说明行业的整体工业水准已经提升，或许获得成功的团队的制片工业化水平是相当低下的。在一个充斥虚荣的行业里，这些孤立的“成功”更容易遮蔽业内人士和观察家的眼睛，使那些本质问题被埋没得更深，而这样的埋没正在以另外一种方式让整体行业付出更大的成本代价、市场被不断蚕食、整体的核心竞争力难以支撑发展的速度和规模。在这样的背景下，产业融合带来产业链衔接的需求，使得那些短板更容易暴露在已经抱成团的桶壁上，这样产业升级的动力也就日渐强劲了。因此，2018年是网络视听行业进一步规范内容、整合发展、暴露短板的一年，人们将进一步认识到风控体系的重要性，进一步感受到制片工业升级的迫切性，进一步体会到播出端第三方真实、公正、透明、可信、可比的评测数据的重要性，因此，2018年同时也是寻求转型、寻求升级、寻求创新的一年。

2. 行业门槛提升促内容精品化

随着网络视听行业的内容规范化和观众对于网络视听内容质量的要求越来越高，网络视听行业的竞争日益激烈。越来越多的资本和专业化的制作团队进入这个行业，高投资、大制作正在逐步成为网络视听行业的新常态，该行业的准入门槛被进一步抬高。同时，利用政策监管空白和蓝海优势进入这个行业的一大批先行者，如不能满足观众高层次的审美需求，不能加大投入打磨精品、提升品质，最终将面临被市场淘汰的风险。网络视听的内容日益丰富的同时，市场主体会在洗牌中减少。无论是制作机构还是播出平台，未来都应将网络视听创作的精品化摆在首要位置，实现经济效益和社会效益双丰收。

3. 创作年轻化、内容多元化

视听网站和制作公司开始瞄准“95后”和“00后”这批新一代的目标受众。中国互联网络信息中心（CNNIC）于2017年8月发布的报告显示，10—29岁年龄段的网民占比接近一半。视频网站“哔哩哔哩”（B站）目前有90%的用户为25岁以下人群，如果中国10—25岁之间的人口约为2.6亿，那么B站上聚集了中国50%的城市年轻网民、80%的北上广中学生。[①] 这一代观众一般拥有更高的文化素养，同时又是互联网“原住民”，他们乐于接受新鲜的事物、崇尚自我、追求个性化、推崇创新、注重体验、接纳不同文化……这就要求网络视听内容的创作者捕捉年轻人的习惯，把握年轻人的审美偏好，将其与弘扬中华民族优秀文化和传递正能量的视听内容有机结合起来进行创作，既满足年轻观众的需求，又符合社会主流价值观。

在面对迭代的观众市场时，也需要强化跟进研究，优化舆情监测，对不同受众的偏好、变化以及经济社会文化等环境对这种变化带来的影响进行追踪研究，从而通过大数据与小数据、调查数据与实验数据、定量分析与质化分析相结合的方式，形成受众接受体系的变化与规律，为迭代加速时期的内容创意与制作提供更加丰富、可靠的指导性成果。

---

① 视频网站自制投入剧增 内容更多样受众更年轻[EB/OL].[2017－09－06]. http://tech.sina.com.cn/i/2017－09－06/doc-ifykpzey4619545.shtml.

## (二)各细分领域趋势

1. 网络剧:台网融合,内容走向精品化

网络剧自 2015 年起迅猛发展至今,逐步从井喷之式走向成熟。相关政策法规的不断完善,推动着网络剧行业朝着健康、可持续的发展方向不断迈进。“深耕内容、打造精品”将成为未来网络剧发展的主要方向,电视剧与网络剧不分彼此,相互融合也将成为未来的趋势。第一,网络剧的制作成本将不断攀升。尽管制作成本与作品质量不一定成正比,但是高成本、高投入意味着网络剧正在走向大制作,网络“大”剧的时代已经来临。一线演员和导演纷纷“触网”,电影化的质感等都将刷新观众对于网络剧的认知。第二,作品类型丰富,小众精品增多。网络剧发展初期靠“擦边球”的内容满足不少观众的猎奇心理,但随着法规的完善以及观众审美的提高,这类低俗化的内容终将被市场淘汰,取而代之的将是受众定位更加精准细分的小众化精品。这不仅有利于网络剧的内容创新,还能促进网络剧的营销创新,也能增加网络剧在内容之外衍生收益。第三,随着网络剧资源投入的提升,精品化程度越来越高,网络平台的话语权也相应提高,网络剧反哺电视台的现象也将越来越频繁地出现,当影视剧回归内容创作本身,渠道之间的界限就不再那么明晰,加之电视剧与网络剧在资本层面与创作主体上早已相通相融,电视剧与网络剧的边界将加速消融。

2. 网络大电影:IP 改编与系列化开发为大势所趋

随着监管政策的规范化,网络大电影的“野蛮生长”时代迎来终结,一系列政策法规的出台净化了市场环境,同时也为网络大电影的创作指明了方向。行业将加速洗牌,一批依靠博眼球赚快钱的“草台班子”将被淘汰,而专业的网络大电影制作团队将带领网络大电影的制作走向精品化。与此同时,为降低市场风险,IP 改编和网络大电影系列化开发将成为大势所趋。第一,越来越多的专业影视公司入局网络大电影市场,这为整个行业带来了丰富的资本和专业的人才与技术,同时也将进一步提升行业的准入门槛并加剧市场竞争环境,一批先进入市场,但靠博眼球来赚快钱的公司将会被加速淘汰。第二,粗制滥造,“low”曾是网络大电影留给观众的第一印象,随着政策法规对市场的清洗和专业制作团队的进入以及受众对优质内容的渴求,网络大电影正朝向精品化之路迈进,这种精品化不仅体现在制作层面上,未来的网络大电影也将更加注重营销宣传,网络大电影将逐渐缩小与其他视听内容在整体品质上的差距。第三,在减小资本风险和追求优质内容的共同驱使下，网络大电影也将逐步重视网文的孵化与开发。网文是经过市场第一轮检验并有一定受众基础的作品，对网文进行开发意味着获得更小的市场风险和较大的预期收益，优质的网文天然携带的“网感”更能触达网络大电影的核心受众群体，这也是各大视频网站纷纷布局网文市场的原因。同时，网络大电影也将大力开发原创网文并通过系列化续作的方式进行运作，这也是市场逐步走向成熟的体现。

3. 网络综艺：盈利渠道拓宽，内容联动构建消费生态

广告收入是目前网络综艺主要的盈利模式，但过度依赖广告收入使得目前网络综艺面临营收的天花板，有限的优质广告资源也让网络综艺出品方寻求新的营收突破口。随着用户为优质资源付费习惯的养成，未来将会有更多的网络综艺采用付费模式或推出 VIP 会员专享版，同时网络综艺会更加密切地与其他优质网络内容联动，逐步构建完善的泛娱乐化消费生态。第一，网络综艺广告已经开始从传统的植入和冠名等方式转向花式口播，情景剧等高互动性的广告，让品牌与节目建立紧密的联系，这种“主动式”的广告有利于品牌的传播和触达。第二，将有越来越多的付费版、会员抢先看、会员专享版综艺融入视频网站大会员体系之中，用户为优质内容买单的消费习惯将进一步稳固。第三，利用粉丝经济（如选秀节目投票），与电商合作边看边买实现流量变现等方式都有可能在未来网络综艺营收比例中有所提升。在传统的电视节目中，综艺节目还承担了一部分为其他内容宣传的功能（如为歌手发专辑宣传、电影上映宣传、电视剧开播宣传等），网络综艺仍将会保留这一功能，无论是衍生综艺还是定制综艺，都各自承担了一部分为原有内容/品牌宣传和推广的责任，未来网络综艺会更加注重与其他视听娱乐内容的联动，实现互利共赢。

4. 网络直播：社交功能凸显，融入科技，呈现多元化发展

国家相关部门在政策法规层面的监管力度将继续加大，除此之外，行业协会、直播平台、从业者自律也将更具自主性，更加规模化和正规化，网络直播不再以“搏出位”的方式吸引眼球，更加注重直播的内容和内涵。目前，相应政策法规在打赏制度上仍存在空白，未来关于打赏的行业规范将更加明晰，曾经“乱象丛生”的直播行业将会变得更加规范。网络直播用户年轻化的属性决定了未来网络直播与社交媒体的关系将进一步密切，“移动化直播＋社交沟通”将成为网络直播和社交媒体下一步的布局。网络直播与新科技结合也是未来网络直播的发展趋势，新科技的融入可以增加直播收看者的沉浸感、参与感，如 VR 直播等。虽然目前新的技术还不够成熟，不过未来网络直播与新科技的融合将成为重要的发展方向。

5. 网络音频：内容垂直细分，机器学习精准推送

在快节奏、高压力的生活工作模式下，碎片化、便携式的学习模式在一定程度上让知识付费在一、二线城市的白领中成为刚需，因此，知识付费的风潮仍将持续。网络音频正是以自身独特的便利性和丰富性利用知识付费这样的“快餐经济”瞄准了用户在泛娱乐化时代下对知识的渴求，网络音频用户高学历的特性也使得其对音频内容的独特性和专业性有着极高的要求。未来结合了硬件和场景的内容将会更加垂直细分，音频内容将以百花齐放的态势满足不同受众的需求。同时，智能硬件和机器学习也为网络音频的发展提供了无限可能，借助大数据和机器学习，未来的音频内容将结合用户的使用场景以及职业、兴趣等特点更加精准地推送个性化的内容。

6. 网络短视频：马太效应加剧，盈利模式渐明

随着大量资本涌入短视频行业，各短视频平台的定位逐渐明晰并形成分化，头部平台整合市场资源和获取优质内容的能力进一步提高，马太效应越来越明显。短视频满足了现代人利用碎片化时间获取信息、放松娱乐的消费需求，作为极具移动互联网时代特性的视频形式，短视频未来在整个互联网视频市场中的占比会逐渐提升。与此同时，短视频也将从 UGC 向 PGC 不断演变，将有更多专业的内容创作团队涌现。随着马太效应的加剧，头部平台和优质内容创作团队将瓜分市场，获取超高流量，从而实现流量变现，短视频的盈利模式也将更加清晰，并衍生出更加多元化的收益方式。

# 第六章　2017 中国大学海外网络传播力报告

北京师范大学新媒体传播研究中心
北京师范大学教育新闻与传媒研究中心
张洪忠　方增泉　郑　伟　石韦颖　苏世兰　刘力铭　丁　磊

党的十九大报告指出，要“推进国际传播能力建设，讲好中国故事，展现真实、立体、全面的中国，提高国家文化软实力”。中国高校是开展国际传播的重要载体，更是提升国家文化软实力的重要力量。由此，北京师范大学等研究团队选取了 141 所中国内地高校（涵盖全部“双一流”大学和原“211 工程”高校）作为研究对象，同时选择了 43 所中国港澳台地区高校加入对中国高校的海外网络传播力做全景分析，也选择了 4 所日韩高校作为参照分析。挖掘 Google、Wikipedia、Facebook、Twitter、Instagram 五个平台数据开展分析。

分析结果显示，141 所中国内地高校海外网络传播力排名前十依次为：清华大学、北京大学、南京大学、复旦大学、浙江大学、南京航空航天大学、上海交通大学、中国科学技术大学、对外经济贸易大学、北京外国语大学。

如果按照中国内地与中国港澳台地区的 184 所中国高校海外网络传播力来看，排名前十依次为：香港大学、香港理工大学、香港中文大学、香港科技大学、香港浸会大学、台湾师范大学、清华大学、成功大学、台湾大学、台湾“交通大学”。

研究发现，中国内地高校海外网络传播力有以下特征：

1. 中国内地的清华大学、北京大学、南京大学、复旦大学等传统综合性高校和语言类大学的海外网络传播力相对较高。

2. 与日韩和中国港澳台地区高校相比，中国内地高校整体传播力得分还较低，高校间海外网络传播力差距较大。中国内地高校海外网络传播力第一为清华大学 138 611.50 分，中国港澳台地区高校海外网络传播力第一为香港大学

451 817.20 分，与日本东京大学 617 468.28 分相比差距更大，中国内地高校还有较大的进步空间。同时，中国内地高校之间的差距也很大。

3. 中国内地高校与日韩国家、中国港澳台地区高校的海外网络传播力差距主要体现在社交平台上。中国内地高校在 Twitter、Facebook、Instagram 三个社交平台的平均得分低于日韩国家高校，整体上依次为中国港澳台地区高校的 1/12、1/27、1/12。但中国内地高校在英文媒体报道数量上与日韩参照高校持平，超过中国港澳台地区高校。

4. 中国内地高校在 Twitter、Facebook、Instagram 三个社交平台上主要是活跃度低、粉丝量少。约 2/3 的内地高校忽视自身 Twitter 平台的建设，135 所有 Facebook主页的高校中只有清华大学有官方认证主页，在 Instagram 平台上更是疏于粉丝运营与互动。

5. 中国内地高校 Wikipedia 英文词条建设尚需完善，参与编辑用户数量与编辑次数较低。中国内地高校 Wikipedia 英文词条普及率为 100%，但其中仅 58.16%的高校词条完整；平均词条编辑次数 14 次，平均参与编辑用户数量 5 人。

## 一、背景

党的十九大报告指出，要“推进国际传播能力建设，讲好中国故事，展现真实、立体、全面的中国，提高国家文化软实力”，“高度重视传播手段建设和创新，提高新闻舆论传播力、引导力、影响力、公信力”。要提高国际传播建设，互联网是一个重要渠道。在党的十九大报告中提出，中国要建设网络强国、数字中国、智慧社会；2017 年 12 月 3 日，第四届世界互联网大会在乌镇召开，习近平总书记在贺信中提到，以信息技术为代表的新一轮科技和产业革命正在萌发，为经济社会发展带来动力。结合现今国内外互联网发展的趋势可以看出，网络成为国际传播的重要渠道，网络传播力作用显著。

随着信息技术的迅猛发展，搜索引擎和社交媒体的日常化渗透，互联网成为中外民众获取信息的主要渠道。国际电信联盟于 2017 年 7 月 31 日发布的《2017 年信息通信技术事实与数字》表明，全球共有 8.3 亿青年上网，占 104 个国家青年人口的 80%以上。数据还表明,宽带接入和签约用户增幅巨大。① 社交媒体成为信息流通的重要场域。2017 年第三季度,Facebook 日活用户 13.7 亿人②,Twitter 月活用户 3.3 亿人③,Instagram 9 月的月活用户突破 8 亿人④。顺应媒体社交化发展趋势,海外网络传播力日益成为拓展我国文化影响力、推进软实力建设的一个重要方面。

高校是中国国际传播力的重要载体之一。高校是国际文化交流的窗口,建设世界一流大学和一流学科是党中央、国务院做出的重大战略决策。传播力决定影响力,话语权决定主动权。推进高校海外传播力不仅是高校向世界一流大学迈进的加速剂,同时也是大力加强国际传播能力建设、提升国家话语权影响力、增强国家软实力的重要一环。

传播力分为四个层次。第一个层次是"在场",衡量标准是一个国家在互联网场域中的出现频率,操作化定义为提及率。第二个层次是评价,即"在场"内容是正面的还是负面的。第三个层次是承认,即互联网世界对一个国家传播内容的价值承认程度,虽然不同意但承认,这是国际传播应该努力达到的现实目标。第四个层次是认同,到达这个层面很难,因为这是国际传播的理想型目标。在这四个层次中,"在场"是基础,只有在"在场"这个前提下,才可能有后面的层次。

本报告从第一个层次的"在场"维度考察中国高校在海外的网络传播力,将 Google News 的提及率、社交媒体账号建设情况等作为测量"在场"传播力的维度。中国内地首批"双一流"建设高校和原"211 工程"高校以及中国港澳台地区入选 QS 亚洲 200 强的高校代表了中国高等教育的领先水平,选取其作为中国高校的样本进行考察,对了解中国高校海外网络传播力的前沿水平和现状意义重大。

本报告共选取 184 所中国高校作为研究样本,通过抓取国际搜索网站和大型社交平台数据,设定具体维度和指标进行对比分析,以了解中国高校海外网络传播力现状,完善中国海外网络传播体系建设,进而提升中国高校的国际传播力。

---

① 国际电联发布 2017 年全球信息通信技术事实与数字[N]. 人民邮电,2017-08-02(005).

② 从 2017 Q3 财报看 Facebook 的雄心与障碍[EB/OL]. [2017-11-09]. http://www.g.com.cn/tech/14654628/.

③ Twitter 财报:2017 年 Q3 Twitter 月活跃用户数 3.3 亿同比上涨 4%[EB/OL]. [2017-10-26]. http://www.199it.com/archives/647092.html.

④ 2017 年 9 月 Instagram 月活跃用户突破 8 亿[EB/OL]. [2017-09-26]. http://www.199it.com/archives/637914.html.

## 二、指标和算法

### (一)指标

本研究采用专家法设立指标和权重。首先,选取 Google News、Wikipedia、Twitter、Facebook、Instagram 五个平台作为考察维度;其次,每个维度下设立具体指标,赋予各项指标不同权重以计算评估中国高校海外传播力度。与《2016—2017中国高校海外网络传播力度报告》相比,本次报告有三点调整和完善。第一,Twitter、Facebook、Instagram 三个维度的数据抓取采用"总和",即根据高校英文名、英文简称按要求搜索出的所有匹配账号均采集数据、对数据进行加总,并非只取其中粉丝量最大或活跃度最高的一个账号。第二,Facebook 维度下指标"半年内最高点赞量"调整为"半年内总点赞量"。第三,加入日本、韩国共 4 所亚洲名校作为研究参照对象。

五个维度共有二级指标 20 个,逐一赋予权重进行量化统计和分析,得出 184 所中国高校在海外网络传播力得分,各项指标权重如表 6-1 所示。

表 6-1 中国高校海外传播力测量指标及权重

| 维度 | 指标 | 权重 | |
|---|---|---|---|
| Google | Google News | 15% | 20% |
| | Google Trends | 5% | |
| Wikipedia | 词条完整性 | 5% | 20% |
| | 一年内词条编辑次数 | 5% | |
| | 一年内参与编辑用户数量 | 5% | |
| | 链接数量(what link here) | 5% | |
| Twitter | 是否有官方认证的账号 | 5% | 20% |
| | 粉丝数量 | 4% | |
| | 半年内发布信息量 | 4% | |
| | 半年内最高转发量 | 4% | |
| | 半年内最高点赞量 | 3% | |
| Facebook | 是否有官方认证账号 | 5% | 20% |
| | 主页关注人数 | 5% | |
| | 半年内发布的帖子数 | 5% | |
| | 半年内总点赞量 | 5% | |

续表

| 维度 | 指标 | 权重 | |
|---|---|---|---|
| Instagram | 半年内发布内容的数量 | 5% | 20% |
| | 粉丝数量 | 4% | |
| | 半年内最高点赞数 | 3% | |
| | 半年内最高评论数 | 3% | |
| | TAG 数量 | 5% | |

## (二)算法

高校海外网络传播力的得分，是由各指标乘以按权重比例计算所得的相应系数后相加而得。具体算法如下：

首先，将定性数据转化成定量数据，定性数据如 Twitter 的"是否有官方账户"、Facebook 的"是否有官方账户"等。其次，按照上表所列指标权重计算每个指标的系数。最后，通过公式计算各高校海外网络传播力得分，计算公式如下：

$$Y=\sum_{i=1}^{5}\sum_{j}a_{ij}\frac{K_{ij}A}{a_j}$$

Y：任意高校的海外网络传播力得分；

$a_{1j}$：Google 搜索任意指标的数值，$j=1,2$；

$a_{2j}$：Wikipedia 任意指标的数值，$j=1,2,3,4$；

$a_{3j}$：Twitter 任意指标的数值，$j=1,2,3,4,5$；

$a_{4j}$：Facebook 任意指标的数值，$j=1,2,3,4$；

$a_{5j}$：Instagram 任意指标的数值，$j=1,2,3,4,5$；

$K_{ij}$：任意指标的权重；

$a_j$：任意指标的均值；

$A$：所有指标的均值的和。

## (三)数据采集时间

本报告中各项指标的采集时间分别为：Google News、Google Trends 数据覆盖时间为 2016 年 11 月至 2017 年 11 月；Wikipedia 数据覆盖时间为 2016 年 11 月至 2017 年 11 月；Twitter、Facebook、Instagram 的数据覆盖时间均为 2017 年 6 月至 2017 年 11 月；其余数据如粉丝数量和 TAG 数量则是以 2017 年 11 月采集当日的数据为准。

## (四)研究对象

本报告选取141所中国内地高校(涵盖全部“双一流”大学和原“211工程”高校)作为研究对象,同时选择了43所中国港澳台地区高校加入对中国高校的海外网络传播力做全景分析,也选择了4所日韩高校作为参照分析。

2017年9月21日,教育部、财政部、国家发展改革委联合发布《关于公布世界一流大学和一流学科建设高校及建设学科名单的通知》,在既有“985工程”“211工程”高校名单基础上,正式确认世界一流大学和一流学科建设高校及建设学科名单,首批“双一流”建设名单中的高校共计137所。本报告在以往高校海外网络传播力研究的基础上,在原“211工程”高校名单中加入新增“双一流”建设的高校,最终共选取141所中国内地高校。这些高校建设较为成熟或发展优势突出,代表了中国内地高等教育的领先水平,对其研究能一窥中国内地高校海外网络传播力发展的前沿现状。

本次研究选取了43所入选QS亚洲200强的中国港澳台地区高校作为探究中国香港地区、中国澳门地区、中国台湾地区高校网络传播力发展现状的研究样本,具体而言,中国香港地区7所、中国澳门地区1所、中国台湾地区35所。这43所高校在亚洲高校排名中均表现较好,能代表中国港澳台地区高等教育领先水平,选择其作为研究对象对了解中国港澳台地区高校海外网络传播力有重大意义。另外,为与亚洲其他国家高校进行网络传播力对比,选取入选QS亚洲200强排名、在其国家高校排名靠前、在中国知名度较高的4所高校作为参照对象,具体而言,选择了日本东京大学、日本京都大学、韩国首尔大学、韩国高丽大学。

以下为43所中国港澳台地区高校、4所日韩国家入选QS亚洲200强高校的中英文名称对照表(按中文名称拼音顺序排列),见表6-2、表6-3、表6-4。

**表6-2 中国港澳地区高校中英文名称对照表**

| 中文名称 | 英文名称 | 简称 |
| --- | --- | --- |
| 澳门大学 | University of Macau | UM |
| 岭南大学 | Lingnan University, Hong Kong | LU |
| 香港城市大学 | City University of Hong Kong | CityU |
| 香港大学 | The University of Hong Kong | HKU |
| 香港浸会大学 | Hong Kong Baptist University | HKBU |
| 香港科技大学 | The Hong Kong University of Science and Technology | HKUST |
| 香港理工大学 | The Hong Kong Polytechnic University | HKPU/PolyU |
| 香港中文大学 | The Chinese University of Hong Kong | CUHK |

## 表 6-3　中国台湾地区高校中英文名称对照表

| 中文名称 | 英文名称 | 简称 |
| --- | --- | --- |
| 台湾"大同大学" | Tatung University | TTU |
| 东海大学 | Tunghai University | THU |
| 东吴大学 | Soochow Univcrsity (Taiwan) | SCU |
| 逢甲大学 | Feng Chia University | FCU |
| 辅仁大学 | Fu Jen Catholic University | FJU |
| 高雄医学大学 | Kaohsiung Medical University | KMU |
| 成功大学 | Cheng Kung University | NCKU |
| 台湾"东华大学" | Dong Hwa University | NDHU |
| 高雄第一科技大学 | Kaohsiung First University of Science and Technology | NKFUST |
| 高雄应用科技大学 | Kaohsiung University of Applied Sciences | KUAS |
| 暨南国际大学 | Chi Nan University | NCNU |
| 台湾"交通大学" | Chiao Tung University | NCTU |
| 台湾"清华大学" | Tsing Hua University(Taiwan) | NTHU |
| 台北大学 | Taipei University | NTPU |
| 台北科技大学 | Taipei University of Technology | NTUT |
| 台湾大学 | Taiwan University | NTU |
| 台湾海洋大学 | Taiwan Ocean University | NTOU |
| 台湾科技大学 | Taiwan University of Science and Technology (Taiwan Tech) | NTUST |
| 台湾师范大学 | Taiwan Normal University | NTNU |
| 阳明大学 | Yang Ming University | NYMU |
| 云林科技大学 | Yunlin University of Science and Technology | NYUST |
| 彰化师范大学 | Changhua University of Education | NCUE |
| 政治大学 | Chengchi University | NCCU |
| 台湾"中山大学" | Sun Yat-sen University | NSYSU |
| 中兴大学 | Chung Hsing University | NCHU |
| 中央大学 | Central University | NCU |
| 中正大学 | Chung Cheng University | CCU |
| 台北医学大学 | Taipei Medical University | TMU |
| 台湾淡江大学 | Tamkang University | TKU |
| 亚洲大学 | Asia University, Taiwan | AU |
| 元智大学 | Yuan Ze University | YZU |
| 长庚大学 | Chang Gung University | CGU |
| 中国医药大学 | China Medical University | CMU |
| 中华大学 | Chung Hua University | CHU |
| 中原大学 | Chung Yuan Christian University | CYCU |

## 表 6-4　日韩参照高校中英文名称对照表

| 日韩参照高校 | | |
| --- | --- | --- |
| 中文名称 | 英文名称 | 简称 |
| 东京大学 | The University of Tokyo | Utokyo |
| 高丽大学 | Korea University | KU |
| 京都大学 | Kyoto University | KU |
| 首尔大学 | Seoul National University | SNU |

# 三、海外网络传播力总得分

## (一)中国高校海外网络传播力全景得分

本报告经整理汇总了中国141所内地高校、43所入选QS亚洲200强的中国港澳台地区高校共184所高校在Google News搜索、Wikipedia英文词条、Twitter、Facebook和Instagram五个平台上的建设情况,利用五个维度下的具体指标数据进行加权计算,得出184所高校的海外网络传播力排名。

中国高校海外网络传播力得分排名前十依次为:香港大学、香港理工大学、香港中文大学、香港科技大学、香港浸会大学、台湾师范大学、清华大学、成功大学、台湾大学、台湾"交通大学"。

中国香港地区高校海外网络传播力优势明显,传播力排名前五均为中国香港地区高校,香港大学以451 817.20分的高分位居第一。中国台湾地区高校海外网络传播力整体较好,排名前十中占据四席。中国内地高校海外网络传播力仍有较大的进步空间:一是仅清华大学以第7名挤进前十,排名靠前的高校数量少;二是中国内地高校海外网络传播力平均得分仅15 223.56分。中国台湾地区高校海外网络传播力平均得分为30 684.08分,中国港澳地区高校海外网络传播力平均得分为202 542.76分(见表6-5)。

表6-5 中国高校海外传播力全景得分

| 排名 | 中文名称 | 英文名称 | 简称 | 传播力得分 |
|---|---|---|---|---|
| 1 | 香港大学 | The University of Hong Kong | HKU | 451 817.20 |
| 2 | 香港理工大学 | The Hong Kong Polytechnic University | HKPU/PolyU | 329 788.09 |
| 3 | 香港中文大学 | The Chinese University of Hong Kong | CUHK | 305 726.04 |
| 4 | 香港科技大学 | The Hong Kong University of Science and Technology | HKUST | 215 269.63 |
| 5 | 香港浸会大学 | Hong Kong Baptist University | HKBU | 165 032.93 |
| 6 | 台湾师范大学* | Taiwan Normal University | NTNU | 153 680.49 |
| 7 | 清华大学 | Tsinghua University | TSU | 138 611.50 |
| 8 | 成功大学* | Cheng Kung University | NCKU | 112 279.99 |
| 9 | 台湾大学* | Taiwan University | NTU | 89 259.21 |

续表

| 排名 | 中文名称 | 英文名称 | 简称 | 传播力得分 |
|---|---|---|---|---|
| 10 | 台湾“交通大学”* | Chiao Tung University | NCTU | 88 627.75 |
| 11 | 北京大学 | Peking University | PKU | 78 469.32 |
| 12 | 香港城市大学 | City University of Hong Kong | CityU | 73 841.73 |
| 13 | 台湾淡江大学* | Tamkang University | TKU | 56 571.32 |
| 14 | 南京大学 | Nanjing University | NJU | 49 974.50 |
| 15 | 岭南大学 | Lingnan University, Hong Kong | LU | 45 778.90 |
| 16 | 台湾“清华大学”* | Tsing Hua University | NTHU | 44 868.67 |
| 17 | 台湾科技大学* | Taiwan University of Science and Technology (Taiwan Tech) | NTUST | 40 620.94 |
| 18 | 复旦大学 | Fudan University | FUDAN | 39 089.49 |
| 19 | 辅仁大学* | Fu Jen Catholic University | FJU | 37 477.12 |
| 20 | 政治大学* | Chengchi University | NCCU | 36 472.12 |
| 21 | 台湾“中山大学”* | Sun Yat-sen University | NSYSU | 34 546.41 |
| 22 | 澳门大学 | University of Macau | UM | 33 087.53 |
| 23 | 浙江大学 | Zhejiang University | ZJU | 31 780.57 |
| 24 | 高雄第一科技大学* | Kaohsiung First University of Science and Technology | NKFUST | 27 677.97 |
| 25 | 南京航空航天大学 | Nanjing University of Aeronautics and Astronautics | NUAA | 25 909.54 |
| 26 | 上海交通大学 | Shanghai Jiao Tong University | SJTU | 25 680.08 |
| 27 | 中国科学技术大学 | University of Science and Technology of China | USTC | 25 244.69 |
| 28 | 对外经济贸易大学 | University of International Business and Economics | UIBE | 24 652.53 |
| 29 | 北京外国语大学 | Beijing Foreign Studies University | BFSU | 24 432.56 |
| 30 | 厦门大学 | Xiamen University | XMU | 24 382.40 |
| 31 | 上海外国语大学 | Shanghai International Studies University | SISU | 24 237.65 |
| 32 | 南京农业大学 | Nanjing Agricultural University | NJAU | 24 144.48 |
| 33 | 国防科学技术大学 | National University of Defense Technology | NUDT | 23 693.43 |
| 34 | 吉林大学 | Jilin University | JLU | 22 993.35 |
| 35 | 上海大学 | Shanghai University | SHU | 22 608.43 |
| 36 | 武汉大学 | Wuhan University | WHU | 22 594.54 |
| 37 | 四川大学 | Sichuan University | SCU | 22 227.11 |
| 38 | 华东理工大学 | East China University of Science and Technology | ECUST | 22 017.84 |
| 39 | 东海大学* | Tunghai University | THU | 21 777.60 |
| 40 | 西南财经大学 | Southwestern University of Finance and Economics | SWUFE | 21 357.65 |

续表

| 排名 | 中文名称 | 英文名称 | 简称 | 传播力得分 |
|---|---|---|---|---|
| 41 | 彰化师范大学* | Changhua University of Education | NCUE | 21 091.51 |
| 42 | 亚洲大学* | Asia University, Taiwan | AU | 20 968.94 |
| 43 | 暨南国际大学* | Chi Nan University | NCNU | 20 730.40 |
| 44 | 西安电子科技大学 | Xidian University | XIDIAN | 20 085.30 |
| 45 | 台湾"东华大学"* | Dong Hwa University | NDHU | 20 081.52 |
| 46 | 中山大学 | Sun Yat-sen University | SYSU | 18 911.83 |
| 47 | 华东师范大学 | East China Normal University | ECNU | 18 800.10 |
| 48 | 南开大学 | Nankai University | NKU | 18 619.70 |
| 49 | 台北大学* | Taipei University | NTPU | 18 332.46 |
| 50 | 电子科技大学 | University of Electronic Science and Technology of China | UESTC | 18 066.45 |
| 51 | 中正大学* | Chung Cheng University | CCU | 18 066.42 |
| 52 | 高雄应用科技大学* | Kaohsiung University of Applied Sciences | KUAS | 18 014.95 |
| 53 | 天津大学 | Tianjin University | TJU | 17 973.99 |
| 54 | 逢甲大学* | Feng Chia University | FCU | 17 815.72 |
| 55 | 哈尔滨工业大学 | Harbin Institute of Technology | HIT | 17 693.83 |
| 56 | 东北大学 | Northeastern University (China) | NEU | 17 561.32 |
| 57 | 山东大学 | Shandong University | SDU | 17 426.29 |
| 58 | 同济大学 | Tongji University | TJU | 16 843.59 |
| 59 | 江南大学 | Jiangnan University | JNU | 16 833.71 |
| 60 | 东南大学 | Southeast University(China) | SEU | 16 779.17 |
| 61 | 北京科技大学 | University of Science and Technology Beijing | USTB | 16 415.71 |
| 62 | 北京师范大学 | Beijing Normal University | BNU | 16 321.37 |
| 63 | 中国美术学院 | China Academy of Art | CAA | 16 274.26 |
| 64 | 西安交通大学 | Xi'an Jiaotong University | XJTU | 15 932.73 |
| 65 | 中国医药大学* | China Medical University | CMU | 15 889.12 |
| 66 | 北京航空航天大学 | Beihang University | BUAA | 15 888.77 |
| 67 | 南京师范大学 | Nanjing Normal University | NJNU | 15 836.96 |
| 68 | 上海财经大学 | Shanghai University of Finance and Economics | SUFE | 15 829.95 |
| 69 | 中国人民大学 | Renmin University of China | RUC | 15 788.67 |
| 70 | 华中科技大学 | Huazhong University of Science and Technology | HUST | 15 575.56 |
| 71 | 暨南大学 | Jinan University (China) | JNU | 15 545.67 |
| 72 | 北京理工大学 | Beijing Institute of Technology | BIT | 15 511.11 |
| 73 | 郑州大学 | Zhengzhou University | ZZU | 15 430.37 |
| 74 | 东华大学 | Donghua University | DHU | 15 384.93 |
| 75 | 东吴大学* | Soochow University (Taiwan) | SCU | 15 358.09 |

续表

| 排名 | 中文名称 | 英文名称 | 简称 | 传播力得分 |
|---|---|---|---|---|
| 76 | 上海中医药大学 | Shanghai University of Traditional Chinese Medicine | SHUTCM | 14 922.86 |
| 77 | 广西大学 | Guangxi University | GXU | 14 745.09 |
| 78 | 台湾"大同大学"* | Tatung University | TTU | 14 496.11 |
| 79 | 河南大学 | Henan University | HENU | 14 409.54 |
| 80 | 宁波大学 | Ningbo University | NBU | 14 314.62 |
| 81 | 苏州大学 | Soochow University(Suzhou) | SUDA | 14 111.81 |
| 82 | 中国地质大学(北京) | China University of Geosciences | CUGB | 13 960.27 |
| 83 | 中华大学* | Chung Hua University | CHU | 13 866.06 |
| 84 | 湖南大学 | Hunan University | HNU | 13 798.27 |
| 85 | 西北工业大学 | Northwestern Polytechnical University | NPU/NWPU | 13 777.47 |
| 86 | 中国传媒大学 | Communication University of China | CUC | 13 732.43 |
| 87 | 中国农业大学 | China Agricultural University | CAU | 13 370.90 |
| 88 | 中兴大学* | Chung Hsing University | NCHU | 13 329.23 |
| 89 | 台北科技大学* | Taipei University of Technology | NTUT | 13 065.58 |
| 90 | 上海音乐学院 | Shanghai Conservatory of Music | SHCM | 13 039.29 |
| 91 | 北京邮电大学 | Beijing University of Posts and Telecommunications | BUPT | 12 936.21 |
| 92 | 云南大学 | Yunnan University | YNU | 12 846.60 |
| 93 | 云林科技大学* | Yunlin University of Science and Technology | NYUST | 12 765.70 |
| 94 | 河海大学 | Hohai University | HHU | 12 763.79 |
| 95 | 中国地质大学(武汉) | China University of Geosciences | CUG | 12 740.63 |
| 96 | 华南师范大学 | South China Normal University | SCNU | 12 637.09 |
| 97 | 兰州大学 | Lanzhou University | LZU | 12 604.88 |
| 98 | 太原理工大学 | Taiyuan University of Technology | TUT | 12 466.55 |
| 99 | 华南理工大学 | South China University of Technology | SCUT | 12 442.59 |
| 100 | 北京工业大学 | Beijing University of Technology | BJUT | 12 427.92 |
| 101 | 北京交通大学 | Beijing Jiaotong University | BJTU | 12 423.33 |
| 102 | 大连理工大学 | Dalian University of Technology | DUT | 12 397.00 |
| 103 | 安徽大学 | Anhui University | AHU | 12 340.78 |
| 104 | 中国矿业大学(徐州) | China University of Mining and Technology | CUMT | 12 254.13 |
| 105 | 上海体育学院 | Shanghai University of Sport | SHUS | 12 192.87 |
| 106 | 石河子大学 | Shihezi University | SHZU | 12 060.21 |
| 107 | 西北农林科技大学 | Northwest Agriculture and Forestry University | NWAFU | 11 990.73 |
| 108 | 华中师范大学 | Central China Normal University | CCNU | 11 932.46 |

续表

| 排名 | 中文名称 | 英文名称 | 简称 | 传播力得分 |
|---|---|---|---|---|
| 109 | 中国石油大学(华东) | China University of Petroleum | UPC | 11 818.26 |
| 110 | 中国石油大学(北京) | China University of Petroleum-Beijing | CUP | 11 707.03 |
| 111 | 东北师范大学 | Northeast Normal University | NENU | 11 607.81 |
| 112 | 西北大学 | Northwest University (China) | NWU | 11 570.53 |
| 113 | 西藏大学 | Tibet University | TU | 11 546.10 |
| 114 | 高雄医学大学* | Kaohsiung Medical University | KMU | 11 433.53 |
| 115 | 西南交通大学 | Southwest Jiaotong University | SWJTU | 11 385.22 |
| 116 | 北京林业大学 | Beijing Forestry University | BJFU | 11 346.18 |
| 117 | 中国科学院大学 | University of Chinese Academy of Sciences | UCAS | 11 338.38 |
| 118 | 大连海事大学 | Dalian Maritime University | DMU | 11 308.85 |
| 119 | 武汉理工大学 | Wuhan University of Technology | WUT | 11 289.64 |
| 120 | 合肥工业大学 | HeFei University of Technology | HFUT | 11 203.03 |
| 121 | 中央戏剧学院 | The Central Academy of Drama | CAD | 11 157.34 |
| 122 | 南昌大学 | Nanchang University | NCU | 11 092.05 |
| 123 | 延边大学 | Yanbian University | YBU | 11 060.78 |
| 124 | 广州中医药大学 | Guangzhou University of Chinese Medicine | GUCM | 11 058.36 |
| 125 | 北京协和医学院 | Peking Union Medical College | PUMC | 11 053.57 |
| 126 | 华中农业大学 | Huazhong Agricultural University | HZAU | 11 040.43 |
| 127 | 中国矿业大学(北京) | China University of Mining and Technology, Beijing | CUMT | 11 015.63 |
| 128 | 外交学院 | China Foreign Affairs University | CFAU | 10 978.63 |
| 129 | 辽宁大学 | Liaoning University | LNU | 10 862.67 |
| 130 | 中南大学 | Central South University | CSU | 10 853.28 |
| 131 | 中国海洋大学 | Ocean University of China | OUC | 10 802.52 |
| 132 | 天津医科大学 | Tianjin Medical University | TMU | 10 793.96 |
| 133 | 河北工业大学 | Hebei University of Technology | HEBUT | 10 747.49 |
| 134 | 内蒙古大学 | Inner Mongolia University | IMU | 10 729.55 |
| 135 | 南京理工大学 | Nanjing University of Science and Technology | NJUST | 10 728.19 |
| 136 | 新疆大学 | Xinjiang University | XJU | 10 696.80 |
| 137 | 湖南师范大学 | Hunan Normal University | HNU | 10 665.74 |
| 138 | 中原大学* | Chung Yuan Christian University | CYCU | 10 618.08 |
| 139 | 首都师范大学 | Capital Normal University | CNU | 10 564.79 |
| 140 | 重庆大学 | Chongqing University | CQU | 10 526.88 |
| 141 | 北京化工大学 | Beijing University of Chemical Technology | BUCT | 10 521.89 |
| 142 | 南京邮电大学 | Nanjing University of Posts And Telecommunications | NJUPT | 10 418.19 |
| 143 | 北京中医药大学 | Beijing University of Chinese Medicine | BCUM | 10 369.07 |

续表

| 排名 | 中文名称 | 英文名称 | 简称 | 传播力得分 |
|---|---|---|---|---|
| 144 | 长庚大学* | Chang Gung University | CGU | 10 360.38 |
| 145 | 海南大学 | Hainan University | HNU | 10 353.69 |
| 146 | 西南大学 | Southwest University(China) | SWU | 10 340.44 |
| 147 | 北京体育大学 | Beijing Sport University | BSU | 10 301.32 |
| 148 | 中央财经大学 | Central University of Finance and Economics | CUFE | 10 093.28 |
| 149 | 福州大学 | Fuzhou University | FZU | 10 070.64 |
| 150 | 陕西师范大学 | Shaanxi Normal University | SNNU | 9 975.47 |
| 151 | 东北林业大学 | Northeast Forestry University | NEFU | 9 959.03 |
| 152 | 中央民族大学 | Minzu University of China | MUC | 9 954.76 |
| 153 | 哈尔滨工程大学 | Harbin Engineering University | HRBEU/HEU | 9 921.22 |
| 154 | 元智大学* | Yuan Ze University | YZU | 9 876.11 |
| 155 | 中国政法大学 | China University of Political Science and Law | CUPL | 9 812.82 |
| 156 | 中央音乐学院 | Central Conservatory of Music | CCOM | 9 673.08 |
| 157 | 贵州大学 | Guizhou University | GZU | 9 601.73 |
| 158 | 中央美术学院 | Central Academy of Fine Arts | CAFA | 9 580.95 |
| 159 | 中央大学* | Central University | NCU | 9 532.28 |
| 160 | 东北农业大学 | Northeast Agricultural University | NEAU | 9 494.44 |
| 161 | 成都理工大学 | Chengdu University of Technology | CDUT | 9 397.71 |
| 162 | 四川农业大学 | Sichuan Agricultural University | SICAU/SAU | 8 849.00 |
| 163 | 中国药科大学 | China Pharmaceutical University | CPU | 8 830.66 |
| 164 | 宁夏大学 | Ningxia University | NXU | 8 817.24 |
| 165 | 南京中医药大学 | Nanjing University of Chinese Medicine | NJUCM | 8 775.50 |
| 166 | 南京林业大学 | Nanjing Forestry University | NJFU | 8 652.74 |
| 167 | 华北电力大学(保定) | North China Electric Power University (BaoDing) | NCEPU | 8 543.14 |
| 168 | 华北电力大学(北京) | North China Electric Power University (BeiJing) | NCEPU | 8 516.17 |
| 169 | 台北医学大学* | Taipei Medical University | TMU | 8 364.32 |
| 170 | 上海海洋大学 | Shanghai Ocean University | SHOU | 8 276.51 |
| 171 | 台湾海洋大学* | Taiwan Ocean University | NTOU | 8 068.38 |
| 172 | 成都中医药大学 | Chengdu University of TCM | CAA | 8 027.49 |
| 173 | 中南财经政法大学 | Zhongnan University of Economics and Law | ZUEL | 7 964.32 |
| 174 | 阳明大学* | Yang Ming University | NYMU | 7 958.34 |
| 175 | 天津工业大学 | Tianjin Polytechnic University | TJPU | 7 816.67 |
| 176 | 长安大学 | Chang'an University | CHD | 7 433.52 |

续表

| 排名 | 中文名称 | 英文名称 | 简称 | 传播力得分 |
|---|---|---|---|---|
| 177 | 青海大学 | Qinghai University | QHU | 7 189. 95 |
| 178 | 西南石油大学 | Southwest Petroleum University | SWPU | 6 715. 84 |
| 179 | 南京信息工程大学 | Nanjing University of Information Science & Technology | NJUIST | 6 713. 01 |
| 180 | 第四军医大学 | The Fourth Military Medical University | FMMU | 6 561. 91 |
| 181 | 第二军医大学 | The Second Military Medical University | SMMU | 6 483. 27 |
| 182 | 中国音乐学院 | China Conservatory of Music | CCM | 6 480. 25 |
| 183 | 天津中医药大学 | Tianjin University of Traditional Chinese Medicine | TUTCM | 6 400. 70 |
| 184 | 中国人民公安大学 | People's Public Security University of China | PPSUC | 6 011. 47 |

（注：加＊为中国台湾地区高校）

## (二)各高校海外网络传播力比较分析

相比于日韩参照高校，中国内地高校整体海外网络传播力得分较低。中国内地高校海外网络传播力得分最高为清华大学 138 611. 50 分，日韩参照高校得分最高为东京大学 617 468. 28 分，日韩参照高校海外网络传播力最高分约为中国内地高校最高分的 4. 5 倍。中国内地高校海外网络传播力平均得分为 15 223. 56 分，日韩参照高校平均得分为 219 994. 44 分，日韩参照高校海外网络传播力平均得分约为中国内地高校平均得分的 14 倍(见图 6－1、表 6－6)。

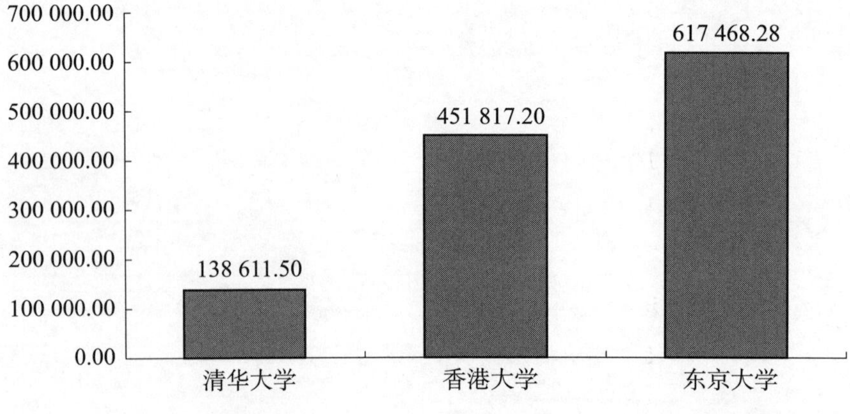


图 6－1　海外网络传播力得分比较

中国内地高校与中国港澳台地区高校相比，其海外网络传播力也存在较大差距。中国港澳台地区高校海外网络传播力最高为香港大学 451 817.20 分，中国港澳台地区高校海外网络传播力平均得分为 62 657.79 分，均高于中国内地高校。

**表 6－6　中国内地高校和日韩高校海外网络传播力排名比较**

| 排名 | 学校名称 | 海外网络传播力得分 |
| --- | --- | --- |
| 1 | 东京大学** | 617 468.28 |
| 2 | 京都大学** | 159 316.70 |
| 3 | 清华大学 | 138 611.50 |
| 4 | 北京大学 | 78 469.32 |
| 5 | 首尔大学** | 57 222.39 |
| 6 | 南京大学 | 49 974.50 |
| 7 | 高丽大学** | 45 970.41 |

（注：带 ** 为日韩参照高校）

# 四、维度一：Google 传播力

## （一）中国高校 Google 传播力全景得分

本报告在调查过程中，在 Google 英文搜索引擎的新闻分类下，采用输入带双引号的高校英文名称的方法，检索一年内中国内地高校和中国港澳台地区高校的新闻数量；通过 Google Trends 搜索高校英文名称以了解高校受关注程度。按权重计算指标对应数据，得到 184 所中国高校 Google 传播力得分排名。

在 Google 传播力维度中，排名前 100 的均为中国内地高校，中国高校海外网络传播力 Google 维度平均得分为 6 104.26 分，最高为东南大学 9 477.86 分。Google 传播力得分在 6 000 分以下的高校有 76 所，占比 41.30%。

Google 传播力排名前十的高校依次为：东南大学、中国美术学院、上海大学、上海交通大学、中国农业大学、北京大学、对外经济贸易大学、复旦大学、南开大学、天津大学（见表 6－7）。

表 6-7　中国高校 Google 传播力全景得分

| 排名 | 中文名称 | 英文名称 | 简称 | Google 传播力得分 |
|---|---|---|---|---|
| 1 | 东南大学 | Southeast University(China) | SEU | 9 477.86 |
| 2 | 中国美术学院 | China Academy of Art | CAA | 9 355.55 |
| 3 | 上海大学 | Shanghai University | SHU | 9 278.04 |
| 4 | 上海交通大学 | Shanghai Jiao Tong University | SJTU | 9 230.43 |
| 5 | 中国农业大学 | China Agricultural University | CAU | 9 107.07 |
| 6 | 北京大学 | Peking University | PKU | 9 043.90 |
| 7 | 对外经济贸易大学 | University of International Business and Economics | UIBE | 9 032.68 |
| 8 | 复旦大学 | Fudan University | FUDAN | 9 031.91 |
| 9 | 南开大学 | Nankai University | NKU | 9 017.50 |
| 10 | 天津大学 | Tianjin University | TJU | 8 907.35 |
| 11 | 北京工业大学 | Beijing University of Technology | BJUT | 8 873.78 |
| 12 | 四川大学 | Sichuan University | SCU | 8 860.81 |
| 13 | 上海外国语大学 | Shanghai International Studies University | SISU | 8 815.84 |
| 14 | 中国人民大学 | Renmin University of China | RUC | 8 775.62 |
| 15 | 北京航空航天大学 | Beihang University | BUAA | 8 759.77 |
| 16 | 上海音乐学院 | Shanghai Conservatory of Music | SHCM | 8 599.07 |
| 17 | 北京外国语大学 | Beijing Foreign Studies University | BFSU | 8 578.79 |
| 18 | 北京理工大学 | Beijing Institute of Technology | BIT | 8 567.64 |
| 19 | 云南大学 | Yunnan University | YNU | 8 558.11 |
| 20 | 浙江大学 | Zhejiang University | ZJU | 8 557.17 |
| 21 | 东北大学 | Northeastern University (China) | NEU | 8 522.08 |
| 22 | 东华大学 | Donghua University | DHU | 8 389.30 |
| 23 | 广西大学 | Guangxi University | GXU | 8 245.09 |
| 24 | 华东师范大学 | East China Normal University | ECNU | 8 234.43 |
| 25 | 北京体育大学 | Beijing Sport University | BSU | 8 196.47 |
| 26 | 河南大学 | Henan University | HENU | 8 165.14 |
| 27 | 外交学院 | China Foreign Affairs University | CFAU | 8 163.70 |
| 28 | 西北大学 | Northwest University (China) | NWU | 8 156.04 |
| 29 | 中国传媒大学 | Communication University of China | CUC | 8 127.81 |
| 30 | 吉林大学 | Jilin University | JLU | 8 118.91 |
| 31 | 华中科技大学 | Huazhong University of Science and Technology | HUST | 8 050.57 |
| 32 | 北京中医药大学 | Beijing University of Chinese Medicine | BCUM | 8 019.28 |
| 33 | 北京林业大学 | Beijing Forestry University | BJFU | 7 824.84 |
| 34 | 郑州大学 | Zhengzhou University | ZZU | 7 814.78 |
| 35 | 大连理工大学 | Dalian University of Technology | DUT | 7 813.16 |
| 36 | 南京理工大学 | Nanjing University of Science and Technology | NJUST | 7 786.55 |

续表

| 排名 | 中文名称 | 英文名称 | 简称 | Google 传播力得分 |
|---|---|---|---|---|
| 37 | 华南师范大学 | South China Normal University | SCNU | 7 774.39 |
| 38 | 厦门大学 | Xiamen University | XMU | 7 770.94 |
| 39 | 南京师范大学 | Nanjing Normal University | NJNU | 7 735.89 |
| 40 | 暨南大学 | Jinan University (China) | JNU | 7 711.84 |
| 41 | 电子科技大学 | University of Electronic Science and Technology of China | UESTC | 7 677.43 |
| 42 | 北京交通大学 | Beijing Jiaotong University | BJTU | 7 636.61 |
| 43 | 南昌大学 | Nanchang University | NCU | 7 630.63 |
| 44 | 西藏大学 | Tibet University | TU | 7 618.58 |
| 45 | 华东理工大学 | East China University of Science and Technology | ECUST | 7 604.37 |
| 46 | 湖南大学 | Hunan University | HNU | 7 510.68 |
| 47 | 天津医科大学 | Tianjin Medical University | TMU | 7 508.93 |
| 48 | 西北工业大学 | Northwestern Polytechnical University | NPU/ NWPU | 7 443.75 |
| 49 | 西南大学 | Southwest University(China) | SWU | 7 429.12 |
| 50 | 武汉理工大学 | Wuhan University of Technology | WUT | 7 424.13 |
| 51 | 东北师范大学 | Northeast Normal University | NENU | 7 366.12 |
| 52 | 北京邮电大学 | Beijing University of Posts and Telecommunications | BUPT | 7 356.00 |
| 53 | 西南财经大学 | Southwestern University of Finance and Economics | SWUFE | 7 329.60 |
| 54 | 内蒙古大学 | Inner Mongolia University | IMU | 7 297.85 |
| 55 | 首都师范大学 | Capital Normal University | CNU | 7 285.30 |
| 56 | 中国矿业大学(徐州) | China University of Mining and Technology | CUMT | 7 270.75 |
| 57 | 辽宁大学 | Liaoning University | LNU | 7 262.87 |
| 58 | 大连海事大学 | Dalian Maritime University | DMU | 7 247.86 |
| 59 | 北京化工大学 | Beijing University of Chemical Technology | BUCT | 7 243.71 |
| 60 | 延边大学 | Yanbian University | YBU | 7 239.63 |
| 61 | 国防科学技术大学 | National University of Defense Technology | NUDT | 7 223.85 |
| 62 | 华中师范大学 | Central China Normal University | CCNU | 7 222.72 |
| 63 | 兰州大学 | Lanzhou University | LZU | 7 219.45 |
| 64 | 北京科技大学 | University of Science and Technology Beijing | USTB | 7 209.82 |
| 65 | 南京农业大学 | Nanjing Agricultural University | NJAU | 7 197.87 |
| 66 | 中国海洋大学 | Ocean University of China | OUC | 7 178.88 |
| 67 | 中国地质大学(北京) | China University of Geosciences | CUGB | 7 147.77 |
| 68 | 湖南师范大学 | Hunan Normal University | HNU | 7 145.84 |

续表

| 排名 | 中文名称 | 英文名称 | 简称 | Google 传播力得分 |
|---|---|---|---|---|
| 69 | 新疆大学 | Xinjiang University | XJU | 7 125.94 |
| 70 | 合肥工业大学 | HeFei University of Technology | HFUT | 7 085.72 |
| 71 | 清华大学 | Tsinghua University | TSU | 7 056.82 |
| 72 | 西安电子科技大学 | Xidian University | XIDIAN | 7 041.25 |
| 73 | 江南大学 | Jiangnan University | JNU | 7 018.15 |
| 74 | 上海中医药大学 | Shanghai University of Traditional Chinese Medicine | SHUTCM | 6 996.49 |
| 75 | 上海财经大学 | Shanghai University of Finance and Economics | SUFE | 6 993.82 |
| 76 | 武汉大学 | Wuhan University | WHU | 6 946.08 |
| 77 | 华中农业大学 | Huazhong Agricultural University | HZAU | 6 930.01 |
| 78 | 陕西师范大学 | Shaanxi Normal University | SNNU | 6 856.93 |
| 79 | 南京航空航天大学 | Nanjing University of Aeronautics and Astronautics | NUAA | 6 850.00 |
| 80 | 中国石油大学（华东） | China University of Petroleum | UPC | 6 759.40 |
| 81 | 安徽大学 | Anhui University | AHU | 6 738.42 |
| 82 | 哈尔滨工程大学 | Harbin Engineering University | HRBEU/HEU | 6 682.94 |
| 83 | 宁波大学 | Ningbo University | NBU | 6 674.82 |
| 84 | 河北工业大学 | Hebei University of Technology | HEBUT | 6 669.48 |
| 85 | 西安交通大学 | Xi'an Jiaotong University | XJTU | 6 629.19 |
| 86 | 太原理工大学 | Taiyuan University of Technology | TUT | 6 613.40 |
| 87 | 福州大学 | Fuzhou University | FZU | 6 593.50 |
| 88 | 中国矿业大学（北京） | China University of Mining and Technology, Beijing | CUMT | 6 558.17 |
| 89 | 贵州大学 | Guizhou University | GZU | 6 523.26 |
| 90 | 中国科学院大学 | University of Chinese Academy of Sciences | UCAS | 6 496.90 |
| 91 | 广州中医药大学 | Guangzhou University of Chinese Medicine | GUCM | 6 482.51 |
| 92 | 海南大学 | Hainan University | HNU | 6 481.39 |
| 93 | 西南交通大学 | Southwest Jiaotong University | SWJTU | 6 459.60 |
| 94 | 南京林业大学 | Nanjing Forestry University | NJFU | 6 399.27 |
| 95 | 南京中医药大学 | Nanjing University Of Chinese Medicine | NJUCM | 6 383.83 |
| 96 | 上海海洋大学 | Shanghai Ocean University | SHOU | 6 374.87 |
| 97 | 南京邮电大学 | Nanjing University Of Posts And Telecommunications | NJUPT | 6 365.65 |

续表

| 排名 | 中文名称 | 英文名称 | 简称 | Google传播力得分 |
|---|---|---|---|---|
| 98 | 哈尔滨工业大学 | Harbin Institute of Technology | HIT | 6 345.76 |
| 99 | 同济大学 | Tongji University | TJU | 6 298.90 |
| 100 | 宁夏大学 | Ningxia University | NXU | 6 298.83 |
| 101 | 南京大学 | Nanjing University | NJU | 6 273.02 |
| 102 | 东北农业大学 | Northeast Agricultural University | NEAU | 6 206.05 |
| 103 | 四川农业大学 | Sichuan Agricultural University | SICAU/SAU | 6 186.47 |
| 104 | 苏州大学 | Soochow University(Suzhou) | SUDA | 6 145.16 |
| 105 | 中国科学技术大学 | University of Science and Technology of China | USTC | 6 126.43 |
| 106 | 北京师范大学 | Beijing Normal University | BNU | 6 126.32 |
| 107 | 西北农林科技大学 | Northwest Agriculture and Forestry University | NWAFU | 6 122.35 |
| 108 | 北京协和医学院 | Peking Union Medical College | PUMC | 6 081.46 |
| 109 | 东北林业大学 | Northeast Forestry University | NEFU | 5 978.10 |
| 110 | 中国地质大学(武汉) | China University of Geosciences | CUG | 5 853.47 |
| 111 | 山东大学 | Shandong University | SDU | 5 842.54 |
| 112 | 石河子大学 | Shihezi University | SHZU | 5 775.11 |
| 113 | 华南理工大学 | South China University of Technology | SCUT | 5 741.47 |
| 114 | 河海大学 | Hohai University | HHU | 5 735.81 |
| 115 | 天津工业大学 | Tianjin Polytechnic University | TJPU | 5 735.60 |
| 116 | 成都理工大学 | Chengdu University Of Technology | CDUT | 5 692.29 |
| 117 | 中国石油大学(北京) | China University of Petroleum-Beijing | CUP | 5 574.40 |
| 118 | 中央美术学院 | Central Academy of Fine Arts | CAFA | 5 559.68 |
| 119 | 成都中医药大学 | Chengdu University of TCM | CAA | 5 312.00 |
| 120 | 上海体育学院 | Shanghai University of Sport | SHUS | 5 303.57 |
| 121 | 中国医药大学* | China Medical University | CMU | 5 149.90 |
| 122 | 中央财经大学 | Central University of Finance and Economics | CUFE | 5 099.56 |
| 123 | 天津中医药大学 | Tianjin University of Traditional Chinese Medicine | TUTCM | 5 015.39 |
| 124 | 西南石油大学 | Southwest Petroleum University | SWPU | 4 903.92 |
| 125 | 青海大学 | Qinghai University | QHU | 4 853.61 |
| 126 | 中央音乐学院 | Central Conservatory of Music | CCOM | 4 850.66 |
| 127 | 长庚大学* | Chang Gung University | CGU | 4 833.30 |
| 128 | 中国政法大学 | China University of Political Science and Law | CUPL | 4 815.82 |
| 129 | 政治大学* | Chengchi University | NCCU | 4 763.19 |

续表

| 排名 | 中文名称 | 英文名称 | 简称 | Google 传播力得分 |
|---|---|---|---|---|
| 130 | 中央民族大学 | Minzu University of China | MUC | 4 734.78 |
| 131 | 中南大学 | Central South University | CSU | 4 716.08 |
| 132 | 重庆大学 | Chongqing University | CQU | 4 710.38 |
| 133 | 台北大学* | Taipei University | NTPU | 4 657.72 |
| 134 | 香港城市大学 | City University of Hong Kong | CityU | 4 635.57 |
| 135 | 澳门大学 | University of Macau | UM | 4 621.43 |
| 136 | 中国药科大学 | China Pharmaceutical University | CPU | 4 584.77 |
| 137 | 长安大学 | Chang'an University | CHD | 4 583.96 |
| 138 | 第四军医大学 | The Fourth Military Medical University | FMMU | 4 503.07 |
| 139 | 台湾"交通大学"* | Chiao Tung University | NCTU | 4 435.18 |
| 140 | 台湾大学* | Taiwan University (NTU) | NTU | 4 400.70 |
| 141 | 中山大学 | Sun Yat-sen University | SYSU | 4 342.83 |
| 142 | 台湾"清华大学"* | Tsing Hua University | NTHU | 4 272.02 |
| 143 | 中国人民公安大学 | People's Public Security University of China | PPSUC | 4 260.39 |
| 144 | 中南财经政法大学 | Zhongnan University of Economics and Law | ZUEL | 4 211.33 |
| 145 | 台湾淡江大学* | Tamkang University | TKU | 4 204.01 |
| 146 | 台湾科技大学* | Taiwan University of Science and Technology (Taiwan Tech) | NTUST | 4 192.93 |
| 147 | 第二军医大学 | The Second Military Medical University | SMMU | 4 152.53 |
| 148 | 华北电力大学(保定) | North China Electric Power University (BaoDing) | NCEPU | 4 124.34 |
| 149 | 华北电力大学(北京) | North China Electric Power University (BeiJing) | NCEPU | 4 097.37 |
| 150 | 东海大学* | Tunghai University | THU | 3 861.83 |
| 151 | 东吴大学* | Soochow University (Taiwan) | SCU | 3 823.47 |
| 152 | 中正大学* | Chung Cheng University | CCU | 3 748.18 |
| 153 | 台湾"东华大学"* | Dong Hwa University | NDHU | 3 736.40 |
| 154 | 台湾"大同大学"* | Tatung University | TTU | 3 715.81 |
| 155 | 中华大学* | Chung Hua University | CHU | 3 691.59 |
| 156 | 高雄医学大学* | Kaohsiung Medical University | KMU | 3 679.91 |
| 157 | 香港中文大学 | The Chinese University of Hong Kong | CUHK | 3 679.62 |
| 158 | 阳明大学* | Yang Ming University | NYMU | 3 654.90 |
| 159 | 中国音乐学院 | China Conservatory of Music | CCM | 3 640.21 |
| 160 | 中兴大学(台湾)* | Chung Hsing University | NCHU | 3 606.05 |
| 161 | 南京信息工程大学 | Nanjing University of Information Science & Technology | NJUIST | 3 559.31 |

续表

| 排名 | 中文名称 | 英文名称 | 简称 | Google 传播力得分 |
|---|---|---|---|---|
| 162 | 台北科技大学* | Taipei University of Technology | NTUT | 3 442.90 |
| 163 | 香港浸会大学 | Hong Kong Baptist University | HKBU | 3 435.84 |
| 164 | 中原大学* | Chung Yuan Christian University | CYCU | 3 421.73 |
| 165 | 台北医学大学* | Taipei Medical University | TMU | 3 333.58 |
| 166 | 香港大学 | The University of Hong Kong | HKU | 3 307.98 |
| 167 | 台湾"中山大学"* | Sun Yat-sen University | NSYSU | 3 281.79 |
| 168 | 彰化师范大学* | Changhua University of Education | NCUE | 3 272.81 |
| 169 | 亚洲大学* | Asia University, Taiwan | AU | 3 262.70 |
| 170 | 香港理工大学 | The Hong Kong Polytechnic University | HKPU/PolyU | 3 213.72 |
| 171 | 辅仁大学* | Fu Jen Catholic University | FJU | 3 141.31 |
| 172 | 暨南国际大学* | Chi Nan University | NCNU | 3 138.52 |
| 173 | 台湾海洋大学* | Taiwan Ocean University | NTOU | 3 124.51 |
| 174 | 中央大学* | Central University | NCU | 3 104.41 |
| 175 | 成功大学* | Cheng Kung University | NCKU | 3 027.83 |
| 176 | 岭南大学 | Lingnan University, Hong Kong | LU | 2 961.25 |
| 177 | 逢甲大学* | Feng Chia University | FCU | 2 923.39 |
| 178 | 香港科技大学 | The Hong Kong University of Science and Technology | HKUST | 2 861.20 |
| 179 | 元智大学* | Yuan Ze University | YZU | 2 792.73 |
| 180 | 云林科技大学* | Yunlin University of Science and Technology | NYUST | 2 713.51 |
| 181 | 中央戏剧学院 | The Central Academy Of Drama | CAD | 2 696.45 |
| 182 | 高雄第一科技大学* | Kaohsiung First University of Science and Technology | NKFUST | 2 650.13 |
| 183 | 高雄应用科技大学* | Kaohsiung University of Applied Sciences | KUAS | 2 587.05 |
| 184 | 台湾师范大学* | Taiwan Normal University | NTNU | 2 282.14 |

（注：带 * 为中国台湾地区高校）

## （二）Google 传播力具体指标分析

在 Google 传播力维度中，有两项指标，其权重如下：Google News 搜索量占 15％的权重，Google Trends 搜索指数占 5％的权重，共在传播力测量中占 20％的权重。Google News 数量为一年内高校在 Google 英文搜索引擎新闻分类下检索出的新闻数量，Google Trends 则能更精确地把握高校的新闻搜索指数和受关注程度。

第一，Google News 搜索量方面，中国内地高校 Google News 平均搜索量约为中国港澳台地区高校的 3 倍。中国高校 Google News 平均搜索量为 171 条，中国内地高校 Google News 平均搜索量为 200 条，中国港澳台地区高校 Google News 平均搜索量为 74 条(见图 6－2)。

在 184 所中国高校中，Google News 搜索量高于 250 条的有 20 所高校，50 条及以下的有 6 所高校，近 1/3 的高校在 201—250 条，超过一半的高校在 150 条以上(见图 6－3)。

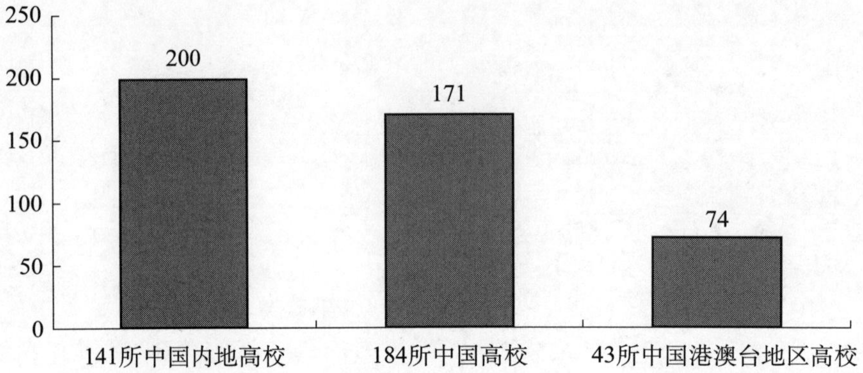


图 6－2　Google News 平均搜索量

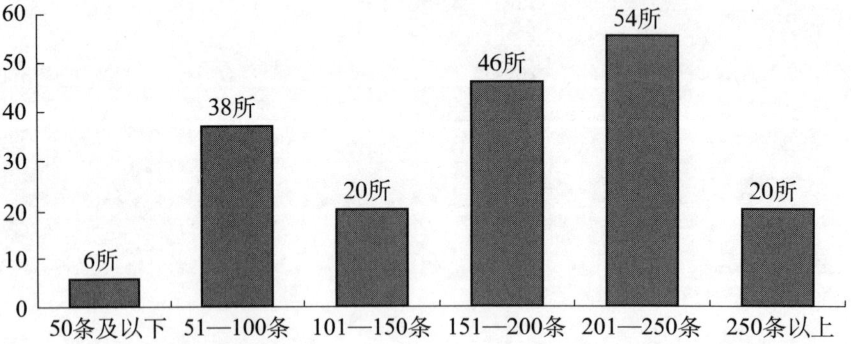


图 6－3　Google News 搜索量

第二，Google Trends 搜索指数方面，中国内地高校和中国港澳台地区高校差距不大。中国高校整体 Google Trends 平均值为 46.66，其中中国内地高校 Google Trends 平均值为 45.84，中国港澳台地区高校 Google Trends 平均值为 49.38(见图 6－4)。

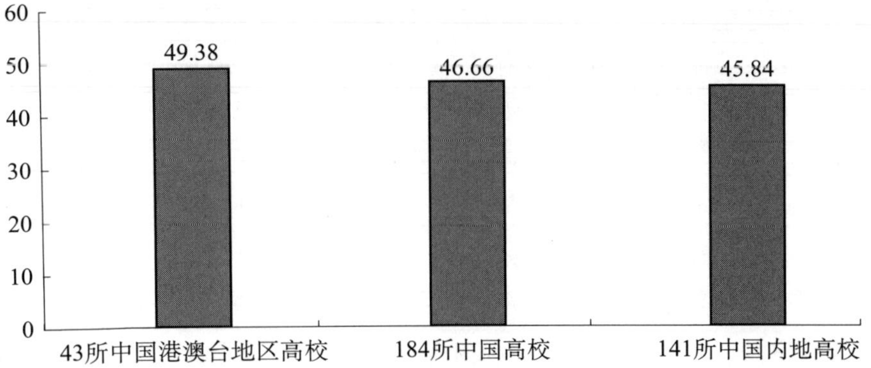


图 6－4　Google Trends 搜索指数平均值

## (三)Google 传播力比较分析

中国内地高校 Google 传播力较强。中国内地高校 Google 传播力排名第一的东南大学得分为 9 477.86 分，约为日韩参照高校 Google 传播力最高得分的 1.5 倍。中国内地高校 Google 传播力平均得分为 6 869.07 分，与日韩参照高校 Google 传播力排名第一的高丽大学得分 6 427.43 分相近(见图 6－5)。

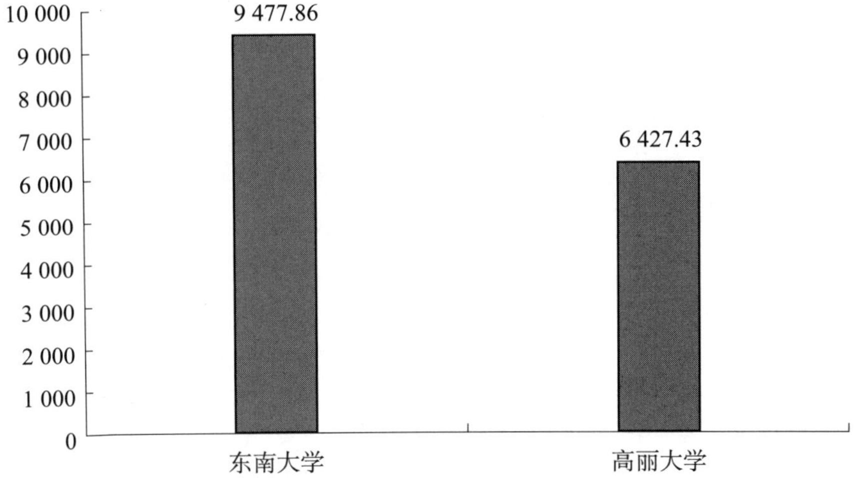


图 6－5　中国内地高校与日韩参照高校 Google 传播力最高分比较

中国内地高校 Google 英文媒体报道能力较强，Google News 搜索量较多。虽然在 Google Trends 指标上中国内地高校表现略不如日韩参照高校，中国内地高校 Google Trends 平均值为 45.84，低于日韩参照高校 Google Trends 平均值

69.30；但是在 Google News 搜索量上，中国内地高校发布新闻数量较多。中国内地高校 Google News 搜索量最高为暨南大学 286 条，约为日韩参照高校最高新闻搜索量的 2 倍，日韩参照高校新闻搜索量最高为高丽大学 146 条；中国内地高校平均新闻搜索量为 200 条，远高于日韩参照高校平均新闻搜索量的 112 条（见图 6-6）。

中国内地高校的 Google 传播力也强于中国港澳台地区高校。中国港澳台地区高校 Google 传播力最高为香港城市大学 4 635.37 分，中国港澳台地区平均得分为 3 596.39 分，均低于中国内地高校，其主要原因是中国内地高校发布的 Google News 数量较多。中国内地高校 Google 平均新闻搜索量为 200 条，约为中国港澳台地区高校 Google 平均新闻搜索量为 74 条的 3 倍（见表 6-8）。

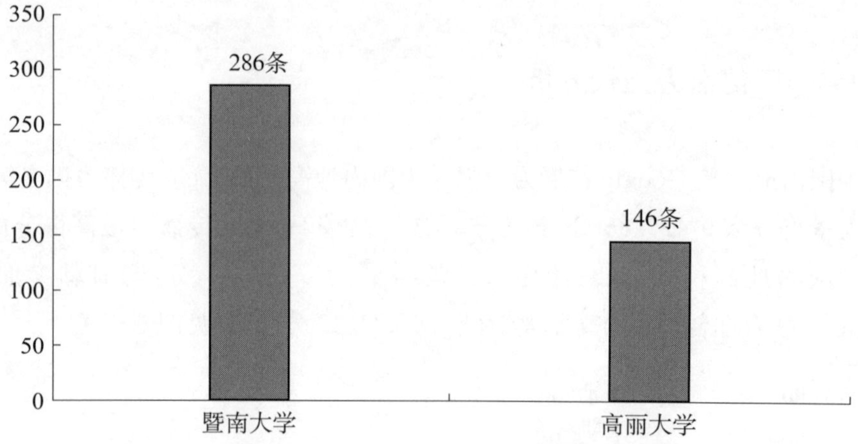


图 6-6 中国内地高校与日韩参照高校 Google News 搜索量最高比较

**表 6-8 中国内地高校和日韩参照高校 Google 传播力排名比较**

| 排名 | 中文名称 | 新闻搜索 | Trends 分析 | Google 传播力得分 |
|---|---|---|---|---|
| 1 | 东南大学 | 284 | 56.39 | 9 477.86 |
| 2 | 中国美术学院 | 277 | 58.45 | 9 355.55 |
| 3 | 上海大学 | 268 | 63.57 | 9 278.04 |
| 4 | 上海交通大学 | 266 | 63.76 | 9 230.43 |
| 5 | 中国农业大学 | 271 | 55.76 | 9 107.07 |
| 6 | 北京大学 | 250 | 71.35 | 9 043.90 |
| 7 | 对外经济贸易大学 | 275 | 50.12 | 9 032.68 |
| 8 | 复旦大学 | 255 | 66.80 | 9 031.91 |
| 9 | 南开大学 | 257 | 64.69 | 9 017.50 |
| 10 | 天津大学 | 252 | 65.45 | 8 907.35 |
| 11 | 北京工业大学 | 265 | 53.55 | 8 873.78 |
| 12 | 四川大学 | 256 | 60.67 | 8 860.81 |

续表

| 排名 | 中文名称 | 新闻搜索 | Trends 分析 | Google 传播力得分 |
|---|---|---|---|---|
| 13 | 上海外国语大学 | 269 | 48.41 | 8 815.84 |
| 14 | 中国人民大学 | 273 | 43.82 | 8 775.62 |
| 15 | 北京航空航天大学 | 268 | 47.51 | 8 759.77 |
| 16 | 上海音乐学院 | 273 | 38.35 | 8 599.07 |
| 17 | 北京外国语大学 | 250 | 56.94 | 8 578.79 |
| 18 | 北京理工大学 | 249 | 57.43 | 8 567.64 |
| 19 | 云南大学 | 262 | 46.27 | 8 558.11 |
| 20 | 浙江大学 | 235 | 68.80 | 8 557.17 |
| 21 | 东北大学 | 249 | 56.02 | 8 522.08 |
| 22 | 东华大学 | 246 | 54.41 | 8 389.30 |
| 23 | 广西大学 | 220 | 71.67 | 8 245.09 |
| 24 | 华东师范大学 | 253 | 43.76 | 8 234.43 |
| 25 | 北京体育大学 | 253 | 42.59 | 8 196.47 |
| 26 | 河南大学 | 226 | 64.18 | 8 165.14 |
| 27 | 外交学院 | 255 | 39.90 | 8 163.70 |
| 28 | 西北大学 | 245 | 48.02 | 8 156.04 |
| 29 | 中国传媒大学 | 244 | 47.98 | 8 127.81 |
| 30 | 吉林大学 | 239 | 51.88 | 8 118.91 |
| 31 | 华中科技大学 | 239 | 49.76 | 8 050.57 |
| 32 | 北京中医药大学 | 235 | 52.14 | 8 019.28 |
| 33 | 北京林业大学 | 228 | 51.96 | 7 824.84 |
| 34 | 郑州大学 | 220 | 58.33 | 7 814.78 |
| 35 | 大连理工大学 | 224 | 54.94 | 7 813.16 |
| 36 | 南京理工大学 | 237 | 43.25 | 7 786.55 |
| 37 | 华南师范大学 | 217 | 59.59 | 7 774.39 |
| 38 | 厦门大学 | 213 | 62.82 | 7 770.94 |
| 39 | 南京师范大学 | 232 | 45.86 | 7 735.89 |
| 40 | 暨南大学 | 286 | 0.00 | 7 711.84 |
| 41 | 电子科技大学 | 215 | 58.25 | 7 677.43 |
| 42 | 北京交通大学 | 224 | 49.47 | 7 636.61 |
| 43 | 南昌大学 | 220 | 52.63 | 7 630.63 |
| 44 | 西藏大学 | 215 | 56.43 | 7 618.58 |
| 45 | 华东理工大学 | 229 | 44.29 | 7 604.37 |
| 46 | 湖南大学 | 206 | 60.61 | 7 510.68 |
| 47 | 天津医科大学 | 208 | 58.88 | 7 508.93 |
| 48 | 西北工业大学 | 208 | 56.86 | 7 443.75 |
| 49 | 西南大学 | 216 | 49.73 | 7 429.12 |
| 50 | 武汉理工大学 | 208 | 56.25 | 7 424.13 |
| 51 | 东北师范大学 | 220 | 44.43 | 7 366.12 |
| 52 | 北京邮电大学 | 220 | 44.12 | 7 356.00 |
| 53 | 西南财经大学 | 227 | 37.45 | 7 329.60 |

续表

| 排名 | 中文名称 | 新闻搜索 | Trends 分析 | Google 传播力得分 |
|---|---|---|---|---|
| 54 | 内蒙古大学 | 212 | 49.00 | 7 297.85 |
| 55 | 首都师范大学 | 209 | 51.12 | 7 285.30 |
| 56 | 中国矿业大学(徐州) | 191 | 65.71 | 7 270.75 |
| 57 | 辽宁大学 | 187 | 68.80 | 7 262.87 |
| 58 | 大连海事大学 | 230 | 32.41 | 7 247.86 |
| 59 | 北京化工大学 | 216 | 43.98 | 7 243.71 |
| 60 | 延边大学 | 230 | 32.16 | 7 239.63 |
| 61 | 国防科学技术大学 | 217 | 42.53 | 7 223.85 |
| 62 | 华中师范大学 | 219 | 40.82 | 7 222.72 |
| 63 | 兰州大学 | 204 | 53.25 | 7 219.45 |
| 64 | 北京科技大学 | 220 | 39.59 | 7 209.82 |
| 65 | 南京农业大学 | 212 | 45.90 | 7 197.87 |
| 66 | 中国海洋大学 | 212 | 45.31 | 7 178.88 |
| 67 | 中国地质大学(北京) | 215 | 41.84 | 7 147.77 |
| 68 | 湖南师范大学 | 210 | 45.96 | 7 145.84 |
| 69 | 新疆大学 | 188 | 63.73 | 7 125.94 |
| 70 | 合肥工业大学 | 210 | 44.10 | 7 085.72 |
| 71 | 清华大学 | 168 | 78.29 | 7 056.82 |
| 72 | 西安电子科技大学 | 203 | 48.57 | 7 041.25 |
| 73 | 江南大学 | 194 | 55.37 | 7 018.15 |
| 74 | 上海中医药大学 | 228 | 26.29 | 6 996.49 |
| 75 | 上海财经大学 | 208 | 42.92 | 6 993.82 |
| 76 | 武汉大学 | 186 | 59.82 | 6 946.08 |
| 77 | 华中农业大学 | 205 | 43.45 | 6 930.01 |
| 78 | 陕西师范大学 | 214 | 33.67 | 6 856.93 |
| 79 | 南京航空航天大学 | 201 | 44.31 | 6 850.00 |
| 80 | 中国石油大学(华东) | 204 | 39.00 | 6 759.40 |
| 81 | 安徽大学 | 189 | 50.88 | 6 738.42 |
| 82 | 哈尔滨工程大学 | 183 | 54.18 | 6 682.94 |
| 83 | 宁波大学 | 180 | 56.43 | 6 674.82 |
| 84 | 河北工业大学 | 194 | 44.57 | 6 669.48 |
| 85 | 西安交通大学 | 206 | 33.29 | 6 629.19 |
| 86 | 太原理工大学 | 193 | 43.67 | 6 613.40 |
| 87 | 福州大学 | 189 | 46.39 | 6 593.50 |
| 88 | 中国矿业大学(北京) | 150 | 77.88 | 6 558.17 |
| 89 | 贵州大学 | 189 | 44.22 | 6 523.26 |
| 90 | 中国科学院大学 | 165 | 6 3.45 | 6 496.90 |
| 91 | 广州中医药大学 | 195 | 37.94 | 6 482.51 |
| 92 | 海南大学 | 174 | 55.45 | 6 481.39 |
| 93 | 西南交通大学 | 188 | 43.08 | 6 459.60 |
| 94 | 高丽大学** | 146 | 77.17 | 6 427.43 |

续表

| 排名 | 中文名称 | 新闻搜索 | Trends 分析 | Google 传播力得分 |
|---|---|---|---|---|
| 95 | 南京林业大学 | 194 | 36.20 | 6 399.27 |
| 96 | 南京中医药大学 | 195 | 34.88 | 6 383.83 |
| 97 | 上海海洋大学 | 194 | 35.44 | 6 374.87 |
| 98 | 南京邮电大学 | 198 | 31.81 | 6 365.65 |
| 99 | 哈尔滨工业大学 | 162 | 61.27 | 6 345.76 |
| 100 | 同济大学 | 157 | 64.00 | 6 298.90 |
| 101 | 宁夏大学 | 183 | 42.27 | 6 298.83 |
| 102 | 南京大学 | 149 | 69.88 | 6 273.02 |
| 103 | 东北农业大学 | 182 | 40.24 | 6 206.05 |
| 104 | 四川农业大学 | 169 | 50.49 | 6 186.47 |
| 105 | 苏州大学 | 144 | 70.10 | 6 145.16 |
| 106 | 中国科学技术大学 | 143 | 70.35 | 6 126.43 |
| 107 | 北京师范大学 | 146 | 67.84 | 6 126.32 |
| 108 | 西北农林科技大学 | 193 | 28.45 | 6 122.35 |
| 109 | 北京协和医学院 | 174 | 43.06 | 6 081.46 |
| 110 | 东北林业大学 | 180 | 34.84 | 5 978.10 |
| 111 | 中国地质大学(武汉) | 167 | 41.84 | 5 853.47 |
| 112 | 山东大学 | 160 | 47.35 | 5 842.54 |
| 113 | 石河子大学 | 164 | 41.92 | 5 775.11 |
| 114 | 华南理工大学 | 149 | 53.41 | 5 741.47 |
| 115 | 河海大学 | 172 | 34.02 | 5 735.81 |
| 116 | 天津工业大学 | 160 | 44.04 | 5 735.60 |
| 117 | 成都理工大学 | 156 | 46.04 | 5 692.29 |
| 118 | 东京大学** | 133 | 61.92 | 5 584.72 |
| 119 | 中国石油大学(北京) | 159 | 39.88 | 5 574.40 |
| 120 | 中央美术学院 | 160 | 38.59 | 5 559.68 |
| 121 | 成都中医药大学 | 197 | 0.00 | 5 312.00 |
| 122 | 上海体育学院 | 167 | 24.80 | 5 303.57 |
| 123 | 中国医药大学(台湾) | 146 | 37.59 | 5 149.90 |
| 124 | 中央财经大学 | 132 | 47.73 | 5 099.56 |
| 125 | 天津中医药大学 | 186 | 0.00 | 5 015.39 |
| 126 | 西南石油大学 | 153 | 24.12 | 4 903.92 |
| 127 | 青海大学 | 180 | 0.00 | 4 853.61 |
| 128 | 中央音乐学院 | 138 | 35.00 | 4 850.66 |
| 129 | 长庚大学 | 100 | 66.21 | 4 833.30 |
| 130 | 中国政法大学 | 133 | 38.10 | 4 815.82 |
| 131 | 政治大学 | 118 | 49.00 | 4 763.19 |
| 132 | 中央民族大学 | 128 | 39.76 | 4 734.78 |
| 133 | 中南大学 | 96 | 65.92 | 4 716.08 |
| 134 | 重庆大学 | 114 | 50.71 | 4 710.38 |
| 135 | 首尔大学** | 90 | 69.63 | 4 674.12 |

续表

| 排名 | 中文名称 | 新闻搜索 | Trends 分析 | Google 传播力得分 |
|---|---|---|---|---|
| 136 | 台北大学 | 98 | 62.44 | 4 657.72 |
| 137 | 中国药科大学 | 105 | 54.33 | 4 584.77 |
| 138 | 长安大学 | 170 | 0.00 | 4 583.96 |
| 139 | 第四军医大学 | 167 | 0.00 | 4 503.07 |
| 140 | 中山大学 | 93 | 56.86 | 4 342.83 |
| 141 | 京都大学** | 77 | 68.48 | 4 286.35 |

（注：带**为日韩参照高校）

# 五、维度二：Wikipedia 传播力

## （一）中国高校 Wikipedia 传播力全景得分

Wikipedia 是一个网络百科全书项目，特点是自由内容、自由编辑，目前是全球网络上最大的参考工具书。由于 Wikipedia 能迅速整理出与最近发生事件相关的信息，并且任何人都能深入整理数据内容，使其成为人们获取信息的一个重要来源。Wikipedia 英文词条的建设，在一定程度上反映了中国高校打造自身全球窗口的主动性和积极性。对 Wikipedia 英文词条的完整性、编辑次数、参与编辑用户数量、链接数量进行统计，按权重计算指标对应数据，得到 184 所中国高校 Wikipedia 传播力得分排名。

中国高校海外网络传播力 Wikipedia 维度平均得分为 5 894.08 分，最高为清华大学 39 364.90 分，排名前十中有一半为中国内地高校。Wikipedia 传播力排名前十的高校依次为：清华大学、香港大学、政治大学、北京大学、南京大学、辅仁大学、台湾大学、香港城市大学、南京农业大学、复旦大学（见表 6－9）。

表 6－9　中国高校 Wikipedia 传播力全景得分

| 排名 | 中文名称 | 英文名称 | 简称 | Wikipedia 传播力得分 |
|---|---|---|---|---|
| 1 | 清华大学 | Tsinghua University | TSU | 39 365.90 |
| 2 | 香港大学 | The University of Hong Kong | HKU | 26 167.06 |
| 3 | 政治大学* | Chengchi University | NCCU | 25 801.29 |
| 4 | 北京大学 | Peking University | PKU | 25 330.96 |
| 5 | 南京大学 | Nanjing University | NJU | 23 928.49 |

续表

| 排名 | 中文名称 | 英文名称 | 简称 | Wikipedia 传播力得分 |
|---|---|---|---|---|
| 6 | 辅仁大学* | Fu Jen Catholic University | FJU | 23 761.55 |
| 7 | 台湾大学* | Taiwan University | NTU | 23381.13 |
| 8 | 香港城市大学 | City University of Hong Kong | CityU | 17 022.84 |
| 9 | 南京农业大学 | Nanjing Agricultural University | NJAU | 16 291.32 |
| 10 | 复旦大学 | Fudan University | FUDAN | 16 082.45 |
| 11 | 香港中文大学 | The Chinese University of Hong Kong | CUHK | 15 652.40 |
| 12 | 浙江大学 | Zhejiang University | ZJU | 14 620.54 |
| 13 | 香港科技大学 | The Hong Kong University of Science and Technology | HKUST | 13 529.86 |
| 14 | 上海交通大学 | Shanghai Jiao Tong University | SJTU | 12 532.59 |
| 15 | 西安电子科技大学 | Xidian University | XIDIAN | 12 512.32 |
| 16 | 华东理工大学 | East China University of Science and Technology | ECUST | 12 016.57 |
| 17 | 中正大学* | National Chung Cheng University | CCU | 11 531.84 |
| 18 | 台湾"中山大学"* | Sun Yat-sen University | NSYSU | 10 975.81 |
| 19 | 吉林大学 | Jilin University | JLU | 10 897.37 |
| 20 | 中山大学 | Sun Yat-sen University | SYSU | 10 574.48 |
| 21 | 澳门大学 | University of Macau | UM | 10 420.17 |
| 22 | 哈尔滨工业大学 | Harbin Institute of Technology | HIT | 10 186.96 |
| 23 | 岭南大学 | Lingnan University, Hong Kong | LU | 10 148.67 |
| 24 | 北京外国语大学 | Beijing Foreign Studies University | BFSU | 9 635.73 |
| 25 | 成功大学* | Cheng Kung University | NCKU | 9 520.31 |
| 26 | 江南大学 | Jiangnan University | JNU | 9 113.74 |
| 27 | 中国科学技术大学 | University of Science and Technology of China | USTC | 9 101.19 |
| 28 | 台湾"清华大学"* | Tsing Hua University | NTHU | 8 875.34 |
| 29 | 西南财经大学 | Southwestern University of Finance and Economics | SWUFE | 8 831.78 |
| 30 | 香港理工大学 | The Hong Kong Polytechnic University | HKPU/ PolyU | 8 613.36 |
| 31 | 香港浸会大学 | Hong Kong Baptist University | HKBU | 8 551.63 |
| 32 | 厦门大学 | Xiamen University | XMU | 8 376.34 |
| 33 | 中央戏剧学院 | The Central Academy of Drama | CAD | 8 228.13 |
| 34 | 武汉大学 | Wuhan University | WHU | 8 195.53 |
| 35 | 北京师范大学 | Beijing Normal University | BNU | 8 159.31 |
| 36 | 南开大学 | Nankai University | NKU | 8 038.15 |
| 37 | 逢甲大学* | Feng Chia University | FCU | 7 998.32 |
| 38 | 彰化师范大学* | Changhua University of Education | NCUE | 7 528.58 |
| 39 | 同济大学 | Tongji University | TJU | 7 256.20 |

续表

| 排名 | 中文名称 | 英文名称 | 简称 | Wikipedia传播力得分 |
|---|---|---|---|---|
| 40 | 西安交通大学 | Xi'an Jiaotong University | XJTU | 7 191.04 |
| 41 | 南京师范大学 | Nanjing Normal University | NJNU | 6 844.74 |
| 42 | 台湾师范大学* | Taiwan Normal University | NTNU | 6 691.15 |
| 43 | 山东大学 | Shandong University | SDU | 6 611.14 |
| 44 | 电子科技大学 | University of Electronic Science and Technology of China | UESTC | 6 605.48 |
| 45 | 东吴大学* | Soochow University (Taiwan) | SCU | 6 603.88 |
| 46 | 中国人民大学 | Renmin University of China | RUC | 6 508.02 |
| 47 | 国防科学技术大学 | National University of Defense Technology | NUDT | 6 494.16 |
| 48 | 东南大学 | Southeast University(China) | SEU | 6 339.59 |
| 49 | 四川大学 | Sichuan University | SCU | 6 310.38 |
| 50 | 华东师范大学 | East China Normal University | ECNU | 6 018.72 |
| 51 | 高雄第一科技大学* | Kaohsiung First University of Science and Technology | NKFUST | 6 003.98 |
| 52 | 华中科技大学 | Huazhong University of Science and Technology | HUST | 5 974.52 |
| 53 | 中央大学* | Central University | NCU | 5 930.09 |
| 54 | 河海大学 | Hohai University | HHU | 5 803.40 |
| 55 | 对外经济贸易大学 | University of International Business and Economics | UIBE | 5 742.26 |
| 56 | 上海大学 | Shanghai University | SHU | 5 640.26 |
| 57 | 台湾“交通大学”* | Chiao Tung University | NCTU | 5 616.20 |
| 58 | 中国地质大学(北京) | China University of Geosciences | CUGB | 5 480.80 |
| 59 | 中国地质大学(武汉) | China University of Geosciences | CUG | 5 480.80 |
| 60 | 台湾淡江大学* | Tamkang University | TKU | 5 431.83 |
| 61 | 中南大学 | Central South University | CSU | 5 425.93 |
| 62 | 台北科技大学* | Taipei University of Technology | NTUT | 5 399.41 |
| 63 | 郑州大学 | Zhengzhou University | ZZU | 5 385.31 |
| 64 | 北京邮电大学 | Beijing University of Posts and Telecommunications | BUPT | 5 330.79 |
| 65 | 西北工业大学 | Northwestern Polytechnical University | NPU/NWPU | 5 313.73 |
| 66 | 西北农林科技大学 | Northwest Agriculture and Forestry University | NWAFU | 5 172.43 |
| 67 | 北京航空航天大学 | Beihang University | BUAA | 5 077.58 |
| 68 | 北京理工大学 | Beijing Institute of Technology | BIT | 5 039.13 |
| 69 | 暨南大学 | Jinan University (China) | JNU | 5 002.92 |
| 70 | 台北大学* | Taipei University | NTPU | 5 000.35 |

续表

| 排名 | 中文名称 | 英文名称 | 简称 | Wikipedia 传播力得分 |
|---|---|---|---|---|
| 71 | 中央民族大学 | Minzu University of China | MUC | 4 984.30 |
| 72 | 太原理工大学 | Taiyuan University of Technology | TUT | 4 927.17 |
| 73 | 苏州大学 | Soochow University(Suzhou) | SUDA | 4 918.83 |
| 74 | 东海大学* | Tunghai University | THU | 4 897.14 |
| 75 | 上海外国语大学 | Shanghai International Studies University | SISU | 4 876.98 |
| 76 | 南京航空航天大学 | Nanjing University of Aeronautics and Astronautics | NUAA | 4 735.45 |
| 77 | 华南理工大学 | South China University of Technology | SCUT | 4 699.96 |
| 78 | 河南大学 | Henan University | HENU | 4 686.48 |
| 79 | 云林科技大学* | Yunlin University of Science and Technology | NYUST | 4 636.50 |
| 80 | 安徽大学 | Anhui University | AHU | 4 581.13 |
| 81 | 台北医学大学* | Taipei Medical University | TMU | 4 545.41 |
| 82 | 中国美术学院 | China Academy of Art | CAA | 4 533.12 |
| 83 | 中兴大学* | Chung Hsing University | NCHU | 4 530.19 |
| 84 | 北京协和医学院 | Peking Union Medical College | PUMC | 4 506.91 |
| 85 | 中国政法大学 | China University of Political Science and Law | CUPL | 4 368.79 |
| 86 | 西南交通大学 | Southwest Jiaotong University | SWJTU | 4 348.14 |
| 87 | 中央音乐学院 | Central Conservatory of Music | CCOM | 4 329.25 |
| 88 | 长庚大学* | Chang Gung University | CGU | 4 274.49 |
| 89 | 亚洲大学* | Asia University, Taiwan | AU | 4 243.84 |
| 90 | 湖南大学 | Hunan University | HNU | 4 117.37 |
| 91 | 华北电力大学(保定) | North China Electric Power University(BaoDing) | NCEPU | 4 106.93 |
| 92 | 华北电力大学(北京) | North China Electric Power University(BeiJing) | NCEPU | 4 106.93 |
| 93 | 北京交通大学 | Beijing Jiaotong University | BJTU | 4 097.24 |
| 94 | 重庆大学 | Chongqing University | CQU | 4 081.65 |
| 95 | 东华大学 | Donghua University | DHU | 4 077.22 |
| 96 | 阳明大学* | Yang Ming University | NYMU | 4 056.60 |
| 97 | 中央财经大学 | Central University of Finance and Economics | CUFE | 4 036.47 |
| 98 | 天津大学 | Tianjin University | TJU | 3 996.08 |
| 99 | 东北师范大学 | Northeast Normal University | NENU | 3 993.02 |
| 100 | 中国农业大学 | China Agricultural University | CAU | 3 941.21 |
| 101 | 台湾科技大学* | Taiwan University of Science and Technology (Taiwan Tech) | NTUST | 3 936.67 |

续表

| 排名 | 中文名称 | 英文名称 | 简称 | Wikipedia 传播力得分 |
|---|---|---|---|---|
| 102 | 石河子大学 | Shihezi University | SHZU | 3 931.70 |
| 103 | 华中师范大学 | Central China Normal University | CCNU | 3 929.54 |
| 104 | 兰州大学 | Lanzhou University | LZU | 3 889.90 |
| 105 | 中国科学院大学 | University of Chinese Academy of Sciences | UCAS | 3 845.33 |
| 106 | 河北工业大学 | Hebei University of Technology | HEBUT | 3 839.60 |
| 107 | 中国医药大学* | China Medical University | CMU | 3 815.88 |
| 108 | 台湾"东华大学"* | Dong Hwa University | NDHU | 3 800.78 |
| 109 | 台湾海洋大学* | Taiwan Ocean University | NTOU | 3 800.29 |
| 110 | 中原大学* | Chung Yuan Christian University | CYCU | 3 787.91 |
| 111 | 华南师范大学 | South China Normal University | SCNU | 3 778.71 |
| 112 | 北京科技大学 | University of Science and Technology Beijing | USTB | 3 719.27 |
| 113 | 中国传媒大学 | Communication University of China | CUC | 3 690.46 |
| 114 | 东北林业大学 | Northeast Forestry University | NEFU | 3 680.86 |
| 115 | 合肥工业大学 | HeFei University of Technology | HFUT | 3 654.37 |
| 116 | 广州中医药大学 | Guangzhou University of Chinese Medicine | GUCM | 3 612.39 |
| 117 | 海南大学 | Hainan University | HNU | 3 589.19 |
| 118 | 中国药科大学 | China Pharmaceutical University | CPU | 3 574.18 |
| 119 | 中国矿业大学（北京） | China University of Mining and Technology, Beijing | CUMT | 3 508.29 |
| 120 | 中国矿业大学（徐州） | China University of Mining and Technology | CUMT | 3 508.29 |
| 121 | 台湾"大同大学"* | Tatung University | TTU | 3 503.75 |
| 122 | 大连海事大学 | Dalian Maritime University | DMU | 3 502.36 |
| 123 | 上海音乐学院 | Shanghai Conservatory of Music | SHCM | 3 463.08 |
| 124 | 西藏大学 | Tibet University | TU | 3 462.96 |
| 125 | 宁波大学 | Ningbo University | NBU | 3 456.69 |
| 126 | 广西大学 | Guangxi University | GXU | 3 442.83 |
| 127 | 高雄医学大学* | Kaohsiung Medical University | KMU | 3 424.05 |
| 128 | 东北大学 | Northeastern University (China) | NEU | 3 317.62 |
| 129 | 中华大学* | Chung Hua University | CHU | 3 313.36 |
| 130 | 武汉理工大学 | Wuhan University of Technology | WUT | 3 296.38 |
| 131 | 华中农业大学 | Huazhong Agricultural University | HZAU | 3 291.84 |
| 132 | 高雄应用科技大学* | Kaohsiung University of Applied Sciences | KUAS | 3 287.67 |
| 133 | 北京林业大学 | Beijing Forestry University | BJFU | 3 273.10 |

续表

| 排名 | 中文名称 | 英文名称 | 简称 | Wikipedia 传播力得分 |
|---|---|---|---|---|
| 134 | 成都理工大学 | Chengdu University of Technology | CDUT | 3 241.26 |
| 135 | 云南大学 | Yunnan University | YNU | 3 125.63 |
| 136 | 中国海洋大学 | Ocean University of China | OUC | 3 120.60 |
| 137 | 北京工业大学 | Beijing University of Technology | BJUT | 3 080.37 |
| 138 | 中央美术学院 | Central Academy of Fine Arts | CAFA | 3 060.73 |
| 139 | 中南财经政法大学 | Zhongnan University of Economics and Law | ZUEL | 3 055.66 |
| 140 | 东北农业大学 | Northeast Agricultural University | NEAU | 3 054.71 |
| 141 | 新疆大学 | Xinjiang University | XJU | 3 004.75 |
| 142 | 延边大学 | Yanbian University | YBU | 2 999.35 |
| 143 | 暨南国际大学* | Chi Nan University | NCNU | 2 995.27 |
| 144 | 上海财经大学 | Shanghai University of Finance and Economics | SUFE | 2 990.03 |
| 145 | 大连理工大学 | Dalian University of Technology | DUT | 2 929.75 |
| 146 | 陕西师范大学 | Shaanxi Normal University | SNNU | 2 834.12 |
| 147 | 南昌大学 | Nanchang University | NCU | 2 834.09 |
| 148 | 西北大学 | Northwest University (China) | NWU | 2 823.57 |
| 149 | 首都师范大学 | Capital Normal University | CNU | 2 815.06 |
| 150 | 贵州大学 | Guizhou University | GZU | 2 793.46 |
| 151 | 哈尔滨工程大学 | Harbin Engineering University | HRBEU/HEU | 2 788.83 |
| 152 | 内蒙古大学 | Inner Mongolia University | IMU | 2 733.93 |
| 153 | 北京化工大学 | Beijing University of Chemical Technology | BUCT | 2 708.30 |
| 154 | 南京理工大学 | Nanjing University of Science and Technology | NJUST | 2 697.65 |
| 155 | 南京信息工程大学 | Nanjing University of Information Science & Technology | NJUIST | 2 682.39 |
| 156 | 中国音乐学院 | China Conservatory of Music | CCM | 2 596.83 |
| 157 | 长安大学 | Chang'an University | CHD | 2 592.95 |
| 158 | 福州大学 | Fuzhou University | FZU | 2 592.54 |
| 159 | 湖南师范大学 | Hunan Normal University | HNU | 2 586.93 |
| 160 | 中国石油大学(华东) | China University of Petroleum | UPC | 2 551.91 |
| 161 | 元智大学* | Yuan Ze University | YZU | 2 451.53 |
| 162 | 四川农业大学 | Sichuan Agricultural University | SICAU/SAU | 2 421.39 |
| 163 | 辽宁大学 | Liaoning University | LNU | 2 406.20 |
| 164 | 天津医科大学 | Tianjin Medical University | TMU | 2 386.07 |

续表

| 排名 | 中文名称 | 英文名称 | 简称 | Wikipedia 传播力得分 |
| --- | --- | --- | --- | --- |
| 165 | 上海中医药大学 | Shanghai University of Traditional Chinese Medicine | SHUTCM | 2 352.66 |
| 166 | 外交学院 | China Foreign Affairs University | CFAU | 2 350.96 |
| 167 | 第二军医大学 | The Second Military Medical University | SMMU | 2 330.74 |
| 168 | 宁夏大学 | Ningxia University | NXU | 2 250.21 |
| 169 | 青海大学 | Qinghai University | QHU | 2 104.22 |
| 170 | 第四军医大学 | The Fourth Military Medical University | FMMU | 2 058.84 |
| 171 | 南京林业大学 | Nanjing Forestry University | NJFU | 2 013.63 |
| 172 | 南京邮电大学 | Nanjing University of Posts And Telecommunications | NJUPT | 2 008.14 |
| 173 | 成都中医药大学 | Chengdu University of TCM | CAA | 1 999.60 |
| 174 | 北京中医药大学 | Beijing University of Chinese Medicine | BCUM | 1 847.40 |
| 175 | 南京中医药大学 | Nanjing University of Chinese Medicine | NJUCM | 1 790.83 |
| 176 | 西南大学 | Southwest University(China) | SWU | 1 762.07 |
| 177 | 上海体育学院 | Shanghai University of Sport | SHUS | 1 751.95 |
| 178 | 中国人民公安大学 | People's Public Security University of China | PPSUC | 1 751.08 |
| 179 | 上海海洋大学 | Shanghai Ocean University | SHOU | 1 656.29 |
| 180 | 天津工业大学 | Tianjin Polytechnic University | TJPU | 1 585.37 |
| 181 | 西南石油大学 | Southwest Petroleum University | SWPU | 1 570.73 |
| 182 | 北京体育大学 | Beijing Sport University | BSU | 1 359.25 |
| 183 | 中国石油大学(北京) | China University of Petroleum-Beijing | CUP | 1 208.27 |
| 184 | 天津中医药大学 | Tianjin University of Traditional Chinese Medicine | TUTCM | 412.79 |

(注:带 * 为中国台湾地区高校)

## (二)Wikipedia 传播力具体指标分析

在 Wikipedia 传播力维度中,有 4 项指标,其权重如下:词条完整性占 5%,一年内词条编辑次数占 5%,一年内参与词条编辑的用户数量占 5%,词条关联的链接(链入与链出)情况占 5%,总共在传播力测量中占比 20%。

通过调研中国高校的 Wikipedia 英文词条,考察词条完整性,即是否包含官方定义、历史发展、地址、部门结构和外部链接 5 项指标;考察词条在最近一年的受关注程度,包括统计其被编辑次数、参与编辑的用户数量以及词条与其他词条的链接情况。

第一，词条完整性。184 所中国高校的 Wikipedia 英文词条普及率为 100%，词条完整的高校占 64.13%。词条完整，指词条同时包含高校官方定义、历史发展、地址、部门结构、外部链接 5 部分信息。词条中缺失最多的信息项是部门结构，有 47 所高校缺失；其次是历史发展，有 28 所高校缺失。其中，上海中医药大学、北京中医药大学、南京中医药大学、天津中医药大学 4 所高校的 Wikipedia 英文词条仅包含一项信息或没有上述任何信息。

第二，词条编辑次数。词条编辑次数总体不高，中国高校一年内平均词条编辑次数为 17 次。各高校之间编辑次数差异较大，编辑次数最多的是清华大学，为 229 次；编辑次数在 10 次以下的有 107 所高校，其中 14 所高校编辑次数为 0。与中国港澳地区高校、中国台湾地区高校相比，中国内地高校编辑次数和参与编辑用户数量最少。中国内地高校平均词条编辑次数为 14 次、平均参与编辑用户数量为 5 人，85.11%的中国内地高校参与编辑用户数量仅为个位数。中国港澳地区高校平均词条编辑次数为 47 次、平均参与编辑用户数量为 24 人。中国台湾地区高校平均词条编辑次数为 23 次、平均参与编辑用户数量为 9 人(见图 6－7)。

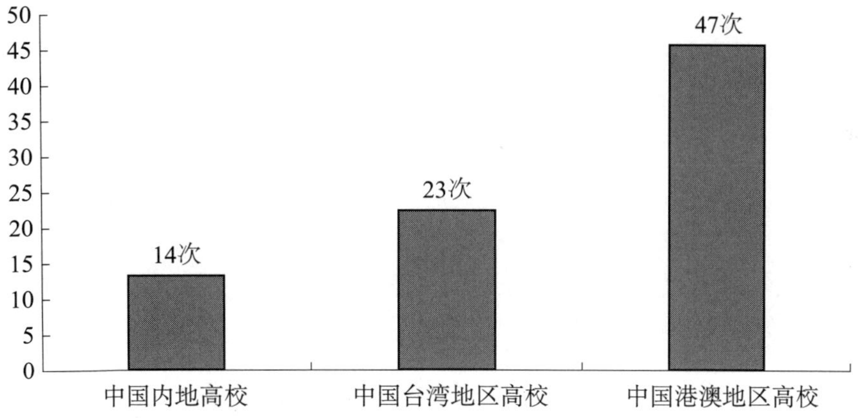


图 6－7　中国高校平均词条编辑次数

第三，词条链接。北京大学、清华大学、香港大学、台湾大学、复旦大学词条链接在 184 所高校中位列前五，分别为 1 734 条、1 606 条、1 514 条、1 179 条和1 012 条，均在 1 000 条以上。词条链接在 500 条以上的还有香港中文大学、南京大学、浙江大学、上海交通大学、政治大学、香港城市大学、南京师范大学、香港科技大学、同济大学共 9 所高校。词条链接少于 100 条的有 18 所高校，其中词条链接条数最少的为 8 条(见表 6－10)。

### 表 6 - 10　中国高校 Wikipedia 传播力具体指标得分

| 排名 | 中文名称 | 是否有词条 | 官方定义 | 历史发展 | 地址 | 部门结构 | 外部链接 | 最近一年内的编辑次数 | 最近一年参与编辑的用户数量 | what link here |
|---|---|---|---|---|---|---|---|---|---|---|
| 1 | 清华大学 | 1 | 1 | 1 | 1 | 1 | 1 | 229 | 46 | 1 606 |
| 2 | 香港大学 | 1 | 1 | 1 | 1 | 1 | 1 | 81 | 46 | 1 514 |
| 3 | 政治大学* | 1 | 1 | 1 | 1 | 1 | 1 | 127 | 47 | 612 |
| 4 | 北京大学 | 1 | 1 | 1 | 1 | 1 | 1 | 101 | 29 | 1 734 |
| 5 | 南京大学 | 1 | 1 | 1 | 1 | 1 | 1 | 167 | 18 | 798 |
| 6 | 辅仁大学* | 1 | 1 | 1 | 1 | 1 | 1 | 144 | 35 | 430 |
| 7 | 台湾大学* | 1 | 1 | 1 | 1 | 0 | 1 | 104 | 33 | 1179 |
| 8 | 香港城市大学 | 1 | 1 | 1 | 1 | 1 | 1 | 73 | 29 | 562 |
| 9 | 南京农业大学 | 1 | 1 | 0 | 1 | 0 | 1 | 132 | 12 | 246 |
| 10 | 复旦大学 | 1 | 1 | 1 | 1 | 0 | 1 | 54 | 23 | 1 012 |
| 11 | 香港中文大学 | 1 | 1 | 1 | 1 | 1 | 1 | 51 | 24 | 880 |
| 12 | 浙江大学 | 1 | 1 | 1 | 1 | 1 | 1 | 54 | 20 | 795 |
| 13 | 香港科技大学 | 1 | 1 | 1 | 1 | 1 | 1 | 57 | 20 | 527 |
| 14 | 上海交通大学 | 1 | 1 | 1 | 1 | 1 | 1 | 40 | 17 | 748 |
| 15 | 西安电子科技大学 | 1 | 1 | 1 | 1 | 1 | 0 | 84 | 13 | 218 |
| 16 | 华东理工大学 | 1 | 1 | 1 | 1 | 1 | 1 | 72 | 15 | 184 |
| 17 | 中正大学* | 1 | 1 | 1 | 1 | 1 | 1 | 37 | 26 | 215 |
| 18 | 台湾“中山大学”* | 1 | 1 | 1 | 1 | 1 | 1 | 47 | 17 | 319 |
| 19 | 吉林大学 | 1 | 1 | 1 | 1 | 0 | 1 | 73 | 6 | 385 |
| 20 | 中山大学 | 1 | 1 | 1 | 1 | 1 | 1 | 26 | 21 | 427 |
| 21 | 澳门大学 | 1 | 1 | 1 | 1 | 1 | 1 | 33 | 23 | 191 |
| 22 | 哈尔滨工业大学 | 1 | 1 | 1 | 1 | 1 | 1 | 31 | 18 | 393 |
| 23 | 岭南大学 | 1 | 1 | 1 | 1 | 1 | 1 | 35 | 18 | 317 |
| 24 | 北京外国语大学 | 1 | 1 | 0 | 1 | 1 | 1 | 41 | 15 | 296 |
| 25 | 成功大学* | 1 | 1 | 1 | 1 | 1 | 1 | 38 | 13 | 355 |
| 26 | 江南大学 | 1 | 1 | 1 | 1 | 1 | 1 | 42 | 14 | 163 |
| 27 | 中国科学技术大学 | 1 | 1 | 1 | 1 | 1 | 1 | 20 | 16 | 451 |
| 28 | 台湾“清华大学”* | 1 | 1 | 1 | 1 | 1 | 1 | 28 | 14 | 355 |
| 29 | 西南财经大学 | 1 | 1 | 1 | 1 | 1 | 1 | 40 | 13 | 184 |
| 30 | 香港理工大学 | 1 | 1 | 1 | 1 | 1 | 1 | 19 | 15 | 414 |
| 31 | 香港浸会大学 | 1 | 1 | 1 | 1 | 1 | 1 | 23 | 13 | 419 |
| 32 | 厦门大学 | 1 | 1 | 1 | 1 | 1 | 1 | 23 | 12 | 427 |
| 33 | 中央戏剧学院 | 1 | 1 | 1 | 1 | 0 | 1 | 44 | 9 | 222 |
| 34 | 武汉大学 | 1 | 1 | 1 | 1 | 1 | 1 | 22 | 11 | 451 |
| 35 | 北京师范大学 | 1 | 1 | 1 | 1 | 1 | 1 | 20 | 11 | 478 |
| 36 | 南开大学 | 1 | 1 | 1 | 1 | 1 | 1 | 21 | 12 | 394 |
| 37 | 逢甲大学* | 1 | 1 | 1 | 1 | 0 | 1 | 39 | 10 | 219 |
| 38 | 彰化师范大学* | 1 | 1 | 1 | 1 | 1 | 1 | 22 | 14 | 190 |

续表

| 排名 | 中文名称 | 是否有词条 | 官方定义 | 历史发展 | 地址 | 部门结构 | 外部链接 | 最近一年内的编辑次数 | 最近一年参与编辑的用户数量 | what link here |
|---|---|---|---|---|---|---|---|---|---|---|
| 39 | 同济大学 | 1 | 1 | 1 | 1 | 1 | 1 | 12 | 9 | 521 |
| 40 | 西安交通大学 | 1 | 1 | 1 | 1 | 0 | 1 | 18 | 12 | 332 |
| 41 | 南京师范大学 | 1 | 1 | 1 | 1 | 1 | 1 | 11 | 7 | 542 |
| 42 | 台湾师范大学* | 1 | 1 | 1 | 1 | 1 | 1 | 11 | 10 | 383 |
| 43 | 山东大学 | 1 | 1 | 1 | 1 | 1 | 1 | 17 | 7 | 393 |
| 44 | 电子科技大学 | 1 | 1 | 1 | 1 | 1 | 1 | 21 | 10 | 195 |
| 45 | 东吴大学* | 1 | 1 | 1 | 1 | 1 | 1 | 16 | 9 | 323 |
| 46 | 中国人民大学 | 1 | 1 | 1 | 1 | 1 | 1 | 12 | 7 | 458 |
| 47 | 国防科学技术大学 | 1 | 1 | 1 | 1 | 1 | 1 | 23 | 6 | 310 |
| 48 | 东南大学 | 1 | 1 | 1 | 1 | 1 | 1 | 9 | 8 | 433 |
| 49 | 四川大学 | 1 | 1 | 1 | 1 | 1 | 1 | 11 | 8 | 393 |
| 50 | 华东师范大学 | 1 | 1 | 1 | 1 | 1 | 1 | 8 | 6 | 472 |
| 51 | 高雄第一科技大学* | 1 | 1 | 1 | 1 | 1 | 1 | 14 | 9 | 238 |
| 52 | 华中科技大学 | 1 | 1 | 1 | 1 | 1 | 1 | 12 | 7 | 352 |
| 53 | 中央大学* | 1 | 1 | 1 | 1 | 1 | 1 | 12 | 6 | 386 |
| 54 | 河海大学 | 1 | 1 | 1 | 1 | 1 | 1 | 12 | 7 | 318 |
| 55 | 对外经济贸易大学 | 1 | 1 | 1 | 1 | 1 | 1 | 14 | 9 | 186 |
| 56 | 上海大学 | 1 | 1 | 1 | 1 | 1 | 1 | 6 | 6 | 431 |
| 57 | 台湾"交通大学"* | 1 | 1 | 1 | 1 | 1 | 1 | 10 | 7 | 315 |
| 58 | 中国地质大学(北京) | 1 | 1 | 1 | 1 | 1 | 1 | 11 | 7 | 271 |
| 59 | 中国地质大学(武汉) | 1 | 1 | 1 | 1 | 1 | 1 | 11 | 7 | 271 |
| 60 | 台湾淡江大学* | 1 | 1 | 1 | 1 | 1 | 1 | 12 | 6 | 287 |
| 61 | 中南大学 | 1 | 1 | 1 | 1 | 1 | 1 | 12 | 7 | 243 |
| 62 | 台北科技大学* | 1 | 1 | 1 | 1 | 1 | 1 | 11 | 8 | 212 |
| 63 | 郑州大学 | 1 | 1 | 1 | 1 | 1 | 1 | 18 | 5 | 218 |
| 64 | 北京邮电大学 | 1 | 1 | 1 | 1 | 1 | 1 | 13 | 7 | 207 |
| 65 | 西北工业大学 | 1 | 1 | 1 | 1 | 1 | 1 | 9 | 7 | 272 |
| 66 | 西北农林科技大学 | 1 | 1 | 1 | 1 | 1 | 1 | 10 | 8 | 184 |
| 67 | 北京航空航天大学 | 1 | 1 | 1 | 1 | 0 | 1 | 10 | 7 | 263 |
| 68 | 北京理工大学 | 1 | 1 | 1 | 1 | 1 | 1 | 10 | 5 | 286 |
| 69 | 暨南大学 | 1 | 1 | 1 | 1 | 1 | 1 | 8 | 5 | 313 |
| 70 | 台北大学* | 1 | 1 | 1 | 1 | 1 | 1 | 13 | 5 | 227 |
| 71 | 中央民族大学 | 1 | 1 | 1 | 1 | 0 | 1 | 13 | 6 | 236 |
| 72 | 太原理工大学 | 1 | 1 | 1 | 1 | 1 | 1 | 11 | 7 | 161 |
| 73 | 苏州大学 | 1 | 1 | 1 | 1 | 1 | 1 | 11 | 5 | 245 |
| 74 | 东海大学* | 1 | 1 | 1 | 1 | 0 | 1 | 8 | 5 | 347 |
| 75 | 上海外国语大学 | 1 | 1 | 1 | 1 | 1 | 1 | 6 | 4 | 365 |
| 76 | 南京航空航天大学 | 1 | 1 | 1 | 1 | 1 | 1 | 15 | 4 | 183 |
| 77 | 华南理工大学 | 1 | 1 | 1 | 1 | 1 | 1 | 6 | 5 | 287 |

续表

| 排名 | 中文名称 | 是否有词条 | 官方定义 | 历史发展 | 地址 | 部门结构 | 外部链接 | 最近一年内的编辑次数 | 最近一年参与编辑的用户数量 | what link here |
|---|---|---|---|---|---|---|---|---|---|---|
| 78 | 河南大学 | 1 | 1 | 1 | 1 | 0 | 1 | 13 | 7 | 134 |
| 79 | 云林科技大学* | 1 | 1 | 1 | 1 | 1 | 1 | 10 | 5 | 206 |
| 80 | 安徽大学 | 1 | 1 | 1 | 1 | 1 | 1 | 10 | 5 | 195 |
| 81 | 台北医学大学* | 1 | 1 | 1 | 1 | 1 | 1 | 9 | 5 | 205 |
| 82 | 中国美术学院 | 1 | 1 | 1 | 1 | 1 | 1 | 8 | 7 | 134 |
| 83 | 中兴大学* | 1 | 1 | 1 | 1 | 1 | 1 | 7 | 4 | 279 |
| 84 | 北京协和医学院 | 1 | 1 | 1 | 1 | 0 | 1 | 11 | 4 | 261 |
| 85 | 中国政法大学 | 1 | 1 | 1 | 1 | 1 | 1 | 13 | 2 | 230 |
| 86 | 西南交通大学 | 1 | 1 | 1 | 1 | 1 | 1 | 7 | 5 | 200 |
| 87 | 中央音乐学院 | 1 | 1 | 1 | 1 | 1 | 1 | 6 | 3 | 299 |
| 88 | 长庚大学* | 1 | 1 | 1 | 1 | 1 | 1 | 9 | 4 | 194 |
| 89 | 亚洲大学* | 1 | 1 | 1 | 1 | 1 | 0 | 10 | 5 | 183 |
| 90 | 湖南大学 | 1 | 1 | 1 | 1 | 1 | 1 | 5 | 3 | 274 |
| 91 | 华北电力大学(保定) | 1 | 1 | 1 | 1 | 1 | 1 | 6 | 4 | 212 |
| 92 | 华北电力大学(北京) | 1 | 1 | 1 | 1 | 1 | 1 | 6 | 4 | 212 |
| 93 | 北京交通大学 | 1 | 1 | 1 | 1 | 1 | 1 | 5 | 3 | 270 |
| 94 | 重庆大学 | 1 | 1 | 1 | 1 | 1 | 1 | 4 | 3 | 284 |
| 95 | 东华大学 | 1 | 1 | 1 | 1 | 1 | 1 | 7 | 4 | 189 |
| 96 | 阳明大学* | 1 | 1 | 1 | 1 | 1 | 1 | 6 | 4 | 202 |
| 97 | 中央财经大学 | 1 | 1 | 1 | 1 | 1 | 1 | 6 | 4 | 198 |
| 98 | 天津大学 | 1 | 1 | 1 | 1 | 1 | 1 | 4 | 3 | 267 |
| 99 | 东北师范大学 | 1 | 1 | 1 | 1 | 1 | 1 | 8 | 3 | 198 |
| 100 | 中国农业大学 | 1 | 1 | 1 | 1 | 1 | 1 | 5 | 3 | 239 |
| 101 | 台湾科技大学* | 1 | 1 | 1 | 1 | 1 | 1 | 6 | 3 | 221 |
| 102 | 石河子大学 | 1 | 1 | 0 | 1 | 0 | 1 | 10 | 5 | 176 |
| 103 | 华中师范大学 | 1 | 1 | 1 | 1 | 1 | 1 | 7 | 6 | 74 |
| 104 | 兰州大学 | 1 | 1 | 1 | 1 | 1 | 1 | 3 | 3 | 263 |
| 105 | 中国科学院大学 | 1 | 1 | 1 | 1 | 1 | 1 | 8 | 5 | 83 |
| 106 | 河北工业大学 | 1 | 1 | 1 | 1 | 0 | 1 | 5 | 4 | 231 |
| 107 | 中国医药大学* | 1 | 1 | 1 | 1 | 1 | 1 | 6 | 3 | 197 |
| 108 | 台湾“东华大学”* | 1 | 1 | 1 | 1 | 1 | 1 | 6 | 3 | 194 |
| 109 | 台湾海洋大学* | 1 | 1 | 1 | 1 | 1 | 1 | 5 | 3 | 211 |
| 110 | 中原大学* | 1 | 1 | 1 | 1 | 1 | 1 | 7 | 1 | 260 |
| 111 | 华南师范大学 | 1 | 1 | 1 | 1 | 0 | 1 | 4 | 4 | 236 |
| 112 | 北京科技大学 | 1 | 1 | 1 | 1 | 1 | 1 | 4 | 3 | 212 |
| 113 | 中国传媒大学 | 1 | 1 | 1 | 1 | 0 | 1 | 7 | 3 | 210 |
| 114 | 东北林业大学 | 1 | 1 | 1 | 1 | 1 | 1 | 6 | 2 | 213 |
| 115 | 合肥工业大学 | 1 | 1 | 0 | 1 | 1 | 1 | 7 | 4 | 160 |
| 116 | 广州中医药大学 | 1 | 1 | 1 | 1 | 0 | 1 | 12 | 3 | 109 |

续表

| 排名 | 中文名称 | 是否有词条 | 官方定义 | 历史发展 | 地址 | 部门结构 | 外部链接 | 最近一年内的编辑次数 | 最近一年参与编辑的用户数量 | what link here |
|---|---|---|---|---|---|---|---|---|---|---|
| 117 | 海南大学 | 1 | 1 | 1 | 1 | 0 | 1 | 4 | 2 | 284 |
| 118 | 中国药科大学 | 1 | 1 | 1 | 1 | 1 | 1 | 4 | 2 | 226 |
| 119 | 中国矿业大学(北京) | 1 | 1 | 1 | 1 | 0 | 1 | 5 | 3 | 208 |
| 120 | 中国矿业大学(徐州) | 1 | 1 | 1 | 1 | 0 | 1 | 5 | 3 | 208 |
| 121 | 台湾"大同大学"* | 1 | 1 | 1 | 1 | 1 | 0 | 6 | 3 | 190 |
| 122 | 大连海事大学 | 1 | 1 | 1 | 1 | 1 | 1 | 3 | 3 | 186 |
| 123 | 上海音乐学院 | 1 | 1 | 1 | 1 | 1 | 1 | 5 | 3 | 144 |
| 124 | 西藏大学 | 1 | 1 | 1 | 1 | 1 | 1 | 3 | 2 | 221 |
| 125 | 宁波大学 | 1 | 1 | 1 | 1 | 1 | 1 | 4 | 4 | 117 |
| 126 | 广西大学 | 1 | 1 | 1 | 1 | 1 | 1 | 3 | 2 | 217 |
| 127 | 高雄医学大学* | 1 | 1 | 1 | 1 | 1 | 1 | 4 | 1 | 239 |
| 128 | 东北大学 | 1 | 1 | 1 | 1 | 1 | 1 | 6 | 3 | 98 |
| 129 | 中华大学* | 1 | 1 | 0 | 1 | 1 | 1 | 6 | 2 | 195 |
| 130 | 武汉理工大学 | 1 | 1 | 1 | 1 | 1 | 1 | 2 | 2 | 205 |
| 131 | 华中农业大学 | 1 | 1 | 1 | 1 | 1 | 1 | 3 | 2 | 187 |
| 132 | 高雄应用科技大学* | 1 | 1 | 1 | 1 | 1 | 1 | 3 | 1 | 229 |
| 133 | 北京林业大学 | 1 | 1 | 1 | 0 | 1 | 1 | 6 | 2 | 187 |
| 134 | 成都理工大学 | 1 | 1 | 1 | 1 | 1 | 1 | 6 | 4 | 40 |
| 135 | 云南大学 | 1 | 1 | 1 | 1 | 1 | 1 | 1 | 1 | 231 |
| 136 | 中国海洋大学 | 1 | 1 | 1 | 1 | 1 | 1 | 1 | 1 | 230 |
| 137 | 北京工业大学 | 1 | 1 | 1 | 1 | 1 | 0 | 3 | 2 | 200 |
| 138 | 中央美术学院 | 1 | 1 | 1 | 1 | 0 | 1 | 4 | 2 | 179 |
| 139 | 中南财经政法大学 | 1 | 1 | 1 | 1 | 1 | 1 | 2 | 1 | 200 |
| 140 | 东北农业大学 | 1 | 1 | 1 | 1 | 0 | 1 | 2 | 2 | 212 |
| 141 | 新疆大学 | 1 | 1 | 0 | 1 | 1 | 1 | 1 | 1 | 262 |
| 142 | 延边大学 | 1 | 1 | 1 | 1 | 0 | 1 | 2 | 2 | 201 |
| 143 | 暨南国际大学* | 1 | 1 | 1 | 1 | 1 | 1 | 2 | 1 | 188 |
| 144 | 上海财经大学 | 1 | 1 | 1 | 1 | 0 | 1 | 0 | 0 | 319 |
| 145 | 大连理工大学 | 1 | 1 | 1 | 1 | 0 | 1 | 2 | 1 | 230 |
| 146 | 陕西师范大学 | 1 | 1 | 0 | 1 | 1 | 1 | 2 | 1 | 211 |
| 147 | 南昌大学 | 1 | 1 | 1 | 1 | 1 | 1 | 0 | 0 | 233 |
| 148 | 西北大学 | 1 | 1 | 1 | 1 | 0 | 1 | 1 | 1 | 226 |
| 149 | 首都师范大学 | 1 | 1 | 1 | 1 | 1 | 1 | 4 | 1 | 118 |
| 150 | 贵州大学 | 1 | 1 | 1 | 1 | 1 | 1 | 1 | 1 | 165 |
| 151 | 哈尔滨工程大学 | 1 | 1 | 1 | 1 | 0 | 1 | 2 | 1 | 202 |
| 152 | 内蒙古大学 | 1 | 1 | 1 | 1 | 1 | 1 | 1 | 0 | 196 |
| 153 | 北京化工大学 | 1 | 1 | 0 | 1 | 1 | 1 | 2 | 1 | 186 |
| 154 | 南京理工大学 | 1 | 1 | 0 | 0 | 1 | 1 | 1 | 1 | 256 |
| 155 | 南京信息工程大学 | 1 | 1 | 0 | 1 | 1 | 1 | 4 | 3 | 61 |

续表

| 排名 | 中文名称 | 是否有词条 | 官方定义 | 历史发展 | 地址 | 部门结构 | 外部链接 | 最近一年内的编辑次数 | 最近一年参与编辑的用户数量 | what link here |
|---|---|---|---|---|---|---|---|---|---|---|
| 156 | 中国音乐学院 | 1 | 1 | 1 | 1 | 0 | 1 | 4 | 3 | 44 |
| 157 | 长安大学 | 1 | 1 | 0 | 1 | 0 | 1 | 3 | 1 | 201 |
| 158 | 福州大学 | 1 | 1 | 0 | 1 | 1 | 1 | 2 | 1 | 163 |
| 159 | 湖南师范大学 | 1 | 1 | 0 | 1 | 0 | 1 | 1 | 1 | 234 |
| 160 | 中国石油大学(华东) | 1 | 1 | 1 | 1 | 0 | 1 | 3 | 2 | 95 |
| 161 | 元智大学* | 1 | 1 | 0 | 1 | 0 | 1 | 2 | 1 | 190 |
| 162 | 四川农业大学 | 1 | 1 | 1 | 1 | 1 | 1 | 0 | 0 | 151 |
| 163 | 辽宁大学 | 1 | 1 | 0 | 1 | 1 | 1 | 0 | 0 | 203 |
| 164 | 天津医科大学 | 1 | 1 | 0 | 1 | 1 | 1 | 0 | 0 | 199 |
| 165 | 上海中医药大学 | 1 | 0 | 0 | 0 | 1 | 0 | 6 | 1 | 212 |
| 166 | 外交学院 | 1 | 1 | 1 | 1 | 0 | 1 | 2 | 1 | 115 |
| 167 | 第二军医大学 | 1 | 1 | 0 | 1 | 0 | 1 | 2 | 1 | 166 |
| 168 | 宁夏大学 | 1 | 1 | 0 | 1 | 0 | 1 | 2 | 1 | 150 |
| 169 | 青海大学 | 1 | 1 | 1 | 1 | 0 | 1 | 0 | 0 | 143 |
| 170 | 第四军医大学 | 1 | 1 | 0 | 1 | 0 | 1 | 0 | 0 | 189 |
| 171 | 南京林业大学 | 1 | 1 | 1 | 1 | 0 | 1 | 0 | 0 | 125 |
| 172 | 南京邮电大学 | 1 | 1 | 0 | 1 | 1 | 0 | 1 | 1 | 119 |
| 173 | 成都中医药大学 | 1 | 1 | 1 | 1 | 1 | 1 | 2 | 0 | 33 |
| 174 | 北京中医药大学 | 1 | 0 | 0 | 0 | 0 | 1 | 2 | 1 | 180 |
| 175 | 南京中医药大学 | 1 | 0 | 0 | 0 | 0 | 0 | 5 | 4 | 44 |
| 176 | 西南大学 | 1 | 1 | 1 | 1 | 1 | 1 | 0 | 0 | 20 |
| 177 | 上海体育学院 | 1 | 1 | 1 | 0 | 0 | 1 | 2 | 1 | 51 |
| 178 | 中国人民公安大学 | 1 | 1 | 1 | 0 | 0 | 1 | 2 | 2 | 8 |
| 179 | 上海海洋大学 | 1 | 1 | 1 | 1 | 0 | 1 | 0 | 0 | 54 |
| 180 | 天津工业大学 | 1 | 1 | 0 | 1 | 0 | 1 | 1 | 1 | 35 |
| 181 | 西南石油大学 | 1 | 1 | 0 | 1 | 1 | 1 | 0 | 0 | 37 |
| 182 | 北京体育大学 | 1 | 1 | 0 | 1 | 0 | 1 | 0 | 0 | 50 |
| 183 | 中国石油大学(北京) | 1 | 1 | 0 | 1 | 0 | 1 | 0 | 0 | 20 |
| 184 | 天津中医药大学 | 1 | 0 | 0 | 0 | 0 | 0 | 0 | 0 | 27 |

（注：带 * 为中国台湾地区高校）

## (三)Wikipedia 传播力比较分析

中国内地高校与日韩参照高校相比，部分高校 Wikipedia 传播力表现突出，但整体传播力较低。中国内地高校 Wikipedia 传播力有 3 所高校得分超过日韩参照高校最高分23 364.89分(东京大学)，这 3 所高校分别是清华大学 39 365.90 分、北京大学25 330.96分、南京大学 23 826.48 分。但中国内地高校 Wikipedia 传播力平均得分较低，为 5 171.59 分；日韩参照高校 Wikipedia 传播力平均得分为 14 911.43 分，中国内地高校 Wikipedia 传播力平均得分仅为日韩参照高校平均得分的 1/4(见图 6－8)。

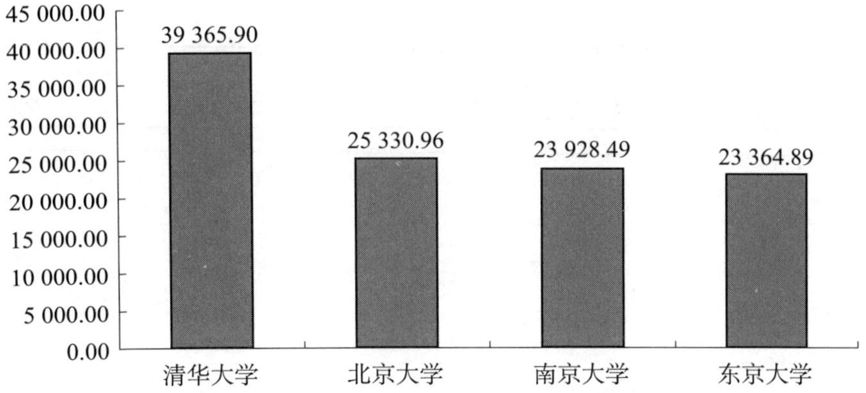


图 6－8　中国内地高校与日韩参照高校 Wikipedia 传播力得分比较

中国内地高校 Wikipedia 英文词条完整性和编辑次数、参与编辑用户数量上不如日韩参照高校。虽然中国内地高校英文词条普及率为 100%，但在词条完整性上低于日韩参照高校。日韩参照高校英文词条均含有高校官方定义、历史发展、地址、部门结构、外部链接 5 部分信息，而中国内地高校英文词条完整的仅有 58.16%。在词条编辑次数和参与编辑用户数量上，中国内地高校平均词条编辑次数为 14 次、平均参与编辑用户数量为 5 人，日韩参照高校平均词条编辑次数为 32 次、平均参与编辑用户数量为 18 人，日韩参照高校 Wikipedia 英文词条的编辑次数和参与编辑用户数量均高于中国内地高校(见图 6－9)。

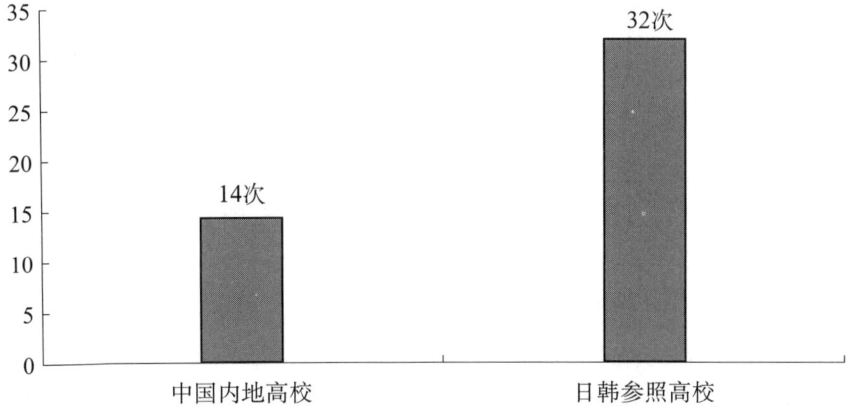


图 6－9　中国内地高校与日韩参照高校英文词条平均编辑次数

中国内地高校 Wikipedia 传播力整体上弱于中国港澳台地区高校。中国港澳台地区高校 Wikipedia 传播力第一为香港大学 26 167.06 分，低于中国内地高校第一清华大学；中国港澳台地区高校 Wikipedia 传播力平均得分为 82 66.47 分，约为中国内地高校平均得分的 1.5 倍（见表 6－11）。

表 6－11　中国内地高校和日韩参照高校 Wikipedia 传播力排名比较

| 排名 | 中文名称 | 是否有词条 | 官方定义 | 历史发展 | 地址 | 部门结构 | 外部链接 | 最近一年内的编辑次数 | 最近一年参与编辑的用户数量 | what link here | Wikipedia 传播力得分 |
|---|---|---|---|---|---|---|---|---|---|---|---|
| 1 | 清华大学 | 1 | 1 | 1 | 1 | 1 | 1 | 229 | 46 | 1 606 | 39 365.90 |
| 2 | 北京大学 | 1 | 1 | 1 | 1 | 1 | 1 | 101 | 29 | 1 734 | 25 330.96 |
| 3 | 南京大学 | 1 | 1 | 1 | 1 | 1 | 1 | 167 | 18 | 798 | 23 928.49 |
| 4 | 东京大学** | 1 | 1 | 1 | 1 | 1 | 1 | 55 | 24 | 2 344 | 23 364.89 |
| 5 | 南京农业大学 | 1 | 1 | 0 | 1 | 0 | 1 | 132 | 12 | 246 | 16 291.32 |
| 6 | 复旦大学 | 1 | 1 | 1 | 1 | 0 | 1 | 54 | 23 | 1 012 | 16 082.45 |
| 7 | 浙江大学 | 1 | 1 | 1 | 1 | 1 | 1 | 54 | 20 | 795 | 14 620.54 |
| 8 | 首尔大学** | 1 | 1 | 1 | 1 | 1 | 1 | 27 | 18 | 1 071 | 13 255.11 |
| 9 | 上海交通大学 | 1 | 1 | 1 | 1 | 1 | 1 | 40 | 17 | 748 | 12 532.59 |
| 10 | 西安电子科技大学 | 1 | 1 | 1 | 1 | 1 | 0 | 84 | 13 | 218 | 12 512.32 |
| 11 | 华东理工大学 | 1 | 1 | 1 | 1 | 1 | 1 | 72 | 15 | 184 | 12 016.57 |
| 12 | 高丽大学** | 1 | 1 | 1 | 1 | 1 | 1 | 27 | 16 | 854 | 11 731.85 |
| 13 | 京都大学** | 1 | 1 | 1 | 1 | 1 | 1 | 18 | 11 | 1 135 | 11 293.87 |

（注：带 ** 为日韩参照高校）

# 六、维度三：Twitter 传播力

## （一）中国高校 Twitter 传播力全景得分

通过在 Twitter 官网上搜索各高校英文名称和英文简称，筛选出高校 Twitter 账号，查看其是否有官方认证账号，收集其粉丝数量、半年内发布信息量、半年内最高转发量、半年内最高点赞量的数据。按权重计算指标对应数据，得到 184 所中国高校 Twitter 传播力得分排名。

在 Twitter 传播力维度中，两极分化现象严重。184 所高校中仅 35.87％的高校有 Twitter 账号，并且其中仅香港理工大学、香港中文大学两所高校拥有 Twitter 官方认证账号。Twitter 传播力得分最高为香港理工大学 123 954.86 分，有

118 所高校得分为 0，落差极大。

中国高校 Twitter 传播力平均得分为 2 684.05 分。Twitter 传播力得分排名前十的高校依次为：香港理工大学、香港中文大学、香港大学、清华大学、香港城市大学、北京大学、香港科技大学、对外经济贸易大学、北京外国语大学、中国科学技术大学（见表 6－12）。

**表 6－12　中国高校 Twitter 传播力全景得分**

| 排名 | 中文名称 | 英文名称 | 简称 | Twitter 传播力得分 |
| --- | --- | --- | --- | --- |
| 1 | 香港理工大学 | The Hong Kong Polytechnic University | HKPU/PolyU | 123 954.86 |
| 2 | 香港中文大学 | The Chinese University of Hong Kong | CUHK | 122 425.16 |
| 3 | 香港大学 | The University of Hong Kong | HKU | 88 946.91 |
| 4 | 清华大学 | Tsinghua University | TSU | 49 856.51 |
| 5 | 香港城市大学 | City University of Hong Kong | CityU | 23 625.16 |
| 6 | 北京大学 | Peking University | PKU | 21 907.51 |
| 7 | 香港科技大学 | The Hong Kong University of Science and Technology | HKUST | 20 829.11 |
| 8 | 对外经济贸易大学 | University of International Business and Economics | UIBE | 6 745.15 |
| 9 | 北京外国语大学 | Beijing Foreign Studies University | BFSU | 5 156.55 |
| 10 | 中国科学技术大学 | University of Science and Technology of China | USTC | 4 584.48 |
| 11 | 台湾科技大学* | Taiwan University of Science and Technology(Taiwan Tech) | NTUST | 4 503.10 |
| 12 | 香港浸会大学 | Hong Kong Baptist University | HKBU | 3 097.95 |
| 13 | 华东师范大学 | East China Normal University | ECNU | 2 688.74 |
| 14 | 浙江大学 | Zhejiang University | ZJU | 1 625.90 |
| 15 | 复旦大学 | Fudan University | FUDAN | 1 619.00 |
| 16 | 上海交通大学 | Shanghai Jiao Tong University | SJTU | 1 573.26 |
| 17 | 武汉大学 | Wuhan University | WHU | 1 464.61 |
| 18 | 岭南大学 | Lingnan University,Hong Kong | LU | 1 050.71 |
| 19 | 西安交通大学 | Xi'an Jiaotong University | XJTU | 915.94 |
| 20 | 宁波大学 | Ningbo University | NBU | 884.23 |
| 21 | 石河子大学 | Shihezi University | SHZU | 734.13 |
| 22 | 山东大学 | Shandong University | SDU | 731.32 |
| 23 | 澳门大学 | University of Macau | UM | 690.13 |
| 24 | 厦门大学 | Xiamen University | XMU | 554.18 |
| 25 | 南京大学 | Nanjing University | NJU | 524.98 |
| 26 | 南京航空航天大学 | University of Aeronautics and Astronautics | NUAA | 278.75 |
| 27 | 台湾"交通大学"* | Chiao Tung University | NCTU | 278.06 |
| 28 | 上海外国语大学 | Shanghai International Studies University | SISU | 237.04 |
| 29 | 天津中医药大学 | Tianjin University of Traditional Chinese Medicine | TUTCM | 187.36 |

续表

| 排名 | 中文名称 | 英文名称 | 简称 | Twitter 传播力得分 |
|---|---|---|---|---|
| 30 | 成功大学* | Cheng Kung University | NCKU | 158.79 |
| 31 | 华南理工大学 | South China University of Technology | SCUT | 156.31 |
| 32 | 台湾"中山大学"* | Sun Yat-sen University | NSYSU | 155.89 |
| 33 | 四川大学 | Sichuan University | SCU | 154.19 |
| 34 | 中国矿业大学(徐州) | China University of Mining and Technology | CUMT | 149.59 |
| 35 | 台湾"东华大学"* | Dong Hwa University | NDHU | 132.40 |
| 36 | 福州大学 | Fuzhou University | FZU | 130.32 |
| 37 | 辽宁大学 | Liaoning University | LNU | 130.03 |
| 38 | 吉林大学 | Jilin University | JLU | 115.07 |
| 39 | 西安电子科技大学 | Xidian University | XIDIAN | 92.05 |
| 40 | 兰州大学 | Lanzhou University | LZU | 84.47 |
| 41 | 上海中医药大学 | Shanghai University of Traditional Chinese Medicine | SHUTCM | 78.52 |
| 42 | 合肥工业大学 | HeFei University of Technology | HFUT | 77.10 |
| 43 | 北京交通大学 | Beijing Jiaotong University | BJTU | 74.79 |
| 44 | 云林科技大学* | Yunlin University of Science and Technology | NYUST | 72.49 |
| 45 | 上海财经大学 | Shanghai University of Finance and Economics | SUFE | 66.74 |
| 46 | 北京科技大学 | University of Science and Technology Beijing | USTB | 65.59 |
| 47 | 暨南大学 | Jinan University (China) | JNU | 49.48 |
| 48 | 重庆大学 | Chongqing University | CQU | 34.52 |
| 49 | 河南大学 | Henan University | HENU | 26.47 |
| 50 | 华中农业大学 | Huazhong Agricultural University | HZAU | 26.47 |
| 51 | 东海大学* | Tunghai University | THU | 23.01 |
| 52 | 高雄第一科技大学* | National Kaohsiung First University of Science and Technology | NKFUST | 20.71 |
| 53 | 华中师范大学 | Central China Normal University | CCNU | 17.26 |
| 54 | 西南交通大学 | Southwest Jiaotong University | SWJTU | 13.81 |
| 55 | 同济大学 | Tongji University | TJU | 12.66 |
| 56 | 河海大学 | Hohai University | HHU | 11.51 |
| 57 | 华南师范大学 | South China Normal University | SCNU | 11.51 |
| 58 | 北京林业大学 | Beijing Forestry University | BJFU | 10.36 |
| 59 | 大连海事大学 | Dalian Maritime University | DMU | 9.21 |
| 60 | 哈尔滨工业大学 | Harbin Institute of Technology | HIT | 6.90 |
| 61 | 暨南国际大学* | Chi Nan University | NCNU | 5.75 |
| 62 | 东南大学 | Southeast University(China) | SEU | 4.60 |
| 63 | 南京理工大学 | Nanjing University of Science and Technology | NJUST | 4.60 |

续表

| 排名 | 中文名称 | 英文名称 | 简称 | Twitter 传播力得分 |
|---|---|---|---|---|
| 64 | 天津大学 | Tianjin University | TJU | 4.60 |
| 65 | 郑州大学 | Zhengzhou University | ZZU | 4.60 |
| 66 | 台湾"大同大学"* | Tatung University | TTU | 2.30 |

（注：带 * 为中国台湾地区高校；未列出学校得分为 0）

## (二)中国内地高校 Twitter 传播力得分

中国内地高校仅有 48 所高校有 Twitter 传播力得分，即仅 34%的内地高校拥有 Twitter 账号。Twitter 传播力得分排名第一的清华大学得分为 49 856.51 分，是第二名北京大学得分的 2.3 倍，是第三名对外经济贸易大学得分的 7.4 倍。

中国内地高校 Twitter 传播力平均得分为 736.83 分，排名前十的内地高校依次为：清华大学、北京大学、对外经济贸易大学、北京外国语大学、中国科学技术大学、华东师范大学、浙江大学、复旦大学、上海交通大学、武汉大学(见表 6－13)。

**表 6－13　中国内地高校 Twitter 传播力得分**

| 排名 | 中文名称 | 英文名称 | 简称 | Twitter 传播力得分 |
|---|---|---|---|---|
| 1 | 清华大学 | Tsinghua University | TSU | 49 856.51 |
| 2 | 北京大学 | Peking University | PKU | 21 907.51 |
| 3 | 对外经济贸易大学 | University of International Business and Economics | UIBE | 6 745.15 |
| 4 | 北京外国语大学 | Beijing Foreign Studies University | BFSU | 5 156.55 |
| 5 | 中国科学技术大学 | University of Science and Technology of China | USTC | 4 584.48 |
| 6 | 华东师范大学 | East China Normal University | ECNU | 2 688.74 |
| 7 | 浙江大学 | Zhejiang University | ZJU | 1 625.90 |
| 8 | 复旦大学 | Fudan University | FUDAN | 1 619.00 |
| 9 | 上海交通大学 | Shanghai Jiao Tong University | SJTU | 1 573.26 |
| 10 | 武汉大学 | Wuhan University | WHU | 1 464.61 |
| 11 | 西安交通大学 | Xi'an Jiaotong University | XJTU | 915.94 |
| 12 | 宁波大学 | Ningbo University | NBU | 884.23 |
| 13 | 石河子大学 | Shihezi University | SHZU | 734.13 |
| 14 | 山东大学 | Shandong University | SDU | 731.32 |
| 15 | 厦门大学 | Xiamen University | XMU | 554.18 |
| 16 | 南京大学 | Nanjing University | NJU | 524.98 |

续表

| 排名 | 中文名称 | 英文名称 | 简称 | Twitter 传播力得分 |
|---|---|---|---|---|
| 17 | 南京航空航天大学 | Nanjing University of Aeronautics and Astronautics | NUAA | 278.75 |
| 18 | 上海外国语大学 | Shanghai International Studies University | SISU | 237.04 |
| 19 | 天津中医药大学 | Tianjin University of Traditional Chinese Medicine | TUTCM | 187.36 |
| 20 | 华南理工大学 | South China University of Technology | SCUT | 156.31 |
| 21 | 四川大学 | Sichuan University | SCU | 154.19 |
| 22 | 中国矿业大学(徐州) | China University of Mining and Technology | CUMT | 149.59 |
| 23 | 福州大学 | Fuzhou University | FZU | 130.32 |
| 24 | 辽宁大学 | Liaoning University | LNU | 130.03 |
| 25 | 吉林大学 | Jilin University | JLU | 115.07 |
| 26 | 西安电子科技大学 | Xidian University | XIDIAN | 92.05 |
| 27 | 兰州大学 | Lanzhou University | LZU | 84.47 |
| 28 | 上海中医药大学 | Shanghai University of Traditional Chinese Medicine | SHUTCM | 78.52 |
| 29 | 合肥工业大学 | HeFei University of Technology | HFUT | 77.10 |
| 30 | 北京交通大学 | Beijing Jiaotong University | BJTU | 74.79 |
| 31 | 上海财经大学 | Shanghai University of Finance and Economics | SUFE | 66.74 |
| 32 | 北京科技大学 | University of Science and Technology Beijing | USTB | 65.59 |
| 33 | 暨南大学 | Jinan University (China) | JNU | 49.48 |
| 34 | 重庆大学 | Chongqing University | CQU | 34.52 |
| 35 | 河南大学 | Henan University | HENU | 26.47 |
| 36 | 华中农业大学 | Huazhong Agricultural University | HZAU | 26.47 |
| 37 | 华中师范大学 | Central China Normal University | CCNU | 17.26 |
| 38 | 西南交通大学 | Southwest Jiaotong University | SWJTU | 13.81 |
| 39 | 同济大学 | Tongji University | TJU | 12.66 |
| 40 | 河海大学 | Hohai University | HHU | 11.51 |
| 41 | 华南师范大学 | South China Normal University | SCNU | 11.51 |
| 42 | 北京林业大学 | Beijing Forestry University | BJFU | 10.36 |
| 43 | 大连海事大学 | Dalian Maritime University | DMU | 9.21 |
| 44 | 哈尔滨工业大学 | Harbin Institute of Technology | HIT | 6.90 |
| 45 | 东南大学 | Southeast University(China) | SEU | 4.60 |
| 46 | 南京理工大学 | Nanjing University of Science and Technology | NJUST | 4.60 |
| 47 | 天津大学 | Tianjin University | TJU | 4.60 |
| 48 | 郑州大学 | Zhengzhou University | ZZU | 4.60 |

## (三)Twitter 传播力具体指标分析

在 Twitter 传播力维度中，有 5 项指标，其权重如下：是否拥有官方账号占 5%，粉丝数量占 4%，半年内发布信息数量占 4%，半年内最高转发量占 4%，半年内最高点赞量占 3%，共在传播力测量中占比 20%。从粉丝数量、发布信息数量、转发量、点赞量等综合考察高校在 Twitter 平台上的建设情况，其中香港理工大学在 Twitter 平台上综合建设最好，其粉丝数量为 13 194 人、半年内发布信息数量为 1 079 条、最高转发量为 25 次、最高点赞量为 75 次。

第一，Twitter 账号方面。在 184 所中国高校中，只有 66 所高校有 Twitter 账号，其中只有香港理工大学和香港中文大学拥有官方认证账号(见图 6 - 10)。

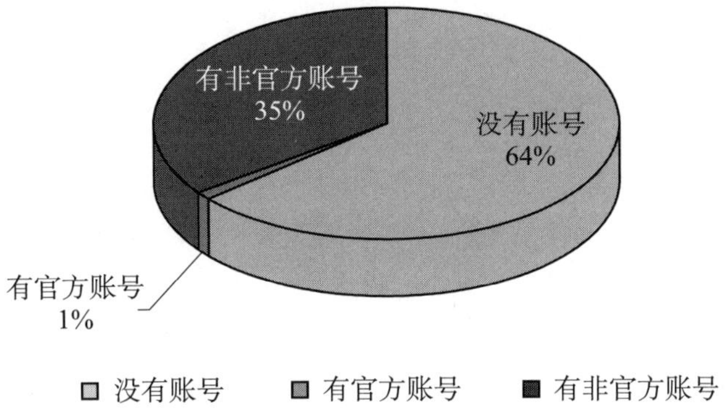


图 6 - 10　Twitter 账号建设情况

第二，粉丝数量方面。在拥有 Twitter 账号的 66 所中国高校中，平均粉丝量为 1 461 人。拥有粉丝量 5 000 人以上的高校有香港理工大学、香港中文大学、清华大学、香港大学、北京大学、香港城市大学 6 所高校，约占整体的 9%。

第三，半年内发布信息数量方面。在拥有 Twitter 账号的 66 所中国高校中，平均发布信息数量为 88 条。一共有 30 所高校在过去半年发布过信息，发布信息数量最多的是香港大学，一共 1 572 条；其次为香港理工大学，发布信息数量为 1 079 条。发布信息数量在 100 条以上的还有香港中文大学、香港城市大学、北京大学、香港科技大学、清华大学、台湾科技大学 6 所高校。

第四，半年内最高转发量和最高点赞量方面。半年内最高转发量是香港大学，转发量达 96 次；半年内最高点赞量也是香港大学，点赞量达 212 次。既有转发，又有点赞的高校有香港大学、清华大学、香港中文大学、对外经济贸易大学、香港理工大学、香港城市大学、香港科技大学、北京大学、北京外国语大学、华东师范大学、台湾科技大学、中国科学技术大学、宁波大学、南京大学 14 所高校(见表 6 - 14)。

**表 6 - 14　中国高校 Twitter 传播力具体指标得分**

| 排名 | 学校名称 | 是否有官方认证账号 | 粉丝数量 | 半年内发布信息数量 | 半年内最高转发量 | 半年内最高点赞量 |
|---|---|---|---|---|---|---|
| 1 | 香港理工大学 | 1 | 13 194 | 1 079 | 25 | 75 |
| 2 | 香港中文大学 | 1 | 13 095 | 976 | 44 | 52 |
| 3 | 香港大学 | 0 | 15 474 | 1 572 | 96 | 212 |
| 4 | 清华大学 | 0 | 24 747 | 287 | 50 | 84 |
| 5 | 香港城市大学 | 0 | 5 166 | 442 | 19 | 45 |
| 6 | 北京大学 | 0 | 5 689 | 437 | 13 | 28 |
| 7 | 香港科技大学 | 0 | 4 911 | 415 | 15 | 29 |
| 8 | 对外经济贸易大学 | 0 | 153 | 60 | 30 | 5 |
| 9 | 北京外国语大学 | 0 | 1 241 | 68 | 7 | 12 |
| 10 | 中国科学技术大学 | 0 | 1 311 | 90 | 2 | 6 |
| 11 | 台湾科技大学* | 0 | 806 | 118 | 2 | 3 |
| 12 | 香港浸会大学 | 0 | 706 | 80 | 0 | 3 |
| 13 | 华东师范大学 | 0 | 274 | 51 | 3 | 8 |
| 14 | 浙江大学 | 0 | 1 413 | 0 | 0 | 0 |
| 15 | 复旦大学 | 0 | 1 407 | 0 | 0 | 0 |
| 16 | 上海交通大学 | 0 | 919 | 20 | 0 | 0 |
| 17 | 武汉大学 | 0 | 1 228 | 2 | 0 | 0 |
| 18 | 岭南大学 | 0 | 294 | 19 | 0 | 3 |
| 19 | 西安交通大学 | 0 | 796 | 0 | 0 | 0 |
| 20 | 宁波大学 | 0 | 37 | 18 | 1 | 3 |
| 21 | 石河子大学 | 0 | 638 | 0 | 0 | 0 |
| 22 | 山东大学 | 0 | 456 | 2 | 1 | 0 |
| 23 | 澳门大学 | 0 | 272 | 6 | 0 | 3 |
| 24 | 厦门大学 | 0 | 81 | 15 | 0 | 1 |
| 25 | 南京大学 | 0 | 103 | 4 | 1 | 2 |
| 26 | 南京航空航天大学 | 0 | 133 | 2 | 0 | 1 |
| 27 | 台湾“交通大学”* | 0 | 152 | 4 | 0 | 0 |
| 28 | 上海外国语大学 | 0 | 206 | 0 | 0 | 0 |
| 29 | 天津中医药大学 | 0 | 118 | 2 | 0 | 0 |
| 30 | 成功大学* | 0 | 138 | 0 | 0 | 0 |
| 31 | 华南理工大学 | 0 | 49 | 1 | 0 | 1 |
| 32 | 台湾“中山大学”* | 0 | 1 | 6 | 0 | 0 |
| 33 | 四川大学 | 0 | 134 | 0 | 0 | 0 |
| 34 | 中国矿业大学(徐州) | 0 | 130 | 0 | 0 | 0 |
| 35 | 台湾“东华大学”* | 0 | 3 | 5 | 0 | 0 |
| 36 | 福州大学 | 0 | 4 | 2 | 0 | 1 |
| 37 | 辽宁大学 | 0 | 113 | 0 | 0 | 0 |

续表

| 排名 | 学校名称 | 是否有官方认证账号 | 粉丝数量 | 半年内发布信息数量 | 半年内最高转发量 | 半年内最高点赞量 |
|---|---|---|---|---|---|---|
| 38 | 吉林大学 | 0 | 100 | 0 | 0 | 0 |
| 39 | 西安电子科技大学 | 0 | 80 | 0 | 0 | 0 |
| 40 | 兰州大学 | 0 | 51 | 1 | 0 | 0 |
| 41 | 上海中医药大学 | 0 | 1 | 3 | 0 | 0 |
| 42 | 合肥工业大学 | 0 | 67 | 0 | 0 | 0 |
| 43 | 北京交通大学 | 0 | 65 | 0 | 0 | 0 |
| 44 | 云林科技大学* | 0 | 63 | 0 | 0 | 0 |
| 45 | 上海财经大学 | 0 | 58 | 0 | 0 | 0 |
| 46 | 北京科技大学 | 0 | 57 | 0 | 0 | 0 |
| 47 | 暨南大学 | 0 | 43 | 0 | 0 | 0 |
| 48 | 重庆大学 | 0 | 30 | 0 | 0 | 0 |
| 49 | 河南大学 | 0 | 23 | 0 | 0 | 0 |
| 50 | 华中农业大学 | 0 | 23 | 0 | 0 | 0 |
| 51 | 东海大学* | 0 | 20 | 0 | 0 | 0 |
| 52 | 高雄第一科技大学* | 0 | 18 | 0 | 0 | 0 |
| 53 | 华中师范大学 | 0 | 15 | 0 | 0 | 0 |
| 54 | 西南交通大学 | 0 | 12 | 0 | 0 | 0 |
| 55 | 同济大学 | 0 | 11 | 0 | 0 | 0 |
| 56 | 河海大学 | 0 | 10 | 0 | 0 | 0 |
| 57 | 华南师范大学 | 0 | 10 | 0 | 0 | 0 |
| 58 | 北京林业大学 | 0 | 9 | 0 | 0 | 0 |
| 59 | 大连海事大学 | 0 | 8 | 0 | 0 | 0 |
| 60 | 哈尔滨工业大学 | 0 | 6 | 0 | 0 | 0 |
| 61 | 暨南国际大学* | 0 | 5 | 0 | 0 | 0 |
| 62 | 东南大学 | 0 | 4 | 0 | 0 | 0 |
| 63 | 南京理工大学 | 0 | 4 | 0 | 0 | 0 |
| 64 | 天津大学 | 0 | 4 | 0 | 0 | 0 |
| 65 | 郑州大学 | 0 | 4 | 0 | 0 | 0 |
| 66 | 台湾“大同大学”* | 0 | 2 | 0 | 0 | 0 |

（注：带 * 为中国台湾地区高校；是否为官方认证账号，“1”表示有 1 个官方认证账号，“0”表示没有官方认证账号；未列出学校数据均为 0）

## （四）Twitter 传播力比较分析

中国内地高校对 Twitter 平台建设有所忽视，相比日韩参照高校差距较大。日韩参照高校 Twitter 传播力得分排名第一为东京大学 557 609.16 分，约为中国内地高校排名第一的清华大学得分的 11 倍。日韩参照高校 Twitter 传播力平均得分为 162 572.87 分，中国内地高校 Twitter 传播力平均得分为 736.83 分，两者之间差距很大(见图 6 - 11)。

日韩参照高校 Twitter 传播力得分排名第一的东京大学，拥有两个官方认证账号，粉丝数量达 83 474 人，半年内发布信息数量达 1 972 条，半年内最高转发量达 1 027 次，半年内最高点赞量为 1 463 次，在 Twitter 平台上建设较完善。相比之下，中国内地高校 Twitter 账号活跃度较低。中国内地高校 Twitter 传播力得分排名第一的清华大学，没有官方认证账号，粉丝数量达 24 747 人，半年内发布信息数量达 287 条，半年内最高转发量达 50 次，半年内最高点赞量为 84 次(见表 6 - 15)。

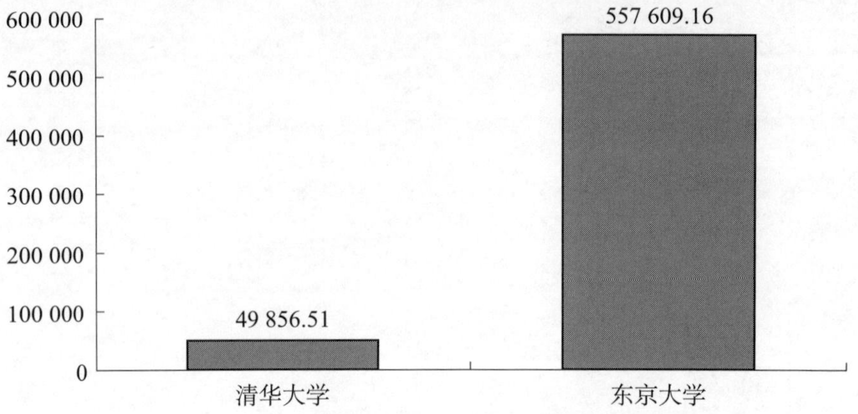


图 6 - 11　中国内地高校与日韩参照高校 Twitter 传播力最高得分比较

中国内地高校与中国港澳台地区高校相比，Twitter 传播力也尚待提升。中国港澳台地区高校 Twitter 传播力最高得分为香港理工大学 123 954. 86 分，平均得分为 9 069. 13 分，均高于中国内地高校。

**表 6 - 15　中国内地高校与日韩参照高校 Twitter 传播力排名比较**

| 排名 | 中文名称 | 是否有官方认证账号 | 粉丝数量 | 半年内发布信息数量 | 半年内最高转发量 | 半年内最高点赞量 | Twitter 传播力得分 |
|---|---|---|---|---|---|---|---|
| 1 | 东京大学** | 2 | 83 474 | 1 972 | 1 027 | 1 463 | 557 609. 16 |
| 2 | 京都大学** | 0 | 14 421 | 1 114 | 140 | 275 | 87 415. 66 |
| 3 | 清华大学 | 0 | 24 747 | 287 | 50 | 84 | 49 856. 51 |
| 4 | 北京大学 | 0 | 5 689 | 437 | 13 | 28 | 21 907. 51 |
| 5 | 对外经济贸易大学 | 0 | 153 | 60 | 30 | 5 | 6 745. 15 |
| 6 | 北京外国语大学 | 0 | 1 241 | 68 | 7 | 12 | 5 156. 55 |
| 7 | 中国科学技术大学 | 0 | 1 311 | 90 | 2 | 6 | 4 584. 48 |
| 8 | 首尔大学** | 0 | 3 932 | 0 | 0 | 0 | 4 524. 46 |
| 9 | 华东师范大学 | 0 | 274 | 51 | 3 | 8 | 2 688. 74 |
| 10 | 浙江大学 | 0 | 1413 | 0 | 0 | 0 | 1 625. 90 |
| 11 | 复旦大学 | 0 | 1 407 | 0 | 0 | 0 | 1 619. 00 |

续表

| 排名 | 中文名称 | 是否有官方认证账号 | 粉丝数量 | 半年内发布信息数量 | 半年内最高转发量 | 半年内最高点赞量 | Twitter传播力得分 |
|---|---|---|---|---|---|---|---|
| 12 | 上海交通大学 | 0 | 919 | 20 | 0 | 0 | 1 573.26 |
| 13 | 武汉大学 | 0 | 1 228 | 2 | 0 | 0 | 1 464.61 |
| 14 | 西安交通大学 | 0 | 796 | 0 | 0 | 0 | 915.94 |
| 15 | 宁波大学 | 0 | 37 | 18 | 1 | 3 | 884.23 |
| 16 | 高丽大学** | 0 | 645 | 0 | 0 | 0 | 742.19 |

(注:带**为日韩参照高校;是否为官方认证账号,"2"表示有两个官认证账号,"0"表示没有官方认证账号)

# 七、维度四:Facebook传播力

## (一)中国高校Facebook传播力全景得分

通过在Facebook官网上搜索各高校英文名称和英文简称,筛选出高校Facebook主页,采集其官方认证账号情况、主页关注人数、半年内发布信息数量、半年内总点赞量四个方面的数据。按权重计算指标对应数据,得到184所高校Facebook传播力得分排名。

在中国高校中,共计8所高校的Facebook账号获官方认证,分别是清华大学、成功大学、台湾"交通大学"、台湾师范大学、香港大学、香港科技大学、香港理工大学、香港中文大学。每所高校的Facebook主页平均关注人数为22 155人;平均信息发布量为357条,仅8.7%的高校平均发布量在100条以上。

在Facebook传播力维度中,中国高校平均得分为5 647.53分,最高分为香港中文大学110 861.56分。排名前十依次是:香港中文大学、香港理工大学、成功大学、香港科技大学、台湾"交通大学"、台湾师范大学、香港浸会大学、香港大学、台湾大学、清华大学(见表6-16)。

**表6-16 中国高校Facebook传播力全景得分**

| 排名 | 中文名称 | 英文名称 | 简称 | Facebook传播力得分 |
|---|---|---|---|---|
| 1 | 香港中文大学 | The Chinese University of Hong Kong | CUHK | 110 861.56 |
| 2 | 香港理工大学 | The Hong Kong Polytechnic University | HKPU/PolyU | 80 898.45 |
| 3 | 成功大学* | Cheng Kung University | NCKU | 80 826.73 |

续表

| 排名 | 中文名称 | 英文名称 | 简称 | Facebook 传播力得分 |
|---|---|---|---|---|
| 4 | 香港科技大学 | The Hong Kong University of Science and Technology | HKUST | 77 556.93 |
| 5 | 台湾“交通大学”* | Chiao Tung University | NCTU | 73 817.91 |
| 6 | 台湾师范大学* | Taiwan Normal University | NTNU | 71 349.19 |
| 7 | 香港浸会大学 | Hong Kong Baptist University | HKBU | 57 058.55 |
| 8 | 香港大学 | The University of Hong Kong | HKU | 52 066.67 |
| 9 | 台湾大学* | Taiwan University | NTU | 43 654.30 |
| 10 | 清华大学 | Tsinghua University | TSU | 26 579.37 |
| 11 | 台湾“清华大学”* | Tsing Hua University | NTHU | 26 223.67 |
| 12 | 香港城市大学 | City University of Hong Kong | CityU | 23 398.82 |
| 13 | 岭南大学 | Lingnan University, Hong Kong | LU | 22 326.82 |
| 14 | 台湾淡江大学* | Tamkang University | TKU | 21 124.60 |
| 15 | 台湾“中山大学”* | Sun Yat-sen University | NSYSU | 17 044.33 |
| 16 | 台湾科技大学* | Taiwan University of Science and Technology (Taiwan Tech) | NTUST | 15 838.98 |
| 17 | 澳门大学 | University of Macau | UM | 14 211.86 |
| 18 | 南京航空航天大学 | Nanjing University of Aeronautics and Astronautics | NUAA | 13 349.38 |
| 19 | 南京大学 | Nanjing University | NJU | 13 032.75 |
| 20 | 东海大学* | Tunghai University | THU | 11 603.69 |
| 21 | 台湾“东华大学”* | Dong Hwa University | NDHU | 11 364.55 |
| 22 | 高雄应用科技大学* | Kaohsiung University of Applied Sciences | KUAS | 11 212.28 |
| 23 | 彰化师范大学* | Changhua University of Education | NCUE | 10 058.13 |
| 24 | 辅仁大学* | Fu Jen Catholic University | FJU | 9 646.32 |
| 25 | 暨南国际大学* | Chi Nan University | NCNU | 9 475.13 |
| 26 | 复旦大学 | Fudan University | FUDAN | 9 168.77 |
| 27 | 北京大学 | Peking University | PKU | 8 472.30 |
| 28 | 台湾“大同大学”* | Tatung University | TTU | 7 042.26 |
| 29 | 中国医药大学* | China Medical University | CMU | 6 459.36 |
| 30 | 亚洲大学* | Asia University, Taiwan | AU | 6 185.70 |
| 31 | 中华大学* | Chung Hua University | CHU | 6 065.22 |
| 32 | 云林科技大学* | Yunlin University of Science and Technology | NYUST | 5 343.20 |
| 33 | 逢甲大学* | Feng Chia University | FCU | 5 235.72 |
| 34 | 政治大学* | Chengchi University | NCCU | 5 211.68 |
| 35 | 台北大学* | Taipei University | NTPU | 5 194.60 |
| 36 | 中兴大学* | Chung Hsing University | NCHU | 4 729.01 |
| 37 | 高雄第一科技大学* | Kaohsiung First University of Science and Technology | NKFUST | 4 664.77 |

续表

| 排名 | 中文名称 | 英文名称 | 简称 | Facebook 传播力得分 |
|---|---|---|---|---|
| 38 | 元智大学* | Yuan Ze University | YZU | 4 399.86 |
| 39 | 高雄医学大学* | Kaohsiung Medical University | KMU | 3 865.60 |
| 40 | 电子科技大学 | University of Electronic Science and Technology of China | UESTC | 3 319.57 |
| 41 | 中原大学* | Chung Yuan Christian University | CYCU | 2 944.48 |
| 42 | 厦门大学 | Xiamen University | XMU | 2 509.95 |
| 43 | 中正大学* | Chung Cheng University | CCU | 2 322.44 |
| 44 | 东吴大学* | Soochow University (Taiwan) | SCU | 1 914.91 |
| 45 | 中山大学 | Sun Yat-sen University | SYSU | 1 665.22 |
| 46 | 南京邮电大学 | Nanjing University Of Posts And Telecommunications | NJUPT | 1 580.43 |
| 47 | 上海交通大学 | Shanghai Jiao Tong University | SJTU | 1 415.84 |
| 48 | 石河子大学 | Shihezi University | SHZU | 1 387.28 |
| 49 | 北京航空航天大学 | Beihang University | BUAA | 1 355.46 |
| 50 | 天津大学 | Tianjin University | TJU | 1 352.71 |
| 51 | 浙江大学 | Zhejiang University | ZJU | 1 329.46 |
| 52 | 郑州大学 | Zhengzhou University | ZZU | 1 297.73 |
| 53 | 宁波大学 | Ningbo University | NBU | 1 165.28 |
| 54 | 中国石油大学(北京) | China University of Petroleum-Beijing | CUP | 1 049.74 |
| 55 | 山东大学 | Shandong University | SDU | 1 007.74 |
| 56 | 中国石油大学(华东) | China University of Petroleum | UPC | 977.14 |
| 57 | 西安交通大学 | Xi'an Jiaotong University | XJTU | 964.57 |
| 58 | 同济大学 | Tongji University | TJU | 860.89 |
| 59 | 武汉大学 | Wuhan University | WHU | 859.94 |
| 60 | 四川大学 | Sichuan University | SCU | 858.10 |
| 61 | 华中科技大学 | Huazhong University of Science and Technology | HUST | 854.50 |
| 62 | 吉林大学 | Jilin University | JLU | 846.17 |
| 63 | 台北科技大学* | Taipei University of Technology | NTUT | 743.47 |
| 64 | 华东师范大学 | East China Normal University | ECNU | 698.27 |
| 65 | 太原理工大学 | Taiyuan University of Technology | TUT | 693.99 |
| 66 | 哈尔滨工业大学 | Harbin Institute of Technology | HIT | 690.22 |
| 67 | 台湾海洋大学* | Taiwan Ocean University | NTOU | 679.61 |
| 68 | 上海财经大学 | Shanghai University of Finance and Economics | SUFE | 675.66 |
| 69 | 对外经济贸易大学 | University of International Business and Economics | UIBE | 580.58 |
| 70 | 华中农业大学 | Huazhong Agricultural University | HZAU | 560.12 |
| 71 | 长庚大学* | Chang Gung University | CGU | 553.01 |
| 72 | 大连理工大学 | Dalian University of Technology | DUT | 494.15 |

续表

| 排名 | 中文名称 | 英文名称 | 简称 | Facebook 传播力得分 |
|---|---|---|---|---|
| 73 | 湖南师范大学 | Hunan Normal University | HNU | 469.00 |
| 74 | 中国药科大学 | China Pharmaceutical University | CPU | 439.73 |
| 75 | 天津医科大学 | Tianjin Medical University | TMU | 434.99 |
| 76 | 北京师范大学 | Beijing Normal University | BNU | 411.83 |
| 77 | 中国矿业大学(徐州) | China University of Mining and Technology | CUMT | 397.56 |
| 78 | 上海中医药大学 | Shanghai University of Traditional Chinese Medicine | SHUTCM | 391.48 |
| 79 | 南京中医药大学 | Nanjing University Of Chinese Medicine | NJUCM | 368.85 |
| 80 | 北京外国语大学 | Beijing Foreign Studies University | BFSU | 365.54 |
| 81 | 暨南大学 | Jinan University (China) | JNU | 362.86 |
| 82 | 武汉理工大学 | Wuhan University of Technology | WUT | 337.14 |
| 83 | 新疆大学 | Xinjiang University | XJU | 334.12 |
| 84 | 西北工业大学 | Northwestern Polytechnical University | NPU/NWPU | 324.04 |
| 85 | 中国科学院大学 | University of Chinese Academy of Sciences | UCAS | 300.19 |
| 86 | 河海大学 | Hohai University | HHU | 282.95 |
| 87 | 上海大学 | Shanghai University | SHU | 266.57 |
| 88 | 东南大学 | Southeast University(China) | SEU | 261.16 |
| 89 | 成都中医药大学 | Chengdu University of TCM | CAA | 251.91 |
| 90 | 中国地质大学(武汉) | China University of Geosciences | CUG | 246.42 |
| 91 | 江南大学 | Jiangnan University | JNU | 237.84 |
| 92 | 西南大学 | Southwest University(China) | SWU | 221.30 |
| 93 | 华南理工大学 | South China University of Technology | SCUT | 220.96 |
| 94 | 哈尔滨工程大学 | Harbin Engineering University | HRBEU/HEU | 217.47 |
| 95 | 中国人民大学 | Renmin University of China | RUC | 215.71 |
| 96 | 西安电子科技大学 | Xidian University | XIDIAN | 207.70 |
| 97 | 东华大学 | Donghua University | DHU | 200.48 |
| 98 | 南京农业大学 | Nanjing Agricultural University | NJAU | 191.33 |
| 99 | 中国地质大学(北京) | China University of Geosciences | CUGB | 171.77 |
| 100 | 中国政法大学 | China University of Political Science and Law | CUPL | 164.24 |
| 101 | 南昌大学 | Nanchang University | NCU | 163.35 |
| 102 | 东北大学 | Northeastern University (China) | NEU | 153.95 |
| 103 | 合肥工业大学 | HeFei University of Technology | HFUT | 153.86 |
| 104 | 北京交通大学 | Beijing Jiaotong University | BJTU | 150.71 |
| 105 | 华南师范大学 | South China Normal University | SCNU | 144.54 |

续表

| 排名 | 中文名称 | 英文名称 | 简称 | Facebook 传播力得分 |
|---|---|---|---|---|
| 106 | 河南大学 | Henan University | HENU | 139.52 |
| 107 | 辽宁大学 | Liaoning University | LNU | 135.63 |
| 108 | 西北大学 | Northwest University (China) | NWU | 126.96 |
| 109 | 延边大学 | Yanbian University | YBU | 125.84 |
| 110 | 北京理工大学 | Beijing Institute of Technology | BIT | 117.46 |
| 111 | 北京化工大学 | Beijing University of Chemical Technology | BUCT | 105.90 |
| 112 | 上海外国语大学 | Shanghai International Studies University | SISU | 100.39 |
| 113 | 西南交通大学 | Southwest Jiaotong University | SWJTU | 99.70 |
| 114 | 中国科学技术大学 | University of Science and Technology of China | USTC | 96.90 |
| 115 | 南京师范大学 | Nanjing Normal University | NJNU | 96.40 |
| 116 | 安徽大学 | Anhui University | AHU | 93.28 |
| 117 | 西南财经大学 | Southwestern University of Finance and Economics | SWUFE | 92.57 |
| 118 | 天津中医药大学 | Tianjin University of Traditional Chinese Medicine | TUTCM | 89.20 |
| 119 | 北京科技大学 | University of Science and Technology Beijing | USTB | 85.35 |
| 120 | 大连海事大学 | Dalian Maritime University | DMU | 83.28 |
| 121 | 湖南大学 | Hunan University | HNU | 82.34 |
| 122 | 华北电力大学(保定) | North China Electric Power University(BaoDing) | NCEPU | 79.88 |
| 123 | 华北电力大学(北京) | North China Electric Power University(BeiJing) | NCEPU | 79.88 |
| 124 | 华东理工大学 | East China University of Science and Technology | ECUST | 77.03 |
| 125 | 重庆大学 | Chongqing University | CQU | 76.42 |
| 126 | 华中师范大学 | Central China Normal University | CCNU | 66.98 |
| 127 | 中国农业大学 | China Agricultural University | CAU | 64.50 |
| 128 | 东北林业大学 | Northeast Forestry University | NEFU | 64.45 |
| 129 | 南开大学 | Nankai University | NKU | 60.37 |
| 130 | 福州大学 | Fuzhou University | FZU | 58.32 |
| 131 | 中国传媒大学 | Communication University of China | CUC | 58.27 |
| 132 | 贵州大学 | Guizhou University | GZU | 53.03 |
| 133 | 陕西师范大学 | Shaanxi Normal University | SNNU | 52.43 |
| 134 | 北京体育大学 | Beijing Sport University | BSU | 49.64 |
| 135 | 上海音乐学院 | Shanghai Conservatory of Music | SHCM | 49.19 |
| 136 | 广西大学 | Guangxi University | GXU | 41.35 |

续表

| 排名 | 中文名称 | 英文名称 | 简称 | Facebook传播力得分 |
|---|---|---|---|---|
| 137 | 中国海洋大学 | Ocean University of China | OUC | 39.07 |
| 138 | 北京中医药大学 | Beijing University of Chinese Medicine | BCUM | 38.42 |
| 139 | 宁夏大学 | Ningxia University | NXU | 36.21 |
| 140 | 广州中医药大学 | Guangzhou University of Chinese Medicine | GUCM | 35.51 |
| 141 | 中央大学* | Central University | NCU | 33.81 |
| 142 | 上海体育学院 | Shanghai University of Sport | SHUS | 33.66 |
| 143 | 中央美术学院 | Central Academy of Fine Arts | CAFA | 32.60 |
| 144 | 苏州大学 | Soochow University(Suzhou) | SUDA | 31.99 |
| 145 | 天津工业大学 | Tianjin Polytechnic University | TJPU | 31.73 |
| 146 | 中央财经大学 | Central University of Finance and Economics | CUFE | 29.31 |
| 147 | 中央音乐学院 | Central Conservatory of Music | CCOM | 29.20 |
| 148 | 长安大学 | Chang'an University | CHD | 24.62 |
| 149 | 台北医学大学* | Taipei Medical University | TMU | 21.35 |
| 150 | 中国矿业大学(北京) | China University of Mining and Technology, Beijing | CUMT | 21.22 |
| 151 | 兰州大学 | Lanzhou University | LZU | 19.13 |
| 152 | 北京邮电大学 | Beijing University of Posts and Telecommunications | BUPT | 17.43 |
| 153 | 东北师范大学 | Northeast Normal University | NENU | 16.68 |
| 154 | 中国美术学院 | China Academy of Art | CAA | 15.64 |
| 155 | 中南大学 | Central South University | CSU | 15.31 |
| 156 | 阳明大学* | Yang Ming University | NYMU | 14.86 |
| 157 | 上海海洋大学 | Shanghai Ocean University | SHOU | 13.37 |
| 158 | 海南大学 | Hainan University | HNU | 12.65 |
| 159 | 中国音乐学院 | China Conservatory of Music | CCM | 11.23 |
| 160 | 北京工业大学 | Beijing University of Technology | BJUT | 9.80 |
| 161 | 西南石油大学 | Southwest Petroleum University | SWPU | 9.21 |
| 162 | 四川农业大学 | Sichuan Agricultural University | SICAU/SAU | 9.15 |
| 163 | 南京林业大学 | Nanjing Forestry University | NJFU | 7.85 |
| 164 | 南京理工大学 | Nanjing University of Science and Technology | NJUST | 7.40 |
| 165 | 南京信息工程大学 | Nanjing University of Information Science & Technology | NJUIST | 7.33 |
| 166 | 河北工业大学 | Hebei University of Technology | HEBUT | 6.42 |
| 167 | 北京林业大学 | Beijing Forestry University | BJFU | 5.91 |
| 168 | 中央民族大学 | Minzu University of China | MUC | 3.70 |
| 169 | 云南大学 | Yunnan University | YNU | 2.92 |

续表

| 排名 | 中文名称 | 英文名称 | 简称 | Facebook 传播力得分 |
|---|---|---|---|---|
| 170 | 内蒙古大学 | Inner Mongolia University | IMU | 1.82 |
| 171 | 东北农业大学 | Northeast Agricultural University | NEAU | 1.69 |
| 172 | 中南财经政法大学 | Zhongnan University of Economics and Law | ZUEL | 1.36 |
| 173 | 北京协和医学院 | Peking Union Medical College | PUMC | 1.23 |
| 174 | 中央戏剧学院 | The Central Academy of Drama | CAD | 0.78 |
| 175 | 西藏大学 | Tibet University | TU | 0.58 |
| 176 | 首都师范大学 | Capital Normal University | CNU | 0.45 |
| 177 | 成都理工大学 | Chengdu University of Technology | CDUT | 0.19 |
| 178 | 青海大学 | Qinghai University | QHU | 0.13 |

（注：带 * 为中国台湾地区高校；未列出学校得分为 0）

## (二)中国内地高校 Facebook 传播力得分

中国内地高校 Facebook 传播力得分前十名依次为：清华大学、南京航空航天大学、南京大学、复旦大学、北京大学、电子科技大学、厦门大学、中山大学、南京邮电大学、上海交通大学。得分在 10 000 分以上的共计 3 所高校，得分在 1 000 分以上的共计 18 所高校，中国内地高校 Facebook 传播力平均得分为 807.80 分。

## (三)Facebook 传播力具体指标分析

在 Facebook 传播力维度中，有 4 项指标，其权重如下：是否有 Facebook 官方认证账号占 5%，主页关注人数占 5%，半年内发布信息数量占 5%，半年内总点赞量占 5%，总共在传播力测量中占比 20%。从关注人数、发布信息数量、转发量、点赞量等综合考察高校在 Twitter 平台上的建设情况。

第一，Facebook 主页官方认证方面。在中国高校中，共计 8 所高校的 Facebook 账号获官方认证，分别是清华大学、成功大学、台湾“交通大学”、台湾师范大学、香港大学、香港科技大学、香港理工大学、香港中文大学。

第二，主页关注人数方面。中国高校所有 Facebook 主页的平均关注人数为 22 155 人。关注人数在 100 000 人以上的高校数量为 11 所，约占总体的 6%；除南京航空航天大学、南京大学外，全部是中国港澳台地区高校。关注人数在 10 000 至 100 000 人之间的高校有 38 所，约占总体的 20.7%，其中 23 所为中国香港地区和中国台湾地区高校，15 所为中国内地高校。关注人数在 10 000 人以下的高校占比 73.3%。关注人数在1 000人以下的高校占比 41.2%(见图 6-12)。

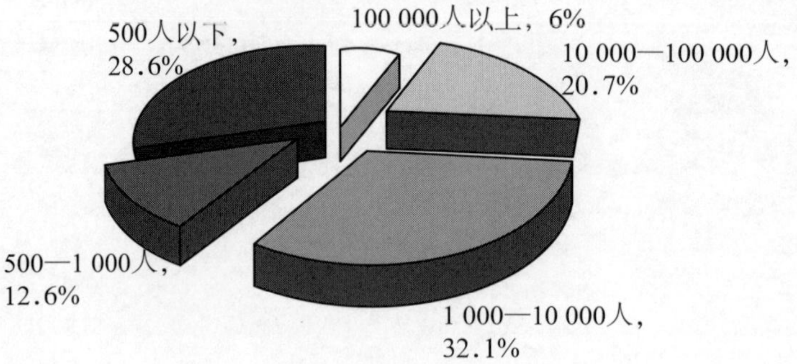


图 6-12 Facebook 主页关注人数占比

第三，半年内信息发布数量方面。中国高校在 Facebook 平台上平均信息发布量为 357 条，中国内地高校平均信息发布量为 32.87 条。信息发布量在 100 条以上的高校有 12 所，占总体的 8.5%；信息发布量在 50 至 100 条之间的高校有 9 所，占总体的 6.4%；其中 51 所高校主页半年内信息发布量为 0，占总体的 36.17%。

第四，半年内被赞总量方面。中国高校半年内被赞总量的平均数为 118 次，被赞总量在 10 000 次以上的有 7 所，分别是香港中文大学、成功大学、香港科技大学、香港浸会大学、香港理工大学、台湾"交通大学"、台湾大学。30 所高校获赞量在 1 000—10 000 次之间，占比 16.3%。39.7%的中国高校获赞量为 0。在中国内地高校中，复旦大学获赞量最高，为 2 253 次(见表 6-17)。

**表 6-17 中国高校 Facebook 传播力具体指标得分**

| 排名 | 中文名称 | 是否有官方认证主页 | 关注人数 | 半年内发布信息数量 | 半年内总点赞量 |
|---|---|---|---|---|---|
| 1 | 香港中文大学 | 2 | 250 660 | 7 063 | 21 648 |
| 2 | 香港理工大学 | 1 | 346 114 | 5 501 | 13 211 |
| 3 | 成功大学* | 1 | 325 982 | 3 485 | 20 789 |
| 4 | 香港科技大学 | 1 | 281 224 | 5 151 | 15 046 |
| 5 | 台湾"交通大学"* | 2 | 125 986 | 2 832 | 12 539 |
| 6 | 台湾师范大学* | 2 | 189 357 | 2 333 | 8 954 |
| 7 | 香港浸会大学 | 0 | 200 490 | 6 388 | 14 018 |
| 8 | 香港大学 | 2 | 74 814 | 1 484 | 2 337 |
| 9 | 台湾大学* | 0 | 303 449 | 2 130 | 12 029 |
| 10 | 清华大学 | 1 | 70 257 | 512 | 664 |
| 11 | 台湾"清华大学"* | 0 | 89 341 | 2 791 | 7 061 |
| 12 | 香港城市大学 | 0 | 122 825 | 2 795 | 3 085 |

续表

| 排名 | 中文名称 | 是否有官方认证主页 | 关注人数 | 半年内发布信息数量 | 半年内总点赞量 |
|---|---|---|---|---|---|
| 13 | 岭南大学 | 0 | 63 601 | 2 211 | 7 194 |
| 14 | 台湾淡江大学* | 0 | 70 084 | 1 787 | 7 295 |
| 15 | 台湾“中山大学”* | 0 | 46 681 | 1 918 | 4 835 |
| 16 | 台湾科技大学* | 0 | 55 319 | 823 | 7 019 |
| 17 | 澳门大学 | 0 | 21 585 | 441 | 8 715 |
| 18 | 南京航空航天大学 | 0 | 190 227 | 117 | 414 |
| 19 | 南京大学 | 0 | 185 383 | 114 | 422 |
| 20 | 东海大学* | 0 | 80 844 | 930 | 1 997 |
| 21 | 台湾“东华大学”* | 0 | 40 440 | 1 162 | 3 127 |
| 22 | 高雄应用科技大学* | 0 | 32 145 | 833 | 4 510 |
| 23 | 彰化师范大学* | 0 | 28 364 | 1 504 | 1 593 |
| 24 | 辅仁大学* | 0 | 40 211 | 607 | 3 593 |
| 25 | 暨南国际大学* | 0 | 31 936 | 867 | 3 032 |
| 26 | 复旦大学 | 0 | 72 316 | 396 | 2 253 |
| 27 | 北京大学 | 0 | 48 437 | 877 | 1 355 |
| 28 | 台湾“大同大学”* | 0 | 15 384 | 430 | 3 385 |
| 29 | 中国医药大学* | 0 | 21 405 | 869 | 1 176 |
| 30 | 亚洲大学* | 0 | 27 396 | 718 | 1 145 |
| 31 | 中华大学* | 0 | 25 621 | 688 | 1 239 |
| 32 | 云林科技大学* | 0 | 13 201 | 229 | 2 808 |
| 33 | 逢甲大学* | 0 | 48 962 | 257 | 791 |
| 34 | 政治大学* | 0 | 45 912 | 209 | 1 086 |
| 35 | 台北大学* | 0 | 27 418 | 513 | 1 029 |
| 36 | 中兴大学* | 0 | 26 216 | 413 | 1 049 |
| 37 | 高雄第一科技大学* | 0 | 18 384 | 523 | 1 041 |
| 38 | 元智大学* | 0 | 20 498 | 326 | 1 367 |
| 39 | 高雄医学大学* | 0 | 3 900 | 119 | 2 475 |
| 40 | 电子科技大学 | 0 | 5 405 | 37 | 2 233 |
| 41 | 中原大学* | 0 | 8 714 | 254 | 1 055 |
| 42 | 厦门大学 | 0 | 20 768 | 112 | 555 |
| 43 | 中正大学* | 0 | 10 760 | 135 | 846 |
| 44 | 东吴大学* | 0 | 9 534 | 186 | 419 |
| 45 | 中山大学 | 0 | 7 899 | 117 | 531 |
| 46 | 南京邮电大学 | 0 | 7 731 | 38 | 731 |
| 47 | 上海交通大学 | 0 | 13 722 | 101 | 86 |
| 48 | 石河子大学 | 0 | 13 076 | 19 | 365 |
| 49 | 北京航空航天大学 | 0 | 9 459 | 143 | 120 |
| 50 | 天津大学 | 0 | 8 598 | 41 | 496 |
| 51 | 浙江大学 | 0 | 11 850 | 115 | 68 |
| 52 | 郑州大学 | 0 | 6 519 | 68 | 471 |

续表

| 排名 | 中文名称 | 是否有官方认证主页 | 关注人数 | 半年内发布信息数量 | 半年内总点赞量 |
|---|---|---|---|---|---|
| 53 | 宁波大学 | 0 | 8 477 | 142 | 23 |
| 54 | 中国石油大学(北京) | 0 | 12 549 | 50 | 23 |
| 55 | 山东大学 | 0 | 12 658 | 43 | 7 |
| 56 | 中国石油大学(华东) | 0 | 15 019 | 0 | 2 |
| 57 | 西安交通大学 | 0 | 6 311 | 37 | 319 |
| 58 | 同济大学 | 0 | 7 347 | 79 | 46 |
| 59 | 武汉大学 | 0 | 11 946 | 19 | 5 |
| 60 | 四川大学 | 0 | 7 555 | 72 | 56 |
| 61 | 华中科技大学 | 0 | 10 682 | 18 | 69 |
| 62 | 吉林大学 | 0 | 6 984 | 90 | 17 |
| 63 | 台北科技大学* | 0 | 3 156 | 81 | 162 |
| 64 | 华东师范大学 | 0 | 2 650 | 100 | 90 |
| 65 | 太原理工大学 | 0 | 1 659 | 40 | 334 |
| 66 | 哈尔滨工业大学 | 0 | 5 030 | 53 | 115 |
| 67 | 台湾海洋大学* | 0 | 6 545 | 37 | 81 |
| 68 | 上海财经大学 | 0 | 10 329 | 1 | 1 |
| 69 | 对外经济贸易大学 | 0 | 3 729 | 64 | 59 |
| 70 | 华中农业大学 | 0 | 8 529 | 1 | 2 |
| 71 | 长庚大学* | 0 | 2 253 | 46 | 172 |
| 72 | 大连理工大学 | 0 | 4 627 | 32 | 49 |
| 73 | 湖南师范大学 | 0 | 4 925 | 31 | 17 |
| 74 | 中国药科大学 | 0 | 5 193 | 20 | 16 |
| 75 | 天津医科大学 | 0 | 2 719 | 22 | 133 |
| 76 | 北京师范大学 | 0 | 1 950 | 63 | 20 |
| 77 | 中国矿业大学(徐州) | 0 | 3 075 | 33 | 49 |
| 78 | 上海中医药大学 | 0 | 1 573 | 53 | 56 |
| 79 | 南京中医药大学 | 0 | 364 | 32 | 169 |
| 80 | 北京外国语大学 | 0 | 2 387 | 44 | 23 |
| 81 | 暨南大学 | 0 | 5 431 | 1 | 5 |
| 82 | 武汉理工大学 | 0 | 2 460 | 43 | 0 |
| 83 | 新疆大学 | 0 | 3 304 | 29 | 0 |
| 84 | 西北工业大学 | 0 | 4 739 | 4 | 0 |
| 85 | 中国科学院大学 | 0 | 4 626 | 0 | 0 |
| 86 | 河海大学 | 0 | 3 157 | 18 | 3 |
| 87 | 上海大学 | 0 | 1 217 | 43 | 8 |
| 88 | 东南大学 | 0 | 1 715 | 36 | 1 |
| 89 | 成都中医药大学 | 0 | 2 023 | 28 | 4 |
| 90 | 中国地质大学(武汉) | 0 | 2 693 | 14 | 11 |
| 91 | 江南大学 | 0 | 1 983 | 24 | 8 |
| 92 | 西南大学 | 0 | 2 822 | 1 | 27 |

续表

| 排名 | 中文名称 | 是否有官方认证主页 | 关注人数 | 半年内发布信息数量 | 半年内总点赞量 |
|---|---|---|---|---|---|
| 93 | 华南理工大学 | 0 | 1 463 | 29 | 5 |
| 94 | 哈尔滨工程大学 | 0 | 1 222 | 24 | 31 |
| 95 | 中国人民大学 | 0 | 2 423 | 5 | 30 |
| 96 | 西安电子科技大学 | 0 | 1 939 | 18 | 6 |
| 97 | 东华大学 | 0 | 499 | 34 | 22 |
| 98 | 南京农业大学 | 0 | 2 185 | 12 | 0 |
| 99 | 中国地质大学(北京) | 0 | 2 647 | 0 | 0 |
| 100 | 中国政法大学 | 0 | 2 531 | 0 | 0 |
| 101 | 南昌大学 | 0 | 2 390 | 2 | 0 |
| 102 | 东北大学 | 0 | 1 625 | 9 | 9 |
| 103 | 合肥工业大学 | 0 | 1 544 | 13 | 0 |
| 104 | 北京交通大学 | 0 | 529 | 23 | 17 |
| 105 | 华南师范大学 | 0 | 789 | 22 | 2 |
| 106 | 河南大学 | 0 | 528 | 20 | 18 |
| 107 | 辽宁大学 | 0 | 2 090 | 0 | 0 |
| 108 | 西北大学 | 0 | 921 | 12 | 14 |
| 109 | 延边大学 | 0 | 667 | 20 | 0 |
| 110 | 北京理工大学 | 0 | 969 | 12 | 4 |
| 111 | 北京化工大学 | 0 | 464 | 15 | 11 |
| 112 | 上海外国语大学 | 0 | 1 547 | 0 | 0 |
| 113 | 西南交通大学 | 0 | 607 | 14 | 2 |
| 114 | 中国科学技术大学 | 0 | 1 283 | 3 | 1 |
| 115 | 南京师范大学 | 0 | 595 | 14 | 0 |
| 116 | 安徽大学 | 0 | 38 | 22 | 0 |
| 117 | 西南财经大学 | 0 | 718 | 9 | 7 |
| 118 | 天津中医药大学 | 0 | 765 | 5 | 15 |
| 119 | 北京科技大学 | 0 | 1 188 | 2 | 0 |
| 120 | 大连海事大学 | 0 | 520 | 12 | 0 |
| 121 | 湖南大学 | 0 | 251 | 16 | 0 |
| 122 | 华北电力大学(保定) | 0 | 1 231 | 0 | 0 |
| 123 | 华北电力大学(北京) | 0 | 1 231 | 0 | 0 |
| 124 | 华东理工大学 | 0 | 1 187 | 0 | 0 |
| 125 | 重庆大学 | 0 | 796 | 6 | 0 |
| 126 | 华中师范大学 | 0 | 396 | 10 | 0 |
| 127 | 中国农业大学 | 0 | 994 | 0 | 0 |
| 128 | 东北林业大学 | 0 | 138 | 11 | 8 |
| 129 | 南开大学 | 0 | 789 | 1 | 4 |
| 130 | 福州大学 | 0 | 199 | 11 | 0 |
| 131 | 中国传媒大学 | 0 | 624 | 4 | 1 |
| 132 | 贵州大学 | 0 | 181 | 10 | 0 |

续表

| 排名 | 中文名称 | 是否有官方认证主页 | 关注人数 | 半年内发布信息数量 | 半年内总点赞量 |
|---|---|---|---|---|---|
| 133 | 陕西师范大学 | 0 | 808 | 0 | 0 |
| 134 | 北京体育大学 | 0 | 765 | 0 | 0 |
| 135 | 上海音乐学院 | 0 | 758 | 0 | 0 |
| 136 | 广西大学 | 0 | 1 | 10 | 0 |
| 137 | 中国海洋大学 | 0 | 602 | 0 | 0 |
| 138 | 北京中医药大学 | 0 | 592 | 0 | 0 |
| 139 | 宁夏大学 | 0 | 558 | 0 | 0 |
| 140 | 广州中医药大学 | 0 | 420 | 2 | 0 |
| 141 | 中央大学* | 0 | 521 | 0 | 0 |
| 142 | 上海体育学院 | 0 | 289 | 3 | 2 |
| 143 | 中央美术学院 | 0 | 361 | 1 | 4 |
| 144 | 苏州大学 | 0 | 493 | 0 | 0 |
| 145 | 天津工业大学 | 0 | 489 | 0 | 0 |
| 146 | 中央财经大学 | 0 | 70 | 6 | 0 |
| 147 | 中央音乐学院 | 0 | 450 | 0 | 0 |
| 148 | 长安大学 | 0 | 125 | 4 | 0 |
| 149 | 台北医学大学* | 0 | 329 | 0 | 0 |
| 150 | 中国矿业大学(北京) | 0 | 244 | 1 | 1 |
| 151 | 兰州大学 | 0 | 256 | 0 | 2 |
| 152 | 北京邮电大学 | 0 | 205 | 1 | 0 |
| 153 | 东北师范大学 | 0 | 257 | 0 | 0 |
| 154 | 中国美术学院 | 0 | 241 | 0 | 0 |
| 155 | 中南大学 | 0 | 236 | 0 | 0 |
| 156 | 阳明大学* | 0 | 229 | 0 | 0 |
| 157 | 上海海洋大学 | 0 | 206 | 0 | 0 |
| 158 | 海南大学 | 0 | 195 | 0 | 0 |
| 159 | 中国音乐学院 | 0 | 173 | 0 | 0 |
| 160 | 北京工业大学 | 0 | 151 | 0 | 0 |
| 161 | 西南石油大学 | 0 | 142 | 0 | 0 |
| 162 | 四川农业大学 | 0 | 141 | 0 | 0 |
| 163 | 南京林业大学 | 0 | 121 | 0 | 0 |
| 164 | 南京理工大学 | 0 | 114 | 0 | 0 |
| 165 | 南京信息工程大学 | 0 | 113 | 0 | 0 |
| 166 | 河北工业大学 | 0 | 99 | 0 | 0 |
| 167 | 北京林业大学 | 0 | 91 | 0 | 0 |
| 168 | 中央民族大学 | 0 | 57 | 0 | 0 |
| 169 | 云南大学 | 0 | 45 | 0 | 0 |
| 170 | 内蒙古大学 | 0 | 28 | 0 | 0 |
| 171 | 东北农业大学 | 0 | 26 | 0 | 0 |
| 172 | 中南财经政法大学 | 0 | 21 | 0 | 0 |

续表

| 排名 | 中文名称 | 是否有官方认证主页 | 关注人数 | 半年内发布信息数量 | 半年内总点赞量 |
|---|---|---|---|---|---|
| 173 | 北京协和医学院 | 0 | 19 | 0 | 0 |
| 174 | 中央戏剧学院 | 0 | 12 | 0 | 0 |
| 175 | 西藏大学 | 0 | 9 | 0 | 0 |
| 176 | 首都师范大学 | 0 | 7 | 0 | 0 |
| 177 | 成都理工大学 | 0 | 3 | 0 | 0 |
| 178 | 青海大学 | 0 | 2 | 0 | 0 |

（注：带＊为中国台湾地区高校；是否为官方认证主页，"2"表示有 2 个官方认证主页，"1"表示有 1 个官方认证主页，"0"表示没有官方认证主页；未列出高校数据均为 0）

## （四）Facebook 传播力对比分析

目前，中国内地高校在 Facebook 上的传播力表现依旧远落后于日韩参照高校。中国内地高校 Facebook 传播力得分排名第一的清华大学为 26 579.37 分，与日韩参照高校中排名第一的京都大学（得分为 39 196.22 分）差距较大。中国内地高校的 Facebook 传播力平均得分为 807.80 分，日韩参照高校的平均得分为 26 253.08 分，存在量级差距（见图 6－13）。

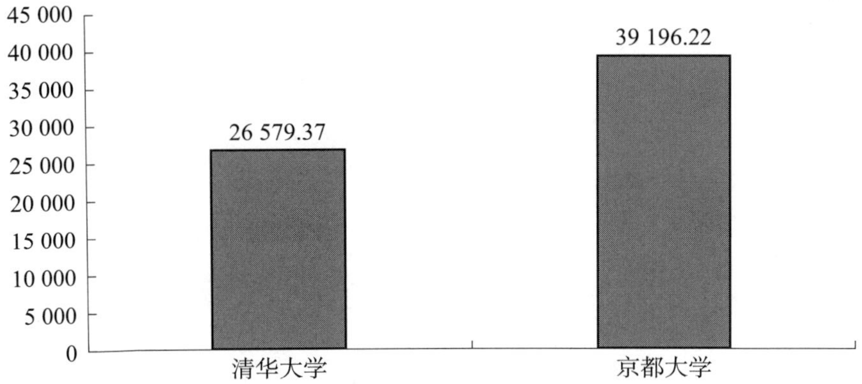


图 6－13　中国内地高校与日韩参照高校 Facebook 传播力最高得分比较

中国内地高校绝大多数在 Facebook 平台上都有账号，中国内地 141 所高校中有 135 所拥有自己的 Facebook 账号，但只有清华大学一所高校有官方认证账号。在中国内地高校中 Facebook 主页关注人数最多的南京航空航天大学，关注人数为 190 227 人，已超过日韩参照高校中关注人数排名第一的高丽大学（关注人数为 141 182 人）；中国内地高校的 Facebook 主页关注人数平均值为 6 516 人，为日韩参照高校平均值(82 831 人)的 1/11。中国内地高校发布信息的频率较低,半年内平均发布信息量为 33 条,半年内发布信息量在 50 条以上的高校只有 21 所,而日韩参照高校半年内平均发布信息量为 897 条。中国内地高校发布信息最多的是北京大学 877 条,还不足日韩参照高校的平均水平,更与排名第一的京都大学(2 345 条)相去甚远(见图 6-14)。

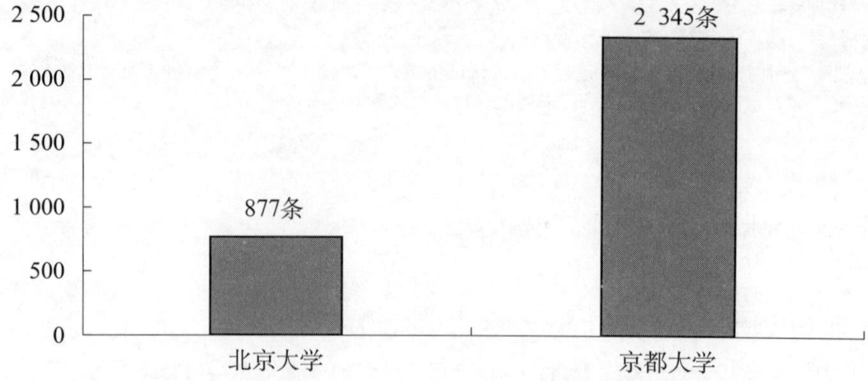


图 6-14　中国内地高校与日韩参照高校 Facebook 最高发布信息量比较

中国内地高校的 Facebook 平台建设也与中国港澳台地区高校存在差距。目前,中国内地高校仅有清华大学拥有官方认证账号,中国港澳台地区则有 7 所高校拥有官方认证账号。中国港澳台地区高校中排名第一的香港中文大学得分为 11 086.56 分,是中国内地高校中排名第一的清华大学的 4 倍。中国港澳台地区高校的 Facebook 传播力平均得分为21 517.31 分,依旧远超中国内地高校平均得分 807.80 分(见表 6-18)。

**表 6-18　中国内地高校和日韩参照高校 Facebook 传播力排名比较**

| 排名 | 中文名称 | 是否有官方认证主页 | 关注人数 | 半年内发布的信息数量 | 半年总点赞数 | Facebook 传播力得分 |
|---|---|---|---|---|---|---|
| 1 | 京都大学** | 1 | 56 391 | 2 345 | 5 382 | 39 196.22 |
| 2 | 东京大学** | 1 | 83 572 | 744 | 788 | 28 557.49 |
| 3 | 清华大学 | 1 | 70 257 | 512 | 664 | 26 579.37 |
| 4 | 首尔大学** | 1 | 50 180 | 65 | 756 | 23 547.32 |
| 5 | 高丽大学** | 0 | 141 182 | 434 | 2 187 | 13 711.29 |
| 6 | 南京航空航天大学 | 0 | 190 227 | 117 | 414 | 13 349.38 |

(注:带 ** 为日韩参照高校)

# 八、维度五:Instagram传播力

## (一)中国高校Instagram传播力全景得分

Instagram作为近年来在国外年轻人群体中迅速流行起来的新兴社交媒体,在传播力影响、话题讨论、形象塑造等方面起到了重要的作用,近年来更有研究表明,其为活跃在美国青年人群体中可信度最高的社交媒体。对Instagram账号的粉丝数量、发布信息数量、点赞量、评论量、TAG数量五个方面进行统计,按权重计算指标对应数据,得到184所中国高校Instagram传播力得分排名。

中国高校的Instagram使用程度较低,平均发布信息数量为29.29条,平均粉丝数量为1 671人。半年内发布信息数量在50条以上的中国高校共13所,占比7%。85.32%的中国高校的Instagram账号发布信息数量为0,73.4%的中国高校Instagram账号粉丝数量为0,81%的中国高校TAG数量在10个以下。中国高校Instagram传播力得分排名第一的香港大学半年内发布信息数量为707条,粉丝数量为161 594人,点赞数量为16 272个,评论数量为694条,TAG数量为2个。

在Instagram传播力维度中,中国高校平均得分为5 978.81分,最高分为香港大学281 328.59分。中国高校前十名依次是:香港大学、香港理工大学、香港科技大学、香港浸会大学、台湾师范大学、香港中文大学、台湾淡江大学、成功大学、台湾大学、清华大学(见表6-19)。

**表6-19 中国高校Instagram传播力全景得分**

| 排名 | 中文名称 | 英文名称 | 简称 | Instagram传播力得分 |
| --- | --- | --- | --- | --- |
| 1 | 香港大学 | The University of Hong Kong | HKU | 281 328.59 |
| 2 | 香港理工大学 | The Hong Kong Polytechnic University | HKPU/PolyU | 113 107.69 |
| 3 | 香港科技大学 | The Hong Kong University of Science and Technology | HKUST | 100 492.53 |
| 4 | 香港浸会大学 | Hong Kong Baptist University | HKBU | 92 888.95 |
| 5 | 台湾师范大学* | Taiwan Normal University | NTNU | 73 358.01 |
| 6 | 香港中文大学 | The Chinese University of Hong Kong | CUHK | 53 107.30 |

续表

| 排名 | 中文名称 | 英文名称 | 简称 | Instagram 传播力得分 |
|---|---|---|---|---|
| 7 | 台湾淡江大学* | Tamkang University | TKU | 25 810.87 |
| 8 | 成功大学* | Cheng Kung University | NCKU | 18 746.33 |
| 9 | 台湾大学* | Taiwan University | NTU | 17 823.08 |
| 10 | 清华大学 | Tsinghua University | TSU | 15 752.91 |
| 11 | 高雄第一科技大学* | Kaohsiung First University of Science and Technology | NKFUST | 14 338.38 |
| 12 | 北京大学 | Peking University | PKU | 13 714.65 |
| 13 | 台湾科技大学* | Taiwan University of Science and Technology (Taiwan Tech) | NTUST | 12 149.26 |
| 14 | 上海外国语大学 | Shanghai International Studies University | SISU | 10 207.40 |
| 15 | 国防科学技术大学 | National University of Defense Technology | NUDT | 9 975.42 |
| 16 | 岭南大学 | Lingnan University, Hong Kong | LU | 9 291.46 |
| 17 | 上海大学 | Shanghai University | SHU | 7 423.56 |
| 18 | 亚洲大学* | Asia University, Taiwan | AU | 7 276.69 |
| 19 | 南京大学 | Nanjing University | NJU | 6 215.26 |
| 20 | 四川大学 | Sichuan University | SCU | 6 043.64 |
| 21 | 浙江大学 | Zhejiang University | ZJU | 5 647.51 |
| 22 | 东北大学 | Northeastern University (China) | NEU | 5 567.67 |
| 23 | 台湾"清华大学"* | Tsing Hua University | NTHU | 5 497.64 |
| 24 | 北京科技大学 | University of Science and Technology Beijing | USTB | 5 335.69 |
| 25 | 中国科学技术大学 | University of Science and Technology of China | USTC | 5 335.69 |
| 26 | 厦门大学 | Xiamen University | XMU | 5 170.98 |
| 27 | 香港城市大学* | City University of Hong Kong | CityU | 5 159.35 |
| 28 | 武汉大学 | Wuhan University | WHU | 5 128.38 |
| 29 | 暨南国际大学* | Chi Nan University | NCNU | 5 115.73 |
| 30 | 上海财经大学 | Shanghai University of Finance and Economics | SUFE | 5 103.70 |
| 31 | 上海体育学院 | Shanghai University of Sport | SHUS | 5 103.70 |
| 32 | 上海中医药大学 | Shanghai University of Traditional Chinese Medicine | SHUTCM | 5 103.70 |
| 33 | 西南财经大学 | Southwestern University of Finance and Economics | SWUFE | 5 103.70 |
| 34 | 台湾"交通大学"* | Chiao Tung University | NCTU | 4 480.41 |
| 35 | 中国石油大学(北京) | China University of Petroleum-Beijing | CUP | 3 874.62 |
| 36 | 天津大学 | Tianjin University | TJU | 3 713.23 |
| 37 | 台北大学* | Taipei University | NTPU | 3 479.80 |

续表

| 排名 | 中文名称 | 英文名称 | 简称 | Instagram传播力得分 |
|---|---|---|---|---|
| 38 | 台北科技大学* | Taipei University of Technology | NTUT | 3 479.80 |
| 39 | 山东大学 | Shandong University | SDU | 3 233.55 |
| 40 | 复旦大学 | Fudan University | FUDAN | 3 187.35 |
| 41 | 澳门大学 | University of Macau | UM | 3 143.94 |
| 42 | 台湾"中山大学"* | Sun Yat-sen University | NSYSU | 3 088.58 |
| 43 | 广西大学 | Guangxi University | GXU | 3 015.82 |
| 44 | 吉林大学 | Jilin University | JLU | 3 015.82 |
| 45 | 苏州大学 | Soochow University(Suzhou) | SUDA | 3 015.82 |
| 46 | 东吴大学* | Soochow University (Taiwan) | SCU | 3 015.82 |
| 47 | 台湾"东华大学"* | Donghua University | DHU | 2 717.93 |
| 48 | 对外经济贸易大学 | University of International Business and Economics | UIBE | 2 551.85 |
| 49 | 暨南大学 | Jinan University (China) | JNU | 2 418.57 |
| 50 | 同济大学 | Tongji University | TJU | 2 414.94 |
| 51 | 中国美术学院 | China Academy of Art | CAA | 2 369.94 |
| 52 | 中山大学 | Sun Yat-sen University | SYSU | 2 329.30 |
| 53 | 华东理工大学 | East China University of Science and Technology | ECUST | 2 319.86 |
| 54 | 宁波大学 | Ningbo University | NBU | 2 133.60 |
| 55 | 湖南大学 | Hunan University | HNU | 2 087.88 |
| 56 | 中国传媒大学 | Communication University of China | CUC | 1 855.89 |
| 57 | 北京理工大学 | Beijing Institute of Technology | BIT | 1 786.88 |
| 58 | 逢甲大学* | Feng Chia University | FCU | 1 658.30 |
| 59 | 北京师范大学 | Beijing Normal University | BNU | 1 623.90 |
| 60 | 华南理工大学 | South China University of Technology | SCUT | 1 623.90 |
| 61 | 重庆大学 | Chongqing University | CQU | 1 623.90 |
| 62 | 中国石油大学(华东) | China University of Petroleum | UPC | 1 529.81 |
| 63 | 南开大学 | Nankai University | NKU | 1 503.68 |
| 64 | 河南大学 | Henan University | HENU | 1 391.92 |
| 65 | 兰州大学 | Lanzhou University | LZU | 1 391.92 |
| 66 | 东海大学* | Tunghai University | THU | 1 391.92 |
| 67 | 大连理工大学 | Dalian University of Technology | DUT | 1 159.93 |
| 68 | 华东师范大学 | East China Normal University | ECNU | 1 159.93 |
| 69 | 南京师范大学 | Nanjing Normal University | NJNU | 1 159.93 |
| 70 | 云南大学 | Yunnan University | YNU | 1 159.93 |
| 71 | 中国地质大学(北京) | China University of Geosciences | CUGB | 1 159.93 |
| 72 | 中国地质大学(武汉) | China University of Geosciences | CUG | 1 159.93 |
| 73 | 东华大学(台湾)* | Dong Hwa University | NDHU | 1 047.38 |
| 74 | 河海大学 | Hohai University | HHU | 930.12 |

续表

| 排名 | 中文名称 | 英文名称 | 简称 | Instagram 传播力得分 |
|---|---|---|---|---|
| 75 | 安徽大学 | Anhui University | AHU | 927.95 |
| 76 | 广州中医药大学 | Guangzhou University of Chinese Medicine | GUCM | 927.95 |
| 77 | 华南师范大学 | South China Normal University | SCNU | 927.95 |
| 78 | 辽宁大学 | Liaoning University | LNU | 927.95 |
| 79 | 上海交通大学 | Shanghai Jiao Tong University | SJTU | 927.95 |
| 80 | 上海音乐学院 | Shanghai Conservatory of Music | SHCM | 927.95 |
| 81 | 西南大学 | Southwest University(China) | SWU | 927.95 |
| 82 | 郑州大学 | Zhengzhou University | ZZU | 927.95 |
| 83 | 中国矿业大学（北京） | China University of Mining and Technology, Beijing | CUMT | 927.95 |
| 84 | 中国矿业大学（徐州） | China University of Mining and Technology | CUMT | 927.95 |
| 85 | 中央财经大学 | Central University of Finance and Economics | CUFE | 927.95 |
| 86 | 中央美术学院 | Central Academy of Fine Arts | CAFA | 927.95 |
| 87 | 辅仁大学* | Fu Jen Catholic University | FJU | 927.95 |
| 88 | 高雄应用科技大学* | Kaohsiung University of Applied Sciences | KUAS | 927.95 |
| 89 | 中华大学* | Chung Hua University | CHU | 795.88 |
| 90 | 长庚大学* | Chang Gung University | CGU | 699.59 |
| 91 | 北京航空航天大学 | Beihang University | BUAA | 695.96 |
| 92 | 北京体育大学 | Beijing Sport University | BSU | 695.96 |
| 93 | 北京外国语大学 | Beijing Foreign Studies University | BFSU | 695.96 |
| 94 | 东南大学 | Southeast University(China) | SEU | 695.96 |
| 95 | 福州大学 | Fuzhou University | FZU | 695.96 |
| 96 | 华中科技大学 | Huazhong University of Science and Technology | HUST | 695.96 |
| 97 | 华中师范大学 | Central China Normal University | CCNU | 695.96 |
| 98 | 南京航空航天大学 | Nanjing University of Aeronautics and Astronautics | NUAA | 695.96 |
| 99 | 内蒙古大学 | Inner Mongolia University | IMU | 695.96 |
| 100 | 天津中医药大学 | Tianjin University of Traditional Chinese Medicine | TUTCM | 695.96 |
| 101 | 西北工业大学 | Northwestern PolytechnicalUniversity | NPU/NWPU | 695.96 |
| 102 | 西北农林科技大学 | Northwest Agriculture and Forestry University | NWAFU | 695.96 |
| 103 | 延边大学 | Yanbian University | YBU | 695.96 |

续表

| 排名 | 中文名称 | 英文名称 | 简称 | Instagram 传播力得分 |
|---|---|---|---|---|
| 104 | 中国科学院大学 | University of Chinese Academy of Sciences | UCAS | 695.96 |
| 105 | 中南财经政法大学 | Zhongnan University of Economics and Law | ZUEL | 695.96 |
| 106 | 中南大学 | Central South University | CSU | 695.96 |
| 107 | 政治大学* | Chengchi University | NCCU | 695.96 |
| 108 | 大连海事大学 | Dalian Maritime University | DMU | 466.15 |
| 109 | 北京工业大学 | Beijing University of Technology | BJUT | 463.97 |
| 110 | 北京化工大学 | Beijing University of Chemical Technology | BUCT | 463.97 |
| 111 | 北京交通大学 | Beijing Jiaotong University | BJTU | 463.97 |
| 112 | 北京协和医学院 | Peking Union Medical College | PUMC | 463.97 |
| 113 | 北京中医药大学 | Beijing University of Chinese Medicine | BCUM | 463.97 |
| 114 | 成都理工大学 | Chengdu University of Technology | CDUT | 463.97 |
| 115 | 成都中医药大学 | Chengdu University of TCM | CAA | 463.97 |
| 116 | 电子科技大学 | University of Electronic Science and Technology of China | UESTC | 463.97 |
| 117 | 哈尔滨工业大学 | Harbin Institute of Technology | HIT | 463.97 |
| 118 | 湖南师范大学 | Hunan Normal University | HNU | 463.97 |
| 119 | 江南大学 | Jiangnan University | JNU | 463.97 |
| 120 | 南昌大学 | Nanchang University | NCU | 463.97 |
| 121 | 南京农业大学 | Nanjing Agricultural University | NJAU | 463.97 |
| 122 | 南京信息工程大学 | Nanjing University of Information Science & Technology | NJUIST | 463.97 |
| 123 | 南京邮电大学 | Nanjing University of Posts And Telecommunications | NJUPT | 463.97 |
| 124 | 首都师范大学 | Capital Normal University | CNU | 463.97 |
| 125 | 天津工业大学 | Tianjin Polytechnic University | TJPU | 463.97 |
| 126 | 天津医科大学 | Tianjin Medical University | TMU | 463.97 |
| 127 | 外交学院 | China Foreign Affairs University | CFAU | 463.97 |
| 128 | 西北大学 | Northwest University (China) | NWU | 463.97 |
| 129 | 西藏大学 | Tibet University | TU | 463.97 |
| 130 | 西南交通大学 | Southwest Jiaotong University | SWJTU | 463.97 |
| 131 | 中国海洋大学 | Ocean University of China | OUC | 463.97 |
| 132 | 中国政法大学 | China University of Political Science and Law | CUPL | 463.97 |
| 133 | 中央音乐学院 | Central Conservatory of Music | CCOM | 463.97 |
| 134 | 高雄医学大学* | Kaohsiung Medical University | KMU | 463.97 |
| 135 | 台湾海洋大学* | Taiwan Ocean University | NTOU | 463.97 |
| 136 | 中兴大学* | Chung Hsing University | NCHU | 463.97 |

续表

| 排名 | 中文名称 | 英文名称 | 简称 | Instagram 传播力得分 |
|---|---|---|---|---|
| 137 | 中央大学* | Central University | NCU | 463.97 |
| 138 | 中正大学* | Chung Cheng University | CCU | 463.97 |
| 139 | 台北医学大学* | Taipei Medical University | TMU | 463.97 |
| 140 | 中国医药大学* | China Medical University | CMU | 463.97 |
| 141 | 中原大学* | Chung Yuan Christian University | CYCU | 463.97 |
| 142 | 中国人民大学 | Renmin University of China | RUC | 289.32 |
| 143 | 海南大学 | Hainan University | HNU | 270.45 |
| 144 | 中国农业大学 | China Agricultural University | CAU | 258.11 |
| 145 | 东北林业大学 | Northeast Forestry University | NEFU | 235.62 |
| 146 | 北京林业大学 | Beijing Forestry University | BJFU | 231.99 |
| 147 | 北京邮电大学 | Beijing University of Posts and Telecommunications | BUPT | 231.99 |
| 148 | 东北农业大学 | Northeast Agricultural University | NEAU | 231.99 |
| 149 | 东北师范大学 | Northeast Normal University | NENU | 231.99 |
| 150 | 贵州大学 | Guizhou University | GZU | 231.99 |
| 151 | 哈尔滨工程大学 | Harbin Engineering University | HRBEU/HEU | 231.99 |
| 152 | 合肥工业大学 | HeFei University of Technology | HFUT | 231.99 |
| 153 | 河北工业大学 | Hebei University of Technology | HEBUT | 231.99 |
| 154 | 华北电力大学(保定) | North China Electric Power University(BaoDing) | NCEPU | 231.99 |
| 155 | 华北电力大学(北京) | North China Electric Power University(BeiJing) | NCEPU | 231.99 |
| 156 | 华中农业大学 | Huazhong Agricultural University | HZAU | 231.99 |
| 157 | 南京理工大学 | Nanjing University of Science and Technology | NJUST | 231.99 |
| 158 | 南京林业大学 | Nanjing Forestry University | NJFU | 231.99 |
| 159 | 南京中医药大学 | Nanjing University of Chinese Medicine | NJUCM | 231.99 |
| 160 | 宁夏大学 | Ningxia University | NXU | 231.99 |
| 161 | 青海大学 | Qinghai University | QHU | 231.99 |
| 162 | 陕西师范大学 | Shaanxi Normal University | SNNU | 231.99 |
| 163 | 上海海洋大学 | Shanghai Ocean University | SHOU | 231.99 |
| 164 | 石河子大学 | Shihezi University | SHZU | 231.99 |
| 165 | 四川农业大学 | Sichuan Agricultural University | SICAU/SAU | 231.99 |
| 166 | 太原理工大学 | Taiyuan University of Technology | TUT | 231.99 |
| 167 | 武汉理工大学 | Wuhan University of Technology | WUT | 231.99 |
| 168 | 西安电子科技大学 | Xidian University | XIDIAN | 231.99 |

续表

| 排名 | 中文名称 | 英文名称 | 简称 | Instagram 传播力得分 |
|---|---|---|---|---|
| 169 | 西安交通大学 | Xi'an Jiaotong University | XJTU | 231.99 |
| 170 | 西南石油大学 | Southwest Petroleum University | SWPU | 231.99 |
| 171 | 新疆大学 | Xinjiang University | XJU | 231.99 |
| 172 | 长安大学 | Chang'an University | CHD | 231.99 |
| 173 | 中国药科大学 | China Pharmaceutical University | CPU | 231.99 |
| 174 | 中国音乐学院 | China Conservatory of Music | CCM | 231.99 |
| 175 | 中央民族大学 | Minzu University of China | MUC | 231.99 |
| 176 | 中央戏剧学院 | The Central Academy of Drama | CAD | 231.99 |
| 177 | 台湾"大同大学"* | Tatung University | TTU | 231.99 |
| 178 | 阳明大学* | Yang Ming University | NYMU | 231.99 |
| 179 | 彰化师范大学* | Changhua University of Education | NCUE | 231.99 |
| 180 | 元智大学* | Yuan Ze University | YZU | 231.99 |

（注：带 * 为中国台湾地区高校；未列出高校得分为 0）

## （二）中国内地高校 Instagram 传播力得分

中国内地高校 Instagram 传播力得分前十名依次为：清华大学、北京大学、上海外国语大学、国防科学技术大学、上海大学、南京大学、四川大学、浙江大学、东北大学、北京科技大学。中国内地高校 Instagram 传播力平均得分为 1 632.96 分。

## （三）Instagram 传播力具体指标分析

在 Instagram 传播力维度中，有 5 项指标，其权重如下：半年内发布信息数量占 5%、粉丝数量占 4%、半年内点赞量占 3%、半年内评论数量占 3%、TAG 数量占 5%，总体在传播力测量中占比 20%。

第一，发布信息数量方面。中国高校 Instagram 账号的半年平均信息发布量为 29.29 条。信息发布量在 50 条以上的高校共 13 所，占比 7%。85.32%的中国高校的 Instagram 账号信息发布量为 0。

第二，粉丝数量方面。中国高校 Instagram 账号的平均粉丝数量为 1 671 人。粉丝数量在 1 000 人以上的高校共计 15 所，73.4%的高校 Instagram 账号粉丝数量为 0。

第三，半年内点赞量方面。中国高校 Instagram 账号的半年平均点赞量为 305

次，85.33%的高校未获得点赞。获得点赞量最高的是香港大学，为 16 272 次；3 所高校点赞量在 10 000 次以上。

第四，半年内评论数量方面。中国高校 Instagram 账号的半年平均评论数量为 8 个，85.33%的高校没有进行任何互动，评论最多的是香港大学，为 694 个；3 所高校的评论数在 100 个以上。

第五，TAG 数量方面。中国高校 Instagram 账号的平均回复数为 6 个，仅有 4 所高校没有任何 TAG 数量，83.7%的高校 TAG 数量在 10 个以下，TAG 数量最多的是上海外国语大学，为 44 个。

## (四)Instagram 传播力比较分析

中国内地高校与日韩参照高校的 Instagram 传播力差异较大。在中国内地高校中 Instagram 传播力得分排名第一的清华大学为 15 752.91 分，与日韩参照高校中排名第一的京都大学17 124.59 分差距不大。但中国内地高校 Instagram 传播力平均得分为 1 639.27 分，日韩参照高校 Instagram 传播力平均得分为 11 013.91 分，中国内地高校 Instagram 传播力平均得分约为日韩参照高校的 1/7（见图 6－15）。

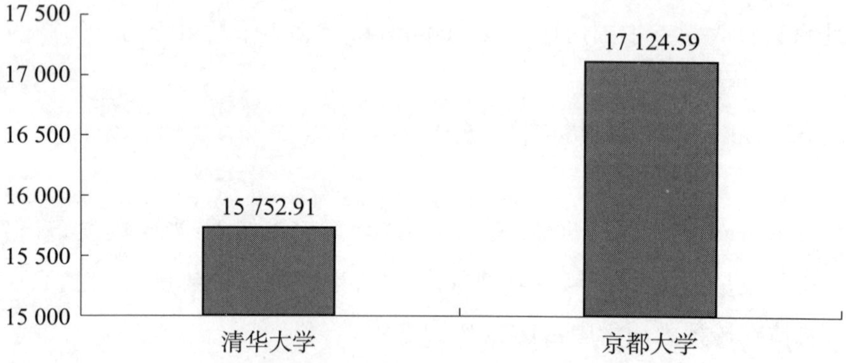


图 6－15　中国内地高校与日韩参照高校 Instagram 传播力最高分比较

中国内地高校 Instagram 传播力各项指标均与日韩参照高校存在 10 倍以上的量级差距，大部分高校 Instagram 平台建设严重不足，但部分高校已经追平日韩参照高校。中国内地高校半年内平均发布信息量为 2 条，日韩参照高校为 33 条。中国内地高校的平均粉丝数量为 66 人，日韩参照高校则为 1 953 人，两者的差距非常明显。中国内地高校的平均点赞数量为 8 次，日韩参照高校则为 125 次。中国内地高校的平均评论数量不足 1 个，低于日韩参照高校平均评论数量 7 个，中国内地 95.7%的高校评论数量为 0。

中国内地高校发布信息数量最高的清华大学，半年内发布信息 143 条，已经超越了日韩参照高校中发布信息数量最多的京都大学(94 条)。中国内地高校粉丝数量最多的为北京大学 2 481 人，与日韩参照高校中粉丝数量最多的京都大学(2 676 人)差距较小。中国内地高校点赞量最多的为东华大学 314 次，与日韩参照高校中点赞量最多的京都大学(436 次)差距也比较小。中国内地高校评论数量最高的清华大学，为 10 个；日韩参照高校中评论数量最高的高丽大学，为 19 个。总体而言，在中国内地高校中 Instagram 传播力排名前列的高校与日韩参照高校差距较小。

中国内地高校的 Instagram 平台建设与中国港澳台地区高校的差距较大。中国港澳台地区高校 Instagram 传播力平均得分为 20 208.49 分，远高于中国内地高校 Instagram平均得分。中国港澳台地区高校中排名第一的香港大学得分为 281 328.59 分，远超过中国内地高校排名第一的清华大学(15 752.91 分)(见表 6 - 20)。

**表 6 - 20　中国内地高校和日韩参照高校 Instagram 传播力排名比较**

| 排名 | 学校名称 | 半年发布信息数量 | 粉丝数量 | 半年内最高点赞量 | 半年内最高评论数 | TAG 数量 | Instagram 传播力得分 |
|---|---|---|---|---|---|---|---|
| 1 | 京都大学** | 94 | 2 676 | 426 | 6 | 36 | 17 124.59 |
| 2 | 清华大学 | 143 | 2 447 | 268 | 10 | 20 | 15 752.91 |
| 3 | 北京大学 | 86 | 2 481 | 94 | 4 | 29 | 13 714.65 |
| 4 | 高丽大学** | 34 | 707 | 47 | 19 | 38 | 13 357.66 |
| 5 | 首尔大学** | 0 | 4 274 | 0 | 0 | 35 | 11 221.38 |
| 6 | 上海外国语大学 | 0 | 0 | 0 | 0 | 44 | 10 207.40 |
| 7 | 国防科学技术大学 | 0 | 0 | 0 | 0 | 43 | 9 975.42 |
| 8 | 上海大学 | 0 | 0 | 0 | 0 | 32 | 7 423.56 |
| 9 | 南京大学 | 0 | 253 | 0 | 0 | 26 | 6 215.26 |
| 10 | 四川大学 | 55 | 158 | 106 | 6 | 9 | 6 043.64 |
| 11 | 浙江大学 | 0 | 110 | 0 | 0 | 24 | 5 647.51 |
| 12 | 东北大学 | 0 | 0 | 0 | 0 | 24 | 5 567.67 |
| 13 | 北京科技大学 | 0 | 0 | 0 | 0 | 23 | 5 335.69 |
| 14 | 中国科学技术大学 | 0 | 0 | 0 | 0 | 23 | 5 335.69 |
| 15 | 厦门大学 | 0 | 732 | 0 | 0 | 20 | 5 170.98 |
| 16 | 武汉大学 | 0 | 34 | 0 | 0 | 22 | 5 128.38 |
| 17 | 上海财经大学 | 0 | 0 | 0 | 0 | 22 | 5 103.70 |
| 18 | 上海体育学院 | 0 | 0 | 0 | 0 | 22 | 5 103.70 |
| 19 | 上海中医药大学 | 0 | 0 | 0 | 0 | 22 | 5 103.70 |
| 20 | 西南财经大学 | 0 | 0 | 0 | 0 | 22 | 5 103.70 |
| 21 | 中国石油大学(北京) | 10 | 571 | 290 | 6 | 6 | 3 874.62 |

续表

| 排名 | 学校名称 | 半年发布信息数量 | 粉丝数量 | 半年内最高点赞量 | 半年内最高评论数 | TAG数量 | Instagram传播力得分 |
|---|---|---|---|---|---|---|---|
| 22 | 天津大学 | 0 | 2 | 0 | 0 | 16 | 3 713.23 |
| 23 | 山东大学 | 0 | 300 | 0 | 0 | 13 | 3 233.55 |
| 24 | 复旦大学 | 0 | 556 | 0 | 0 | 12 | 3 187.35 |
| 25 | 广西大学 | 0 | 0 | 0 | 0 | 13 | 3 015.82 |
| 26 | 吉林大学 | 0 | 0 | 0 | 0 | 13 | 3 015.82 |
| 27 | 苏州大学 | 0 | 0 | 0 | 0 | 13 | 3 015.82 |
| 28 | 东华大学 | 1 | 621 | 314 | 3 | 4 | 2 717.93 |
| 29 | 对外经济贸易大学 | 0 | 0 | 0 | 0 | 11 | 2 551.85 |
| 30 | 暨南大学 | 0 | 136 | 0 | 0 | 10 | 2 418.57 |
| 31 | 同济大学 | 0 | 131 | 0 | 0 | 10 | 2 414.94 |
| 32 | 中国美术学院 | 0 | 69 | 0 | 0 | 10 | 2 369.94 |
| 33 | 东京大学** | 6 | 154 | 27 | 2 | 7 | 2 352.02 |

（注：带**为日韩参考高校）

# 九、结论

## （一）在中国内地，清华大学、北京大学、南京大学、复旦大学等传统综合性强校的整体海外网络传播力较高

在中国内地高校海外网络传播力排名中，前五名依次为：清华大学、北京大学、南京大学、复旦大学、浙江大学，均是传统的综合性强校。清华大学海外网络传播力总得分为138 611.50分，约为最后一名的23倍；北京大学海外网络传播力总得分为78 469.32分，约为最后一名的13倍。在中国141所内地高校中，各高校之间传播力差距较大，不平衡特点显著，占据各项榜单排名前两位的清华大学和北京大学依旧是内地高校最具海外网络传播力的高校。

## （二）中国内地高校整体传播力有待提升，高校间的海外网络传播力差异较大

相对于中国港澳台地区高校和日韩参照高校，中国内地高校整体传播力得分较低，仍需不断完善国际传播能力建设。从最高分来看，中国内地高校排名第一为清华大学13 8611.50分，日韩参照高校排名第一为东京大学617 468.28分，中国

内地高校得分低于日韩参照高校。从平均分来看,中国内地高校海外网络传播力平均得分为15 223.56分,与4所日韩参照高校平均得分219 994.44分相比有较大差距。

相比于中国港澳台地区高校,中国内地高校海外网络传播力仍有较大进步空间。从排名来看,在184所中国高校海外网络传播力总得分排行前十中,仅第七名清华大学为中国内地高校,其他均为中国港澳台地区高校。从最高分来看,中国内地高校第一名为清华大学,海外网络传播力得分为138 611.50分;而中国高校总排名第一为香港大学,海外网络传播力得分为451 817.20分,约为清华大学的3倍。从平均得分来看,中国内地高校海外网络传播力平均得分为15 223.56分,中国港澳台地区高校海外网络传播力平均得分为62 657.79分,得分差异明显。

### (三)中国内地高校与日韩参照高校和中国港澳台地区高校网络传播力差距主要体现在社交平台上

中国内地高校在Twitter、Facebook、Instagram 3个社交平台上的传播力得分较低,与日韩参照高校相比存在数量级的差别。中国内地高校Twitter传播力第一为清华大学49 856.51分,约为东京大学的1/11。从平均分来看,中国内地高校Twitter、Facebook、Instagram的平均得分依次为736.83分、807.80分、1 639.27分,日韩参照高校的平均得分则依次为162 572.87分、26 253.08分、11 013.91分,两者之间的差距明显。

中国内地高校社交平台得分与中国港澳台地区高校社交平台得分也存在数量级的差距。中国内地高校Twitter、Facebook、Instagram的平均得分依次为736.83分、807.80分、1 639.27分,中国港澳台地区高校的平均得分则依次为9 069.13分、21 517.31分、20 208.49分。可以说,中国内地高校与日韩参照高校和中国港澳台地区高校海外网络传播力总得分的主要差距是在社交媒体平台建设上,完善中国内地高校社交平台传播力建设能急速提升中国高校海外网络传播力。

中国内地高校在英文媒体报道上表现突出,持平日韩参照高校。中国内地高校Google传播力平均得分为6869.07分,接近日韩参照高校Google传播力最高得分6 427.43分(高丽大学)。虽然在Google Trends指标上中国内地高校表现略不如日韩参照高校,中国内地高校Google Trends平均值为45.84,低于日韩参照高校Google Trends平均值69.30,但在新闻数量上,中国内地高校发布新闻较多,已追赶上日韩参照高校在发布新闻上的步伐。中国内地高校新闻发布数量最高为暨南大学 286 条，日韩参照高校最高为高丽大学 146 条；中国内地高校平均新闻数量为 200 条，日韩参照高校平均新闻数量为 112 条。

中国内地高校英文媒体报道能力强于中国港澳台地区高校，英文新闻数量较多。在 Google 传播力上，中国内地高校传播力强于中国港澳台地区高校。中国港澳台地区高校传播力平均得分为 3 596.39 分，中国内地高校平均得分为 6 869.07 分。主要原因是中国内地高校 Google 平均新闻条数远高于中国港澳台地区高校，中国内地高校 Google 平均新闻条数 200 条，中国港澳台地区高校 Google 平均新闻条数 74 条，中国内地高校在发布新闻上已超越中国港澳台地区高校。

### （四）中国内地高校在 Twitter、Facebook、Instagram 三个社交平台上主要是活跃度低、粉丝量少

在 Twitter、Facebook、Instagram 三个社交平台的传播力得分上，中国内地高校远低于中国港澳台地区高校。中国内地高校在 Twitter、Facebook、Instagram 三个社交平台上的平均得分依次约为中国港澳台地区高校平均得分的 1/12、1/27、1/12，中国内地高校在社交平台上的传播力建设严重滞后。

中国绝大多数内地高校在 Facebook、Instagram 平台上都有账号，但账号活跃度较低。虽然中国内地 141 所高校中有 135 所高校拥有自己的 Facebook 账号，但只有清华大学有官方认证账号。同时，发布信息数量少，中国内地高校半年内平均发布信息量为 33 条，半年内发布信息量 100 条以上的内地高校只有 12 所。

Instagram 平台疏于运营。中国内地高校中仅有 3 所高校没有 Instagram 账号，但具有账号的高校中 81.16％粉丝数量为 0，95.65％发布信息量为 0，95.65％回复量为 0。中国内地高校在 Instagram 平台的传播力建设亟待加强。

中国内地高校中约 2/3 的高校忽视自身 Twitter 平台的传播力建设。在 141 所中国内地高校中，只有 48 所高校有 Twitter 账号，占比 34.04％，且均不是官方认证账号。

### （五）中国内地高校 Wikipedia 英文词条建设尚需完善，参与编辑用户数量与编辑次数较低

中国内地高校 Wikipedia 英文词条建设尚需完善。中国内地高校 Wikipedia 传播力最高分为清华大学 39 365.90 分，高于日韩参照高校最高分东京大学 23

364.89 分；但中国内地高校 Wikipedia 传播力平均得分为 5 171.59 分，不足日韩参照高校最低分首尔大学的一半(首尔大学 13 255.11 分)。

中国内地高校 Wikipedia 英文词条普及率为 100%，但其中仅 58.16%的高校词条完整。词条中缺失最多的信息项是部门结构，有 43 所高校缺失；其次是历史发展，有 26 所高校缺失。

中国内地高校 Wikipedia 英文词条一年内的编辑次数和参与编辑用户数量远落后于日韩参照高校、中国港澳台地区高校。中国内地高校平均词条编辑次数为 14 次、平均参与编辑用户数量为 5 人，远低于日韩参照高校平均编辑次数 32 次、平均参与编辑用户数量 17 人。而中国港澳地区高校平均词条编辑次数为 47 次、平均参与编辑用户数量为 24 人，中国台湾地区高校平均词条编辑次数为 23 次、平均参与编辑用户数量为 9 人，中国内地高校与中国港澳地区高校、中国台湾地区高校之间均存在差距。

## (六)中国内地外语类大学、科学技术类大学对外辐射力较强

外语类大学有更好的传播力表现。外语类大学有较好的跨文化传播条件及语言类学科资源，在海外传播方面有先天优势，其海外网络传播力较好。北京外国语大学在中国内地高校海外网络传播力排行中位列第十，总分为 24 432.56 分；上海外国语大学排名第十二，总分为 24 237.65 分。

科学技术类大学对外辐射力较强。科学技术类大学具有较强的应用学科特色，在“走出去”的过程中，能凭科技创新加强对外传播的辐射力。如在排名中，中国科学技术大学在中国内地高校传播力中排名第八，国防科学技术大学排名第十四，西安电子科技大学排名第二十一，排名均比较靠前。

## (七)北京、上海两地高校的整体海外网络传播力较突出

北京、上海两地高校的整体海外网络传播程度较高。在传播力得分上，位于北京的 31 所高校海外网络传播力平均得分为 18 294.31 分，清华大学为北京高校得分最高，同时也在中国内地高校中排名第一；位于上海的 12 所高校海外网络传播力平均得分为19 461.55 分，复旦大学为上海高校得分最高，同时在中国内地高校海外网络传播力总得分中排名第四。北京、上海高校的海外网络传播力平均得分均高于内地高校传播力平均得分 15 223.56 分，在内地高校中属于传播力领先水

平。北京、上海两地高校较为集中，其地理区位优势带动高校的国际传播建设，有利于更好地对外讲好中国故事。

### (八)南京航空航天大学、对外经济贸易大学、东南大学在个别维度上表现突出

南京航空航天大学在中国 141 所内地高校传播力排名中位列第六。其最为突出的是在 Facebook 维度上得分为 13 349.38 分，居于中国内地高校第二位。与南京航空航天大学相关的 Facebook 主页有 13 个，总关注人数为 190 227 人，半年内总发布信息量为 117 条，半年内总点赞量为 414 次，账号活跃度较高。

对外经济贸易大学在中国 141 所内地高校传播力排行中位列第九。对外经济贸易大学有较好的国际经济贸易基础和对外交流传统，在 Google 维度和 Twitter 维度上得分较高，Google 传播力得分为 9 032.68 分，Twitter 传播力得分为 6 745.15 分。

东南大学在中国 141 所内地高校传播力排行中位列第三十二。东南大学整体海外网络传播力排名不是特别突出，但其在 Google 维度上得分为 9 477.86 分，居 184 所中国高校第一位。东南大学 Google News 搜索量为 284 条，Google Trends 值为 56.39，在 Google 上热度较高。

# 第七章　2017 中央企业海外网络传播力报告

北京师范大学新闻传播学院
光明网
封面新闻
张洪忠　方增泉　郑　伟　王玮玮　韩晓乔　苏世兰　石韦颖　刘旭阳

习近平总书记在党的十九大报告上指出，要“推进国际传播建设，讲好中国故事，展现真实、立体、全面的中国，提高国家文化软实力”。中央企业以其经济领域的独特地位和雄厚实力正在成为我国文化软实力建设的重要载体。北京师范大学新闻传播学院等研究团队选取了国务院国有资产监督管理委员会下属的 98 家中央企业作为研究对象，挖掘 Google、Wikipedia、Facebook、Twitter、Instagram 五个平台的数据进行分析。

分析结果显示，98 家中央企业海外网络传播力排名前十依次为：中国南方航空集团有限公司、中国东方航空集团有限公司、中国移动通信集团有限公司、国家电力投资集团有限公司、中国航空集团有限公司、中国石油化工集团有限公司、中国中车集团有限公司、东风汽车集团有限公司、中国电信集团有限公司、中国商用飞机有限责任公司。

研究发现，我国中央企业海外网络传播力有以下特征：

1. 与2015年调查相比，2017年中央企业海外新媒体平台建设有一定改善。中央企业Wikipedia词条普及率从65.7%上升到72.4%，Twitter账号普及率由18.5%上升到32.7%，Instagram账号普及率由7.4%上升到11.2%。

2. 中国南方航空集团有限公司、中国中车集团有限公司等央企在海外社交媒体平台的运营初见成效。与2015年相比，央企在Twitter、Facebook、Instagram三家社交平台上的粉丝数量出现了大幅增长。

3. 各企业间传播力差距悬殊。总得分第一名和最后一名之间传播力差异巨大——第一名得分是最后一名的7 500倍。很多企业在Wikipedia、Twitter、Facebook、Instagram四个平台得分为0。

4. 民用航空、通信、石油等行业的海外网络传播力表现突出。在总得分前十五名中，第一名、第二名、第五名均为航空公司，第三名、第九名、第十三名为通信企业，第六名、第十一名为石油企业。

5. 中央企业海外社交媒体账号建设还存在明显空白。在98家企业中，67.3%没有Twitter账号，86.7%没有Facebook账号，88.9%没有Instagram账号。仅有4家中央企业拥有Facebook官方认证账号，2家企业拥有Twitter官方认证账号。与内地高校相比，有Facebook账号的内地高校达到95.7%，但有Facebook账号的中央企业仅为13.3%。

# 一、背景与方法

## （一）背景

习近平总书记在党的十九大报告上指出，要“推进国际传播建设，讲好中国故事，展现真实、立体、全面的中国，提高国家文化软实力”。要提高文化软实力，需要“高度重视传播手段建设和创新，提高新闻舆论传播力、引导力、影响力、公信力”。传播手段建设和创新需要从两个方面展开。

一方面，互联网凭借其多点性、即时性、开放性的特征，展现了有史以来最快速的穿透力，成为思想文化信息的集散地和社会舆论的放大器，更成为推进国际传播建设的重要渠道。

中国网络空间研究院于 2017 年 12 月发布的数据显示，截至 2017 年 6 月，全球网民总数达 38.9 亿人，普及率为 51.7%。① 海外各大社交媒体活跃用户不断提高，2017 年 Facebook 月活跃用户已经达到 20.1 亿人②，是全球人口总量的 1/3；Twitter 和 Instagram 的月活跃用户分别达到 3.3 亿人③和 8 亿人④。

调查选取 Google、Wikipedia、Twitter、Facebook、Instagram 五个平台上的传播情况作为中央企业海外网络传播力的考察维度。

Google 作为全球普及率最高的搜索引擎，提供了 30 余种语言服务，在全球搜索引擎平台上占据主导地位。因此，以谷歌为平台分析中央企业的新闻内容和报道数量具有较高的研究价值及可信度。Google Trends 是基于用户搜索行为的数据平台，可以反映中央企业某一时间段内在该平台上的搜索热度，从而在整体上把握中央企业在海外的受关注程度。

Wikipedia 是全球任何用户都可以编辑，基于多种语言写成的网络百科全书，也是一个动态的、可自由访问和编辑的全球知识体。Wikipedia 有着强大的访问量，对受众来说，它是一个较受信赖的寻找答案、发现事实的平台。Wikipedia 英文词条的完整性在一定程度上反映了我国中央企业面向全球编辑和完善英文媒体资料的主动性和积极性。

Twitter 为受众提供了一个公共讨论平台，所有信息都可以及时检索。Twitter 在自媒体平台上有着很强的国际影响力，在国际网站 Alexa. com 排名中，Twitter 影响力远远高于论坛、博客等其他自媒体平台。

Facebook 是典型的社交媒体平台，2017 年 Facebook 月活跃用户已经突破 20 亿人。Facebook 的传播价值被越来越多的企业认可，成为很多企业产品推广、品牌宣传的重要窗口。

---

① 互联网大会蓝皮书发布 中国数字经济规模居全球第二[EB/OL].[2017-12-04]. http://www.chinanews.com/cj/2017/12-04/8392188.shtml.

② Facebook 财报：2017 年 Q2 Facebook 月活跃用户数超 20 亿人[EB/OL].[2017-12-04]. http://www.199it.com/archives/617892.html.

③ 用户恢复增长、预计四季度首次盈利！Twitter 股价大涨 14%[EB/OL].[2017-12-04]. http://money.163.com/17/1026/21/D1N3FDOT002580S6.html.

④ Instagram 月活跃用户达 8 亿 日活跃用户达 5 亿[EB/OL].[2017-09-26]. http://tech.sina.com.cn/i/2017-09-26/doc-ifymesii5675680.shtml.

Instagram 于 2010 年 10 月推出，不同于传统社交媒体，它更专注于单一的图片功能，主推图片社交，深受年轻人的喜爱。自 2010 年问世以来一直保持着高速增长，它的迅速发展表明，以图片及视频分享服务为主的社交媒体正在蓬勃发展，以图会友的新型社交媒体平台逐渐成为主流。

另一方面，中央企业以其经济领域的独特地位和雄厚实力正在成为我国文化软实力建设的重要载体。中央企业是我国国民经济的重要组成部分，同时也是我国国际传播力的重要载体。提升中央企业的海外传播力，不仅有利于企业自身的品牌文化建设，同时也是大力加强国际传播能力建设、提升国家话语权影响力、增强国家软实力的重要一环。传播力决定影响力，话语权决定主动权。网络是增强中央企业海外传播力的重要载体。因此，加强中央企业的海外网络传播力对企业本身、对国家文化软实力的提升都有着至关重要的意义。

传播力分为四个层次。第一个层次是"在场"，衡量标准是一个国家在互联网场域中的出现频率，操作化定义为提及率。第二个层次是评价，即"在场"内容是正面还是负面。第三个层次是承认，即互联网世界对一个国家传播内容的价值承认程度，虽然不同意但承认，这是国际传播应该努力达到的现实目标。第四个层次是认同，到达这个层面很难，这是国际传播的理想型目标。在这四个层次中，"在场"是基础，只有在"在场"这个前提下，才可能有后面的层次。本报告从第一个层次的"在场"维度考察我国中央企业在海外网络中的传播力。在构建我国企业海外网络传播力测量维度时，将 Google News 的提及率、社交媒体账号运营情况等作为测量"在场"传播力的维度。

北京师范大学新闻传播学院等选取 98 家中央企业作为研究样本，通过抓取国际搜索网站和大型社交平台数据，设定具体的维度和指标进行比对分析，以期了解我国中央企业海外网络传播力现状，提高中央企业海外传播能力，完善我国海外网络传播体系建设，进而提升中国的国际传播力。

## （二）方法

### 1. 指标

本研究采用专家法设立指标和权重。首先，选取 Google News 搜索、Wikipedia 英文词条、Twitter、Facebook、Instagram 五个平台作为考察维度；其次，对每个维度设立具体指标，通过赋予各项指标不同的权重，计算评估出我国企业的海外网络传播力度。

五个维度共有二级指标 20 个，逐一赋予权重进行量化统计分析，得出 98 家企业的海外网络传播力得分，各项指标权重如表 7－1。

表 7-1　中国企业的海外网络传播力测量指标及权重

| 维度 | 指标 | 权重 | |
|---|---|---|---|
| Google | Google News | 15% | 20% |
| | Google Trends | 5% | |
| Wikipedia | 词条完整性 | 5% | 20% |
| | 一年内词条被编辑的次数 | 5% | |
| | 一年内参与词条编辑的用户数 | 5% | |
| | 链接情况(链入与链出) | 5% | |
| Twitter | 是否有官方账户 | 5% | 20% |
| | 粉丝数量 | 4% | |
| | 半年内发布的内容数量 | 4% | |
| | 半年内最高转发量 | 4% | |
| | 半年内最高评论数 | 3% | |
| Facebook | 是否有官方账户 | 5% | 20% |
| | 好友数量 | 5% | |
| | 半年内发布的内容数量 | 5% | |
| | 半年内最高点赞数 | 5% | |
| Instagram | 半年发布内容的数量 | 5% | 20% |
| | 粉丝数量 | 4% | |
| | 半年点赞数量 | 3% | |
| | 半年回复数量 | 3% | |
| | TAG 数量 | 5% | |

2. 算法

在本次研究中,中央企业海外网络传播力的测量是由各个筛选指标乘以相应系数加权然后相加得到的。具体算法如下:

首先,将定性数据转化成定量数据,计算中的定性数据包括:Twitter 中的“是否有官方账户”;Facebook 中的“是否有官方账户”;等等。其次,按照上表中所列的指标权重计算每个指标的系数。最后,通过公式计算出企业的海外网络传播力,计算公式如下:

$$Y=\sum_{i=1}^{5}\sum_{j}a_{ij}\frac{K_{ij}A}{a_i}$$

Y:任意企业的海外网络传播力得分;

$a_{1j}$: Google 搜索任意指标的数值,$j=1,2$;

$a_{2j}$: Wikipedia 任意指标的数值,$j=1,2,3,4$;

$a_{3j}$: Twitter 任意指标的数值,$j=1,2,3,4,5$;

$a_{4j}$: Facebook 任意指标的数值,$j=1,2,3,4$;

$a_{5j}$: Instagram 任意指标的数值,$j=1,2,3,4,5$;

$K_{ij}$：任意指标的权重；

$a_j$：任意指标的均值；

$A$：所有指标的均值的和。

因为各项指标之间的数量级不同，为了平衡各项指标的数据差距，以确保各项指标在总体中所占的比重能够达到既定的权重，特意在计算公式中加入了校正系数 $X_{ij}$ ，其计算公式为：

$$X_{ij} = \frac{K_{ij}A}{a_j}$$

3. 数据采集时间

本报告中各项指标的采集时间分别为：Google News 搜索、Google Trends 数据采集时间为 2016 年 11 月至 2017 年 11 月；Wikipedia 数据采集时间为 2016 年 11 月至 2017 年 11 月；Twitter、Facebook、Instagram 的数据采集时间均为 2017 年 6 月至 2017 年 11 月，其余数据如粉丝数量和 TAG 数量则是以 2017 年 11 月采集当日的数据为准。

4. 分析对象选择

以国务院国有资产监督管理委员会管辖的 98 家企业作为研究对象。这 98 家中央直属企业是国有企业的排头兵，体量大，运营内容广泛，影响力强，其中文名称与英文名称如表 7－2 所示。

**表 7－2　中央企业中英文名称对照表**

| 中文名字 | 英文名字 | 英文缩写 |
| --- | --- | --- |
| 中国核工业集团有限公司 | China National Nuclear Corporation | CNNC |
| 中国核工业建设集团有限公司 | China Nuclear E&C Group | CNECC |
| 中国航天科技集团有限公司 | China Aerospace Science and Technology Corporation | CASC |
| 中国航天科工集团有限公司 | China Aerospace Science & Industry Corp | CASIC |
| 中国航空工业集团有限公司 | Aviation Industry Corporation of China | AVIC |
| 中国船舶工业集团有限公司 | China State Shipbuilding Corporation | CSSC |
| 中国船舶重工集团有限公司 | China Shipbuilding Industry Corporation | CSIC |
| 中国兵器工业集团有限公司 | China North Industries Group Corporation | CNIGC |
| 中国兵器装备集团有限公司 | China South Industries Group Corporation | CSGC |
| 中国电子科技集团有限公司 | China Electronics Technology Group Corporation | CETC |
| 中国航空发动机集团有限公司 | Aero Engine Corporation of China | AECC |
| 中国石油天然气集团有限公司 | China National Petroleum Corporation | CNPC |
| 中国石油化工集团有限公司 | China Petroleum & Chemical Corporation | SINOPEC |
| 中国海洋石油集团有限公司 | China National Offshore Oil Corporation | CNOOC |

续表

| 中文名字 | 英文名字 | 英文缩写 |
|---|---|---|
| 国家电网有限公司 | State Grid Corporation of China | SGCC |
| 中国南方电网有限责任公司 | China Southern Power Grid | CSG |
| 中国华能集团有限公司 | China Huaneng Group | CHNG |
| 中国大唐集团有限公司 | China Datang Corporation | CDT |
| 中国华电集团有限公司 | China Huadian Corporation | CHD |
| 国家电力投资集团有限公司 | State Power Investment Corporation | SPIC |
| 中国长江三峡集团有限公司 | China Three Gorges Corporation | CTG |
| 国家能源投资集团有限责任公司 | Shenhua Group Corporation Ltd. China Guodian Corporation | Shenhua Group CGDC |
| 中国电信集团有限公司 | China Telecommunications Corporation | CHINA TELECOM |
| 中国联合网络通信集团有限公司 | China United Network Communications Group Co. , Ltd | CHINA UNICOM |
| 中国移动通信集团有限公司 | China Mobile Limited | CHINA MOBILE |
| 中国电子信息产业集团有限公司 | China Electronics Corporation | CEC |
| 中国第一汽车集团有限公司 | China FAW Group Corporation | FAW |
| 东风汽车集团有限公司 | Dongfeng Motor Corporation | DFM |
| 中国第一重型机械集团有限公司 | China First Heavy Industries | CFHI |
| 中国机械工业集团有限公司 | China National Machinery Industry Corporation | SINOMACH |
| 哈尔滨电气集团有限公司 | Harbin Electric Corporation | HE |
| 中国东方电气集团有限公司 | Dongfang Electric Corporation | DEC |
| 鞍钢集团有限公司 | Ansteel Group Corporation | ANSTEEL |
| 中国宝武钢铁集团有限公司 | China Baowu Steel Group Corporation Limited | BAOWU |
| 中国铝业集团有限公司 | Aluminum Corporation of China | CHINALCO |
| 中国远洋海运集团有限公司 | China Cosco Shipping Corporation Limted | COSCO |
| 中国航空集团有限公司 | China National Aviation Coporation(Group) Limited | AIR CHINA |
| 中国东方航空集团有限公司 | China Eastern Airlines | CHINA EASTERN |
| 中国南方航空集团有限公司 | China Southern Airlines | CHINA SOUTHERN |
| 中国中化集团有限公司 | Sinochem Group | SINOCHEM |
| 中粮集团有限公司 | China National Cereals, Oils and Foodstuffs Corporation | COFCO |
| 中国五矿集团有限公司 | China Minmetals Corporation | CMC |
| 中国通用技术(集团)控股有限责任公司 | China General Technology (Group) Holding Co. , Ltd. | GENERTEC |
| 中国建筑集团有限公司 | China State Construction Engineering Corporation | CSCEC |
| 中国储备粮管理集团有限公司 | China Grain Reserves Corporation | SINOGRAIN |

续表

| 中文名字 | 英文名字 | 英文缩写 |
|---|---|---|
| 国家开发投资集团有限公司 | State Development & Investment Corporation | SDIC |
| 招商局集团有限公司 | China Merchants Group | CMHK |
| 华润(集团)有限公司 | China Resources (Holdings) Co. ,Ltd. | China Resources Group(CRC) |
| 中国港中旅集团有限公司[香港中旅(集团)有限公司] | China National Travel Service Group Corporation China Travel Service(Holdings) Hong Kong limited | HKCTS |
| 中国商用飞机有限责任公司 | Commercial Aircraft Corporation of China,Ltd. | COMAC |
| 中国节能环保集团有限公司 | China Energy Conservation and Environmental Protection Group | CECEP |
| 中国国际工程咨询有限公司 | China International Engineering Consulting Corporation | CIECC |
| 中国诚通控股集团有限公司 | China Chengtong Holdings Group Limited | CCT |
| 中国中煤能源集团有限公司 | China National Coal Group Corporation | ChinaCoal |
| 中国煤炭科工集团有限公司 | China Coal Technology & Engineering Group Corp. | CCTEG |
| 机械科学研究总院集团有限公司 | China Academy of Machinery Science and Technology | CAM |
| 中国中钢集团有限公司 | Sinosteel Corporation | SINOSTEEL |
| 中国钢研科技集团有限公司 | China Iron & Steel Research Institute Group | CISRI |
| 中国化工集团有限公司 | China National Chemical Corporation | CHEMCHINA |
| 中国化学工程集团有限公司 | China National Chemical Engineering Group Corporation | CNCEC |
| 中国盐业集团有限公司 | China National Salt Industry Corporation | CNSIC |
| 中国建材集团有限公司 | China National Building Materials Group Corporation | CNBM |
| 中国有色矿业集团有限公司 | China Nonferrous Metal Mining (Group) Co. ,Ltd. | CNMC |
| 有研科技集团有限公司 | General Research Institute for Nonferrous Metals | GRINM |
| 北京矿冶科技集团有限公司 | Beijing General Research Institute of Mining & Metallurgy | BGRIMM |
| 中国国际技术智力合作有限公司 | China International Intellectech Corporation | CIIC |
| 中国建筑科学研究院有限公司 | China Academy of Building Research | CABR |
| 中国中车集团有限公司 | CRRC Corporation Limited | CRRC |
| 中国铁路通信信号集团有限公司 | China Railway Signal & Communication Corporation Limited | CRSC |

续表

| 中文名字 | 英文名字 | 英文缩写 |
|---|---|---|
| 中国铁路工程集团有限公司 | China Railway Group Limited | CREC |
| 中国铁道建筑有限公司 | China Railway Construction Corporation | CRCC |
| 中国交通建设集团有限公司 | China Communications Construction Company Limited | CCCC |
| 中国普天信息产业股份有限公司 | Potevio Company Limited | POTEVIO |
| 大唐电信科技产业集团 | Datang Telecom Technology&Industry Group | DATANG |
| 中国农业发展集团有限公司 | China National Agricultural Development Group Co. ,Ltd. | CNADC |
| 中国中丝集团有限公司 | China Silk Corporation | CSC |
| 中国林业集团有限公司 | China Forestry Group Corporation | CFGC |
| 中国医药集团有限公司 | China National Pharmaceutical Group Corporation | SINOPHARM |
| 中国保利集团有限公司 | China Poly Group Corporation | CPGC |
| 中国建筑设计研究院有限公司 | China Architecture Design & Research Group | CAG |
| 中国冶金地质总局 | China Metallurgical Geology Bureau | CMGB |
| 中国煤炭地质总局 | China National Administration of Coal Geology | CNACG |
| 新兴际华集团有限公司 | Xinxing Cathay International Group Co. ,Ltd. | XXCIG |
| 中国民航信息集团有限公司 | China Travel Sky Holding Company | TRAVELSKY |
| 中国航空油料集团有限公司 | China National Aviation Fuel | CNAF |
| 中国航空器材集团有限公司 | China Aviation Supplies Holding Company | CASC |
| 中国电力建设集团有限公司 | The Power Construction Corporation of China | POWERCHINA |
| 中国能源建设集团有限公司 | China Energy Engineering Corporation Limited | CEEC |
| 中国黄金集团有限公司 | China National Gold Group Corporation | China Gold |
| 中国广核集团有限公司 | China General Nuclear Power Corporation | CGN |
| 中国华录集团有限公司 | China Hualu Group Co. ,Ltd. | Hualu |
| 上海诺基亚贝尔股份有限公司 | Alcatel-Lucent | Alcatel-Lucent |
| 烽火科技集团有限公司 | FiberHome Technologies Group | FiberHome |
| 华侨城集团有限公司 | Overseas Chinese Town Holdings Company | OCT |
| 南光(集团)有限公司 | Nam Kwong (Group) Company Limited | Nam Kwong |
| 中国西电集团有限公司 | China XD Group Company | XD |
| 中国铁路物资集团有限公司 | China Railway Materials Company Limited | CRM |
| 中国国新控股有限责任公司 | China Reform Holdings Corporation Ltd. | CRHC |

注：对以上企业的Google News搜索量、Wikipedia英文词条、Twitter、Facebook、Instagram这五个维度的考察，均使用其英文名称进行搜索，大部分企业的英文名称包含前缀“China”，或使用中文名称的音译，如“China Huaneng Group”(中国华能集团有限公司)，因此，其英文名称具有唯一性，可以直接对应到该企业；个别企业如“国家电力投资集团有限公司”的英文名称为“State Power Investment Corporation”，我们则通过人工筛选的方法以确定其准确网址。

在数据统计过程中，我们均设置了单词字母大小写的非严格区分，如“CHINA DATANG CORPORATION”与“China Datang Corporation”（中国大唐集团有限公司）均可以被统计进来。由于数据收集阶段，由中国国电集团公司与神华集团有限责任公司合并重组而成的国家能源投资集团有限责任公司尚在办理手续中，没有查找到英文名称，故使用中国国电集团公司与神华集团有限责任公司的英文全称和简称作为搜索关键词。

## 二、中央企业海外网络传播力总得分与排序

本章整理并汇集了我国98家中央企业在Google、Wikipedia、Twitter、Facebook和Instagram五个维度上20个指标数据，通过综合模型计算分析得出海外网络传播力总得分与排名。

在这98家中央企业中，得分最高的是中国南方航空集团有限公司（851 220.4分），其后第2名到第5名依次是：中国东方航空集团有限公司（529 942.5分）、中国移动通信集团有限公司（482 765.7分）、国家电力投资集团有限公司（347 756.5分）、中国航空集团有限公司（265 779.7分）（见表7-3）。

表7-3 中央企业海外网络传播力总得分与排序

| 排名 | 中文名称 | 英文名称 | 合计 |
|---|---|---|---|
| 1 | 中国南方航空集团有限公司 | China Southern Airlines | 851 220.4 |
| 2 | 中国东方航空集团有限公司 | China Eastern Airlines | 529 942.5 |
| 3 | 中国移动通信集团有限公司 | China Mobile Limited | 482 765.7 |
| 4 | 国家电力投资集团有限公司 | State Power Investment Corporation | 347 756.5 |
| 5 | 中国航空集团有限公司 | china national aviation corporation(group) limited | 265 779.7 |
| 6 | 中国石油化工集团有限公司 | China Petroleum & Chemical Corporation | 254 566.9 |
| 7 | 中国中车集团有限公司 | CRRC Corporation Limited | 170 070.2 |
| 8 | 东风汽车集团有限公司 | Dongfeng Motor Corporation | 87 748.4 |
| 9 | 中国电信集团有限公司 | China Telecommunications Corporation | 62 487.6 |
| 10 | 中国商用飞机有限责任公司 | Commercial Aircraft Corporation of China, Ltd. | 54 188.8 |
| 11 | 中国石油天然气集团有限公司 | China National Petroleum Corporation | 53 937.0 |
| 12 | 中国第一汽车集团有限公司 | China FAW Group Corporation | 52 465.6 |
| 13 | 中国联合网络通信集团有限公司 | China United Network Communications Group Co., Ltd | 52 392.3 |
| 14 | 国家电网有限公司 | State Grid Corporation of China | 42 545.4 |

续表

| 排名 | 中文名称 | 英文名称 | 合计 |
|---|---|---|---|
| 15 | 中国建筑集团有限公司 | China State Construction Engineering Corporation | 42 280.2 |
| 16 | 中粮集团有限公司 | China National Cereals, Oils and Foodstuffs Corporation | 41 923.5 |
| 17 | 中国航天科技集团有限公司 | China Aerospace Science and Technology Corporation | 40 473.5 |
| 18 | 中国海洋石油集团有限公司 | China National Offshore Oil Corporation | 39 380.8 |
| 19 | 中国航空工业集团有限公司 | Aviation Industry Corporation of China | 37 883.5 |
| 20 | 中国铁道建筑有限公司 | China Railway Construction Corporation | 37 668.1 |
| 21 | 中国兵器工业集团有限公司 | China North Industries Group Corporation | 36 987.6 |
| 22 | 中国化工集团有限公司 | China National Chemical Corporation | 34 574.8 |
| 23 | 中国铁路工程集团有限公司 | China Railway Group Limited | 34 146.4 |
| 24 | 中国铝业集团有限公司 | Aluminum Corporation of China | 30 948.2 |
| 25 | 中国航天科工集团有限公司 | China Aerospace Science and Industry Corporation | 30 306.2 |
| 26 | 中国交通建设集团有限公司 | China Communications Construction Company Limited | 30 011.0 |
| 27 | 中国核工业集团有限公司 | China National Nuclear Corporation | 29 883.3 |
| 28 | 中国船舶重工集团有限公司 | China ShipbuildingIndustry Corporation | 28 486.0 |
| 29 | 中国远洋海运集团有限公司 | China Cosco Shipping Corporation Limited | 27 649.8 |
| 30 | 中国五矿集团有限公司 | China Minmetals Corporation | 26 732.4 |
| 31 | 中国广核集团有限公司 | China General Nuclear Power Corporation | 26 573.4 |
| 32 | 招商局集团有限公司 | China Merchants Group | 26 167.1 |
| 33 | 中国华能集团有限公司 | China Huaneng Group | 25 320.3 |
| 34 | 中国电子科技集团有限公司 | China Electronics Technology Group Corporation | 25 100.3 |
| 35 | 中国长江三峡集团有限公司 | China Three Gorges Corporation | 24 975.5 |
| 36 | 中国船舶工业集团有限公司 | China State Shipbuilding Corporation | 24 469.0 |
| 37 | 中国南方电网有限责任公司 | China Southern Power Grid | 24 434.4 |
| 38 | 中国东方电气集团有限公司 | Dongfang Electric Corporation | 24 399.6 |
| 39 | 中国航空发动机集团有限公司 | Aero Engine Corporation of China | 23 563.2 |
| 40 | 中国保利集团有限公司 | China Poly Group Corporation | 21 862.5 |
| 41 | 中国中钢集团有限公司 | Sinosteel Corporation | 21 846.2 |
| 42 | 中国大唐集团有限公司 | China Datang Corporation | 20 453.4 |
| 43 | 中国华电集团有限公司 | China Huadian Corporation | 20 395.1 |
| 44 | 中国中化集团有限公司 | Sinochem Group | 20 368.8 |
| 45 | 中国航空器材集团有限公司 | China Aviation Supplies Holding Company | 20 297.0 |

续表

| 排名 | 中文名称 | 英文名称 | 合计 |
|---|---|---|---|
| 46 | 中国电子信息产业集团有限公司 | China Electronics Corporation | 19 320.1 |
| 47 | 中国建材集团有限公司 | China National Building Materials Group Corporation | 18 504.5 |
| 48 | 国家开发投资集团有限公司 | State Development & Investment Corporation | 16 877.6 |
| 49 | 中国航空油料集团有限公司 | China National Aviation Fuel | 15 641.0 |
| 50 | 中国宝武钢铁集团有限公司 | China Baowu Steel Group Corporation Limited | 15 466.2 |
| 51 | 中国机械工业集团有限公司 | China National Machinery Industry Corporation | 14 819.3 |
| 52 | 中国医药集团有限公司 | China National Pharmaceutical Group Corporation | 14 567.3 |
| 53 | 中国建筑科学研究院有限公司 | China Academy of Building Research | 13 530.2 |
| 54 | 中国民航信息集团有限公司 | China TravelSky Holding Company | 13 207.9 |
| 55 | 中国黄金集团有限公司 | China National Gold Group Corporation | 13 129.9 |
| 56 | 华润(集团)有限公司 | China Resources (Holdings) Co.,Ltd. | 13 113.3 |
| 57 | 中国盐业集团有限公司 | China National Salt Industry Corporation | 12 435.7 |
| 58 | 哈尔滨电气集团有限公司 | Harbin Electric Corporation | 12 369.3 |
| 59 | 中国节能环保集团有限公司 | China Energy Conservation and Environmental Protection Group | 11 978.0 |
| 60 | 中国兵器装备集团有限公司 | China South Industries Group Corporation | 11 799.0 |
| 61 | 中国建筑设计研究院有限公司 | China Architecture Design & Research Group | 10 883.7 |
| 62 | 中国能源建设集团有限公司 | China Energy Engineering Corporation Limited | 9 959.7 |
| 63 | 大唐电信科技产业集团 | Datang Telecom Technology& Industry Group | 9 931.0 |
| 64 | 中国化学工程集团有限公司 | China National Chemical Engineering Group Corporation | 9 602.0 |
| 65 | 中国第一重型机械集团有限公司 | China First Heavy Industries | 9 459.1 |
| 66 | 中国中煤能源集团有限公司 | China National Coal Group Corporation | 8 739.3 |
| 67 | 烽火科技集团有限公司 | FiberHome Technologies Group | 8 388.7 |
| 68 | 中国煤炭地质总局 | China National Administration of Coal Geology | 8 301.1 |
| 69 | 中国通用技术(集团)控股有限责任公司 | China General Technology (Group) Holding Co.,Ltd. | 8 266.6 |
| 70 | 中国华录集团有限公司 | China Hualu Group Co.,LTD. | 8 237.1 |
| 71 | 国家能源投资集团有限责任公司(中国国电集团公司与神华集团有限责任公司合并重组) | Shenhua Group Corporation Ltd. China Guodian Corporation | 8 095.1 |
| 72 | 鞍钢集团有限公司 | Ansteel Group Corporation | 7 702.8 |

续表

| 排名 | 中文名称 | 英文名称 | 合计 |
|---|---|---|---|
| 73 | 中国国际技术智力合作有限公司 | China International Intellectech Corporation | 7 241.7 |
| 74 | 中国有色矿业集团有限公司 | China Nonferrous Metal Mining (Group) Co.,Ltd. | 6 605.9 |
| 75 | 华侨城集团有限公司 | Overseas Chinese Town Holdings Company | 5 783.9 |
| 76 | 中国西电集团有限公司 | China XD Group Company | 5 703.0 |
| 77 | 有研科技集团有限公司 | General Research Institute for Nonferrous Metals | 5 136.3 |
| 78 | 中国电力建设集团有限公司 | The Power Construction Corporation of China | 5 075.9 |
| 79 | 中国钢研科技集团有限公司 | China Iron & Steel Research Institute Group | 4 670.2 |
| 80 | 中国国际工程咨询有限公司 | China International Engineering Consulting Corporation | 4 669.4 |
| 81 | 中国普天信息产业股份有限公司 | Potevio Company Limited | 4 623.7 |
| 82 | 中国铁路通信信号集团有限公司 | China Railway Signal & Communication Corporation Limited | 3 010.5 |
| 83 | 北京矿冶科技集团有限公司 | Beijing General Research Institute of Mining & Metallurgy | 3 009.1 |
| 84 | 中国核工业建设集团有限公司 | China Nuclear E&C Group | 2 594.1 |
| 85 | 中国冶金地质总局 | China Metallurgical Geology Bureau | 2 542.2 |
| 86 | 中国中丝集团有限公司 | China Silk Corporation | 2 542.2 |
| 87 | 中国储备粮管理集团有限公司 | China Grain Reserves Corporation | 2 490.3 |
| 88 | 机械科学研究总院集团有限公司 | China Academy of Machinery Science and Technology | 1 971.5 |
| 89 | 中国煤炭科工集团有限公司 | China Coal Technology & Engineering Group Corp | 1 815.9 |
| 90 | 南光(集团)有限公司[中国南光集团有限公司] | Nam Kwong (group) Company Limited | 1 712.1 |
| 91 | 上海诺基亚贝尔股份有限公司 | Nokia-Sbell | 1 141.4 |
| 92 | 中国国新控股有限责任公司 | China Reform Holdings Corporation Ltd. | 1 037.6 |
| 93 | 中国农业发展集团有限公司 | China National Agricultural Development Group Co.,Ltd. | 985.8 |
| 94 | 中国林业集团有限公司 | China Forestry Group Corporation | 830.1 |
| 95 | 新兴际华集团有限公司 | Xinxing Cathay International Group Co.,Ltd. | 778.2 |

续表

| 排名 | 中文名称 | 英文名称 | 合计 |
| --- | --- | --- | --- |
| 96 | 中国铁路物资集团有限公司 | China Railway Materials Company Limited | 622.6 |
| 97 | 中国诚通控股集团有限公司 | China Chengtong Holdings Group Limited | 363.2 |
| 98 | 中国港中旅集团有限公司［香港中旅(集团)有限公司］ | China National Travel Service Group Corporation China Travel Service ( Holdings ) Hong Kong limited | 113.5 |

# 三、维度一:中央企业的 Google 传播力

## (一)基本描述

本次调研通过在 Google 搜索引擎的新闻检索，了解中央企业在国外英文网站上新闻出现的总体数量，分析 Google Trends 指数，精确地掌握中央企业在近一年内的搜索热度，从而在整体上把握中央企业在海外的受关注程度。

在 Google 传播力维度中，各项指标权重如下：Google News 搜索量占 15%权重，Google Trends 指数占 5%权重，在影响力测量中共占 20%权重。

中央企业 Google News 搜索的平均新闻量为 136 条。其中 Google News 搜索量最高的是中国石油天然气集团有限公司共 298 条。52.0%(51 家)的央企有 Google Trends 指数，Google Trends 最高的是中国航空集团有限公司，指数为 88.0。

## (二)Google 传播力得分

在 Google 传播力维度中，得分排在前五位的中央企业依次是：中国南方航空集团有限公司、中国铁道建筑有限公司、中国东方航空集团有限公司、中国石油天然气集团有限公司、国家电网有限公司(见表 7-4)。

表 7-4　中央企业 Google 传播力得分

| 排名 | 中文名称 | Google 的传播力 |
| --- | --- | --- |
| 1 | 中国南方航空集团有限公司 | 22 880.3 |

续表

| 排名 | 中文名称 | Google 的传播力 |
|---|---|---|
| 2 | 中国铁道建筑有限公司 | 21 410.8 |
| 3 | 中国东方航空集团有限公司 | 21 247.4 |
| 4 | 中国石油天然气集团有限公司 | 20 875.2 |
| 5 | 国家电网有限公司 | 20 516.3 |
| 6 | 中国华能集团有限公司 | 19 193.3 |
| 7 | 中国航天科技集团有限公司 | 18 411.6 |
| 8 | 中国海洋石油集团有限公司 | 18 362.8 |
| 9 | 中国长江三峡集团有限公司 | 18 325.9 |
| 10 | 中国广核集团有限公司 | 17 630.3 |
| 11 | 中国航空工业集团有限公司 | 17 489.4 |
| 12 | 招商局集团有限公司 | 17 406.5 |
| 13 | 中国铁路工程集团有限公司 | 17 295.6 |
| 14 | 中国五矿集团有限公司 | 17 187.7 |
| 15 | 中国航天科工集团有限公司 | 17 067.5 |
| 16 | 中国南方电网有限责任公司 | 16 970.0 |
| 17 | 中国铝业集团有限公司 | 16 867.8 |
| 18 | 中国化工集团有限公司 | 16 621.2 |
| 19 | 东风汽车集团有限公司 | 16 478.5 |
| 20 | 中国电子科技集团有限公司 | 16 354.9 |
| 21 | 国家电力投资集团有限公司 | 16 248.2 |
| 22 | 中国船舶工业集团有限公司 | 16 195.2 |
| 23 | 中国核工业集团有限公司 | 16 054.1 |
| 24 | 中国船舶重工集团有限公司 | 15 865.5 |
| 25 | 中国交通建设集团有限公司 | 15 662.1 |
| 26 | 中国电子信息产业集团有限公司 | 15 519.8 |
| 27 | 中国石油化工集团有限公司 | 15 491.5 |
| 28 | 中国中钢集团有限公司 | 15 282.7 |
| 29 | 中国航空器材集团有限公司 | 15 139.1 |
| 30 | 中国大唐集团有限公司 | 14 844.7 |
| 31 | 中国建筑集团有限公司 | 14 803.8 |
| 32 | 中国中车集团有限公司 | 14 352.5 |
| 33 | 中国东方电气集团有限公司 | 13 995.8 |
| 34 | 中国中化集团有限公司 | 13 950.7 |
| 35 | 中国商用飞机有限责任公司 | 13 593.0 |
| 36 | 中国移动通信集团有限公司 | 13 504.3 |
| 37 | 中国华电集团有限公司 | 13 453.2 |
| 38 | 国家开发投资集团有限公司 | 13 113.7 |
| 39 | 中国兵器工业集团有限公司 | 12 711.0 |
| 40 | 中国电信集团有限公司 | 12 610.9 |
| 41 | 中粮集团有限公司 | 12 049.0 |
| 42 | 中国保利集团有限公司 | 11 905.7 |

续表

| 排名 | 中文名称 | Google 的传播力 |
|---|---|---|
| 43 | 中国航空集团有限公司 | 11 717.4 |
| 44 | 中国建材集团有限公司 | 11 522.9 |
| 45 | 中国机械工业集团有限公司 | 11 154.6 |
| 46 | 中国建筑科学研究院有限公司 | 11 154.6 |
| 47 | 中国航空发动机集团有限公司 | 10 481.0 |
| 48 | 中国医药集团有限公司 | 9 910.1 |
| 49 | 中国第一重型机械集团有限公司 | 9 459.1 |
| 50 | 中国建筑设计研究院有限公司 | 8 508.1 |
| 51 | 中国远洋海运集团有限公司 | 8 353.0 |
| 52 | 中国煤炭地质总局 | 8 301.1 |
| 53 | 中国黄金集团有限公司 | 7 874.6 |
| 54 | 中国盐业集团有限公司 | 7 818.9 |
| 55 | 中国兵器装备集团有限公司 | 6 692.7 |
| 56 | 中国航空油料集团有限公司 | 6 640.9 |
| 57 | 哈尔滨电气集团有限公司 | 6 329.6 |
| 58 | 中国第一汽车集团有限公司 | 6 070.2 |
| 59 | 有研科技集团有限公司 | 5 136.3 |
| 60 | 中国华录集团有限公司 | 5 046.7 |
| 61 | 华润(集团)有限公司 | 4 825.0 |
| 62 | 中国钢研科技集团有限公司 | 4 669.4 |
| 63 | 中国国际工程咨询有限公司 | 4 669.4 |
| 64 | 中国节能环保集团有限公司 | 4 358.1 |
| 65 | 烽火科技集团有限公司 | 4 098.7 |
| 66 | 中国联合网络通信集团有限公司 | 3 839.2 |
| 67 | 中国能源建设集团有限公司 | 3 735.5 |
| 68 | 中国中煤能源集团有限公司 | 3 612.7 |
| 69 | 中国宝武钢铁集团有限公司 | 3 164.8 |
| 70 | 中国铁路通信信号集团有限公司 | 3 010.5 |
| 71 | 北京矿冶科技集团有限公司 | 3 009.1 |
| 72 | 中国通用技术(集团)控股有限责任公司 | 2 905.4 |
| 73 | 中国有色矿业集团有限公司 | 2 853.5 |
| 74 | 中国电力建设集团有限公司 | 2 697.8 |
| 75 | 鞍钢集团有限公司 | 2 594.1 |
| 76 | 中国核工业建设集团有限公司 | 2 594.1 |
| 77 | 中国冶金地质总局 | 2 542.2 |
| 78 | 中国中丝集团有限公司 | 2 542.2 |
| 79 | 中国储备粮管理集团有限公司 | 2 490.3 |
| 80 | 中国国际技术智力合作有限公司 | 2 490.3 |
| 81 | 大唐电信科技产业集团 | 2 075.3 |
| 82 | 机械科学研究总院集团有限公司 | 1 971.5 |
| 83 | 中国煤炭科工集团有限公司 | 1 815.9 |

续表

| 排名 | 中文名称 | Google 的传播力 |
|---|---|---|
| 84 | 南光(集团)有限公司[中国南光集团有限公司] | 1 712.1 |
| 85 | 中国化学工程集团有限公司 | 1 452.7 |
| 86 | 中国普天信息产业股份有限公司 | 1 245.2 |
| 87 | 上海诺基亚贝尔股份有限公司 | 1 141.4 |
| 88 | 中国国新控股有限责任公司 | 1 037.6 |
| 89 | 中国民航信息集团有限公司 | 985.8 |
| 90 | 中国农业发展集团有限公司 | 985.8 |
| 91 | 中国林业集团有限公司 | 830.1 |
| 92 | 新兴际华集团有限公司 | 778.2 |
| 93 | 中国铁路物资集团有限公司 | 622.6 |
| 94 | 国家能源投资集团有限责任公司(中国国电集团公司与神华集团有限责任公司合并重组) | 466.9 |
| 95 | 华侨城集团有限公司 | 363.2 |
| 96 | 中国诚通控股集团有限公司 | 363.2 |
| 97 | 中国西电集团有限公司 | 103.8 |
| 98 | 中国港中旅集团有限公司[香港中旅(集团)有限公司] | 0.0 |

### (三)Google 传播力前十名企业词云分析

在 Google News 中搜索中央企业英文名称，对搜索出的新闻标题和摘要进行词频分析，根据词频制作词云。词云中单词的大小反映单词在文本中出现的词频，以此探究海外英文媒体对中央企业进行报道时的主要关注点。选取 Google 传播力排名前十名的中央企业，在 Google 英文搜索引擎(www.google.com)的新闻分类下，采用“输入双引号央企英文名称”作为关键词的方法，限定时间为“近一年”，进行搜索。在每个关键词搜索结果中，各抓取 100 条新闻的标题和摘要作为制作词云的原始数据。为了使词云更清晰地反映报道内容，对“China”“corporation”“company”等通用词汇以及“up”等无独立意义的虚词进行数据清洗，选取词频排名前 100 的词汇制作词云。

Google 传播力排名前十的中央企业依次为：中国南方航空集团有限公司、中国铁道建筑有限公司、中国东方航空集团有限公司、中国石油天然气集团有限公司、国家电网有限公司、中国华能集团有限公司、中国航天科技集团有限公司、中国海洋石油集团有限公司、中国长江三峡集团有限公司、中国广核集团有限公司。

1. Google 传播力前十名

对上述 10 家 Google 传播力排名前列的中央企业共 1 000 条英文新闻报道的

标题和摘要进行词云分析，选取词频排名前 100 的单词制作词云（见图 7－1）。

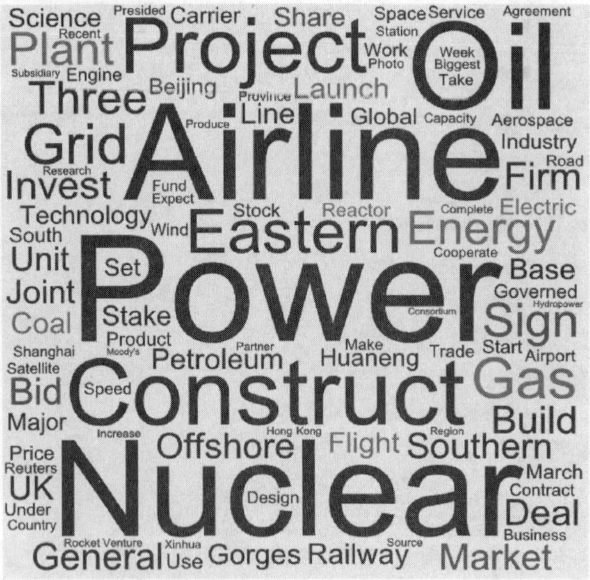


图 7－1　10 家中央企业 Google News 标题、摘要词云

词频排名前 30 的单词从第 1 到第 30 依次为：Power、Airline、Nuclear、Oil、Project、Construct、Eastern、Energy、Southern、Three、General、Grid、Market、Railway、Technology、Plant、Gas、Petroleum、Offshore、Gorges、Invest、Sign、Huaneng、Build、Science、Aerospace、Electric、Flight、Share、Beijing。

在词频排名前 30 的单词中，有 Power、Nuclear、Oil、Energy、Gas、Petroleum、Electric 7 个单词与能源有关。Market、Invest、Sign、Share 4 个单词涉及金融贸易。Project、Construct、Build 3 个单词与建造业有关。Airline、Railway、Flight 3 个单词与交通运输业相关。

2. 航空企业

中国南方航空集团有限公司和中国东方航空集团有限公司在传播力总排名中分别位列第 1 名和第 2 名。这两家公司均在纽约证券交易所上市。通过 Google News 的词云考察网络传播力强的航空企业的英文媒体报道（见图 7－2）。

中国南方航空集团有限公司的 Google 传播力在 98 家中央企业中排名第一。该公司 Google News 词频排名前 20 的单词依次为：Airline、Southern、Flight、Carrier、Passenger、market、Share、Guangzhou、American、ZNH、Airport、Stock、Eastern、NYSE、Cairns、Service、Trade、Price、Plane、Deal。

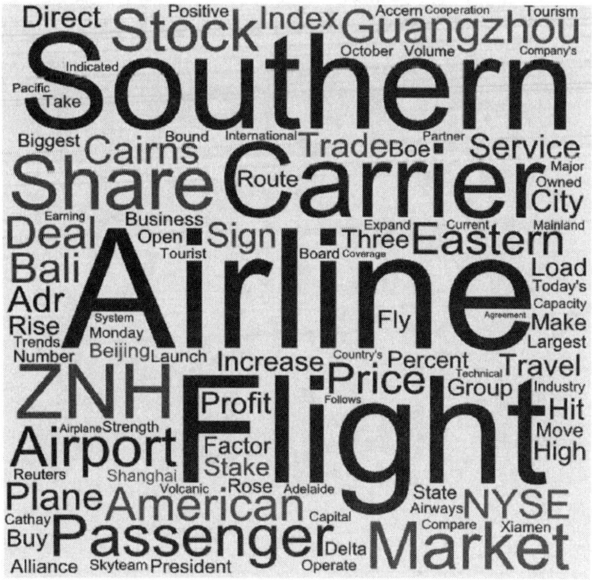


图 7-2　中国南方航空集团有限公司 Google News 标题、摘要词云

其中 Share、ZNH、Stock、NYSE、Trade、Price、Deal 7 个单词与金融相关。“ZNH”是中国南方航空集团有限公司在纽约证券交易所的股票代号。“NYSE”指纽约证券交易所。

在涉及的地名中，“Guangzhou”是中国南方航空集团有限公司总部所在地广州的英文名称，Cairns 是澳大利亚港口城市，2017 年中国南方航空集团有限公司开通广州到 Cairns 的直飞航线。

中国东方航空集团有限公司的 Google 传播力在 98 家中央企业中排名第三。该公司 Google News 词频排名前 20 的单词依次为：Airline、Eastern、Flight、Shanghai、CEA、Airport、Stock、Share、Carrier、Market、NYSE、Southern、Trade、Positive、Accern、Clark、Increased、Delta、Value、Aircraft。

其中 Stock、Share、NYSE、Trade、Value 是与股市交易相关的单词。Accern 是一个金融信息新闻源聚合平台。Clark 是指菲律宾的克拉克国际机场。Delta 是指总部位于美国的达美航空公司，与中国东方航空集团有限公司有战略合作关系（见图 7-3）。

3. Google 传播力表现突出的企业

中国华能集团有限公司和中国广核集团有限公司两家企业在 Twitter、Facebook、Instagram 3 个海外社交平台上没有账号，在海外传播力总得分排名中分别

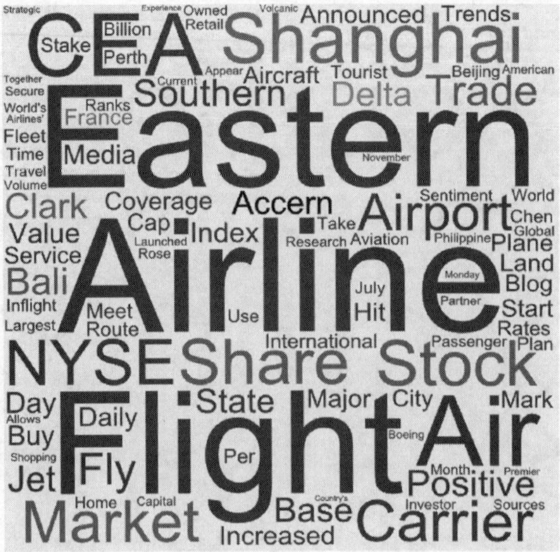


图 7－3　中国东方航空集团有限公司 Google News 标题、摘要词云

位列第 33 名和第 31 名，处于中上游；但在 Google 传播力排名中分别位列第 6 名和第 10 名，表现突出。在不注重海外社交媒体平台建设的情况下，仍得到海外媒体的大量关注，通过词云分析探究海外媒体对这两家企业的关注点。

中国华能集团有限公司 Google News 词频排名前 20 的单词依次为：Huaneng、Power、Coal、Plant、Beijing、Project、Unit、Invest、Energy、Fire、Gas、International、Electric、Xinhua、Wind、Merger、Largest、Cloud、Province、Cambodia（见图 7－4）。

图 7－4　中国华能集团有限公司 Google News 标题、摘要词云

在词频排名前 20 的单词中与能源相关的有 7 个：Power、Coal、Energy、Fire、Gas、Electric、Wind。出现了一家媒体——Xinhua，“Xinhua”是新华社的英文简称。3 个与地区有关的单词：Beijing、Province、Cambodia。说明华能集团的新闻主要发自北京及国内各省。Cambodia 的出现表明柬埔寨过去一年与华能集团有业务来往。

中国广核集团有限公司 Google News 词频排名前 20 的单词依次为：Nuclear、Power、Plant、Project、Reactor、Energy、UK、Hinkley、Construct、EDF、Build、Point、Unit、Romania、Negotiating、Design、Invest、Government、Bradwell、Cernavoda（见图 7－5）。

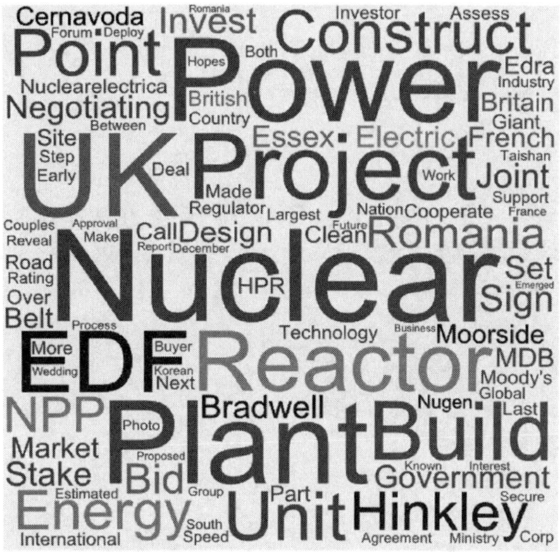


图 7－5　中国广核集团有限公司 Google News 标题、摘要词云

“Nuclear Power”指核能；Power 常与 Plant 组成词组“Power Plant”，指发电厂；“Reactor”指核反应堆。词频排名前 20 中出现了 UK（英国）、Romania（罗马尼亚）两个国家。

提及次数多的单词中出现了 3 个核电站：Hinkley Point 指英国的欣克利角核电站，Bradwell 指英国的布拉德韦尔核电站，Cernavoda 是一所罗马尼亚的核电站。此外，还有一家海外电力公司——法国电力集团（EDF）。2016 年 9 月 29 日，中国广核集团有限公司与法国电力集团、英国政府签署了英国新建核电项目一揽子合作协议，确定中国广核集团有限公司参股投资英国欣克利角 C 和赛兹韦尔 C、控股投资布拉德维尔 B 项目。①

## (四)Google 传播力具体指标

在 Google 英文搜索引擎(www. google. com)的新闻分类下，采用“输入双引号央企英文名称”的方法，限定搜索时间为 2016 年 11 月到 2017 年 11 月，得到各企业的新闻数量；运用 Google Trends 搜索各企业英文名称，从而获得该企业的搜索热度。

第一，Google News 搜索量方面，前 3 名依次为中国石油天然气集团有限公司 298 条、中国铁道建筑有限公司 292 条、国家电网有限公司 286 条。98 家企业平均 Google News 搜索量为 136 条。

第二，Google Trends 指数方面，航空公司占据前三名，中国航空集团有限公司 88.0、中国南方航空集团有限公司 81.7、中国东方航空集团有限公司 69.9(见表 7－5)。

表 7－5 中央企业 Google 传播力具体指标

| 排名 | 中文名称 | 新闻搜索 | Trends 分析 |
|---|---|---|---|
| 1 | 中国南方航空集团有限公司 | 250 | 81.7 |
| 2 | 中国铁道建筑有限公司 | 292 | 51.6 |
| 3 | 中国东方航空集团有限公司 | 246 | 69.9 |
| 4 | 中国石油天然气集团有限公司 | 298 | 44.6 |
| 5 | 国家电网有限公司 | 286 | 46.8 |
| 6 | 中国华能集团有限公司 | 286 | 35.9 |
| 7 | 中国航天科技集团有限公司 | 247 | 46.1 |
| 8 | 中国海洋石油集团有限公司 | 248 | 45.3 |
| 9 | 中国长江三峡集团有限公司 | 253 | 42.9 |
| 10 | 中国广核集团有限公司 | 260 | 34.1 |
| 11 | 中国航空工业集团有限公司 | 238 | 42.4 |
| 12 | 招商局集团有限公司 | 215 | 51.5 |
| 13 | 中国铁路工程集团有限公司 | 221 | 48.1 |
| 14 | 中国五矿集团有限公司 | 245 | 36.9 |
| 15 | 中国航天科工集团有限公司 | 274 | 23.5 |
| 16 | 中国南方电网有限责任公司 | 227 | 42.8 |
| 17 | 中国铝业集团有限公司 | 232 | 39.8 |
| 18 | 中国化工集团有限公司 | 240 | 34.4 |
| 19 | 东风汽车集团有限公司 | 220 | 41.8 |

① 中国广核集团：“华龙一号”英国核电项目进展顺利[EB/OL].(2017－09－18)[2017－12－20]. http://news. xinhuanet. com/local/2017－09/18/c_1121683203. htm.

续表

| 排名 | 中文名称 | 新闻搜索 | Trends 分析 |
|---|---|---|---|
| 20 | 中国电子科技集团有限公司 | 245 | 30.0 |
| 21 | 国家电力投资集团有限公司 | 242 | 30.4 |
| 22 | 中国船舶工业集团有限公司 | 239 | 31.3 |
| 23 | 中国核工业集团有限公司 | 216 | 40.0 |
| 24 | 中国船舶重工集团有限公司 | 225 | 34.6 |
| 25 | 中国交通建设集团有限公司 | 216 | 36.7 |
| 26 | 中国电子信息产业集团有限公司 | 216 | 35.6 |
| 27 | 中国石油化工集团有限公司 | 192 | 45.6 |
| 28 | 中国中钢集团有限公司 | 230 | 27.6 |
| 29 | 中国航空器材集团有限公司 | 278 | 5.9 |
| 30 | 中国大唐集团有限公司 | 231 | 23.6 |
| 31 | 中国建筑集团有限公司 | 237 | 20.7 |
| 32 | 中国中车集团有限公司 | 181 | 40.9 |
| 33 | 中国东方电气集团有限公司 | 223 | 20.0 |
| 34 | 中国中化集团有限公司 | 180 | 38.0 |
| 35 | 中国商用飞机有限责任公司 | 262 | 0.0 |
| 36 | 中国移动通信集团有限公司 | 166 | 40.3 |
| 37 | 中国华电集团有限公司 | 208 | 21.9 |
| 38 | 国家开发投资集团有限公司 | 135 | 50.4 |
| 39 | 中国兵器工业集团有限公司 | 245 | 0.0 |
| 40 | 中国电信集团有限公司 | 187 | 24.0 |
| 41 | 中粮集团有限公司 | 71 | 69.0 |
| 42 | 中国保利集团有限公司 | 174 | 23.7 |
| 43 | 中国航空集团有限公司 | 20 | 88.0 |
| 44 | 中国建材集团有限公司 | 72 | 64.2 |
| 45 | 中国机械工业集团有限公司 | 215 | 0.0 |
| 46 | 中国建筑科学研究院有限公司 | 215 | 0.0 |
| 47 | 中国航空发动机集团有限公司 | 187 | 6.4 |
| 48 | 中国医药集团有限公司 | 88 | 44.1 |
| 49 | 中国第一重型机械集团有限公司 | 120 | 26.7 |
| 50 | 中国建筑设计研究院有限公司 | 113 | 21.8 |
| 51 | 中国远洋海运集团有限公司 | 161 | 0.0 |
| 52 | 中国煤炭地质总局 | 160 | 0.0 |
| 53 | 中国黄金集团有限公司 | 115 | 15.7 |
| 54 | 中国盐业集团有限公司 | 68 | 35.4 |
| 55 | 中国兵器装备集团有限公司 | 129 | 0.0 |
| 56 | 中国航空油料集团有限公司 | 128 | 0.0 |
| 57 | 哈尔滨电气集团有限公司 | 122 | 0.0 |
| 58 | 中国第一汽车集团有限公司 | 117 | 0.0 |
| 59 | 有研科技集团有限公司 | 99 | 0.0 |
| 60 | 中国华录集团有限公司 | 39 | 24.9 |

续表

| 排名 | 中文名称 | 新闻搜索 | Trends 分析 |
|---|---|---|---|
| 61 | 华润(集团)有限公司 | 93 | 0.0 |
| 62 | 中国钢研科技集团有限公司 | 90 | 0.0 |
| 63 | 中国国际工程咨询有限公司 | 90 | 0.0 |
| 64 | 中国节能环保集团有限公司 | 84 | 0.0 |
| 65 | 烽火科技集团有限公司 | 79 | 0.0 |
| 66 | 中国联合网络通信集团有限公司 | 74 | 0.0 |
| 67 | 中国能源建设集团有限公司 | 72 | 0.0 |
| 68 | 中国中煤能源集团有限公司 | 38 | 13.5 |
| 69 | 中国宝武钢铁集团有限公司 | 61 | 0.0 |
| 70 | 中国铁路通信信号集团有限公司 | 38 | 8.6 |
| 71 | 北京矿冶科技集团有限公司 | 58 | 0.0 |
| 72 | 中国通用技术(集团)控股有限责任公司 | 56 | 0.0 |
| 73 | 中国有色矿业集团有限公司 | 55 | 0.0 |
| 74 | 中国电力建设集团有限公司 | 52 | 0.0 |
| 75 | 鞍钢集团有限公司 | 50 | 0.0 |
| 76 | 中国核工业建设集团有限公司 | 50 | 0.0 |
| 77 | 中国冶金地质总局 | 49 | 0.0 |
| 78 | 中国中丝集团有限公司 | 49 | 0.0 |
| 79 | 中国储备粮管理集团有限公司 | 48 | 0.0 |
| 80 | 中国国际技术智力合作有限公司 | 48 | 0.0 |
| 81 | 大唐电信科技产业集团 | 40 | 0.0 |
| 82 | 机械科学研究总院集团有限公司 | 38 | 0.0 |
| 83 | 中国煤炭科工集团有限公司 | 35 | 0.0 |
| 84 | 南光(集团)有限公司[中国南光集团有限公司] | 33 | 0.0 |
| 85 | 中国化学工程集团有限公司 | 28 | 0.0 |
| 86 | 中国普天信息产业股份有限公司 | 24 | 0.0 |
| 87 | 上海诺基亚贝尔股份有限公司 | 22 | 0.0 |
| 88 | 中国国新控股有限责任公司 | 20 | 0.0 |
| 89 | 中国民航信息集团有限公司 | 19 | 0.0 |
| 90 | 中国农业发展集团有限公司 | 19 | 0.0 |
| 91 | 中国林业集团有限公司 | 16 | 0.0 |
| 92 | 新兴际华集团有限公司 | 15 | 0.0 |
| 93 | 中国铁路物资集团有限公司 | 12 | 0.0 |
| 94 | 国家能源投资集团有限责任公司(中国国电集团公司与神华集团有限责任公司合并重组) | 9 | 0.0 |
| 95 | 华侨城集团有限公司 | 7 | 0.0 |
| 96 | 中国诚通控股集团有限公司 | 7 | 0.0 |
| 97 | 中国西电集团有限公司 | 2 | 0.0 |
| 98 | 中国港中旅集团有限公司[香港中旅(集团)有限公司] | 0 | 0.0 |

# 四、维度二：中央企业的 Wikipedia 传播力

## （一）基本描述

Wikipedia 是一个全球任何用户都可以编辑、基于多语言写成的网络百科全书，也是一个动态的、可自由访问和编辑的全球知识体。Wikipedia 英文词条的完整性在一定程度上反映了我国中央企业面向全球编辑和完善英文媒体资料的主动性与积极性，编辑频率和链接数量也体现了企业与受众之间文化交流的互动性。

在 Wikipedia 传播力维度中，各项指标权重如下：根据各媒体在 Wikipedia 英文词条建设情况，词条完整性情况占 5%；词条被编辑的次数占 5%；参与词条编辑的用户数量占 5%，词条关联的链接情况占 5%，四项指标总共在传播力测量中占 20%的权重。

中央企业 Wikipedia 词条普及率较高，但编辑次数和参编人数较低。有 71 家中央企业有 Wikipedia 词条，词条普及率为 72.4%。词条年平均编辑次数为 14 次，年平均参编用户数量为 5 人。在链接方面，平均关联链接数为 120 条。

在词条编辑次数方面，除中国南方航空集团有限公司（150 次）、中国东方航空集团有限公司（150 次）和中国中车集团有限公司（104 次）3 家企业以外，其他中央企业的年编辑次数均小于 100 次。在词条编辑人数方面，中国南方航空集团有限公司年参与编辑人数达到 74 人，其他央企的参与编辑人数均在 30 人以下。在词条链接方面，中国东方航空集团有限公司（1 086 条）、中国南方航空集团有限公司（1 083 条）的词条关联链接数量最高。

## （二）Wikipedia 传播力得分

中央企业得分前五名的依次是：中国南方航空集团有限公司、中国东方航空集团有限公司、中国移动通信集团有限公司、东风汽车集团有限公司、中国联合网络通信集团有限公司（见表 7 - 6）。

表 7-6 中央企业 Wikipedia 传播力得分

| 排名 | 中文名称 | 得分 |
|---|---|---|
| 1 | 中国南方航空集团有限公司 | 85 781.7 |
| 2 | 中国东方航空集团有限公司 | 59 551.7 |
| 3 | 中国移动通信集团有限公司 | 35 917.6 |
| 4 | 东风汽车集团有限公司 | 34 467.7 |
| 5 | 中国联合网络通信集团有限公司 | 33 425.7 |
| 6 | 中国中车集团有限公司 | 32 220.5 |
| 7 | 中国石油化工集团有限公司 | 31 006.8 |
| 8 | 中国商用飞机有限责任公司 | 26 958.3 |
| 9 | 中国电信集团有限公司 | 25 465.9 |
| 10 | 中国石油天然气集团有限公司 | 25 001.9 |
| 11 | 中国第一汽车集团有限公司 | 23 394.0 |
| 12 | 国家电网有限公司 | 19 587.3 |
| 13 | 中国兵器工业集团有限公司 | 19 525.2 |
| 14 | 中国铁路工程集团有限公司 | 16 850.8 |
| 15 | 中国建筑集团有限公司 | 15 995.8 |
| 16 | 中国航空工业集团有限公司 | 15 642.7 |
| 17 | 中国化工集团有限公司 | 15 556.9 |
| 18 | 中国航天科技集团有限公司 | 14 934.9 |
| 19 | 中国海洋石油集团有限公司 | 14 906.3 |
| 20 | 中国铝业集团有限公司 | 14 080.3 |
| 21 | 中国航空发动机集团有限公司 | 13 082.2 |
| 22 | 中国船舶重工集团有限公司 | 12 620.5 |
| 23 | 中国宝武钢铁集团有限公司 | 12 301.4 |
| 24 | 中国交通建设集团有限公司 | 11 973.2 |
| 25 | 中国远洋海运集团有限公司 | 11 776.5 |
| 26 | 中国铁道建筑有限公司 | 11 505.9 |
| 27 | 中国核工业集团有限公司 | 11 453.6 |
| 28 | 中国航空集团有限公司 | 11 280.2 |
| 29 | 中国东方电气集团有限公司 | 10 403.8 |
| 30 | 中国保利集团有限公司 | 9 956.8 |
| 31 | 中国民航信息集团有限公司 | 9 189.8 |
| 32 | 中国广核集团有限公司 | 8 943.1 |
| 33 | 中国电子科技集团有限公司 | 8 745.5 |
| 34 | 华润(集团)有限公司 | 8 288.3 |
| 35 | 中国船舶工业集团有限公司 | 8 273.7 |
| 36 | 大唐电信科技产业集团 | 7 851.0 |
| 37 | 国家能源投资集团有限责任公司 | 7 624.1 |
| 38 | 中国节能环保集团有限公司 | 7 619.9 |
| 39 | 中国五矿集团有限公司 | 7 169.0 |
| 40 | 中国建材集团有限公司 | 6 981.6 |
| 41 | 中国华电集团有限公司 | 6 942.0 |

续表

| 排名 | 中文名称 | 得分 |
| --- | --- | --- |
| 42 | 中国长江三峡集团有限公司 | 6 647.9 |
| 43 | 中国航空油料集团有限公司 | 6 624.4 |
| 44 | 招商局集团有限公司 | 6 384.9 |
| 45 | 中国中化集团有限公司 | 6 383.2 |
| 46 | 中粮集团有限公司 | 6 265.5 |
| 47 | 中国能源建设集团有限公司 | 6 224.2 |
| 48 | 中国华能集团有限公司 | 6 127.0 |
| 49 | 中国航天科工集团有限公司 | 6 111.6 |
| 50 | 中国中钢集团有限公司 | 6 100.6 |
| 51 | 国家电力投资集团有限公司 | 6 071.2 |
| 52 | 哈尔滨电气集团有限公司 | 6 039.7 |
| 53 | 中国化学工程集团有限公司 | 5 773.7 |
| 54 | 中国大唐集团有限公司 | 5 608.7 |
| 55 | 中国西电集团有限公司 | 5 599.3 |
| 56 | 华侨城集团有限公司 | 5 420.7 |
| 57 | 中国黄金集团有限公司 | 5 255.2 |
| 58 | 中国航空器材集团有限公司 | 5 157.9 |
| 59 | 中国中煤能源集团有限公司 | 5 126.6 |
| 60 | 鞍钢集团有限公司 | 5 108.7 |
| 61 | 中国兵器装备集团有限公司 | 5 106.3 |
| 62 | 中国南方电网有限责任公司 | 5 088.7 |
| 63 | 中国通用技术(集团)控股有限责任公司 | 4 672.8 |
| 64 | 中国医药集团有限公司 | 4 618.5 |
| 65 | 中国盐业集团有限公司 | 4 616.8 |
| 66 | 中国电子信息产业集团有限公司 | 3 800.3 |
| 67 | 国家开发投资集团有限公司 | 3 763.9 |
| 68 | 中国有色矿业集团有限公司 | 3 752.4 |
| 69 | 中国机械工业集团有限公司 | 3 498.8 |
| 70 | 中国普天信息产业股份有限公司 | 3 370.4 |
| 71 | 中国华录集团有限公司 | 3 190.4 |

以下27家企业没有Wikipedia英文词条：北京矿冶科技集团有限公司、有研科技集团有限公司、机械科学研究总院集团有限公司、南光(集团)有限公司(中国南光集团有限公司)、上海诺基亚贝尔股份有限公司、烽火科技集团有限公司、新兴际华集团有限公司、中国诚通控股集团有限公司、中国储备粮管理集团有限公司、中国第一重型机械集团有限公司、中国电力建设集团有限公司、中国钢研科技集团有限公司、中国港中旅集团有限公司[香港中旅(集团)有限公司]、中国国际工程咨询有限公司、中国国际技术智力合作有限公司、中国国新控股有限责任公司、中国核工业建设股份有限公司、中国建筑科学研究院有限公司、中国建筑设计研究院有限

公司、中国林业集团有限公司、中国煤炭地质总局、中国煤炭科工集团有限公司、中国农业发展集团有限公司、中国铁路通信信号股份有限公司、中国铁路物资集团有限公司、中国冶金地质总局、中国中丝集团有限公司。

## (三)Wikipedia 传播力具体指标

通过调研央企的 Wikipedia 英文词条，考察词条中是否包含官方定义、历史发展、地址、部门结构和外部链接 5 项指标统计词条完整性，考察央企 Wikipedia 英文词条在最近一年的受关注程度，统计其被编辑次数和参编用户数量以及各企业的 Wikipedia 英文词条与其他词条的链接情况。编辑次数和参编用户数量的统计时间段为 2016 年 11 月 28 日至 2017 年 11 月 28 日(由于在数据采集过程中，由中国国电集团公司与神华集团有限责任公司合并重组的国家能源投资集团有限责任公司仍在办理手续中，未正式成立，该公司的定量数据采用两家子公司词条的平均值)。

第一，词条完整性方面，26.5%的中央企业词条包含官方定义、历史发展、地址、部门结构和外部链接 5 项指标。以下 26 家中央企业的 Wikipedia 英文词条包含全部 5 项指标：中国东方航空集团有限公司、东风汽车集团有限公司、中国中车集团有限公司、中国石油天然气集团有限公司、中国第一汽车集团有限公司、国家电网有限公司、中国兵器工业集团有限公司、中国铁路工程集团有限公司、中国建筑集团有限公司、中国航空工业集团有限公司、中国化工集团有限公司、中国海洋石油集团有限公司、中国船舶重工集团有限公司、中国宝武钢铁集团有限公司、中国铁道建筑有限公司、中国航空集团有限公司、中国保利集团有限公司、中国民航信息集团有限公司、中国电子科技集团有限公司、华润(集团)有限公司、大唐电信科技产业集团、中国航空油料集团有限公司、招商局集团有限公司、中国航天科工集团有限公司、中国中钢集团有限公司、国家电力投资集团有限公司。

第二，词条编辑方面，词条编辑次数和参编用户数量都较少。中央企业 Wikipedia 词条年平均编辑次数为 14 次，年平均参编用户数量为 5 人。除中国南方航空集团有限公司(150 次)、中国东方航空集团有限公司(150 次)和中国中车集团有限公司(104 次)3 家企业以外，其他中央企业的年编辑次数均小于 100 次。中国南方航空集团有限公司年参编用户数量最高为 74 人，其他央企的 Wikipedia 词条最近一年参编用户数量均在 30 人以下。

第三，词条的链接方面，央企平均关联链接数为 120 条。中国东方航空集团有限公司(1 086 条)、中国南方航空集团有限公司(1 083 条)的词条链接数最高(见表

7-7)。

表7-7 中央企业Wikipedia传播力具体指标

| 排名 | 中文名称 | 是否有词条 | 官方定义 | 历史发展 | 地址 | 部门结构 | 外部链接 | 最近一年内的编辑次数 | 最近一年参与编辑的用户数量 | what link here |
|---|---|---|---|---|---|---|---|---|---|---|
| 1 | 中国南方航空集团有限公司 | 1 | 1 | 1 | 1 | 0 | 1 | 150 | 74 | 1 083 |
| 2 | 中国东方航空集团有限公司 | 1 | 1 | 1 | 1 | 1 | 1 | 150 | 19 | 1 086 |
| 3 | 中国移动通信集团有限公司 | 1 | 1 | 1 | 1 | 0 | 1 | 38 | 22 | 793 |
| 4 | 东风汽车集团有限公司 | 1 | 1 | 1 | 1 | 1 | 1 | 88 | 23 | 235 |
| 5 | 中国联合网络通信集团有限公司 | 1 | 1 | 1 | 1 | 0 | 1 | 72 | 10 | 676 |
| 6 | 中国中车集团有限公司 | 1 | 1 | 1 | 1 | 1 | 1 | 104 | 19 | 84 |
| 7 | 中国石油化工集团有限公司 | 1 | 1 | 1 | 1 | 0 | 1 | 35 | 17 | 693 |
| 8 | 中国商用飞机有限责任公司 | 1 | 1 | 1 | 1 | 0 | 1 | 44 | 24 | 235 |
| 9 | 中国电信集团有限公司 | 1 | 1 | 1 | 1 | 0 | 1 | 51 | 12 | 399 |
| 10 | 中国石油天然气集团有限公司 | 1 | 1 | 1 | 1 | 1 | 1 | 36 | 11 | 495 |
| 11 | 中国第一汽车集团有限公司 | 1 | 1 | 1 | 1 | 1 | 1 | 55 | 5 | 401 |
| 12 | 国家电网有限公司 | 1 | 1 | 1 | 1 | 1 | 1 | 34 | 16 | 111 |
| 13 | 中国兵器工业集团有限公司 | 1 | 1 | 1 | 1 | 1 | 1 | 22 | 13 | 285 |
| 14 | 中国铁路工程集团有限公司 | 1 | 1 | 1 | 1 | 1 | 1 | 21 | 7 | 307 |
| 15 | 中国建筑集团有限公司 | 1 | 1 | 1 | 1 | 1 | 1 | 20 | 11 | 172 |
| 16 | 中国航空工业集团有限公司 | 1 | 1 | 1 | 1 | 1 | 1 | 14 | 6 | 330 |
| 17 | 中国化工集团有限公司 | 1 | 1 | 1 | 1 | 1 | 1 | 27 | 12 | 65 |
| 18 | 中国航天科技集团有限公司 | 1 | 1 | 0 | 1 | 1 | 1 | 10 | 2 | 461 |
| 19 | 中国海洋石油集团有限公司 | 1 | 1 | 1 | 1 | 1 | 1 | 9 | 4 | 385 |
| 20 | 中国铝业集团有限公司 | 1 | 1 | 1 | 0 | 0 | 1 | 21 | 11 | 132 |
| 21 | 中国航空发动机集团有限公司 | 1 | 1 | 0 | 1 | 0 | 1 | 27 | 12 | 5 |
| 22 | 中国船舶重工集团有限公司 | 1 | 1 | 1 | 1 | 1 | 1 | 4 | 3 | 336 |

续表

| 排名 | 中文名称 | 是否有词条 | 官方定义 | 历史发展 | 地址 | 部门结构 | 外部链接 | 最近一年内的编辑次数 | 最近一年参与编辑的用户数量 | what link here |
|---|---|---|---|---|---|---|---|---|---|---|
| 23 | 中国宝武钢铁 24 集团有限公司 | 1 | 1 | 1 | 1 | 1 | 1 | 21 | 8 | 50 |
| 24 | 中国交通建设集团有限公司 | 1 | 1 | 1 | 1 | 0 | 1 | 12 | 6 | 193 |
| 25 | 中国远洋海运集团有限公司 | 1 | 1 | 0 | 0 | 1 | 1 | 18 | 8 | 115 |
| 26 | 中国铁道建筑有限公司 | 1 | 1 | 1 | 1 | 1 | 1 | 12 | 3 | 211 |
| 27 | 中国核工业集团有限公司 | 1 | 1 | 1 | 1 | 0 | 1 | 13 | 7 | 133 |
| 28 | 中国航空集团有限公司 | 1 | 1 | 1 | 1 | 1 | 1 | 36 | 2 | 20 |
| 29 | 中国东方电气集团有限公司 | 1 | 1 | 1 | 1 | 0 | 1 | 10 | 6 | 130 |
| 30 | 中国保利集团有限公司 | 1 | 1 | 1 | 1 | 1 | 1 | 14 | 5 | 65 |
| 31 | 中国民航信息集团有限公司 | 1 | 1 | 1 | 1 | 1 | 1 | 10 | 7 | 10 |
| 32 | 中国广核集团有限公司 | 1 | 1 | 1 | 1 | 0 | 1 | 9 | 5 | 89 |
| 33 | 中国电子科技集团有限公司 | 1 | 1 | 1 | 1 | 1 | 1 | 22 | 2 | 10 |
| 34 | 华润(集团)有限公司 | 1 | 1 | 1 | 1 | 1 | 1 | 8 | 4 | 56 |
| 35 | 中国船舶工业集团有限公司 | 1 | 1 | 0 | 1 | 0 | 1 | 3 | 1 | 239 |
| 36 | 大唐电信科技产业集团 | 1 | 1 | 1 | 1 | 1 | 1 | 15 | 1 | 49 |
| 37 | 国家能源投资集团有限责任公司 | 1 | 1 | 0 | 1 | 1 | 1 | 6.5 | 3.5 | 80.5 |
| 38 | 中国节能环保集团有限公司 | 1 | 1 | 0 | 1 | 1 | 1 | 10 | 5 | 13 |
| 39 | 中国五矿集团有限公司 | 1 | 1 | 1 | 1 | 0 | 1 | 8 | 3 | 57 |
| 40 | 中国建材集团有限公司 | 1 | 1 | 1 | 1 | 0 | 1 | 5 | 3 | 73 |
| 41 | 中国华电集团有限公司 | 1 | 1 | 0 | 1 | 1 | 1 | 5 | 4 | 46 |
| 42 | 中国长江三峡集团有限公司 | 1 | 1 | 1 | 1 | 0 | 1 | 3 | 2 | 98 |
| 43 | 中国航空油料集团有限公司 | 1 | 1 | 1 | 1 | 1 | 1 | 12 | 1 | 12 |
| 44 | 招商局集团有限公司 | 1 | 1 | 1 | 1 | 1 | 1 | 2 | 2 | 60 |

续表

| 排名 | 中文名称 | 是否有词条 | 官方定义 | 历史发展 | 地址 | 部门结构 | 外部链接 | 最近一年内的编辑次数 | 最近一年参与编辑的用户数量 | what link here |
|---|---|---|---|---|---|---|---|---|---|---|
| 45 | 中国中化集团有限公司 | 1 | 1 | 1 | 1 | 0 | 1 | 4 | 3 | 51 |
| 46 | 中粮集团有限公司 | 1 | 1 | 0 | 1 | 1 | 1 | 4 | 3 | 45 |
| 47 | 中国能源建设集团有限公司 | 1 | 1 | 0 | 1 | 0 | 1 | 4 | 3 | 76 |
| 48 | 中国华能集团有限公司 | 1 | 1 | 0 | 1 | 0 | 1 | 6 | 3 | 54 |
| 49 | 中国航天科工集团有限公司 | 1 | 1 | 1 | 1 | 1 | 1 | 4 | 1 | 54 |
| 50 | 中国中钢集团有限公司 | 1 | 1 | 1 | 1 | 1 | 1 | 3 | 3 | 12 |
| 51 | 国家电力投资集团有限公司 | 1 | 1 | 1 | 1 | 1 | 1 | 2 | 2 | 44 |
| 52 | 哈尔滨电气集团有限公司 | 1 | 1 | 1 | 1 | 0 | 1 | 1 | 1 | 109 |
| 53 | 中国化学工程集团有限公司 | 1 | 1 | 0 | 1 | 0 | 1 | 4 | 2 | 78 |
| 54 | 中国大唐集团有限公司 | 1 | 1 | 0 | 1 | 1 | 1 | 3 | 2 | 45 |
| 55 | 中国西电集团有限公司 | 1 | 1 | 1 | 1 | 0 | 1 | 4 | 2 | 36 |
| 56 | 华侨城集团有限公司 | 1 | 1 | 0 | 1 | 0 | 1 | 4 | 2 | 60 |
| 57 | 中国黄金集团有限公司 | 1 | 1 | 0 | 1 | 0 | 1 | 7 | 2 | 26 |
| 58 | 中国航空器材集团有限公司 | 1 | 1 | 0 | 1 | 0 | 1 | 9 | 2 | 4 |
| 59 | 中国中煤能源集团有限公司 | 1 | 1 | 0 | 1 | 0 | 1 | 4 | 2 | 45 |
| 60 | 鞍钢集团有限公司 | 1 | 1 | 1 | 1 | 0 | 1 | 2 | 1 | 53 |
| 61 | 中国兵器装备集团有限公司 | 1 | 1 | 0 | 1 | 0 | 1 | 2 | 2 | 61 |
| 62 | 中国南方电网有限责任公司 | 1 | 1 | 0 | 1 | 1 | 1 | 2 | 2 | 27 |
| 63 | 中国通用技术(集团)控股有限责任公司 | 1 | 1 | 0 | 1 | 0 | 0 | 2 | 2 | 72 |
| 64 | 中国医药集团有限公司 | 1 | 1 | 1 | 1 | 0 | 1 | 2 | 1 | 28 |
| 65 | 中国盐业集团有限公司 | 1 | 1 | 0 | 1 | 0 | 1 | 4 | 2 | 19 |
| 66 | 中国电子信息产业集团有限公司 | 1 | 1 | 0 | 0 | 0 | 1 | 1 | 1 | 61 |
| 67 | 国家开发投资集团有限公司 | 1 | 1 | 0 | 0 | 1 | 1 | 3 | 1 | 9 |
| 68 | 中国有色矿业集团有限公司 | 1 | 1 | 0 | 0 | 0 | 1 | 4 | 1 | 33 |

续表

| 排名 | 中文名称 | 是否有词条 | 官方定义 | 历史发展 | 地址 | 部门结构 | 外部链接 | 最近一年内的编辑次数 | 最近一年参与编辑的用户数量 | what link here |
|---|---|---|---|---|---|---|---|---|---|---|
| 69 | 中国机械工业集团有限公司 | 1 | 1 | 0 | 1 | 0 | 1 | 2 | 1 | 4 |
| 70 | 中国普天信息产业股份有限公司 | 1 | 1 | 0 | 1 | 0 | 0 | 5 | 1 | 5 |
| 71 | 中国华录集团有限公司 | 1 | 0 | 0 | 1 | 0 | 0 | 1 | 1 | 63 |

## 五、维度三：中央企业的 Twitter 传播力

### （一）基本描述

在 Twitter 传播力维度中，各项指标权重如下：是否拥有官方账号占 5%，粉丝数量占 4%，发布的信息数量占 4%，一年内最高转发量占 4%，一年内最高评论数占 3%，四项指标总共在传播力测量中占 20%的权重。

中央企业的 Twitter 传播力整体偏弱，企业之间差距较大。在 98 家中央企业中，32.7%（32 家）企业拥有 Twitter 账号，其中只有国家电力投资集团有限公司、中国航空集团有限公司两家企业拥有官方认证账号。

中央企业 Twitter 账号平均粉丝量为 2 333 人，半年内平均发布信息量为 35 条。中国中车集团有限公司粉丝数量最多，有 118 192 人。6.1%（6 家）的企业 Twitter 粉丝量在 10 000 人以上；中国航空集团有限公司半年内发布的信息最多为 931 条，半年内仅 18.3%（18 家）央企在 Twitter 上发布了信息。

### （二）Twitter 传播力得分

在 Twitter 传播力维度中，中央企业得分前五名依次是：国家电力投资集团有限公司、中国航空集团有限公司、中国中车集团有限公司、中国南方航空集团有限公司、中国石油化工集团有限公司（见表 7 - 8）。

表7-8 中央企业Twitter传播力得分

| 排名 | 中文名称 | 得分 |
|---|---|---|
| 1 | 国家电力投资集团有限公司 | 325 437.1 |
| 2 | 中国航空集团有限公司 | 198 278.8 |
| 3 | 中国中车集团有限公司 | 123 492.5 |
| 4 | 中国南方航空集团有限公司 | 102 975.6 |
| 5 | 中国石油化工集团有限公司 | 46 657.0 |
| 6 | 中国东方航空集团有限公司 | 36 575.9 |
| 7 | 中粮集团有限公司 | 23 608.9 |
| 8 | 中国电信集团有限公司 | 17 423.3 |
| 9 | 中国联合网络通信集团有限公司 | 15 125.5 |
| 10 | 中国商用飞机有限责任公司 | 13 637.5 |
| 11 | 中国远洋海运集团有限公司 | 5 144.6 |
| 12 | 中国海洋石油集团有限公司 | 3 735.4 |
| 13 | 中国民航信息集团有限公司 | 3 032.4 |
| 14 | 烽火科技集团有限公司 | 1 840.6 |
| 15 | 中国建筑集团有限公司 | 1 833.0 |
| 16 | 中国石油天然气集团有限公司 | 711.1 |
| 17 | 中国通用技术(集团)控股有限责任公司 | 688.4 |
| 18 | 中国移动通信集团有限公司 | 519.5 |
| 19 | 中国中钢集团有限公司 | 462.9 |
| 20 | 东风汽车集团有限公司 | 184.6 |
| 21 | 中国机械工业集团有限公司 | 148.4 |
| 22 | 国家电网有限公司 | 66.1 |
| 23 | 中国港中旅集团有限公司[香港中旅(集团)有限公司] | 55.1 |
| 24 | 中国医药集团有限公司 | 38.7 |
| 25 | 中国中化集团有限公司 | 29.8 |
| 26 | 中国第一汽车集团有限公司 | 24.2 |
| 27 | 中国化工集团有限公司 | 21.0 |
| 28 | 中国普天信息产业股份有限公司 | 8.1 |
| 29 | 国家能源投资集团有限责任公司 | 4.0 |
| 30 | 中国电力建设集团有限公司 | 2.4 |
| 31 | 中国长江三峡集团有限公司 | 1.6 |
| 32 | 中国钢研科技集团有限公司 | 0.8 |

## (三)Twitter传播力具体指标

第一,Twitter账号方面。在98家中央企业中,32.7%(32家)企业拥有Twitter账号;两家企业拥有Twitter官方认证账号,分别为国家电力投资集团有限公司和中国航空集团有限公司。

第二，粉丝量方面。中央企业 Twitter 账号平均粉丝量为 2 333 人。粉丝量最多的中央企业为中国中车集团有限公司，拥有粉丝 118 192 人，6.1%（6 家）的企业 Twitter 粉丝量在 10 000 人以上。

第三，半年内信息发布数量方面。中央企业 Twitter 账号半年内平均发布 35 条信息。中国航空集团有限公司发布的信息最多，为 931 条；半年内仅 18.3%（18 家）央企在 Twitter 上发布了信息。

第四，半年内单条信息的最高转发量和最多喜欢量方面。有两家企业的最高转发量超过 100 次，其中国家电力投资集团有限公司转发量最多，为 413 次；4 家企业的单条最多喜欢数量超过 100 次，其中国家电力投资集团有限公司最多，单条最多喜欢数量为 2 000 次（见表 7－9）。

**表 7－9　中央企业 Twitter 传播力具体指标**

| 排名 | 中文名称 | 官方认证主页 | 粉丝数量 | 半年内发布的信息数量 | 半年内最高转发量 | 半年内最多喜欢量 |
|---|---|---|---|---|---|---|
| 1 | 国家电力投资集团有限公司 | 1 | 23 500 | 232 | 413 | 2 000 |
| 2 | 中国航空集团有限公司 | 1 | 22 613 | 931 | 43 | 135 |
| 3 | 中国中车集团有限公司 | 0 | 118 192 | 299 | 50 | 50 |
| 4 | 中国南方航空集团有限公司 | 0 | 15 187 | 480 | 301 | 130 |
| 5 | 中国石油化工集团有限公司 | 0 | 16 808 | 125 | 50 | 339 |
| 6 | 中国东方航空集团有限公司 | 0 | 5 893 | 561 | 4 | 21 |
| 7 | 中粮集团有限公司 | 0 | 2 432 | 348 | 10 | 22 |
| 8 | 中国电信集团有限公司 | 0 | 2 653 | 230 | 11 | 17 |
| 9 | 中国联合网络通信集团有限公司 | 0 | 12 241 | 80 | 4 | 4 |
| 10 | 中国商用飞机有限责任公司 | 0 | 824 | 58 | 35 | 62 |
| 11 | 中国远洋海运集团有限公司 | 0 | 1 108 | 11 | 14 | 19 |
| 12 | 中国海洋石油集团有限公司 | 0 | 4 633 | 0 | 0 | 0 |
| 13 | 中国民航信息集团有限公司 | 0 | 146 | 49 | 1 | 2 |
| 14 | 烽火科技集团有限公司 | 0 | 114 | 19 | 3 | 3 |
| 15 | 中国建筑集团有限公司 | 0 | 139 | 13 | 4 | 5 |
| 16 | 中国石油天然气集团有限公司 | 0 | 882 | 0 | 0 | 0 |
| 17 | 中国通用技术（集团）控股有限责任公司 | 0 | 44 | 4 | 2 | 1 |
| 18 | 中国移动通信集团有限公司 | 0 | 578 | 1 | 0 | 0 |
| 19 | 中国中钢集团有限公司 | 0 | 6 | 4 | 1 | 1 |
| 20 | 东风汽车集团有限公司 | 0 | 229 | 0 | 0 | 0 |
| 21 | 中国机械工业集团有限公司 | 0 | 184 | 0 | 0 | 0 |

续表

| 排名 | 中文名称 | 官方认证主页 | 粉丝数量 | 半年内发布的信息数量 | 半年内最高转发量 | 半年内最多喜欢量 |
|---|---|---|---|---|---|---|
| 22 | 国家电网有限公司 | 0 | 82 | 0 | 0 | 0 |
| 23 | 中国港中旅集团有限公司[香港中旅(集团)有限公司] | 0 | 2 | 1 | 0 | 0 |
| 24 | 中国医药集团有限公司 | 0 | 48 | 0 | 0 | 0 |
| 25 | 中国中化集团有限公司 | 0 | 37 | 0 | 0 | 0 |
| 26 | 中国第一汽车集团有限公司 | 0 | 30 | 0 | 0 | 0 |
| 27 | 中国化工集团有限公司 | 0 | 26 | 0 | 0 | 0 |
| 28 | 中国普天信息产业股份有限公司 | 0 | 10 | 0 | 0 | 0 |
| 29 | 国家能源投资集团有限责任公司 | 0 | 5 | 0 | 0 | 0 |
| 30 | 中国电力建设集团有限公司 | 0 | 3 | 0 | 0 | 0 |
| 31 | 中国长江三峡集团有限公司 | 0 | 2 | 0 | 0 | 0 |
| 32 | 中国钢研科技集团有限公司 | 0 | 1 | 0 | 0 | 0 |

# 六、维度四:中央企业的 Facebook 传播力

## (一)基本描述

中央企业的 Facebook 认证情况相对较差,13.3%(13 家)的企业有 Facebook 账号,4.1%(4 家)的企业有 Facebook 官方认证账号。

在 98 家中央企业中,Facebook 平均粉丝量为 34 777 人,航空公司类的企业粉丝量明显高于其他性质的企业,其中中国南方航空集团有限公司的粉丝量为 192.5 万人,中国东方航空集团有限公司的粉丝量为 66.7 万人,分别位列粉丝量排行榜的前两名。有 5 家企业在半年内发布了信息,中国移动通信集团有限公司半年内发布的信息最多,共发布 433 条信息。中国南方航空集团有限公司半年内被“点赞”次数最高,收到 1 188 个赞。

## (二)Facebook 传播力得分

在 Facebook 传播力维度中，各项指标权重如下：是否有官方账号占 5%，好友数量占 5%，发布信息的数量占 5%，得到的最高赞的数量占 5%。在影响力测量中共占 20%的权重(见表 7－10)。

表 7－10　中央企业 Facebook 传播力得分

| 排名 | 中文名称 | 得分 |
| --- | --- | --- |
| 1 | 中国南方航空集团有限公司 | 303 807.5 |
| 2 | 中国移动通信集团有限公司 | 229 984.1 |
| 3 | 中国东方航空集团有限公司 | 209 088.1 |
| 4 | 中国石油化工集团有限公司 | 161 411.6 |
| 5 | 中国航空集团有限公司 | 16 994.1 |
| 6 | 中国石油天然气集团有限公司 | 221.7 |
| 7 | 中国建筑集团有限公司 | 144.9 |
| 8 | 烽火科技集团有限公司 | 73.8 |
| 9 | 东风汽车集团有限公司 | 28.1 |
| 10 | 大唐电信科技产业集团 | 4.7 |
| 11 | 中国中车集团有限公司 | 4.7 |
| 12 | 中国联合网络通信集团有限公司 | 0.8 |
| 13 | 中国海洋石油集团有限公司 | 0.6 |

## (三)Facebook 传播力具体指标

第一，账号建设方面。13.3%(13 家)的企业有 Facebook 账号，4.1%(4 家)企业拥有 Facebook 官方认证账号(中国南方航空集团有限公司、中国移动通信集团有限公司、中国东方航空集团有限公司、中国石油化工集团有限公司)。

第二，粉丝数量方面。航空公司类的企业粉丝数量明显高于其他性质的企业。其中中国南方航空集团有限公司的粉丝数量为 192.5 万人，中国东方航空集团有限公司的粉丝数量为 66.7 万人，分别位列粉丝排行榜的前两名。央企 Facebook 主页平均粉丝数量为 34 777 人。

第三，信息发布数量方面。中国移动通信集团有限公司半年内发布的信息最多，共发布 433 条信息；中国东方航空集团有限公司次之，半年内发布信息 260 条；中国南方航空集团有限公司名列第三，半年内发布信息 222 条。有 5.1%(5 家)的企业半年内发布了信息。

第四，获得点赞数方面。在拥有账号的 13 家中央企业中，中国南方航空集团有限公司半年内获得 1 188 个赞，获赞最多；有 5.1%(5 家)的企业半年内获得了赞(见表 7－11)。

表 7－11　中央企业 Facebook 传播力具体指标

| 排名 | 中文名称 | 是否有官方账号 | 好友数量 | 半年内发布的消息数量 | 半年内“赞”的总数 |
|---|---|---|---|---|---|
| 1 | 中国南方航空集团有限公司 | 是 | 1 925 022 | 222 | 1 188 |
| 2 | 中国移动通信集团有限公司 | 是 | 276 397 | 433 | 986 |
| 3 | 中国东方航空集团有限公司 | 是 | 666 500 | 260 | 851 |
| 4 | 中国石油化工集团有限公司 | 是 | 531 478 | 69 | 952 |
| 5 | 中国航空集团有限公司 | 否 | 1 630 | 15 | 246 |
| 6 | 中国石油天然气集团有限公司 | 否 | 3 279 | 0 | 0 |
| 7 | 中国建筑集团有限公司 | 否 | 2 143 | 0 | 0 |
| 8 | 烽火科技集团有限公司 | 否 | 1 092 | 0 | 0 |
| 9 | 东风汽车集团有限公司 | 否 | 415 | 0 | 0 |
| 10 | 大唐电信科技产业集团 | 否 | 70 | 0 | 0 |
| 11 | 中国中车集团有限公司 | 否 | 70 | 0 | 0 |
| 12 | 中国联合网络通信集团有限公司 | 否 | 12 | 0 | 0 |
| 13 | 中国海洋石油集团有限公司 | 否 | 9 | 0 | 0 |

## 七、维度五：中央企业的 Instagram 传播力

### (一)基本描述

Instagram 作为近年来在国外年轻人群体中迅速流行起来的新兴社交媒体，在其传播力影响、话题讨论、形象塑造等方面起到了重要的作用，近年来更有研究表明，其为活跃在美国青年人群体中可信度最高的社交媒体。中央企业的 Instagram 传播力偏弱，使用度较低，企业间差距大。在 98 家中央企业中，Instagram 的普及率为 34.7%，其中 34 家有 Instagram 账号或企业英文名称 TAG，仅有 11.2%(11 家)的企业有 Instagram 账号，29.6%(29 家)的企业有 TAG。中央企业 Instagram 账号平均粉丝数量为 7 379 人，半年内平均信息发布量为 12 条，平均点赞数为 325 个，平均回复数为 10 个，平均 TAG 数量为 1 个。

在 11 家拥有 Instagram 账号的企业中，两家企业的粉丝量超过 10 万人，分别为中国南方航空集团有限公司(58.1 万人)、中国东方航空集团有限公司(11.8 万人)。在 29 家有 TAG 数量的企业中，TAG 数量最多的公司为中国南方航空集团有限公司，有 36 个。

## (二)Instagram 传播力得分

在 Instagram 传播力维度中，各项指标权重如下：半年内发布信息的数量占 5%、粉丝数量占 4%、被点赞的数量占 3%、回复的数量占 3%、TAG 数量占 5%，总体在影响力测量中占 20%的权重。

在 Instagram 传播力维度中，排在前五名的中央企业是：中国南方航空集团有限公司、中国东方航空集团有限公司、中国移动通信集团有限公司、东风汽车集团有限公司、中国航空集团有限公司(见表 7－12)。

表 7－12　中央企业 Instagram 传播力得分

| 排名 | 中文名称 | 得分 |
|---|---|---|
| 1 | 中国南方航空集团有限公司 | 335 775.3 |
| 2 | 中国东方航空集团有限公司 | 203 479.3 |
| 3 | 中国移动通信集团有限公司 | 202 840.2 |
| 4 | 东风汽车集团有限公司 | 36 589.5 |
| 5 | 中国航空集团有限公司 | 27 509.2 |
| 6 | 中国第一汽车集团有限公司 | 22 977.3 |
| 7 | 中国建筑集团有限公司 | 9 502.7 |
| 8 | 中国航天科工集团有限公司 | 7 127.0 |
| 9 | 中国航天科技集团有限公司 | 7 127.0 |
| 10 | 中国石油天然气集团有限公司 | 7 127.0 |
| 11 | 中国电信集团有限公司 | 6 987.4 |
| 12 | 中国兵器工业集团有限公司 | 4 751.4 |
| 13 | 中国国际技术智力合作有限公司 | 4 751.4 |
| 14 | 中国航空工业集团有限公司 | 4 751.4 |
| 15 | 中国铁道建筑有限公司 | 4 751.4 |
| 16 | 国家电网有限公司 | 2 375.7 |
| 17 | 烽火科技集团有限公司 | 2 375.7 |
| 18 | 招商局集团有限公司 | 2 375.7 |
| 19 | 中国电力建设集团有限公司 | 2 375.7 |
| 20 | 中国海洋石油集团有限公司 | 2 375.7 |
| 21 | 中国航空油料集团有限公司 | 2 375.7 |
| 22 | 中国核工业集团有限公司 | 2 375.7 |
| 23 | 中国化工集团有限公司 | 2 375.7 |
| 24 | 中国化学工程集团有限公司 | 2 375.7 |

续表

| 排名 | 中文名称 | 得分 |
|---|---|---|
| 25 | 中国建筑科学研究院有限公司 | 2 375.7 |
| 26 | 中国建筑设计研究院有限公司 | 2 375.7 |
| 27 | 中国交通建设集团有限公司 | 2 375.7 |
| 28 | 中国南方电网有限责任公司 | 2 375.7 |
| 29 | 中国五矿集团有限公司 | 2 375.7 |
| 30 | 中国远洋海运集团有限公司 | 2 375.7 |
| 31 | 中国港中旅集团有限公司[香港中旅(集团)有限公司] | 58.4 |
| 32 | 中国机械工业集团有限公司 | 17.6 |
| 33 | 中国中化集团有限公司 | 5.1 |
| 34 | 中国联合网络通信集团有限公司 | 1.0 |

## (三)Instagram 传播力具体指标

大多数中央企业在 Instagram 上活跃度(信息发布、粉丝、被点赞、回复、TAG)不高。在 98 家中央企业中，Instagram 的普及率为 34.7%，其中 34 家有 Instagram 账号，仅有 11.2%(11 家)的企业拥有粉丝，29.6%(29 家)的企业有 TAG。

第一，发布信息数量方面。半年内平均发布信息数为 12 条。半年内 7 家企业在 Instagram 上发布了信息，其中有 3 家企业信息发布量在 100 条以上：中国南方航空集团有限公司、中国东方航空集团有限公司、东风汽车集团有限公司。

第二，粉丝数量方面。拥有账号的 11 家中央企业间粉丝数量差距大。Instagram 账号的平均粉丝数量为 7 379 人。两家企业的粉丝量超过 10 万人，分别为中国南方航空集团有限公司(58.1 万人)、中国东方航空集团有限公司(11.8 万人)。

第三，点赞与回复数量方面。半年内平均点赞数为 325 个，平均回复数为 10 个。中国移动通信集团有限公司点赞数最多，为 21 900 个。中国移动通信集团有限公司和中国南方航空集团有限公司两家企业半年内回复数最多分别为 611 个、237 个。

第四，TAG 数量方面。中央企业在 Instagram 上平均 TAG 数量为 1 个。TAG 数量最多的公司为中国南方航空集团有限公司，有 36 个(见表 7-13)。

**表 7-13　中央企业 Instagram 传播力具体指标**

| 排名 | 中文名称 | 发布信息数量 | 粉丝数量 | 点赞数量 | 回复数量 | TAG 数量 |
|---|---|---|---|---|---|---|
| 1 | 中国南方航空集团有限公司 | 257 | 581 479 | 4 651 | 237 | 36 |

续表

| 排名 | 中文名称 | 发布信息数量 | 粉丝数量 | 点赞数量 | 回复数量 | TAG 数量 |
|---|---|---|---|---|---|---|
| 2 | 中国东方航空集团有限公司 | 509 | 118 280 | 3 511 | 83 | 21 |
| 3 | 中国移动通信集团有限公司 | 95 | 8 396 | 21 900 | 611 | 1 |
| 4 | 东风汽车集团有限公司 | 167 | 2 855 | 347 | 2 | 1 |
| 5 | 中国航空集团有限公司 | 66 | 10 873 | 852 | 44 | 1 |
| 6 | 中国第一汽车集团有限公司 | 85 | 888 | 527 | 14 | 1 |
| 7 | 中国建筑集团有限公司 | 0 | 0 | 0 | 0 | 4 |
| 8 | 中国航天科工集团有限公司 | 0 | 0 | 0 | 0 | 3 |
| 9 | 中国航天科技集团有限公司 | 0 | 0 | 0 | 0 | 3 |
| 10 | 中国石油天然气集团有限公司 | 0 | 0 | 0 | 0 | 3 |
| 11 | 中国电信集团有限公司 | 35 | 86 | 42 | 1 | 0 |
| 12 | 中国兵器工业集团有限公司 | 0 | 0 | 0 | 0 | 2 |
| 13 | 中国国际技术智力合作有限公司 | 0 | 0 | 0 | 0 | 2 |
| 14 | 中国航空工业集团有限公司 | 0 | 0 | 0 | 0 | 2 |
| 15 | 中国铁道建筑有限公司 | 0 | 0 | 0 | 0 | 2 |
| 16 | 国家电网有限公司 | 0 | 0 | 0 | 0 | 1 |
| 17 | 烽火科技集团有限公司 | 0 | 0 | 0 | 0 | 1 |
| 18 | 招商局集团有限公司 | 0 | 0 | 0 | 0 | 1 |
| 19 | 中国电力建设集团有限公司 | 0 | 0 | 0 | 0 | 1 |
| 20 | 中国海洋石油集团有限公司 | 0 | 0 | 0 | 0 | 1 |
| 21 | 中国航空油料集团有限公司 | 0 | 0 | 0 | 0 | 1 |
| 22 | 中国核工业集团有限公司 | 0 | 0 | 0 | 0 | 1 |
| 23 | 中国化工集团有限公司 | 0 | 0 | 0 | 0 | 1 |
| 24 | 中国化学工程集团有限公司 | 0 | 0 | 0 | 0 | 1 |
| 25 | 中国建筑科学研究院有限公司 | 0 | 0 | 0 | 0 | 1 |
| 26 | 中国建筑设计研究院有限公司 | 0 | 0 | 0 | 0 | 1 |
| 27 | 中国交通建设集团有限公司 | 0 | 0 | 0 | 0 | 1 |
| 28 | 中国南方电网有限责任公司 | 0 | 0 | 0 | 0 | 1 |
| 29 | 中国五矿集团有限公司 | 0 | 0 | 0 | 0 | 1 |
| 30 | 中国远洋海运集团有限公司 | 0 | 0 | 0 | 0 | 1 |
| 31 | 中国港中旅集团有限公司［香港中旅（集团）有限公司］ | 0 | 229 | 0 | 0 | 0 |
| 32 | 中国机械工业集团有限公司 | 0 | 69 | 0 | 0 | 0 |
| 33 | 中国中化集团有限公司 | 0 | 20 | 0 | 0 | 0 |
| 34 | 中国联合网络通信集团有限公司 | 0 | 4 | 0 | 0 | 0 |

# 八、结论

## (一)中央企业海外社交媒体建设有一定改善

虽然在整体上还不完善,但相较于 2015 年调查,2017 年中央企业海外社交媒体的建设情况有了一定改善。2017 年,中央企业 Wikipedia 词条普及率从 2015 年的 65.7%上升到 72.4%,Twitter 账号普及率由 18.5%上升到 32.7%,Instagram 账号普及率由 7.4%上升到 11.2%。社交媒体账号官方认证情况也略有提高,有 Twitter 官方认证账号的央企实现了零突破,有 Facebook 官方认证账号的央企从 1 家增加到 4 家。

## (二)少数央企海外社交媒体平台运营初见成效

2017 年调查显示,虽然大多数央企的社交媒体使用还处于休眠状态,但与 2015 年调查结果相比,央企的海外新媒体运营意识已经开始苏醒,少数央企已经形成了运营策略,平台账号活动频繁,粉丝数量增加。

央企海外社交媒体运营能力从粉丝数量、平台用户参与数量两方面均有提升。央企账号在 Twitter、Facebook、Instagram 3 家社交平台上的平均粉丝数量和最高粉丝数量均出现了大幅增长。对中国南方航空集团有限公司等少数企业来说,2015 年调查时社交媒体运营尚处于探索阶段,到了 2017 年已经进入较为成熟的运营阶段。

以央企整体数量作为分母来看,Twitter 平均粉丝数量由 73 人上升到 2 333 人,Facebook 平均粉丝数量由 1 156 人上升到 34 777 人,Instagram 平均粉丝数量由 44 人上升到 7 379 人。

2015 年调查时,Twitter 账号粉丝数量最多的央企是中国航空集团有限公司(1 981 人);2017 年,Twitter 账号粉丝数量最多的央企是中国中车集团有限公司(11.8 万人),增长了近 60 倍。

2015 年调查时,Facebook 账号粉丝数量最多的央企是中国东方航空集团有限公司(11.5万人)；2017年，Facebook账号粉丝数量最多的央企是中国南方航空集团有限公司(192.5万人)，是2015年的16倍。

两次调查Instagram账号粉丝数量最多的央企均为中国南方航空集团有限公司，粉丝数量由2 500人上升到58.1万人，2017年粉丝数量是2015年的232倍。

从平台用户参与互动来看，Wikipedia词条的年平均编辑次数也由8次上升到14次。Twitter半年内最高转发量也从13条上升到413条。

## (三)各企业间网络传播力差距较大

各企业之间网络传播力差距悬殊。第一名和最后一名之间网络传播力差距非常大。从总得分来看，排名第一的中国南方航空集团有限公司(851 220.4分)是最后一名中国港中旅集团有限公司[香港中旅(集团)有限公司](113.5分)的7 501倍。在Google传播力方面，第一名中国南方航空集团有限公司得分为22 880.3分，最后一名中国港中旅集团有限公司[香港中旅(集团)有限公司]得分为0。Wikipedia、Twitter、Facebook、Instagram四个维度均存在大量央企得分为0的现象。

即使是第一名和第二名之间差距也很明显。从总得分来看，排名第一的中国南方航空集团有限公司(851 220.4分)是排名第二的中国东方航空集团有限公司(529 942.5分)的1.6倍。在Twitter维度得分上，第一名国家电力投资集团有限公司(325 437.1分)是第二名中国航空集团有限公司(198 278.8分)的1.6倍。在Instagram维度得分上，第一名中国南方航空集团有限公司(335 775.2分)是第二名中国东方航空集团有限公司(203 479.3分)的1.7倍。

## (四)民用航空、通信、石油等行业的海外网络传播力相对突出

中国南方航空集团有限公司、中国东方航空集团有限公司、中国航空集团有限公司分列总得分榜第一名、第二名和第五名。在自媒体的建设方面，民用航空公司表现特别突出，仅在Facebook上中国南方航空集团有限公司就有粉丝192.5万人。

中国移动通信集团有限公司、中国电信集团有限公司、中国联合网络通信集团有限公司的总得分排名依次是：第三名、第九名和第十三名，但这3家通信运营类的企业在Google传播力的得分依次为：第三十六名、第四十名、第六十六名，这说明这3家通信运营类企业在海外的媒介关注度还不够。

中国石油化工集团有限公司、中国石油天然气集团有限公司、中国海洋石油集

团有限公司总分排名依次为：第六名、第十一名和第十八名。虽然总得分排名较高，但这3家石油企业在自媒体建设上力度还不够，仅有中国石油化工集团有限公司有官方认证的Facebook账号。此外，这3家企业都没有Twitter账号。

## （五）央企海外社交媒体账号建设还存在明显空白

在98家央企中，67.3%没有Twitter账号，86.7%没有Facebook账号，88.8%没有Instagram账号。在Facebook和Instagram两个平台上的央企仅有一成左右，Facebook和Instagram是当下热门的海外社交媒体平台，拥有大量用户群，在这两个平台的缺席会大大削弱央企在海外社交媒体平台的传播力。

在Facebook、Twitter等社交媒体上对企业账号进行官方认证，可以确定企业在该平台的正式在场，形成代表官方与社交媒体用户对话的平台。与未认证的自媒体账号相比，官方认证的账号具有更强的媒介公信力和传播力。

对98家中央企业在Facebook、Twitter两个社交平台上官方认证账号的设置情况进行考察，仅有4家中央企业拥有Facebook官方认证账号：中国东方航空集团有限公司、中国南方航空集团有限公司、中国石油化工集团有限公司、中国移动通信集团有限公司。仅有两家企业拥有Twitter官方认证账号：国家电力投资集团有限公司、中国航空集团有限公司。大部分企业没有申请官方认证账号的意识。

进一步来看用户情况。平台用户参与是指该社交媒体平台上用户对企业账号发布信息的转发、点赞、回复等互动行为或自愿对企业Wikipedia词条的编辑。大部分账号内容更新不活跃，粉丝数量低，相应平台用户参与度也较低。

在拥有Twitter账号的32家中央企业中，有23家企业的最高转发量为个位数，或者为0；32家中央企业中仅有1家企业半年内平均喜欢数高于平均值，6家企业半年内喜欢数为0。

Facebook点赞方面。在13家有Facebook账号的企业中，有8家企业没有被点赞。

Instagram半年内的点赞与回复数量方面。在拥有账号的11家中央企业中，有4家企业半年内没有被点赞，4家企业半年内没有收到回复。

## （六）与高校相比，央企海外网络传播力建设整体有待提升

将98家中央企业海外网络传播力的各项指标与同年141所内地高校（涵盖全

部“双一流”大学和原“211工程”高校）海外网络传播力对比发现，央企在海外新媒体普及率上整体低于内地高校，在Facebook平台建设上尤为缺乏。

Facebook方面。有Facebook账号的内地高校达到95.7%，有Facebook账号的中央企业仅为13.3%，差距悬殊。

Google News搜索量方面。中央企业平均Google News搜索量为136条，内地高校平均Google News搜索量为200条，是央企均值的1.5倍。

Wikipedia方面。内地高校Wikipedia英文词条普及率达到100%；中央企业Wikipedia英文词条普及率仅为72.4%。58.2%的内地高校Wikipedia词条类目完整，即包含官方定义、历史发展、地址、部门结构和外部链接全部5项定性指标；仅有26.5%的中央企业Wikipedia词条类目完整。

Instagram方面。97.9%的内地高校在Instagram平台上有TAG，仅有29.6%的中央企业在Instagram平台有TAG。